Ullstein

ÜBER DAS BUCH:

Rita Flubacher hat mit Akribie die dubiosen Geschäfte des Werner K. Rey recherchiert, der sich für die größte Finanzpleite der schweizerischen Wirtschaftsgeschichte verantwortlich zeichnet. Rey lernte sein Handwerk bei der Skandalfirma IOS des legendären Bernie Cornfeld, beschaffte sich ein Startkapital, attackierte die Schuhfabrik Bally, um alsdann durch spektakuläre Käufe (Metallwerke Selve, Ateliers de Vevey, Jean Frey AG, Adia Interim, die Dortmunder Harpener AG) ein Imperium aufzubauen, das Anfang 1991 in wenigen Wochen kollabierte. Anders als seine schillernden Pendants Donald Trump, Robert Maxwell und Alan Bond ist Werner K. Rey ein unauffälliger, kontaktscheuer Mensch, der auch in den Jahren seiner Erfolge, als alle Welt in ihm das »Finanzgenie« bewunderte, das Licht der Öffentlichkeit mied. Seine Geschichte ist typisch für die Schuldenmachermentalität der achtziger Jahre.

DIE AUTORIN:

Rita Flubacher, 1951 in Biel geboren, studierte Nationalökonomie an der Universität Bern, schloß mit dem Lizentiat ab und absolvierte die Ringier-Journalistenschule. Anschließend war sie Wirtschaftsredakteurin bei der »LNN«, beim »Kassensturz« (Fernsehen DRS) und beim Nachrichtenmagazin »Die Woche«. Seit 1983 ist Rita Flubacher Wirtschaftsredakteurin der »Weltwoche«. Sie hat die Laufbahn Werner K. Reys über viele Jahre kritisch beleuchtet.

Rita Flubacher

Die Milliardenpleite

Aufstieg und Fall des Finanzjongleurs Werner K. Rey

Ullstein

Wirtschaft
Ullstein Buch Nr. 35395
im Verlag Ullstein GmbH,
Frankfurt/M – Berlin
Ursprünglich unter dem Titel
erschienen:
Flugjahre für Gaukler

Ungekürzte Ausgabe
(auf der Grundlage der
erweiterten 4. Auflage)

Umschlagentwurf:
Stefan Wolf
Unter Verwendung eines Fotos
von Alex Kayser

Printed in Germany 1994
Druck und Verarbeitung:
Ebner Ulm
ISBN 3 548 35395 9

Mai 1994
Gedruckt auf alterungsbeständigem
Papier mit chlorfrei
gebleichtem Zellstoff

Die Deutsche Bibliothek – CIP-Einheitsaufnahme

Flubacher, Rita:
Die Milliardenpleite: Aufstieg und Fall des
Finanzjongleurs Werner K. Rey / Rita Flubacher. –
Ungekürzte Ausg. (auf der Grundlage der erw. 4. Aufl.). –
Frankfurt/M; Berlin: Ullstein, 1994
(Ullstein-Buch; Nr. 35395: Wirtschaft)
ISBN 3-548-35395-9
NE: GT

Inhalt

I

Über die Architektur des Kartenhauses

Die Kindheit eines Eigenbrötlers und eine Frage, auf die Bankiers nur mit der Schulter zucken

Schwindler und Hochstapler sind soziologisches Lackmuspapier: Es lassen sich an ihnen die geheimen Anfälligkeiten einer Gesellschaft ablesen.

Die achtziger Jahre gelten als Jahrzehnt materieller Unersättlichkeit, in dem Schwindler und Hochstapler zu «Finanzgenies» avancieren und als «innovative Firmenarchitekten» gefeiert werden. Und es berauschen sich an ihnen die Mitmacher und die Mitverdiener: Bankiers, Anwälte, Fusionsspezialisten, Wertschriftendealer.

Die Gier hängt sich das Mäntelchen der «Prosperität für alle» um: Träge Unternehmer sollen durch die ständige Bedrohung einer Übernahme aufgeweckt, stille Reserven zum Nutzen von Aktionären und Angestellten fruchtbar gemacht werden. Das leuchtet ein. Und so kann sich der Gierige ans Werk machen. Unter Einsatz von sogenannt innovativen Finanzierungsinstrumenten, deren Reiz darin liegt, dass sie von immer weniger Leuten begriffen werden, sahnt er ab.

Es muss wohl am menschlichen Glaubensbedürfnis liegen, dass sich unmittelbar vor der Entlarvung jeder kapitalen Dummheit ein Augenblick ereignet, in dem selbst die gelerntesten Skeptiker ins Wanken geraten. 1988 veröffentlicht die hochangesehene «Harvard Business Review» den Essay: «Warum verschulden Sie Ihr Unternehmen nicht bis unter die Ziegel?» Nur wenig später kippen die ersten Finanzgenies und Firmenarchitekten um, weil sie ihren Verpflichtungen nicht mehr nachkommen können, die Gier hat sie selbst aufgefressen: Einstmals substanzstarke Unternehmen sind mit Schulden überhäuft, die praktisch nie mehr zurückbezahlt werden können. Und an der

Wall Street werden gefeierte Finanzzauberer aus ihren Büros heraus in die Untersuchungsgefängnisse abgeführt.

Viele der Pumpgenies und Architekten von Kartenhäusern haben allerdings Gesichter und Biographien, die ihre Künste der Verführung erklären helfen. Donald Trump, der Immobilienkönig von New York, hat sich Politiker und Jet-set-Figuren zu Verbündeten gemacht und seinen sagenhaften Reichtum ungeniert und zu deren ständiger Erheiterung in der Öffentlichkeit ausgelebt. Der englische Pressezar Robert «Captain Bob» Maxwell, der zeitweilig auch in der Politik mitmischte, verkörperte die Mär vom mittellosen Immigranten, der es durch hartes Schaffen zu Macht und Ansehen gebracht hatte, und kultivierte – bis zu seinem mysteriösen Tod auf hoher See – seine Rücksichtslosigkeit als Kompensation von Verletzungen, die er als Verfolgter des Nationalsozialismus in seiner Jugend davontrug. Und der Australier Alan Bond (er wurde im Frühling 1992 wegen Betrugs erstinstanzlich zu einer unbedingten Gefängnisstrafe von zweieinhalb Jahren verurteilt) pflegte sein Winner-Image publikumswirksam als Teilnehmer an einer berühmten Hochseeregatta, die er sponserte. Sie alle sind Figuren nach dem Geschmack der Massenblätter und ihrer Leser; und die Aura von Glücksrittertum und überwältigender Lebensenergie, die sie umstrahlt, hilft wenigstens zum Teil begreifen, warum unter ihren Opfern selbst zuverlässigste und zugeknöpfteste Hüter der Banktresore zu finden sind.

Wer aber ist Werner K. Rey?

Auf diese Frage zucken Bankiers, die ihm in den letzten Monaten vor dem Zusammenbruch seines Imperiums, der Omni Holding, noch willig und teilweise ohne Hinterlegung von Sicherheiten Millionenbeträge ausgeliehen haben, reichlich hilflos die Schultern. Ein scheuer Mensch sei er, sagen sie übereinstimmend, zurückhaltend im Gespräch, leise im Auftritt, spröde im Umgang. Aber – und da klingt immer noch Bewunderung auf – ein Mensch auch mit einem ausserordentlichen Instinkt für Geld und einer phänomenalen Phantasie für den Umgang mit ihm. Ein Wunderkind der Strategie mit dem Charme einer geradezu rührenden persönlichen Bedürfnislosigkeit. Und die Bally-Affäre, Reys frecher Beutezug auf die Kassen des Schönenwerder Schuhkonzerns? Hätte er ihnen, den Bankiers, den experten Gralshütern der Volkswirtschaft, nicht schon bei seinem Debüt in ihren Kreisen die fatale Natur seines ökonomischen Denkens offenbart haben müssen? Wieder ein Schulterzucken. Man sei weg vom Schuss gewesen, habe die Sache so genau nicht verfolgt. Und bitte sehr: Ganz bis zum Schluss sei der Herr Rey ja seinen finanziellen Verpflichtungen immer pünktlich nachgekommen.

Schemenhaft und seltsam farblos ist auch das Bild, das Reys Angestellte und langjährige Weggefährten von ihm zeichnen. Ein Workaholic, der seine Crew rund um die Uhr auf Trab gehalten habe. Der über Nacht dickste Dossiers habe studieren und am anderen Morgen mit traumwandlerischer Sicherheit die unscheinbarsten Flüchtigkeitsfehler und geringfügigsten Details aus den Zahlengebirgen habe herauspflücken können. «Ein grossartiger Mensch», schwärmt ein Buchhalter, der es unter Rey bis zum Direktor gebracht hat; «schade nur, dass er nie an Bürofeiern teilgenommen hat.» Vielleicht ein Schlüsselsatz. Schwer fällt es, in seiner ehemaligen Umgebung einen Menschen zu finden, der in seinem Urteil von diesem Topos abweicht: ein Genie halt, aber leider unnahbar.

Auch Kritik wird mit einem Unterton verzeihenden Bedauerns vorgetragen. Er habe Firmen aufgekauft und danach schlagartig das Interesse an ihnen verloren. Er sei den Problemen aus dem Weg gegangen. Er habe die Information zu bruchstückhaft auf die einzelnen Mitarbeiter übertragen und damit als einziger Übersicht gehabt. Er sei ein Beziehungsloser, der andere Menschen nicht anders denn als Figuren auf seinem Spielbrett wahrnehmen könne. Der keine Freunde hatte, weil er nicht wusste, was ein Freund ist. Der deshalb mit ausgesprochen schlechter Menschenkenntnis geschlagen war, sich mit Mittelmass umgab und ebenso Opfer der Ausnutzung war, wie er umgekehrt die Schwäche seiner Mitarbeiter dazu benutzte, sich in seiner komplizierten Denk- und Handlungsstruktur bedingungslos unterstützt zu wissen. Aber: Was wäre er für ein gewaltiger schöpferischer Beweger der Wirtschaft gewesen, wenn er sich doch nur ein bisschen von seinem Olymp herab den Sterblichen zugewandt hätte!

Von welcher Seite auch man auf ihn zugeht: Immer entsteht von Werner K. Rey das Phantombild einer Person, die mit ihrer Tätigkeit identisch ist und ausserhalb dieser Tätigkeit spürbares Unwohlsein bekundet. Eine dürftige Quelle für Anekdoten. Er habe Nägel gekaut und – wenigstens in den Anfängen seiner kometenhaften Laufbahn – vor wichtigen Anlässen auf der Toilette noch rasch sein Haar benetzt, damit es, streng nach hinten gekämmt, am Kopf klebe. Er habe bei Geschäftsessen jeweils ein nicht zu teures Lokal evaluiert, das dann aber wieder teuer genug sein musste, damit er darin ein ordentliches Stück Fleisch serviert bekam, welches er allerdings meist lustlos vertilgte. Ob er auf seinem prächtigen Landsitz in Südfrankreich Ferientage verbrachte oder in seiner Villa am Genfersee Geburtstag feierte: Immer erweckte er den Eindruck, als hielte ihn gewaltsam etwas davon ab, in sein Zimmer zu verschwinden, in dem der Fax und der Telex stehen und sein liebstes Instrument, das Telefon.

Zu den Erkenntnissen über Rey gehört auch, dass er sich – wenn überhaupt – nur ganz am Rande für Dinge wie Politik, Kultur oder Sport interessiert. Seine liebste Lektüre sind Geschäftsberichte und Firmenanalysen. Zwecks Entspannung greift er gelegentlich zu einem billigen Krimi oder konsumiert ein Revolvervideo. Kurz: Es fällt schwer, Werner K. Rey im Sinne eines sozialen Wesens nicht als ausgesprochen langweiligen Menschen zu empfinden.

Er irritiert durch einen auffällig kraftlosen Händedruck sowie die Angewohnheit, dem Blick seines Gegenübers beharrlich auszuweichen. Zu Hochform läuft er nur auf, wenn er Geschäftspartner für seine Zwecke einspannen will. Das ist bei ihm wie ein jähes Erwachen. Vor grösserem Publikum, etwa an Generalversammlungen oder Pressekonferenzen, wirkt er fahrig, spricht leise und – weil das Gewicht seiner schweren Hornbrille auf die Nase drückt – in nuschelndem Ton. Seine Ausführungen sind stockend in der Form und wolkig im Inhalt. Interviews mit ihm können zur Tortur werden – nicht nur für die Medienvertreter, sondern auch für seinen persönlich anwesenden PR-Berater, der leidvoll miterlebt, wie Rey das zuvor entwickelte Aussagekonzept in ausweichenden, unkonzentriert vorgetragenen, abbruchbedrohten Sätzen versanden lässt.

Diese manifeste Kommunikationsunwilligkeit erstaunt nicht weiter. Sie zeichnete sich bereits in Reys Kindheit ab.

Werner Kurt Rey kommt am 6. Oktober 1943 als zweitältestes von vier Geschwistern in Zürich in einer gutbürgerlichen Familie zur Welt. Seinen Eltern bereitet er bald einmal Kopfzerbrechen, denn er leidet an ausgeprägten Kontaktstörungen. Während seine Geschwister draussen mit den Nachbarskindern herumtollen und ihr soziales Beziehungsnetz aufbauen, verkriecht sich der kleine Werner in sein Zimmer und übt sich in der Abgeschiedenheit in allerlei Kombinatorikspielchen. Wagt er sich dennoch einmal nach draussen, so wird er von den Kindern nach Möglichkeit gemieden und von ihren Spielen ausgeschlossen.

Später nehmen ihn die Eltern vorübergehend aus der öffentlichen Schule und stecken ihn in ein Internat in der Westschweiz. Offizieller Grund: Französisch lernen. Wirklicher Grund: die Hoffnung, dem Buben werde in der neuen Umgebung der Knopf aufgehen, er werde aus seiner Isolation heraustreten und mit seiner Umwelt kommunizieren, mit anderen Buben Spass haben, Erlebnisse teilen – kurz: leben lernen.

Ein graphologisches Gutachten über den Vierzehnjährigen kommt zum Schluss, dass es sich bei Werner um «einen strebsamen, aber sehr befangenen Buben unter starkem Gewissens- und Erwartungsdruck [handelt], der sich kompensatorisch auf ein hochgestecktes Ideal ausrichtet. Erworbene oder anerzogene Richtlinien dienen ihm als wichtiger Schutz und Halt. Bei seiner Sensibilität kann er sich aber nicht entspannt und vertrauensvoll engagieren, aus Angst, den Anforderungen nicht zu genügen. Ein durchschnittlicher Sekundarschüler, den man beruflich im Kaufmännischen sieht.»

Den Übertritt ins Gymnasium schafft Rey nicht. Statt dessen beginnt er eine Lehre bei der kleinen Zürcher Privatbank Rüd Blass & Cie AG. Sein Vater Hans Rey, ein Patentanwalt, beteuert viele Jahre später, sein Filius habe diesen Entscheid nicht nur allein getroffen, sondern bei der Ankündigung seiner Wahl auch gleich noch den unterschriftsreifen Vertrag präsentiert. «Der Werni hat eben immer alles im stillen gemacht», kommentiert Hans Rey zweideutig. Ob die väterliche Darstellung des beruflichen Werdeganges von Werner K. Rey tatsächlich stimmt, lässt sich nicht mehr nachvollziehen. Ein Onkel von Werner K. Rey, der ihn in das Schachspiel einweiht, charakterisiert ihn viele Jahre später, als der Neffe mit Bally Schlagzeilen macht, mit der Formel «sehr eigen». Psychologen würden das Verhalten von Werner K. Rey vielleicht etwas unwissenschaftlich, aber allgemeinverständlich als «autistisch» bezeichnen. Rey – der Rainman.

Aber er konnte nicht nur nicht kommunizieren, er wollte auch nicht: Werner K. Rey gerät zu Beginn seiner Laufbahn in eine Welt hinein, in der er hautnah erlebt, wie sich mit der nötigen Portion Skrupellosigkeit das kapitalistische System bis zur Schmerzgrenze – und sogar darüber hinaus – ausreizen lässt. Diese Erkenntnis, gepaart mit den Talenten, die bei ihm zum Vorschein kommen, wird ihn bis zu seinem tiefen Fall Jahre später immer wieder zu Handlungen verleiten, die seine Kommunikation auf das Vertuschen, Abstreiten und Verleugnen beschränken.

Verfolgt man die kargen Biographien, die sich im Laufe der Jahre über den Financier angesammelt haben, zeigen sich rasch einige Merkwürdigkeiten. Da stimmen Jahreszahlen nicht überein, werden berufliche Abschnitte zeitlich verkürzt, gibt es weisse Flecken. Ein kleines Beispiel ist die wundersame Wandlung der Familie Gatley. (Rey lernt, knapp zwanzigjährig, in London die vier Jahre ältere Schottin Bernadette Gatley kennen. Vater Gatley ist Seemann und Händler, die Mutter, eine gebürtige Jacconelly, italienischer Abstammung. Die Familie Gatley lebt in bescheidenen Verhältnissen. 1967 heiratet Werner K. Rey Bernadette Gatley.)

Während seines Bally-Coups sieht sich Werner K. Rey bohrenden Fragen über die Herkunft der für den Kauf der Aktien benötigten Mittel ausgesetzt. Fragen, die er nicht beantwortet, weil er sie nicht beantworten kann. Dafür tauchen in der Presse für Rey günstige Geschichten auf. Sie besagen, Reys Gattin Bernadette sei «Alleinerbin der väterlichen Lebensmittel-Grosshandelsfirma». Überdies habe Werner K. Rey gegen gutes Geld die britische Eiscremefabrik Jacconelly beraten, deren Besitzer mit Reys Schwiegermutter verwandt seien. Die Phantasie der Presse füllt eine Wissenslücke – und selbstverständlich dementiert Rey nicht. Er kann mit guten Gründen annehmen, dass sich niemand im fernen Grossbritannien, genauer in Schottland, nach den tatsächlichen Verhältnissen seiner Schwiegereltern erkundigen wird. Erst Jahre später, als die Bally-Affäre als Jugendsünde des arrivierten Omni-Besitzers gehandelt wird, gibt Rey mit einigem Amüsement einem Journalisten zu Protokoll, dass die Vermögensverhältnisse seiner Gattin doch etwas arg übertrieben dargestellt worden seien.

Wie sie tatsächlich sind, verschweigt er indessen weiterhin. Tatsache ist, dass Bernadette Rey-Gatley mitnichten Alleinerbin ist, sondern die Hinterlassenschaft ihrer Eltern mit ihrem Bruder teilen müsste. Und weil die Eltern Gatley keineswegs eine Lebensmittel-Grosshandelsfirma besitzen, sondern nur einen Laden um die Ecke, dürfte die Erbschaft höchst überblickbar sein. Mit dem Glacehersteller Jacconelly schliesslich verbindet die liebe Schwiegermutter lediglich ihr vorehelicher Name Jacconelly.

In der Tat hat Werner K. Rey sein Imperium aus demselben Nichts geschaffen, in das es wieder zerfiel. Wie kaum ein anderer Zeitgenosse hat er aufgezeigt, wie weit es ein Verstand bringen kann, der sich die Welt ausschliesslich als eine Börse vorstellt und die, die sie bewohnen, als entweder fähig oder unfähig, an ihr teilzuhaben. Und es bewahrheitet sich an ihm die Regel, dass Aufbau und Zerstörung auf die nämliche Kraftquelle zurückzuführen sind. Was Rey gross gemacht hat – seine extreme Fähigkeit, Zahlen zu interpretieren und die Menschen zu ignorieren, die in diesen Zahlen verborgen sind –, hat ihn wieder gefällt. Das gilt namentlich und ganz konkret für seine Betrachtungsweise wirtschaftlicher Werte, wie sie sich in seinen unzähligen Firmenübernahmen, Fusionen und materiellen Substanzverschiebungen manifestiert: Nie sieht Rey den Arbeiter an der Werkbank oder die kleine Schreibkraft im Kontor. Er sieht ausschliesslich die Auswertbarkeit schlummernder Synergien oder ungenutzen Besitztums. Eine Firma ist für ihn nicht das, was die in ihr beschäftigten Menschen herstellen, sondern das, was mit ihr auf dem Plafond der Weltbörse anzustellen ist. So ist letztlich das, was er zusammengebaut hat, nichts als ein Kartenhaus gewesen, möglich geworden in der Windstille steigender Prosperität und zusammengekracht in der Brise der Rezession. Weil er nicht fähig war zu erkennen, dass jeder Franken zuerst die Frucht von Arbeit ist, die an der Basis geleistet wird, ehe man ihn in das grosse Poker um die Macht und ihr rauschhaftes Erleben wirft.

II

Vom wahren Umgang mit dem Rohstoff Geld

Der Eigenbrötler lernt die Kunst der Verführung und entdeckt die Weiten der Maschen im Gesetz

Die raffinierte Verführung kommt mit wenigen Worten aus. «Wollen Sie wirklich reich werden? Dann telefonieren Sie uns.» Mit diesem Inserat wirbt Bernie Cornfeld 1965 in Zeitungen Vertreter für seine Investors Overseas Services (IOS) an. Cornfeld zählt zu den schillerndsten Figuren in der internationalen Welt des Geldes. Für die einen ist der 38jährige Amerikaner, der sich aus bescheidenen Verhältnissen zum Millionär emporgearbeitet hat, das Finanzgenie des Jahrzehnts. Für die amerikanische Börsenaufsichtsbehörde SEC dagegen ist der bewunderte Geldguru eine dubiose Figur und die IOS ein gut getarntes Schwindelunternehmen. Die SEC sucht Cornfeld mit allen Mitteln an seinem Tun zu hindern – ihr Arm ist allerdings zu kurz. Denn Cornfeld operiert seit Ende der fünfziger Jahre auf dem sicheren Pflaster Schweiz. Sein Hauptquartier befindet sich an der Rue de Lausanne 119 in Genf.

Cornfelds Spezialität sind die Investmentfonds. Das allein ist noch nicht sonderlich originell. Die Idee, der Masse der kleinen und mittleren Einkommensbezüger ein Instrument anzubieten, mit dem auch sie an der Börse mitspielen können, ist alt: Der kleine Anleger erwirbt Investmentzertifikate oder leitet regelmässig einen Teil seiner Ersparnisse in den Fonds, die Fondsverwaltung investiert diese Mittel in börsengängige Wertschriften.

Die Besonderheit von Bernie Cornfeld liegt in der unglaublichen Dreistigkeit, mit der er sein Geschäft betreibt. Gegen aussen stimmt er das Hohelied des Volkskapitalismus an: «Wir haben uns die Aufgabe gestellt, das Proletariat ohne Kampf zur privilegierten Klasse zu machen. Das ist revolutionär und verdammt aufregend», lautet eine seiner Botschaften, die von den Medien begierig aufgegriffen und verbreitet werden[1].

Die Botschaft kommt an: Das Geld fliesst in Strömen in die Superfonds, Unterfonds und was sonst noch unter dem Dach der IOS wuchert.

Natürlich geht es Cornfeld und seiner IOS nicht darum, andere reich zu machen. Der Aufbau der IOS und die Methoden, mit denen Cornfeld agiert, sprechen für sich. Der harte Kern der Geldeintreibermannschaft zeichnet sich durch ein hohes Mass an Skrupellosigkeit aus. In intensiven Trainings haben die Männer – Frauen sind praktisch keine dabei – gelernt, sich selbst zu überlisten und ihre Bedenken als Gefühlsduselei wegzustecken. Jegliches Unrechtsbewusstsein ist verdrängt, die Nuancen menschlicher Beziehungen werden nur noch wahrgenommen, wenn sie dem einen Ziel dienen: möglichst vielen Menschen möglichst viel Geld aus der Tasche zu ziehen und den IOS-Fonds zuzuführen.

Cornfelds Vertriebssystem ist ausgeklügelt. Die Vertreter oder Finanzberater, wie sie sich nennen, leben ausschliesslich von Umsatzprovisionen. Sobald sie ein bestimmtes Umsatzvolumen erzielen, dürfen sie eigene Vertreter anwerben. Jeder IOS-Agent hat so die Möglichkeit, sich ständig zu befördern: vom einfachen Türverkäufer mit 3,5 Prozent Provision zum General Manager mit 6,5 Prozent. Ab einer bestimmten Stufe sind die Dienstgrade berechtigt, Optionen auf Aktien der IOS-Muttergesellschaft zu erwerben. Mit den Provisionen und dem Stock Option Plan, wie das Beteiligungsmodell heisst, wird – so sieht's das System vor – jeder Vertreter nach ein paar Jahren ein Vermögen von mehreren hunderttausend Dollar in den Händen halten. Cornfeld selber schwelgt längst im Luxus und propagiert sich unermüdlich als Massstab für sein Fussvolk. Er besitzt mehrere Schlösser und eine Flotte von Luxuslimousinen. Seine rasch wechselnden Frauenaffären füllen die Klatschspalten der Regenbogenpresse. Dass Cornfeld nicht an Minderwertigkeitskomplexen leidet, erhellt sein Credo: «Ich nehme mit Sicherheit an, dass

[1] Ausführliche Darstellung im IOS-Report von Raw, Page, Hodgson: «Gebt uns Euer Geld. Wir machen Euch reich.» 1971

es einem Vertreter leichter fällt, sich mit mir zu identifizieren – einer Symbolfigur des Erfolgs – als etwa mit dem unscheinbaren Jakob Rothschild.»

Das System entspricht dem klassischen Schneeballprinzip: Weil jede Ebene an den Provisionseinnahmen der ihr nachgelagerten Ebenen verdient und der Sprung von einer Ebene auf die andere automatisch erfolgt, muss sich die Zahl der Mitarbeiter zwangsläufig vergrössern – ein hochinstabiles Perpetuum mobile.

Mit Zeitbomben spielt Cornfeld auch andernorts. Die ganze IOS basiert auf dem Offshore-Gedanken: Cornfeld nützt konsequent die Gesetzeslücken in den Rechtssystemen verschiedenster Länder aus, vor allem in den einschlägig bekannten Steueroasen in der Karibik und in Europa. Das ermöglicht ihm, ungestraft Geschäfte abzuwickeln, die undurchführbar wären, würden sie alle im gleichen Land getätigt. Er zögert aber auch nicht, seine Fonds mit illegalen Methoden zu äufnen: In Italien, Spanien, Brasilien und anderen Ländern mit restriktiven Devisenbestimmungen verhilft er IOS-Kunden zur Steuerhinterziehung und zum illegalen Kapitalexport. Er konzipiert die Fonds zudem so, dass er seine Kunden möglichst oft mit Gebühren zur Kasse bitten kann. Ein Paradebeispiel dafür ist der «Fund of Funds» (FOF). Mit diesem Superfonds – von der Sache her ein purer Unsinn –, den die Vertreter der potentiellen Kundschaft im Fünfminutengespräch schmackhaft machen, wird dieselbe ganz schlicht übers Ohr gehauen. Es profitieren lediglich die IOS und ihre Berater.

Investmentfonds beruhen auf der Annahme, dass der gewöhnliche kleine Sparer Berater braucht, die ihm bei der Geldanlage helfen. Der FOF redet dem kleinen und manchmal auch unbedarften Investor ein, er brauche professionelle Geldanleger, die wiederum professionelle Geldanleger auswählen, die dann die Wahl der Kapitalanlage zu treffen haben. Der FOF legt also das Geld der Kunden nicht selbst in Aktien an, sondern in Anteilen anderer Fonds. Und für jeden Schritt muss der ahnungslose Kunde happige Gebühren bezahlen. Doch der Trick klappt. Der kleine Mann ohne Überblick lässt sich vom grossen

Cornfeld an der scheingoldenen Nase herumführen. Von 1962 bis 1965 sammeln sich bei der IOS Einlagen von weit über 100 Millionen Dollar allein im FOF an.

In diese grandiose Geldvermehrungsmaschinerie tritt Anfang 1965 Werner K. Rey ein. Erst arbeitet er in den Büros der Genfer IOS-Zentrale, dann zieht es ihn an die Verkaufsfront. Der Vertreter, der ihn unter seine Fittiche nimmt, hegt allerdings grosse Zweifel an der Eignung des Neuen. Der 22jährige Werner K. Rey ist wortscheu, hat offensichtliche Kontaktschwierigkeiten und wirkt ungepflegt. Kurz, es fehlt ihm fast alles, was den Strahlemann auszeichnet, der einem Opfer, das eigentlich gar nichts kaufen will, ein Investmentprogramm von mehreren tausend Dollar aufschwatzt.

Reys Ziehvater ist vielleicht der erste in einer langen Kette von Geschäftspartnern, die sich in Rey gründlich täuschen. Er gibt ihm zwar eine Starthilfe, steckt ihm eine Zwanzigernote in die Hand und schickt ihn – um ihn wenigstens äusserlich etwas aufzumöbeln – zum Coiffeur. Danach peilt Rey, der in einem ziemlich unordentlichen Zimmer in Genf haust und Geld braucht, sein erstes Opfer an. Der Kunde, ein Gewerbetreibender, setzt seine Unterschrift unter den Vertrag.

In diesem Stil geht's weiter, bis Rey und einige andere Deutschschweizer nach Bern versetzt werden, wo sie einen eigenen Bereich aufbauen sollen. Rey mietet sich eine kleine Wohnung an der Länggassstrasse und holt Freundin Bernadette Gatley aus England. Die Kundschaft klappert er in einem alten Triumph ab. Die Ausbeute ist mager, Rey gehört zu den schlechtesten Verkäufern der Gruppe. Er ist zeitweilig so knapp bei Kasse, dass er Vorschüsse auf seine Provisionen beziehen muss.

Im Oktober 1966 bricht in der IOS-Zentrale Alarm aus. Per Brief meldet sich die Schweizerische Bankiervereinigung. Höflich, aber unmissverständlich stellt die Bankenlobby fest, dass der Verkauf von Investmentzertifikaten unter der Haustüre in der Schweiz «nicht üblich» sei. Der in finanziellen Dingen nicht bewanderte Kunde werde einem zu grossen Risiko ausgesetzt. Ja, man könne sich sogar fragen, ob der Verkauf von Wertschriften unter der Haustüre nicht dem Bundesgesetz über Handelsreisende zuwiderlaufe. Man wolle, so versichert die Vereinigung zweideutig, keine «unerwünschte Intervention der Behörden», doch möge die IOS ihre Tätigkeit überdenken. Was da als Sorge um den unbedarften Kunden daherkommt, ist in Tat und Wahrheit nichts anderes als eine Warnung an die IOS, nicht mehr länger in dem von den Schweizer Bankiers exklusiv beanspruchten Wertschriftengeschäft zu marodieren. Falls die IOS eine neue Gesellschaft gründe, die ausschliesslich über die Banken verkaufe, so werde man das selbstverständlich wohlwollend prüfen. Cornfeld gibt nach: Mitte 1967 wird die schweizerische Equipe aufgelöst, die Verkäufer werden auf IOS-Niederlassungen im Ausland verteilt. Werner K. Rey zieht nach Innsbruck. Seine Kollegen aus Berner Tagen verlieren ihn rasch aus den Augen.

Um so grösser ist ihre Verwunderung, als sie Ende 1968 der IOS-Hauspostille entnehmen, dass der miserable Verkäufer Werner K. Rey Divisional Manager für die Bereiche Tirol und Vorarlberg geworden ist. Über ihm thront in Österreich nur noch der General Manager.

Wie das? Kaum anzunehmen, dass die Heirat mit Bernadette Gatley, die inzwischen stattgefunden hat, oder ein generell nachsichtigeres Geschäftsklima in Österreich Reys IOS-Karriere gefördert hat. Wahrscheinlicher ist, dass Rey zu einem Trick greift, der in einschlägigen IOS-Kreisen durchaus wohlbekannt ist.

Man leiht sich 5000 Dollar aus. Je 1000 Dollar werden als Anzahlung auf fünf Sparprogramme zu je 60 000 Dollar verwendet. Als angebliche Sparer müssen Verwandte und Freunde herhalten. Fehlen solche, geht's auch mit Nummernkonten und der Ausrede, die fiktiven Sparer wollten anonym bleiben. Das Programmvolumen von 300 000 Dollar gestattet den Bezug von happigen Provisionen. Wichtiger ist indessen die damit anstehende Beförderung zum Senior-Vertreter. Weil dieser nun selber Vertreter anheuern darf, erhöht sich sein Provisionsanteil, und er hat Anrecht auf IOS-Aktien aus dem Stock Option Plan. Sobald dieses Prozedere über die Bühne gegangen ist, sistiert der Vertreter die fünf Programme und holt die Anzahlungen bei

Freunden und Verwandten zurück. Die Sistierung von Programmen ist bei der IOS nichts Aussergewöhnliches. Auch viele normale Kunden steigen über kurz oder lang wieder aus dem IOS-Programm aus, zum Beispiel, wenn sie keine Ersparnisse mehr haben. Der Reysche Ankick reicht in einem System, das nach dem Schneeballprinzip funktioniert, aber aus, um automatisch auf die Beförderungsschiene zu kommen.

Möglicherweise kann Rey bei seinem Trick auf die Mithilfe eines Dritten zählen: des Barons Herbert Haupt von Buchenrode. Der österreichische Adlige wird am 10. November 1966 in Rio de Janeiro während einer Grossrazzia gegen die dortige IOS-Leitung verhaftet, nachdem die Brasilianer dem illegalen Kapitalexport der IOS auf die Schliche gekommen sind. Nach seiner Freilassung übernimmt der Baron den IOS-Markt in Österreich, wird General Manager und damit Reys direkter Vorgesetzter. Buchenrode, «eine Schlange», wie ihn ein Kenner charakterisiert, hat naturgemäss ein starkes Interesse, dass sein Laden und damit das Provisionsvolumen, an dem er partizipiert, möglichst rasch wächst. Und warum dem scheuen, aber offenkundig strebsamen Schweizer beim Aufbau der IOS-Dépendance in Innsbruck nicht etwas unter die Arme greifen, wenn dieser sich vielleicht einmal anderweitig als nützlich erweist?

Ein guter Haustürverkäufer ist Werner K. Rey nach wie vor nicht. Wenn es hingegen darum geht, an den regelmässig anberaumten internen Meetings die IOS-Mitarbeiter für die Klinkenputzerei zu motivieren, ist Rey der richtige Einpeitscher. Er fasziniert seine Zuhörer als Promotor des Stock Option Plan, begeistert sie für den Verkauf von IOS-Aktien und überzeugt sie, selber solche zu erwerben. Rey gilt als fleissiger IOS-Aktien-Käufer.

Doch das Unternehmen, in dem Rey Karriere macht, versinkt immer tiefer im Morast. Nicht nur in Brasilien, auch in einer ganzen Reihe weiterer Länder wird die IOS ihrer illegalen Geschäfte wegen fortgejagt. In der Schweiz sehen sich die Behörden zum Einschreiten gezwungen, nachdem im eidgenössischen Parlament kritisiert wird, dass Cornfeld unverfroren mit dem Namen der Schweiz für seine undurchsichtigen Geschäfte werbe, obwohl die IOS ihren juristischen Sitz in Panama habe. Das Fass zum Überlaufen bringt indes die für einige Genfer Amtsstellen höchst peinliche Erkenntnis, dass von den 1200 IOS-Angestellten der Zentrale nur gerade 87 über eine gültige Arbeitsbewilligung verfügen. Cornfeld muss den Grossteil seiner Aktivitäten deshalb schleunigst ins grenznahe französische Ferney-Voltaire verlegen.

Der Wegfall von einträglichen Märkten bei gleichzeitig exponentiell ansteigenden Vertreterkosten zwingt Cornfeld zu immer gewagteren Spekulationen. Statt erstklassiger börsengängiger Wertschriften packt er hochriskante Vermögenswerte wie Landanteile, Ölbohrrechte, Immobilienzertifikate und vieles mehr in seine Fonds und beteiligt sich wahllos an Firmen, die sich jeweils als Flops erweisen. Mit diesen nur schwer zu bewertenden Aktiven manipuliert er die Bilanzen seines ohnehin kaum mehr durchschaubaren Firmenkonglomerats. Mangels einer effizienten Innenrevision wirtschaften leitende IOS-Angestellte in die eigene Tasche oder «bewilligen» sich Kredite aus der Firmenkasse.

Im Frühling 1969 rät Werner K. Rey plötzlich nicht mehr zum Kauf, sondern zum raschen Versilbern der IOS-Papiere. Weil er ahnt, dass die IOS unter der Last des grotesk aufgeblähten Verkaufsapparates kollabieren könnte? Ehemalige Mitarbeiter winken ab. Rey habe andere Signale interpretiert, nämlich den sinkenden Dollarkurs und das sich merklich abkühlende internationale Börsenklima. Auch Rey verkauft. Wahrscheinlich ist in ihm – mittlerweile 26jährig geworden – der Wunsch aufgetaucht, sein in den vier Jahren der IOS-Zugehörigkeit erworbenes Wissen zu eigenem Nutzen Frucht tragen zu lassen. Dazu stehen ihm nach dem Verkauf seiner Papiere die nötigen Mittel zur Verfügung. Er verlässt die IOS und meldet sich am 29. Dezember 1969 in der Gemeinde Horgen am Zürichsee an. Seine erste Aktiengesellschaft, die er sich zulegt, ist die Univers Beratungs- und Verkaufs AG. Ex-IOS-Leute wollen aber wissen, dass Rey als selbständiger Berater weiterhin Konktakt zur IOS pflegt.

In den ersten Monaten des Jahres 1970 eskaliert der stetige Kursrückgang an den internationalen Börsen zu einem veritablen Kurssturz. Nach aussen hin versucht die IOS mit der Publikation von Phantasiegewinnen die Gemüter, vor allem in der Bankenwelt, zu beruhigen. Hinter den Kulissen müssen Millionen in Stützungskäufe gebuttert werden. Die Rettungsaktion kommt zu spät. Als durchsickert, dass die IOS in den roten Zahlen steckt, bricht unter den Anlegern spürbare Unruhe aus. Die Einlösung von Fondsanteilen schnellt bald auf 25 Millionen Dollar pro Woche. Die in den Fonds geparkten Aktiven von rund 2,4 Milliarden Dollar schwinden im Nu dahin.

Die IOS-Spitze reagiert wie in solchen Fällen üblich: Es müssen Köpfe rollen – und zwar möglichst prominente. Der prominenteste von allen ist zweifelsohne jener von Bernie Cornfeld selber. Am 3. Mai 1970 wird der IOS-Gründer nach einer stürmisch verlaufenden, fast 48 Stunden dauernden Marathonsitzung entmachtet.

Doch damit ist die Geschichte der IOS und ihres Erfinders Bernie Cornfeld noch nicht zu Ende.

In Genf taucht ein kleiner amerikanischer Industrieller namens Robert Vesco bei der IOS auf. Er will die IOS übernehmen. Ganz nach dem Motto «Das Finanzgenie ist tot, es lebe das Finanzgenie» verkündet ein hochrangiger IOS-Mitarbeiter nach einer ersten Besprechung mit Mister Vesco in der Tat wörtlich, er habe soeben «eines der grössten Finanzgenies des 20. Jahrhunderts» getroffen.

Genial sind die Schachzüge tatsächlich, mit denen Vesco Schritt um Schritt das, was vom IOS-Imperium übriggeblieben ist, zum Schaden unzähliger Kleinsparer in seine Tasche abzweigt. Vesco inszeniert eine Art der Übernahme, die später nicht nur in den USA sehr beliebt werden wird, den Leveraged buyout: Mit geliehenem Geld übernimmt der Käufer eine Firma und bürdet ihr umgehend seine Schulden auf.

Vesco beschafft sich die notwendigen Mittel mit einem Bankkredit und erwirbt über eine komplizierte Reihe von Scheingeschäften das Aktienpaket der IOS, das sich nach wie vor im Besitz von Cornfeld befindet. Dann überbindet er die Kreditschulden der eben gekauften IOS und wartet, bis diese das Bankdarlehen beglichen hat. Anschliessend plündert er die IOS-Fonds und taucht mit mehreren hundert Millionen Dollar in

Südamerika unter. Seither suchen ihn die Justizbehörden verschiedener Staaten.

Werner K. Rey hat vier Jahre für Cornfeld gearbeitet; für ihn eine lange Zeit. Sie lässt sich damit erklären, dass Rey auf Dinge gestossen ist, die ihn fesseln. Die Leichtigkeit etwa, mit der Cornfeld den Leuten das Geld in immer wieder neuen Varianten aus den Taschen zieht, und wie es ihm gelingt, renommierte Banken für seine Zwecke einzuspannen. Und geradezu magisch ziehen Rey – wen wundert's – die komplizierten Firmenstrukturen an exotischen Plätzen an, mit denen der Fiskus und andere ausgetrickst werden.

Von der gesamten IOS-Clique muss sich Jahre später nur Bernie Cornfeld vor dem Richter rechtfertigen. Das Verfahren wegen Betrugs bleibt allerdings ohne Folgen. 1979 spricht ihn die Genfer Justiz frei, nachdem sich zwar Hunderte von geschädigten IOS-Investoren als Kläger gemeldet haben, im entscheidenden Moment aber niemand mehr als Zeuge auftreten will. Die in alle Winde zerstreuten IOS-Mitarbeiter und auch Werner K. Rey haben es kapiert: Je grösser der Schwindel, desto besser die Chancen, dass er nicht geahndet wird.

Acht lange Jahre gelingt es Rey, Gras über sein Wirken bei der IOS wachsen zu lassen. Dann, im Juli 1977, wühlt die Zürcher Boulevardzeitung «Tat» in seiner Vergangenheit. Anlass: der Bally-Coup. Die «Tat» wird fündig, Reys «dunkle Jahre bei der weltgrössten Schwindlerfirma IOS» sind ein Tagesknüller. Rey tut, was er auch später in solchen Situationen immer wieder tun wird: erst einmal alles abstreiten und mit juristischen Schritten drohen. Dann – unter dem Druck weiterer Enthüllungen – häppchenweise einen Teil der Wahrheit zugeben. «Ich war einmal ein einfacher Angestellter in Genf, als ich 22 Jahre alt war. Das wird jetzt aufgebauscht, wie vieles andere auch.» Kein Wort davon, dass er auch in Österreich für die IOS gearbeitet hat, und kein Wort davon, dass er dort nicht nur als kleiner Fisch, sondern als aufgestiegener Kadermann tätig war. Als die Zeitung den Baron von Buchenrode und einige andere alte Bekannte aus IOS-Tagen zu Worte kommen lässt, muss Rey der Wahrheit ein weiteres Stück entgegenkommen. Zwar wiegelt er abermals ab und behauptet, diese Zeit sei für ihn ohne grosse Bedeutung gewesen: «Ich habe in Österreich nichts gelernt, was Finanzen anbelangt. Ich war damals ja erst 26.» Ein kurioses Understatement; denn der Baron und andere Zeugen äussern sich in den höchsten Tönen über den «eher schüchternen, stillen und ruhigen, aber äusserst strebsamen und zielbewussten» Rey, der beim Thema Aktien und Spekulation «alle Leute in Bann» gehalten habe.

Besonders ärgert Rey, dass man ihm unterstellt, in unfeiner Gesellschaft zu verkehren. «Das stimmt hinten und vorne nicht. Ich habe weder Herrn Cornfeld noch Herrn Vesco je gesehen, noch telefoniert, noch kennengelernt, noch irgend ein anderer von diesen je in meinem Leben gesehen. Es würde mir auch nie in den Sinn kommen, mit einer solchen Person je Kontakt aufzunehmen.» Dies die (inklusive Grammatik) wörtliche Reaktion Reys in einem Interview der «Tat».

Ob Rey Cornfeld je persönlich zu Gesicht bekommen hat, ist im Grunde belanglos. Obwohl Cornfeld als Vater der IOS gilt, gab es da noch einen anderen Amerikaner, der von seinem Charakter her Rey ungleich stärker fasziniert haben muss als Cornfeld: den Juristen Ed Cowett. Er agiert lieber im Hintergrund und hat – im Unterschied zu den meisten IOS-Managern – weniger den schnellen Gelderwerb vor Augen. Ihm geht es mehr um das faszinierende Handling komplizierter und waghalsiger Konstruktionen, wie er sie für die IOS entworfen hat. Es ist anzunehmen, dass Cowett als einziger das raffiniert ausgeklügelte Geldvermehrungssystem durchschaut hat. Als ihn Reporter nach dem Zusammenbruch der IOS befragen, weshalb er so viele Jahre seines Lebens für dieses Schwindelunternehmen geopfert habe, antwortet er: «Ich bin einfach gern jeden Tag ins Büro gegangen, um etwas ganz anderes und vollkommen Neues auszutüfteln.» Cowett galt in seiner Entourage als ausgesprochene Spielernatur.

Ähnlich wird Jahre später Werner K. Rey als Alleinherrscher über die Omni Holding seine unternehmerische Motivation erklären.

Von der zerschlagenen IOS bleibt so etwas wie ein Old Boys Network übrig, ein Geflecht von Beziehungen und Kontakten, das sich besonders gerne in Organisationen mit verschwörerischem Charakter bildet. Eli Wallit, ein hochrangiges IOS-Mitglied, hat diesen Charakter im Gespräch mit einem Journalisten auf den Punkt gebracht: «Sie dürfen nie vergessen, dass diese Gesellschaft sich aus der illegalen Operation heraus entwickelt hat.»

Ein englischer Privatdetektiv, der nach dem Fall der IOS im Auftrag von geschädigten Kunden nach verschwundenen Geldern forscht, hat über all die Jahre hinweg die Beobachtung gemacht, dass bei kleineren und grösseren Wirtschaftsskandalen in der Londoner City immer wieder Ex-IOS-Leute mit von der Partie waren. «Die IOS ist wie ein Virus. Wer da mitgemacht hat, bleibt irgendwie für immer angesteckt», lautet seine feste Überzeugung.

Auch der ehemalige IOS-Divisional Manager Werner K. Rey wird im Laufe seiner späteren Karriere von diesem Beziehungsnetz Gebrauch machen – auch wenn er «zugeht wie eine Muschel, wenn man ihn auf die IOS-Epoche anspricht», wie ein früherer Direktor der zur Omni Holding gehörenden Inspectorate amüsiert berichtet.

III

Ein Kammerspiel für drei Personen und zwei Banken

Ein blässlicher Direktor führt Regie und holt sich seine Gage in der Karibik und in Südfrankreich

Wir kehren zurück ins Jahr 1970. Werner K. Rey hat – wie wir wissen – die IOS verlassen und ist nach Horgen gezogen. Die Hungerjahre gehören für ihn der Vergangenheit an. 1970 versteuert er ein Einkommen von 29 800 Franken und ein Vermögen von 70 000 Franken. Seine neue Tätigkeit als selbständiger Finanzberater scheint ihm allerdings nicht ganz zu behagen, denn er kehrt ins klassische Bankmetier zurück. 1972 tritt Rey in die Bank of Investment and Credit Ltd, Zürich (Bankinvest Zürich) ein.

Dieses Ende 1968 in Bern gegründete und dann nach Zürich verlegte Bankhaus weist ein imposantes Aktionariat auf. Zu den Besitzern der Bankinvest gehören unter anderen die amerikanischen Flugzeugwerke Boeing, der Getränkeriese Coca-Cola, der kanadische Whisky-Hersteller Seagram, der Londoner Versicherungsbroker C.T. Bowering und die kanadische Bank Royal Trust Company. Die Bank besitzt ihrerseits eine Tochtergesellschaft auf den Karibikinseln Cayman Islands, die Bankinvest Cayman.

Geschäftsführender Direktor und gleichzeitig Mitglied des Verwaltungsrats ist Hans J. «Johnny» Keller, ein sinnenfreudiger Bänkler, der früher für die SKA in den USA tätig gewesen ist. Keller, dessen Champagnerfeten nach Arbeitsschluss bankintern sehr geschätzt werden, nimmt den bleichgesichtigen, scheuen Rey unter seine Fittiche. Ende 1972 schickt er ihn als stellvertretenden Direktor nach London, wo er sich um den Bereich Konsortialkredite kümmern und neue Kunden akquirieren soll.

Die Bank floriert indessen nicht so recht. Nicht etwa, weil Keller und seine Equipe das Risiko scheuen, im Gegenteil. Sie gehen riskanten Geschäften durchaus nicht aus dem Weg, akzeptieren und diskontieren zum Beispiel Wechsel der nordkoreanischen Regierung, mit denen der deutsche Industriekonzern Mannesmann für Warenlieferungen entschädigt wird. Und über die Tochter auf den Cayman Islands werden Treuhandgeschäfte mit Banken des berüchtigten italienischen Financiers Michele Sindona abgewickelt.

Als Ende Juni 1974 das grösste deutsche Privatbankhaus, die I.D. Herstatt, zusammenkracht, erschüttert dies nicht nur die Bankenwelt in Deutschland, Ausläufer des Erdbebens sind auch in der Schweiz spürbar. Die Refinanzierungskosten für kleinere Institute steigen deutlich an, was auch die Bankinvest zu merken bekommt. Das und die risikoreichen Engagements führen zu einer gravierenden Liquiditätskrise. Die Bankinvest-Aktionäre müssen mit Aktionärsdarlehen in die Bresche springen. Weil sie befürchten, dass sich ihre Bank mit der bescheidenen Bilanzsumme von etwas mehr als 180 Millionen Franken so nicht wird halten können, denken sie über einen Verkauf nach.

Dies kommt natürlich auch Werner K. Rey, mittlerweile im Range eines Direktors der Bankinvest, zu Ohren. Und er kriegt auch mit, dass verschiedene diskrete Sondierungen bei anderen Banken im Sande verlaufen. Die risikoreichen Engagements der Bankinvest reizen die Konkurrenz eben nicht zu einem Kauf.

Rey nutzt seine Kontakte. Er spricht mit Ernst «Caesar» Krienke, Vorstandssprecher der Allgemeinen Deutschen Credit-Anstalt (ADCA) mit Sitz in Frankfurt. Die ADCA ist eine der ältesten und einstmals feinsten Privatbanken Deutschlands (sie gehörte übrigens zu den Mitbegründerinnen der Schweizerischen Kreditanstalt). Krienke geniesst in der Branche nicht gerade einen erstklassigen Ruf. Er liebt grosse Sprüche und kühne Transaktionen. In der jüngeren Vergangenheit ist dies seinem Bankhaus nicht immer gut bekommen.

Der forsche Krienke war in den sechziger Jahren von den Qualitäten eines anderen grossen Sprücheklopfers so überzeugt, dass er dessen Aktien mit Begeisterung unter die Kundschaft brachte. Der Mann hiess Bernie Cornfeld, die Aktien stammten von der IOS. Als die IOS kurze Zeit später kollabierte und die

Anleger auf wertlosen Papieren sassen, hatte Krienke ein Herz für die erwerbslosen IOS-Vertreter in Deutschland. Vom Verkaufsprinzip Bernies überzeugt, engagierte Krienke Cornfeldianer von der Strasse weg und hiess sie, an den Haustüren «alles anzubieten, was man nicht über den Bankschalter verkaufen kann». Die Aktion verlief ziemlich erfolglos. Rey gehörte zwar nicht zu den von Krienke beschäftigten IOS-Leuten, trotzdem ist es mehr als wahrscheinlich, dass er den deutschen Bankier damals kennengelernt hat.

Mit Ernst Krienke also plaudert Werner K. Rey über die Verkaufsabsichten der Bankinvest-Aktionäre. Der Zufall will es, dass ein Aufsichtsrat der ADCA, der Münchner Rechtsanwalt Reinhold Kreile, Berater des deutschen Grosshandelskonzerns Metro ist. Und just die Metro hält Ausschau nach einer eigenen Bank in der Schweiz. Obwohl vorwiegend auf dem deutschen Markt tätig, liegt der Hauptsitz des Handelsriesen nämlich im steuerlich günstigen Zug. Kreile gibt den Tip über die zum Verkauf anstehende Bankinvest an die Metro weiter.

Am 28. November 1974 tagt der Verwaltungsrat der Bankinvest in den Räumlichkeiten der Bank an der Brandschenkestrasse 41. Die Lage ihres Instituts zwingt die Verantwortlichen nun wirklich zum Handeln. Die Aktionäre wollen ihrer Bank keine Liquidität mehr nachschiessen, was bedeutet, dass sie liquidiert oder raschmöglichst verkauft werden muss. Aus Imagegründen wird ein Verkauf favorisiert. Gut möglich, dass Verwaltungsrat Hans J. Keller von Rey erfahren hat, dass es vielleicht doch einen Interessenten gebe. Auf alle Fälle wird Keller mit den Verkaufsverhandlungen beauftragt. Ein Verwaltungsratsausschuss soll die Verhandlungen überwachen. Mit Wissen und Billigung dieses Ausschusses zieht Keller seinen Direktor Rey bei.

Wann Werner K. Rey den Vorsatz fasst, die Karten in diesem Spiel so zu mischen, dass für ihn möglichst viel herausschaut – und zwar auf Kosten sowohl der Käuferin als auch der Verkäuferin –, das bleibt sein Geheimnis. Die Art, wie er den Coup durchführt, zeigt jedenfalls die Handschrift des eiskalten Spielers. Jahre später, als seine Machenschaften durch reinen Zufall entdeckt werden, können die Geschädigten den Ablauf des Geschäfts nur mit äusserster Mühe rekonstruieren. Doch soweit sind wir noch nicht.

Am 20. Dezember 1974 treffen sich der Metro-Spitzenmanager Erwin Conradi, ADCA-Bankier Ernst Krienke sowie der Metro-Berater und ADCA-Aufsichtsrat Reinhold Kreile zu einer ersten Besprechung. Conradi lässt durchblicken, dass die Metro einem Kauf der Bankinvest nicht abgeneigt ist. Vorher jedoch wolle die Metro näheres über den wirtschaftlichen Zustand der Bank wissen. Krienke und Kreile geben deutlich zu erkennen, dass sie einen eventuellen Kauf sehr gerne über die ADCA abwickeln würden.

Ende Januar treffen zwei Metro-Wirtschaftsprüfer in Zürich ein und nehmen Einblick in die Bücher der Bankinvest. Für die Tochtergesellschaft auf den Cayman Islands interessieren sie sich nicht sonderlich, da Metro aus optischen Gründen kein Geldinstitut in der Karibik haben will. Nach Auswertung ihrer Prüfung kommen die Experten auf einen Kaufpreis von etwa 32 Millionen Franken. Ein Betrag, der der Metro angemessen erscheint.

Die Ausgangslage für Rey präsentiert sich also wie folgt.

- Die Bankinvest soll verkauft werden. Die Verhandlungen führen Keller und Rey.
- Metro ist für 32 Millionen Franken an einem Kauf interessiert, aber nur an Bankinvest Zürich, also ohne die Tochter auf den Cayman Islands.
- Die ADCA soll nach dem Willen der Metro für sie die Verhandlungen führen. Hauptakteur ist Krienke.

Um zu begreifen, was sich nun abspielt, stellt man sich am besten ein Theaterstück vor.

Die Kulisse besteht aus zwei Zimmern: Im ersten sitzen die Verantwortlichen der Metro-Gruppe[1]. Im anderen Zimmer sind die Bankinvest-Aktionäre und der mit der Überwachung be-

[1] Effektive Käuferin der Bankinvest Zürich ist die Firma Grospart, eine Tochter der Metro.

traute Verwaltungsratsausschuss versammelt. Durch eine Verbindungstüre eilen geschäftig Hans J. Keller, Werner K. Rey und Ernst Krienke hin und her, informieren über den Gang der Verhandlungen, verteilen Dokumente, sammeln Unterschriften. Vor allem aber wachen sie darüber, dass ja keine Partei den Raum der anderen betritt. Dirigiert wird das Kommen und Gehen vom Strategen Werner K. Rey.

Er führt so geschickt Regie, dass das Zimmer der Bankinvest eigentlich nur dazu dient, die Bankinvest-Leute abzuschotten und ihnen jede Möglichkeit zu nehmen, den Geschäftsablauf zu beeinflussen. Es ist vielmehr Rey selber, der das Metro-Zimmer mit Informationen speist, die angeblich aus dem Bankinvest-Zimmer kommen, in Tat und Wahrheit aber den Absender Rey tragen. Rey spielt zu Beginn des Stückes die «Bankinvest-Aktionäre».

Im Metro-Zimmer tut sich als erstes etwas. Am 10. Februar verkündet ADCA-Mann Krienke, er habe telefonisch erfahren, die «Bankinvest-Aktionäre» seien bereit, ihre Aktien für 35 Millionen Franken, keinen Rappen darunter, zu verkaufen. Der tüchtige Krienke liefert gleich den Entwurf eines Kaufvertrags mit sowie einen Vorschlag, wie die Bankinvest Zürich von ihrer Karibik-Tochter getrennt werden könnte. Verfasser der Papiere sind Rey und Keller.

35 Millionen? Metro, in Kenntnis des Ergebnisses ihrer Wirtschaftsprüfer, winkt ab: 3 Millionen zuviel. Nur zwei Tage später kann Krienke mit der frohen Botschaft aufwarten, die «Bankinvest-Aktionäre» seien – nach harten Verhandlungen! – nun doch mit 32 Millionen Franken einverstanden.

Werner K. Rey betritt am 6. März erstmals das Metro-Zimmer. Erst konferiert er in Duisburg mit einem der beiden von Metro eingesetzten Wirtschaftsprüfer, wohl um ihn auszuhorchen und so zu erfahren, welches der Kenntnisstand der Metro über die Bankinvest ist. Dann reist er nach Düsseldorf zu einer Besprechung mit der Metro-Spitze. Die Verhandlungen dauern bis tief in die Nacht hinein. Der Bankdirektor aus der Schweiz beeindruckt die Anwesenden durch seine präzisen Kenntnisse über die Bankinvest Zürich und die Karibiktochter sowie deren ge-

genseitige Verflechtung. Rey referiert auch über die Vorstellungen und Wünsche der «Bankinvest-Aktionäre». Gestützt auf diese Angaben, formuliert man schliesslich gemeinsam den Entwurf eines Auftrages an die ADCA, die Bankinvest für 32 Millionen Franken treuhänderisch zu erwerben. Metro, die – wie bereits erwähnt – kein Interesse an der Bankinvest Cayman hat, wünscht, dass vorher die schlechten Engagements von Zürich in die Karibik transferiert und umgekehrt gute Kreditpositionen von der Cayman-Tochter zur Mutter gewechselt werden. Überdies müsse die Cayman-Bank gegenüber Zürich für allfällig faule Geschäfte eine Bürgschaft von 5 Millionen Franken eingehen.

Schon jetzt ist absehbar, dass nach der Entflechtung die Tochter bei der Mutter in der Kreide stehen wird. Auch dieser Punkt wird geregelt, denn die Metro will, dass ihre Bank das Geld sofort erhält. Von den 32 Millionen Franken soll deshalb die entsprechende Summe abgezweigt und der Bankinvest Zürich übergeben werden. Dies natürlich zu Lasten der Aktionäre. Anderseits fliesst ihnen ja auch Geld aus dem Verkauf der Karibik-Tochter zu – meint man wenigstens bei Metro.

Am anderen Morgen erscheint Werner K. Rey erneut in den Düsseldorfer Büros der Metro und verlangt mit Nachdruck eine unterzeichnete Ausfertigung des Auftragsschreibens. Metro zögert. Erstens hat sie es nicht so eilig. Zweitens will sie den Auftrag der ADCA von ihrem Hauptsitz in Zug aus zustellen, und zwar wie üblich per Post. Doch Rey insistiert. Er müsse seinen Aktionären unbedingt ein Dokument vorweisen können. Metro gibt nach und händigt ihm eine Kopie des korrekt auf den aktuellen Tag (7. März) datierten, allerdings nur provisorischen Auftrags aus. Damit reist Werner K. Rey nach Frankfurt weiter.

Während bei Metro das Original des Auftrags seinen postalischen Weg von Düsseldorf nach Zug nimmt, sitzt Bankinvest-Direktor Rey am 8. März bei ADCA-Mann Krienke in dessen Büro und formuliert mit ihm den Entwurf eines Kaufangebotes an die Bankinvest-Aktionäre. Der kleine Unterschied mit weitreichenden Folgen: Statt 32 Millionen Franken sind's plötzlich nur noch 21,75 Millionen Franken, die Metro den Bankinvest-

Besitzern anbietet. Die Offerte wird auf den 10. März 1975 nachdatiert und trägt die Unterschrift von Krienke und einem weiteren ADCA-Verantwortlichen. Die von der Metro formulierten genauen Angaben über den Forderungsaustausch und die Bürgschaft betreffend die Cayman-Tochter sowie die Deckung des Forderungsüberhanges aus den 32 Millionen fehlen – sie werden mit keinem Wort erwähnt.

Drei Tage später fischt Krienke aus seiner Morgenpost ein Couvert aus Zug: das Original des provisorischen Auftrags der Metro, die Bankinvest für 32 Millionen Franken zu kaufen – verknüpft natürlich mit all den ausgehandelten Bedingungen. Krienke verschliesst den Brief an einem sicheren Ort.

Und was hat sich in der Zwischenzeit im Zimmer der Bankinvest-Aktionäre getan? Nichts, natürlich nichts, denn Keller und Rey agieren ja bekanntlich im Namen der Bankinvest-Aktionäre, ohne dass diese davon wissen. Sie warten darauf, dass ihnen Hans J. Keller und sein Direktor Rey endlich die erlösende Mitteilung machen, dass man einen Käufer gefunden habe. Über den Verkaufspreis hegen sie keine Illusionen. Sie rechnen mit einem Betrag von 22 bis 23 Millionen Franken. Denn soviel ist das einst in englischen Pfunden, amerikanischen und kanadischen Dollars einbezahlte Aktienkapital von 29 Millionen Franken nach dem Kurszerfall dieser Währungen gegenüber dem Schweizerfranken etwa noch wert. Aber wie gesagt: Was sich bis dato im Zimmer nebenan abgespielt hat, davon haben sie keine Ahnung. Vor allem von den 32 Millionen, welche die Metro bietet, wissen sie absolut nichts.

Am 13. März um 10.30 Uhr werden die Bankinvest-Aktionäre erlöst. Sie befinden sich auf den Cayman Islands, wo die jährliche Generalversammlung der Bankinvest Cayman stattfindet. Anschliessend tagt der Verwaltungsrat der Bankinvest-Tochter unter der Leitung seines Präsidenten Hans J. Keller. Er und der ebenfalls anwesende Werner K. Rey präsentieren der neugierigen Runde eine schriftliche, von der ADCA signierte Offerte vom 10. März 1975. Darin bietet Metro der Bankinvest Zürich für 100 Prozent ihrer Aktien 21,75 Millionen Franken an. Einzige Auflage: Zuerst muss die Bankinvest Cayman verkauft werden.

Rey und Keller empfehlen aufs wärmste die Annahme der Offerte. Der Verwaltungsrat und sein Ausschuss sind froh, endlich einen Interessenten gefunden zu haben, denn der Bericht ihrer Kontrollstelle ist alarmierend. Die Bankinvest Zürich hat Ausstände von über 18 Millionen Franken in Form von Bankgarantien und Bürgschaften. Die Kontrollstelle will die Jahresrechnung 1974 nur genehmigen, wenn ein kapitalkräftiger Käufer gefunden wird. Die Metro kommt somit wie gerufen, und der Verwaltungsrat der Bankinvest zögert nicht, Keller und Rey mit der Fortführung der Verhandlungen zu beauftragen.

Um auf Nummer sicher zu gehen, schickt Rey dem Verwaltungsratspräsidenten der Bankinvest Zürich, dem Amerikaner L.F. McCollum, noch am gleichen 13. März einen Telex. Message: «Die ADCA-Offerte im Namen der Metro ist seriös.» Wortreich zählt Rey die Vorteile des Geschäftes auf und empfiehlt, dass der Verwaltungsrat an seiner nächsten Sitzung dem Preis von 21,75 Millionen Franken zustimme. Rey signiert die Telexmeldung mit «Keller».

Am 15. März verlassen Rey und Keller das sonnige Paradies Richtung Schweiz. Doch schon in Miami steigt Rey um. Er hat noch einen Abstecher auf die Bahamas vor. Zufälligerweise verbringt ebendort Ernst Krienke seine Badeferien.

Am 21. März schreibt McCollum seinen Verwaltungsräten der Bankinvest Zürich und legt ihnen die Annahme der Metro-Offerte vom 10. März über 21,75 Millionen Franken ans Herz.

Einige Aktionäre verlangen, dass man ihnen die formelle Vollmacht von Metro an die ADCA zwecks eingehenden Studiums vorlege. Auf telegrafischem Weg liefern Keller und Rey darauf lediglich einige sorgfältig ausgefilterte Informationen über das Mandat der ADCA. Keller und Rey unterstreichen, dass gemäss Vollmacht alle Verhandlungen über die ADCA zu laufen hätten, eine Bank von grossem Ansehen». Geradezu beschwörend wirken sie auf die Bankinvest-Besitzer ein, jeden direkten Kontakt mit der potentiellen Käuferin zu vermeiden. Von einer Einsicht in die Vollmacht durch die Aktionäre raten sie dringend ab. Begründung: Dies könne von Metro als Vertrauensmangel interpretiert werden und damit die Transaktion gefährden.

Das Aushändigen der Vollmacht wäre natürlich das Ende von Reys dunklen Plänen gewesen. Sein Spiel mit der Differenz zwischen 32 und 21,75 Millionen Franken sowie den verschiedenen Kaufbedingungen hätte er sofort abbrechen müssen. Ebenso aufgeflogen wäre die abgekartete Sache in dem Augenblick, in welchem Metro und Bankinvest erstmals direkten Kontakt miteinander gehabt hätten.

Deshalb wirkt Krienke im Zimmer nebenan in der gleichen Sache auf die Metro ein. Er erstickt allfällige Begehren nach einer direkten Kontaktaufnahme mit den Bankinvest-Aktionären im Keime und erklärt, die Herren Aktionäre wollten sich aus Diskretionsgründen heraushalten. Alle Verhandlungen müssten über die ADCA laufen. Die Metro fügt sich diesem «Wunsch der Bankinvest».

Erst am 20. März formuliert die Metro ihren definitiven Auftrag an die ADCA. Er entspricht im wesentlichen dem bisherigen Provisorium vom 10. März, stipuliert aber neu, dass die Kaufsumme von 32 Millionen Franken nicht bei der Bankinvest Zürich deponiert wird, sondern bei der ADCA. Auch dieses Dokument verwahrt Ernst Krienke aus naheliegenden Gründen unter Verschluss.

Bisher haben sich die Dinge für Regisseur Werner K. Rey prächtig entwickelt, das Spiel kann jetzt in die heisse Phase übergehen. Rey muss als erstes einen Phantomkäufer für die Bankinvest-Tochter auf den Cayman Islands aufbauen. Ein Phantom deshalb, weil der wahre Käufer der Cayman-Bank niemand anders ist als Werner K. Rey selber.

Am 24. März trifft beim Ausschuss des Bankinvest-Verwaltungsrats in Zürich überraschend neue Post von der ADCA ein. Ein Kunde, der ungenannt bleiben wolle, biete 1 146 236.28 Fr. für die Bankinvest Cayman an. Ein Preis, der auf die 28 Rappen genau dem ausgewiesenen Eigenkapital der Bank entspricht. Noch erstaunlicher ist jedoch, dass der mysteriöse Kunde bereits präzise Vorstellungen über den Austausch von Forderungen zwischen Zürich und der Karibik hat. Was der Ausschuss nicht wissen kann: Diese «Vorstellungen» entsprechen wörtlich jenen, die die Metro der ADCA bereits in ihrem provisorischen Auftrag vom 7. März diktiert hat. Weiter schreibt die ADCA, ihr Kunde habe Kenntnis davon, dass ein wesentlicher Teil der Aktiven des Bankhauses in der Karibik durch drohende Schadenersatzforderungen zweier ausländischer Kunden gefährdet oder verloren sein könnte.

Der Verwaltungsrat der Bankinvest Zürich übersieht vor lauter Begeisterung über die gute Kunde ein merkwürdiges Detail: Die Offerte trägt kein Datum.

Dass dieses fehlt, hat einen guten Grund: Die ADCA hat formell (noch) gar keinen Interessenten für die marode Bank in der Karibik. Wir wissen aber, dass Rey, der verdeckte Käufer, am Aufbau eines geeigneten Phantoms arbeitet. Weil die Zeit drängt und die Metro mit der Übernahme der Bankinvest Zürich nicht mehr lange zuwarten will, muss er das Pferd quasi von hinten aufzäumen und hat deshalb die ADCA (= Krienke) trotz des fehlenden offiziellen Käufers zu einer Offerte veranlasst. Aber eben, die Chronologie stimmt nicht. Und wenn die Chronologie nicht stimmt, dann sind undatierte Dokumente, die später mit dem passenden Datum versehen werden können, sehr nützlich.

Bei der ADCA hat der «ungenannt sein wollende Kunde» in der Folge sehr wohl einen Namen, denn dort muss Rey, um den Anschein eines korrekten Geschäftsvorganges zu wahren, mit halbwegs offenen Karten spielen. Der Kunde heisst Urus und ist nichts anderes als eine dieser unzähligen liechtensteinischen Anstalten, die man sich eben mal schnell erwirbt, um einen Deal mit absoluter Diskretion abzuwickeln.

Die Urus also erteilt der ADCA – aber erst am 7. April – den Auftrag, Bankinvest Cayman zu den bei Metro abgekupferten Bedingungen zu kaufen, und zwar über eine von der ADCA zu bestimmende Gesellschaft. Urus wünscht, dass ihr Name unter keinen Umständen preisgegeben werde, weder in Zürich noch auf den Cayman Islands, weder bei der Bankinvest noch bei der Metro.

Zusätzliche Klausel: Die ADCA darf die Aktien der Karibikbank erst erwerben, wenn bei ihr die Summe von genau 10,25 Millionen Franken zugunsten der Urus eingetroffen ist. Wann, woher und weshalb dieser Betrag kommen soll, das verschweigt die Urus. Der Brief ist auf den 24. März rückdatiert und damit mit der an diesem Tag bei Bankinvest Zürich eingetroffenen Offerte der ADCA kompatibel. Wie praktisch undatierte Papiere doch sein können.

Am 9. April dann muss die Norddeutsche Kreditbank, die zur ADCA gehört, auf deren Veranlassung im liechtensteinischen Balzers eine Firma namens Aguas Nuevas SA «gründen». Über sie soll der Kauf der Bankinvest Cayman abgewickelt werden. Diese Gründung ist ein reines Scheingeschäft, denn die Aguas Nuevas existiert seit 1972. In Tat und Wahrheit handelt es sich um einen ganz gewöhnlichen Kauf eines Aktienmantels durch die Norddeutsche Kreditbank.

Weil die Chronologie auf dem Kopf steht, muss hier der Hauptfaden am 26. März im Zimmer der Bankinvest-Aktionäre wiederaufgenommen werden.

An diesem Tag seufzt man im Verwaltungsratsausschuss erleichtert auf. In zwei separaten Schreiben präsentiert die ADCA namens der Metro das «unwiderrufliche Angebot» zum Kauf der Bankinvest Zürich für die bekannten 21,75 Millionen sowie namens der (erst am 9. April zu «gründenden») Aguas Nuevas zum Kauf der Bankinvest Cayman für die 1 146 236 Franken und 28 Rappen, die zwei Tage zuvor ein «ungenannt sein wollender» Kunde offeriert hat.

Am 2. April akzeptiert der Verwaltungsrat der Bankinvest die Offerten. Vom positiven Entscheid bezüglich der Bankinvest Zürich wird die ADCA am 15. April durch den für den Kaufabschluss zuständigen Vertreter des Verwaltungsrates orientiert. Bereits vier Tage zuvor hat die ADCA die Zustimmung für die Karibik-Bank-Offerte erhalten, unterschrieben von Rey und Keller.

Nun ist ein wesentlicher Punkt in diesem Geschäft die Entflechtung der beiden Banken, wie sie zwischen der Metro und Rey am 6. März erarbeitet worden und in der Offerte von Aguas Nuevas schriftlich niedergelegt ist. Bei dieser Flurbereinigung durch Rey hat sich Erstaunliches ereignet:

Innerhalb von nur drei Monaten ist die Verschuldung von Cayman gegenüber Zürich enorm angestiegen und beträgt ziemlich genau 10,25 Millionen Franken. Erreicht worden ist dieses

Minus einmal durch gezielte Transaktionen von der Bankinvest Zürich nach der Karibikbank. Dann ist Cayman eine Bürgschaft über 5 Millionen Franken zugunsten der Mutter in Zürich eingegangen. Die Bürgschaft besteht in Form von Realsicherheiten und einer noch nicht einbezahlten Festgeldanlage.

Ende April treffen die 32 Millionen Franken für die Bankinvest Zürich von der Metro bei der ADCA ein. Soviel will die Metro ja bekanntlich dafür bezahlen, was aber nur Keller, Krienke und Rey wissen.

Nachdem auch die Eidgenössische Bankenkommission ihren Segen zu der Handänderung gegeben hat, schreitet die ADCA zur Verteilung des Geldsegens aus der Schatulle von Metro.

21,75 Millionen Franken gehen – nur soviel erwarten ja die Bankinvest-Aktionäre für ihre Bank – nach Zürich. Was aber passiert mit dem Rest? Ist es Zufall, dass er 10,25 Millionen Franken beträgt und genau jener Summe entspricht, die zugunsten der Urus unter geheimnisvollen Umständen bei der ADCA eintreffen soll? Ein solcher Zufall im Umfeld des begnadeten Kopfrechners Werner K. Rey? Wohl kaum.

Tatsächlich lässt Krienke diesen Betrag dem Konto der Urus gutschreiben, die 32 Millionen sind damit verteilt. Doch was macht die Urus mit den 10,25 Millionen? Was heisst schon Urus, was macht Rey mit den 10,25 Millionen? Seien wir genau:

Fr. 1 146 236.28 legt er für den Kauf der Bankinvest Cayman aus. Dabei versteckt er sich hinter der offiziellen Käuferin Aguas Nuevas. Mit weiteren Fr. 4 103 089.23, so hoch sind die offenen Schulden der Karibikbank bei ihrer ehemaligen Mutter, erkauft er sich bei der Bankinvest Zürich die Unabhängigkeit. 5 Millionen Franken fliessen, wie von der Metro in Form einer Bürgschaft für faule Geschäfte zur Bedingung gemacht, auf ein Festgeldkonto bei der Bankinvest Zürich. Übrig bleiben exakt Fr. 674.49. Um genau diese paar Franken ist Werner K. Rey bei der Entflechtungsübung unpräzis, er lässt sie grosszügig an die Aguas Nuevas überweisen.

Und das ist die Pointe des Theaterstücks mit den zwei Zimmern: Werner K. Rey kommt heimlich, dafür völlig kostenlos, zu einer Bank in der Karibik. Gesponsert hat ihn, ohne dass sie es weiss, die Metro in Zug. Die ganze Transaktion ging wie durch Butter. Verständlich, dass Rey im nachhinein bedauert, nicht nachdrücklicher einen noch höheren Preis herauszuholen versucht zu haben, beispielsweise die zuerst diskutierten 35 Millionen Franken. Bei der «Entflechtung» der Konten hätte er dann einfach noch einen Zacken zulegen müssen.

Bemerkenswert an diesem Raubzug ist nicht nur Reys Kaltblütigkeit, sondern auch sein Auge für willige und unkritische Helfer. Hans J. Keller, der sich lieber den schönen Dingen des Lebens widmet, ist froh, dass ihm der sachkundige Rey den Grossteil der Arbeit abnimmt. Rey ist neben Keller der einzige, der einen vollständigen Einblick in die Bücher der Bankinvest Zürich und Cayman Islands hat. Ernst Krienkes Hang zu abenteuerlichen Transaktionen ist für Rey ebenso nützlich wie dessen eifriges Bestreben, unter allen Umständen das Geschäft für die Metro abwickeln zu dürfen.

Es ist aber anzunehmen, dass keiner von beiden die Winkelzüge von Rey vollständig erfasst hat. Kein Wunder, weiht Rey doch jeden Akteur nur soweit ein, wie es für den Gang der Dinge nach seinem Plan unbedingt notwendig ist (eine neue Variante des Geheimhaltungsgrundsatzes «need to know»). Eine Taktik, die Rey in den späteren Jahren noch verfeinern wird.

Bei der Bankinvest geht Direktor Werner K. Rey seiner Arbeit nach, wie wenn nichts geschehen wäre. Sein Spiel mit den beiden liechtensteinischen Firmen Urus und Aguas Nuevas treibt er aber munter weiter.

Damit alles seine Ordnung hat, holt sich Rey bei den zuständigen Behörden der Cayman Islands die vorgeschriebenen Bewilligungen für die Übertragung der Aktien der verkauften Bank an die neuen Eigentümer. Selbstverständlich muss Rey dabei sein Inkognito eisern wahren, denn niemand darf wissen, dass er der neue Eigentümer der Karibikbank ist. Deshalb schiebt er die der ADCA gehörende Norddeutsche Kreditbank vor. Diese ersucht die Behörden, die Aktien der Bankinvest Cayman auf ihre «im internationalen Geschäft tätige» Tochtergesellschaft Aguas Nuevas zu übertragen. Die ADCA bestätigt dies und hält vollmundig fest, dass die Bankinvest Cayman nun zur ADCA-

Bankengruppe gehöre und damit deren guten Ruf geniesse. Eine von Rey inszenierte Verschleierung, denn die ADCA hält die Bankinvest Cayman lediglich treuhänderisch, und zwar für Urus.

Dass dieses Geschäft nach speziellen Regeln funktioniert, zeigt auch folgende Kuriosität: Ein Angestellter der Norddeutschen Kreditbank stellt – ein völlig normaler Vorgang – der Urus für gehabte Bemühungen bei der Handänderung der Bankinvest Cayman eine Rechnung von 278 482 Franken und 62 Rappen aus, inbegriffen die übliche Provision von 200 000 Franken. Die Rechnung passiert – es ist ja Business as usual – anstandslos die Buchhaltung und wird schliesslich über die ADCA der Urus zugestellt. Die Urus verweigert die Bezahlung der Provision. Einigermassen verwundert werden die Buchhalter der Norddeutschen Kreditbank zur Kenntnis nehmen müssen, dass ihr Haus daraufhin sang- und klanglos auf die Durchsetzung der Forderung verzichtet. Dass es eben kein normales Geschäft ist, können sie nicht ahnen.

Am 29. August bittet die Urus die ADCA, die Bankinvest Cayman in Atlantis Bank Ltd umzutaufen und den Verwaltungsrat mit Seiner Hoheit Prinz Emanuel von und zu Liechtenstein, Seiner Hoheit Prinz Meinrad von Hohenzollern-Emden und Konsul Dr. W. Walser neu zu bestellen. Als Manager wird ein gewisser Peter Winkler aus Zollikon eingesetzt.

Im Dezember 1975 schluckt die Urus die Aguas Nuevas. In diesem Zusammenhang taucht erstmals eine interessante Adresse der Urus auf: c/o Atlantis Finanz, Brandschenkestrasse 41, Zürich. Diese Anschrift ist identisch mit jener der Bankinvest Zürich, wo Werner K. Rey noch immer Direktor ist.

Werner K. Rey verlässt die Bankinvest im Frühjahr 1976, allerdings nicht ganz freiwillig. Es passt den Metro-Oberen nicht, dass sich Rey ganz offensichtlich mit der Firma Bally näher zu befassen beginnt. Rey geht nicht mit leeren Händen, er ist ja heimlicher Eigentümer einer Bank auf den Cayman Islands. Dafür – ein pikantes Detail – verbleibt er in den Büchern der Bankinvest Zürich als Schuldner eines Darlehens von 250 000 Franken.

Die Bankinvest Zürich sitzt auf mehreren uneintreibbaren Forderungen, welche im Zuge der Entflechtung von der Cayman-Bank nach Zürich transferiert worden sind. Derweil macht sich Rey in genau dieser – angeblich maroden – Bank ans Kassieren. Von den angeblich drohenden Schadenersatzforderungen ist weit und breit nichts auszumachen. Dafür kann er zwei ausstehende Darlehen von zusammen fast 3 Millionen Franken eintreiben, Forderungen, die er rechtzeitig von Zürich in die Karibik transferiert hat, womit eine der damaligen Kaufbedingungen der Metro ins Gegenteil verkehrt worden ist.

Wie erinnerlich, musste die Bankinvest Cayman bei ihrer Mutter vor deren Kauf durch die Metro unter anderem auch Realsicherheiten hinterlegen. Es scheint, dass sich die neuen Besitzer der Bankinvest Zürich nicht sehr ausgiebig mit dem finanziellen Wert dieser bei ihnen lagernden Sicherheiten auseinandergesetzt haben. Anders Werner K. Rey.

Am 1. März 1977 macht er sich an diese Realsicherheiten heran. Dazu schiebt er eine Gesellschaft vor, die ihm zwar erst seit kurzem gehört. Es ist jene Syndikats AG, die auch bei der gleichzeitig laufenden, spektakulären Bally-Übernahme Reys Vehikel ist.

Die Syndikats AG kauft der Bankinvest Zürich für 2 Millionen Franken alle Rechte und Sicherheiten aus notleidend gewordenen Krediten im Umfang von über 5 Millionen Franken ab. Bei der Bankinvest ist man zweifelsohne glücklich, diese dunklen Flecken endlich aus den Büchern zu haben und dabei erst noch glimpflich davongekommen zu sein. Die Bankinvest Cayman respektive die Atlantis Bank, der dieses Paket eigentlich gehört, ist aus naheliegenden Gründen mit diesem Deal sofort einverstanden, denn Werner K. Rey kauft dem Werner K. Rey einen günstigen Posten ab.

Rey ist der einzige, der weiss, was sich hinter den Rechten und Sicherheiten tatsächlich verbirgt. So gehört beispielsweise eine Briefkastenfirma in Vaduz dazu, die ihrerseits ein 70 000 Quadratmeter grosses Grundstück in der Nähe von Saint-Tropez besitzt, die Domaine de l'Oumède bei Ramatuelle. Dieses herrschaftliche Anwesen, Wert rund 6 Millionen Franken, scheint es ihm so angetan zu haben, dass er es sofort auf seinen Namen überschreiben lässt und es künftig privat besitzt. Dass er sich dabei gleichzeitig auch eine Briefkastenfirma im Ländle unter den Nagel reissen kann, ist eine willkommene Zugabe. In den 2 Millionen Franken ist ferner eine Eigentumswohnung in der mondänen Walliser Höhenstation Montana enthalten. Sie ist mit 450 000 Franken hypothekarisch belastet, der Verkehrswert liegt erheblich höher. Auch dieses Bijou wird auf die Familie Rey übertragen. Und schliesslich gehören noch Wechsel im Nominalwert von einer Million Franken dazu, bei denen es sich aber um Nonvaleurs handelt. Doch selbst für sie hat ein Mann wie Werner K. Rey noch Verwendung. Warten wir's ab.

Hätte Werner K. Rey damals über seinen dreisten Coup beim Verkauf der Bankinvest an die Metro Gras wachsen lassen, hätte möglicherweise niemals jemand Verdacht geschöpft. Doch schon in diesen frühen Jahren seines Wirkens zeigt sich bei Rey ein weiteres charakteristisches Merkmal: die Rastlosigkeit. Kaum beginnt er mit der Umsetzung eines Planes, wittert er schon das nächste Geschäft, an das er sich unverzüglich heranmacht. Und er, der in späteren Jahren den Begriff Synergie zu Stroh dreschen sollte, hier beweist er, dass man bei der Verknüpfung von zwei Operationen tatsächlich Synergien freimachen kann. Konkret: Mit Hilfe der Atlantis Bank wird Rey sein nächstes Opfer, die Bally, ausweiden.

Die Geschichte um Metro und Bankinvest ist noch nicht zu Ende. So raffiniert Werner K. Rey die Rolle des dritten Mannes gespielt hat, sein Spiel war nicht perfekt genug, jedenfalls nicht für einen eidgenössischen Steuerbeamten. Rey wird sich deswegen noch jahrelang mit nörglerischen Fragen herumstreiten müssen, just auch in jenem Zeitpunkt, in dem die Öffentlichkeit ihn als seriösen Geschäftsmann zu akzeptieren beginnt. Doch davon später.

IV

Über die Sorgfaltspflicht bei der Entgegennahme fremder Schuhe

Auf amerikanischen Sohlen nach Schönenwerd oder
Ein Grossbankier stolpert über sein Heimatgefühl

Die Aktien des renommierten Schuhkonzerns C.F. Bally AG dümpeln Anfang der siebziger Jahre auf Tiefstniveau. Bei einem Nominalwert von 500 Franken notieren sie unter 300 Franken. Tief ist auch die Stimmung bei den Aktionären. Seit geraumer Zeit erhalten sie keine Dividende mehr. Und miserabel ist die Stimmung auch bei der Belegschaft in den vielen Fabriken der Bally[1]. So miserabel eben, wie man sich fühlt, wenn man von unten zuschauen muss, wie die ganz oben mehr fuhrwerken als Fahrt machen. Wechselnde Manager drücken sich die Türklinke in die Hand, statt saniert wird intrigiert. Statt den aufgeblähten Wasserkopf an der Spitze zu leeren, werden Fabriken geschlossen und die Lager mit unverkäuflicher Ware gefüllt. Die jährliche Generalversammlung ist eine pitoyable Veranstaltung. Der Verwaltungsrat, ein Altherrenklub, hält seine schützende Hand über die Konzernleitung. Die Banken setzen ihre Depotstimmen stur zugunsten des Verwaltungsrates ein, die vielen Kleinaktionäre haben dieser geballten Macht nichts entgegenzustellen.

In der C.F. Bally AG schlummern enorme Reserven. Das Unternehmen im solothurnischen Schönenwerd ist dort mit Abstand grösster Liegenschaftsbesitzer. Zudem besitzt es rund um den Erdball Immobilien an bester Lage. In den USA würden professionelle Firmenaufkäufer sich ob dieser Schatztruhe die Finger lecken. Doch in der Schweiz schicken sich Unfriendly takeovers nicht.

Roman Abegg versucht es dennoch – und scheitert kläglich. Doch der Reihe nach.

---

[1] Fred J. Klaus: «Das Bally-Lehrstück», Orell Füssli Verlag, 1985

Jurist Roman Abegg wird durch Heirat Mitglied der Bally-Grossfamilie. Der ehrgeizige Mann macht keinen Hehl daraus, dass er sich in der Geschäftsleitung des Konzerns sieht. Daraus wird jedoch nichts. Und weil er mit Kritik am Konzept des Managements und an den Qualifikationen der Männer an der Bally-Spitze nicht spart, wird er hinausgedrückt.

Schmollend zieht er sich zurück und wird bald zum Kristallisationspunkt unzufriedener Aktionäre. Abegg wittert seine Chance. Er beginnt heimlich Bally-Aktien aufzukaufen und sich Optionen für weitere Pakete zu sichern. Dass er auch ein Konzept für ein effizientes Management entwirft, mit dem der Schuhkonzern wieder zu einem blühenden Unternehmen entwickelt werden könnte, wird erst später Bedeutung erlangen.

Als er über 51 Prozent der Bally-Aktien zusammen hat, meldet er sich bei Walter Heiniger, Präsident des Verwaltungsrates und Chef der Konzernleitung. Unverhohlen droht Abegg dem starken Mann bei Bally, mit dieser Stimmenkraft gegen den Verwaltungsrat anzutreten. Er lässt auch durchblicken, dass ein Paket von 51 Prozent problemlos an Dritte verkauft werden könnte. Er nennt Abegg einen Bluffer und wirft ihn zum Büro hinaus. Heiniger macht sich wegen Abeggs Plänen keine Sorgen. Er kennt das probate Mittel der Vinkulierung, mit dem der Verwaltungsrat ihm nicht genehme Aktionäre auf Distanz halten kann. Denn wessen Namenaktien nicht im Aktionärsregister eingetragen sind, hat an der Generalversammlung kein Stimmrecht. Und welcher Narr geht schon vor Gericht, um in einem vielleicht Jahre dauernden Verfahren gegen diese umstrittene Regelung anzukämpfen.

Da sitzt also nun Roman Abegg auf der Mehrheit der Bally-Aktien und weiss als Jurist sehr wohl um diese Zusammenhänge. Weil seine Aufkäufe in Banken- und anderen Wirtschaftskreisen nicht unbemerkt bleiben, melden sich immer wieder Interessenten – vor allem aus dem Ausland – für sein Paket. Abegg kann sich ausrechnen, dass Ausländer mit Sicherheit an der Vinkulierungshürde scheitern. Und dann ist sein Ziel nach wie vor die Einsitznahme in die Bally-Leitung, Bares in der Hand ist für ihn zweitrangig.

Am 20. Juni 1975 betritt ein hochaufgeschossener, bleicher Mann mit dunkler Brille Abeggs Büro. Er habe, so gibt er vor, in London von einem Bankier vernommen, dass Abegg eine Übernahme von Bally plane. Er, Werner K. Rey, sei daran interessiert.

Abegg ist skeptisch. Dennoch lässt er sich von Rey in die Karten blicken und erzählt ihm von seinen Plänen. Danach liegt ein Verkauf des Pakets unter zwei Bedingungen durchaus drin: Der Käufer muss Schweizer sein und sich verpflichten, das von Abegg und seinen Mitstreitern erarbeitete Sanierungskonzept zu übernehmen. Abegg entlässt den ihm unbekannten Rey mit dem Rat, erst einmal den Nachweis über genügendes Kapital zu erbringen, falls ihn die Sache wirklich interessiere. Er ist überzeugt, dass er es mit einem harmlosen Trittbrettfahrer zu tun hat.

Ein grosser Irrtum.

Werner K. Rey – er ist zu diesem Zeitpunkt Bankinvest-Direktor und hat eben beim Deal mit der Metro abgesahnt – hat schon kräftig Vorarbeit geleistet und eine schlagkräftige Mannschaft zusammengestellt. Dass es sich dabei durchwegs um Leute handelt, die innerhalb und ausserhalb der Bankinvest mit dem Verkauf der Bankinvest Zürich an die Metro und der Karibiktochter an die Aguas Nuevas involviert waren, erstaunt nicht. Ihre Namen tauchen immer wieder auf, wenn wir das Firmennetz des Werner K. Rey etwas unter die Lupe nehmen.

Seit dem 10. März 1975 ist Rey an einer Zuger Gesellschaft mit dem harmlosen Namen Société Hôtelière d'Investissement Lumoga SA und einem Aktienkapital von 10 Millionen Franken beteiligt. Der Präsident des Verwaltungsrates, Werner K. Rey, braucht Aushängeschilder, so da sind ADCA-Chef Ernst C. Krienke und ADCA-Aufsichtsrat Reinhold Kreile sowie Bankinvest-Direktor und Rechtsanwalt Jean-Marc Vuille.

Sehr zustatten kommt Rey seine Bankadresse auf den Cayman Islands. Die dortige Atlantis Bank hat ein Standbein in der Schweiz, die Inter-Atlantis Finanz AG. Sie wird von Rudolf Thomas Westermeier dirigiert, unter Rey Vizedirektor bei der Bankinvest.

Die jüngste Erwerbung trägt den Namen Syndikats AG. Im Auftrag von Rey hat sie Jean-Marc Vuille im Juli 1975 aus dem

Dornröschenschlaf geweckt, als sie noch einem Zürcher Galeristen gehörte. Dieser wusste mit der seit 1923 existierenden Gesellschaft schon lange nichts mehr anzufangen. Weil sein gelegentlicher Joggingpartner Vuille dringend nach einer älteren Aktiengesellschaft mit einem seriös klingenden Namen Ausschau hält, verkauft er sie ihm für einen Freundschaftspreis. Er vermutet, dass Vuille mit der Syndikats AG ein lukratives Geschäft anzetteln will, und bleibt deshalb im Verwaltungsrat.

So vorbereitet, meldet sich Werner K. Rey erneut bei Roman Abegg. Er zeigt sich am Kauf des Bally-Aktienpaketes unverändert interessiert und akzeptiert ausdrücklich die Bedingungen.

Wenig später folgt der Kapitalnachweis: Ausgerechnet die Bankinvest Zürich, Reys Arbeitgeberin, bestätigt, dass die Firma Syndikats AG über Mittel in der Grössenordnung von 50 Millionen Franken verfügte. Woher die Syndikats AG die Mittel hat, bleibt ein Rätsel. Im Zeitraum von Oktober 1975 bis Mai 1976 wird das Aktienkapital der Syndikats AG jedenfalls von 50 000 Franken auf 10 Millionen erhöht. Stets übernimmt Jean-Marc Vuille die Aktien. Signiert ist der Brief über den Kapitalnachweis von Hans J. Keller, Delegierter des Verwaltungsrates, und Jean-Marc Vuille, Direktor.

Der Kaufvertrag über die 51 Prozent der Bally-Aktien wird im Herbst 1975 unterzeichnet. Die Syndikats AG, also Werner K. Rey, verpflichtet sich, das Sanierungskonzept, das Roman Abegg nach seinem Rausschmiss bei Bally erarbeitet hat, innerhalb von fünf Jahren zu realisieren. Weil Roman Abegg kontrollieren will, ob sein Sanierungskonzept auch tatsächlich verwirklicht wird, bedingt er sich einen Sitz im Verwaltungsrat der Syndikats AG aus. Rey, ebenfalls im Verwaltungsrat, sorgt jedoch dafür, dass Abegg keinen Einblick in die Geschäftsbücher der Syndikats AG erhält.

Bald treffen bei der Bankinvest Zürich, die als Depotbank dient, die ersten Bally-Aktienpakete ein. Im November tauchen an der Börse Gerüchte über eine geplante Übernahme des Schuhkonzerns auf. Die Bally-Aktienkurse ziehen an den Börsen merklich an und starten zu einem eigentlichen Höhenflug. Die Notierung, einst bei 280 Franken, überschreitet die Marke von 1000 Franken. Ganz offensichtlich sind Leute mit Insiderkenntnissen am Werk. Und die Kreise um Abegg und Rey herum haben diese Kenntnisse.

Die Syndikats AG ist Teil eines dichtgewobenen Firmennetzes. In kommunizierenden Röhren, über die nur Rey und ein paar sorgfältig ausgewählte Leute den Überblick haben, fliesst das Geld. So hat zum Beispiel die Hotelfinanzierungsgesellschaft Lumoga am 31. Dezember 1975 Investitionen von 9,6 Millionen Franken getätigt. Welcher Natur diese Anlagen sind, geht aus dem wenige Seiten umfassenden Geschäftsbericht nirgends hervor. Am 17. März 1976 nimmt Reys Lumoga bei Reys Atlantis Bank auf den Cayman Islands einen Kredit von 3,5 Millionen Franken auf. Einigermassen verblüffend ist die Rückzahlung des Kredites geregelt: Ab 1980 sollen zwei Firmen – die Thomson Holiday Corporation und die Thomson Organisation – ihre Einkünfte aus einem Hotel namens «Magaluf Park» in Spanien an die Atlantis Bank zedieren. Wie faul die ganze Sache ist, zeigt ein Punkt im Kreditvertrag: Die Lumoga, obwohl offiziell in Zug domiziliert, erscheint dort als eine nach dem Recht von Panama organisierte Gesellschaft.

Am 5. Mai 1976, wenige Tage bevor seine Unterschriftsberechtigung für die Bankinvest Zürich im Handelsregister gelöscht wird, erweitert Werner K. Rey sein System der kommunizierenden Röhren um die Overseas Development Bank (ODB) mit Sitz in Genf und einem Büro in London. Seine Drähte zu Ex-IOS-Kreisen funktionieren offenbar weiterhin hervorragend, denn die ODB ist eine Schöpfung Bernie Cornfelds. Nach dem Kollaps der IOS wird die ODB zuerst von einer dubiosen Genfer Finanzfirma gemanagt und – Gerüchten aus der Genfer Bankenwelt gemäss – vom flüchtigen IOS-Ausschlachter Robert Vesco kontrolliert. Dann wechselt die Bank in die Hände eines Londoner Nachtklubbesitzers, auch er ein Ex-IOS-Mann. Für die Eidgenössische Bankenkommission Grund genug, ihm die für Ausländer notwendige Zusatzbewilligung für die Führung der Bank zu verweigern. Sein Trick, den Bann zu umgehen, indem er sich mit dem kleinen deutschen Bankhaus Schneider & Münzing zusammentut, scheitert. Die Bankenkommission zweifelt an der Lauterkeit dieses Handels und verweigert die Bewilligung erneut.

Zum Preis von 14 Millionen DM kauft Rey die Bank den Deutschen ab und hievt Hans J. Keller, Rudolf Thomas Westermeier und sich selbst in den Verwaltungsrat.

Ernst Krienke erkundigt sich bei Abegg hartnäckig nach den stillen Reserven, die bei Bally überreichlich lagern. Offenbar refinanziert sich die Bankinvest, bei der die Bally-Aktien weiterhin eintreffen, bei der ADCA. Geld fliesst also auch zwischen Zürich und Frankfurt.

Und wenn im Juni 1976 die Atlantis Bank Ltd. im Auftrag der Lumoga 5,5 Millionen Franken an ein Liechtensteiner Etablissement überweist, welches das Geld umgehend an eine undurchsichtige Adresse in Paris weiterleitet, dann ist das nur ein weiteres Beispiel für die kunstreich aufgezogenen Finanztransaktionen, die nichts anderem als der Verschleierung von Reys unbekannten Geldquellen im Ausland dienen.

Zurück in die Schweiz, nach Schönenwerd. Das Interesse aller Beteiligter – auch das der Presse, die wilde Spekulationen über die anonymen Aufkäufer und ihre Strohmänner anstellt – richtet sich auf den 7. Juli 1976, den Tag der ordentlichen Generalversammlung der C.F. Bally AG.

Für Roman Abegg steht klar die Realisierung seines Sanierungskonzeptes im Vordergrund, während Werner K. Rey vor allem die Aufnahme ins Aktienregister anstrebt. Nicht nur die Ziele sind unterschiedlich, jeder schlägt auch sein individuelles Tempo an. Abegg will die Sache behutsam angehen, Rey will kraft seines Aktienpaketes eine sofortige Statutenänderung bezüglich der Aufnahme von Aktionären ins Aktienregister durchboxen und damit den Verwaltungsrat aushebeln. Keine idealen Voraussetzungen also für eine reibungslose Zusammenarbeit zwischen den beiden.

Rey wirkt auf Abegg rastlos und oft auch sichtlich übermüdet. Ständig pendelt er zwischen London, wo seine Gattin wohnt, Zürich und anderen Orten hin und her. Er lässt niemanden an sich heran, auch Roman Abegg nicht, bei dem er vorübergehend wohnt. Er zeigt sich an allem, was nicht mit dem

Bally-Deal zusammenhängt, völlig desinteressiert. Oft zieht er sich in eine stille Ecke zurück und kaut, völlig in Gedanken versunken, an seinen Nägeln. Der einzige Hinweis auf sein Privatleben ist das täglich auf Punkt 17 Uhr terminierte Telefongespräch mit seiner Gattin, ein Ritual, das mit den stets gleichen Floskeln beginnt und endet. Doch sobald sich die Dinge um die finanziellen Aspekte des Bally-Geschäfts drehen, beeindruckt Rey mit einer unwahrscheinlichen Kombinationsgabe, dann lodert seine Phantasie auf und brennt mit ihm durch.

Rey ist seiner Sache im Hinblick auf die bevorstehende Generalversammlung nicht so sicher. Er versucht deshalb, bei den Aktionären einen Wirbel zu entfachen und Verunsicherung zu säen. Dazu schickt er seinen Vertrauten, Rechtsanwalt Walter König, an die Front.

König ist der Sohn des früheren Zürcher Regierungsrats Walter König. Der Junior hat zu Beginn seiner beruflichen Laufbahn für einen Bankinvest-Verwaltungsrat gearbeitet. Von 1972 bis 1973 war er selber Mitglied des Verwaltungsrates der Bankinvest Zürich. Seit 1976 ist Walter König so etwas wie der juristische Schutzengel von Rey. Ein sehr einträgliches Mandat, denn Rey sorgt dafür, dass Königs rasch expandierende Praxis nie an Unterbeschäftigung zu leiden hat.

König also geisselt die Vinkulierungspraxis gegenüber Schweizer Bürgern und schweizerisch beherrschten Firmen als willkürlich und missbräuchlich. Er droht sogar mit gerichtlichen Klagen.

Offiziell tut er dies im Namen einer «Interessengemeinschaft von Aktionären der C.F. Bally». Die Konzernleitung der Bally ahnt nicht, dass Werner K. Rey dahintersteckt und der Kopf der aufrührerischen Aktionärsschar ist. Rey bleibt anonym und lässt die Bally-Leute – wie kurz zuvor Metro und Bankinvest – im ungewissen.

Der Verwaltungsrat der Bally sieht keinen Grund, sich aus der Ruhe bringen zu lassen. Insbesondere Vizepräsident Alfred Schaefer gibt sich sehr gelassen. Schaefer sitzt seit 28 Jahren in diesem Gremium und ist unbestreitbar die dominierende Figur. Er hat eine beispiellose Karriere bei der Schweizerischen Bankgesellschaft hinter sich. Zuletzt ist er oberster Chef der Geschäftsleitung und präsidiert anschliessend während Jahren den Verwaltungsrat der SBG. Bei seinem altersbedingten Ausscheiden wird ihm der Titel eines Ehrenpräsidenten der SBG verliehen.

Schaefer also ist ein mit allen Wassern gewaschener Bankier. Dennoch gibt es auf seinem Auge einen blinden Fleck. Von unfreundlichen Firmenübernahmen und Aktionärsaufständen, wie sie in den USA gang und gäbe sind, hält er absolut nichts. Und weil er mit diesem Raidertum nichts anfangen kann, setzt er sich damit gar nicht erst auseinander. Er vertraut auf die bewährte schweizerische Praxis, unerwünschten Aktionären den Eintrag ihrer Namenaktien ins Aktienregister zu verweigern.

Die Ereignisse vom 7. Juli geben ihm scheinbar recht. Schon nach der ersten Abstimmung zeigt sich, dass die Stimmenkraft der Opposition dank der Aussperrung ihrer Namenaktien nicht ausreicht. Obwohl Walter König sich mächtig ins Zeug legt und den in grosser Zahl aufmarschierten Aktionären eine Änderung der Statuten schmackhaft machen will, bleibt er auf der Strecke. Verwaltungsratspräsident Walter Heiniger argumentiert geschickt mit der Gefahr einer ausländischen Beherrschung. Das verfängt bei den Kleinaktionären, unter denen sich zahlreiche Bally-Mitarbeiter befinden. Auch Alfred Schaefer greift in die hitzige Debatte ein. «Ein offenes Gespräch mit dem Verwaltungsrat», donnert er in den Saal hinein, «hätte der ominösen Aktionärsgruppe besser angestanden als dieses für schweizerische Verhältnisse höchst befremdliche Vorgehen!»

Die Spannung vor der entscheidenden Abstimmung ist schier unerträglich, der Ausgang völlig offen. Auch Werner K. Rey, der unerkannt irgendwo im Saal sitzt, rutscht auf seinem Stuhl hin und her. Er ist leicht optimistisch, weil die Aktionäre dem Verwaltungsrat kurz zuvor ihr Missfallen über die Unternehmenspolitik klargemacht und ihm die Décharge nur knapp erteilt haben. Dennoch, bei der Abstimmung über die Statutenänderung folgen sie ihrem Verwaltungsrat. Rey scheitert, er muss sein Ziel – die Eintragung der Aktien und damit die Kontrolle des Schuhkonzerns – auf anderem Wege zu erreichen versuchen. Die Zeit drängt, Rey muss das für die Aktienkäufe gepumpte Geld seinen anonymen Financiers zurückbezahlen. Die dafür benötigten Mittel will Rey sich bei Bally holen.

Zum Gespräch, das Alfred Schaefer verlangt hat, kommt es deshalb schneller, als dieser denkt. Kurz nach der turbulenten Versammlung trifft sich Werner K. Rey mit Bally-Verwaltungsräten. Erst reiben sich die gestandenen Herren einmal ungläubig die Augen, als sie realisieren, wer ihnen da so einheizt. Es braucht einiges, bis sie kapieren, dass dieser blasse, unscheinbare junge Mann der Kopf der Opposition ist. Welcher Dramaturgie die Sitzung folgt, kann man nur erraten. Aufgrund verschiedener Indizien könnten sich die Dinge so abgespielt haben:

Werner K. Rey ebnet das Terrain und schafft sich etwas Sympathie bei Alfred Schaefer. Dazu schlägt er – taktisch geschickt – eine wichtige Saite in der Seele des Bankiers an, dessen grosse Liebe zum Kanton Aargau, wo die Schaefers beheimatet sind. Auch Rey kann sich als Bürger von Brugg und Scherz aargauischer Wurzeln rühmen.

Nicht nur für Solothurn, auch für den Aargau ist Bally ein wichtiger wirtschaftlicher Faktor. Rey versichert, dass ihm die Erhaltung der Arbeitsplätze im gemeinsamen Heimatkanton ein grosses Anliegen sei.

Die Bally-Spitze verlangt Garantien.

Rey verspricht, dass er den Verwaltungsrat in seiner jetzigen Zusammensetzung belassen werde. Das gefällt vor allem Schaefer-Intimus Walter Heiniger. Rey akzeptiert auch den imperativen Wunsch, Abegg auf jeden Fall von der Firmenleitung der Bally fernzuhalten. Weiter beteuert Rey, Bally nie in ausländische Hände zu geben, dass also das Gerücht, er operiere mit ausländischen Geldgebern, purer Unsinn sei.

Alfred Schaefer und seine Kollegen zeigen sich beruhigt. Sie sind überzeugt, dass sie den frechen, aber eigentlich doch eher harmlosen Angreifer unter Kontrolle behalten können.

Rey erreicht sein Ziel, das honorige Gremium beschliesst, ein grösseres Aktienpaket der Syndikats AG ins Register einzutragen.

Die Syndikats AG lüftet am 2. September das Geheimnis um ihre Existenz. In einem Pressecommuniqué orientiert sie die Öffentlichkeit über die Vereinbarung mit der Bally-Leitung. Ungeniert deklariert Rey die Syndikats AG als eine seit 1923 existierende schweizerische Gesellschaft und damit als eine durch und durch vertrauensvolle Partnerin von Bally.

Neu im Verwaltungsrat der Syndikats AG ist der Textilfabrikant Walter Stotz, Reys Onkel. Nicht mehr dabei – keine Überraschung – ist Roman Abegg. Ihn hat Rey durch die Vereinbarung mit dem Bally-Verwaltungsrat auf dem Altar des schnellen Geldes geopfert. Abeggs Konzept, von Rey einst eigenhändig signiert und damals zentrale Voraussetzung für den Verkauf der Bally-Aktien an Rey, existiert nur noch auf dem Papier und hat keinerlei Realisierungschancen.

Rey kauft heimlich weitere Bally-Aktien und verschafft der Syndikats AG bald die Mehrheit des Bally-Aktienkapitals. Schon drei Monate nach der Vereinbarung mit dem Bally-Verwaltungsrat kann er es sich leisten, sein wahres Gesicht zu zeigen. Von Kooperationswilligkeit ist nichts mehr vorhanden. Die Syndikats AG verlangt ultimativ die Einberufung einer ausserordentlichen Generalversammlung mit dem Zweck, sich in angemessener Stärke in den Verwaltungsrat wählen zu lassen.

Alfred Schaefer wird seines Fehlers, Rey vertraut zu haben, inne und merkt, dass Rey ihm den von der Syndikats AG tatsächlich gehaltenen Aktienbestand bewusst verschwiegen hat. Für Schaefer ist das eine ungeheure Schmach. Er, der grosse Bankier, ist von einem Parvenu aufs Kreuz gelegt worden. Es ist definitiv aus mit Schaefers schönen Plänen, sich an der kommenden ordentlichen Generalversammlung mit allem feierlichen Drum und Dran ehrenvoll von Bally verabschieden zu lassen.

Der Bally-Verwaltungsrat erspart sich die Peinlichkeit einer Wahlschlappe und erklärt geschlossen den Rücktritt, mit einer Ausnahme: Walter Heinigers Liebe zu seinem hochdotierten Posten ist grösser als seine Loyalität zu den düpierten Verwaltungsräten. Er arrangiert sich heimlich mit Rey, nicht ohne sich noch rasch gegen eine ungewisse Zukunft zu wappnen. Im Einverständnis mit Schaefer schafft er neue Rahmenarbeitsverträge, die im Falle eines Rausschmisses für ihn und seine Kollegen in der Konzernleitung hohe Abfindungssummen vorsehen.

Zu den Beratern, die im Schlepptau von Rey bei Bally auftauchen, gehört ein Mann namens Hans Beat Baur. Früher selbst Finanzberater mit dem Ruf eines grossen Zynikers, kapriziert er sich in seinen alten Tagen darauf, wider das Establishment zu wirken. Baur hat den schwierigen Auftrag, innert kürzester Zeit einen neuen Bally-Verwaltungsrat aus dem Boden zu stampfen.

Und so kommt es, dass bei einem gewissen Markus Kutter, seines Zeichens Mitgründer der Werbeagentur GGK in Basel, eines Tages das Telefon klingelt und er unvermittelt vor der Frage steht: «Markus, willst du Verwaltungsrat bei Bally werden? Der grosse Alfred Schaefer von der Bankgesellschaft», plaudert Anrufer Baur weiter, «ist irrsinnig muff, dass ihm ein Grünschnabel namens Werner K. Rey seinen Verwaltungsratsstuhl wegziehen will.»

Die Sache reizt Kutter aus zwei Gründen: die Zusammenarbeit mit einem Aussenseiter, der mit unschweizerischen Methoden die Wirtschaftsmächtigen austrickst. Und dann der Sprung von der Werbung an die Schalthebel eines Konzerns von Weltruf. Markus Kutter sagt zu.

Auch in der Westschweiz wird Baur fündig: Sein Freund Jean-François Ramus ist sofort bereit, das Mandat anzunehmen. Der betagte Westschweizer mit den Manieren eines Grandseigneurs wohnt in einem prächtigen schlossartigen Anwesen in der Nähe von Murten. Häufig finden sich hier Gäste ein, ab und zu ist auch der eine oder andere Bundesrat dabei.

Kutter und Ramus werden am 20. Januar 1977 im Casino-Saal von Schönenwerd dank der satten Stimmenmehrheit von Werner K. Rey problemlos zu neuen Verwaltungsräten der C.F. Bally AG gewählt. Mit den anderen vier Herren, die in das Gremium einziehen, verbindet sie ein gemeinsames Merkmal: Vom Schuhgeschäft haben sie keinen blassen Schimmer. Und wie man einen Konzern mit 11 000 Beschäftigten führt, da sind sie ebenfalls bar jeglicher Erfahrung.

Diese Negativqualifikation gilt auch für Werner K. Rey, der die Posten des Vizepräsidenten und des Delegierten des Verwaltungsrats für sich beansprucht. Onkel Stotz ist auch dabei. Der dritte im Bunde träumt von einer neuen Existenz in der Karibik und hofft, dass er sie dank den Tantiemen und sonstigen Geldzuflüssen von Bally verwirklichen kann: Hans J. Keller. Zeit zu träumen hat er reichlich. Als nämlich die Metro von den Bally-Plänen des Bankinvest-Chefs erfährt, muss Keller dort sofort seinen Sessel räumen. Seit kurzem ist er Verwaltungsrat der Syndikats AG. Selbstverständlich mit von der Partie ist auch Reys juristischer Beistand, Rechtsanwalt Walter König. Das prestigeträchtige Bally-Verwaltungsratsmandat ist für den jungen Juristen beim Aufbau der eigenen Praxis ein willkommenes und hervorragendes Aushängeschild.

Vom früheren Verwaltungsrat sind nur noch ein Mitglied der Bally-Familie mit einem wichtigen Aktienpaket (es verschafft Rey die absolute Mehrheit) und – dank seines rechtzeitigen Arrangements mit Rey – der wendige Walter Heiniger dabei. Er versteht als einziger der neuen Crew etwas vom Metier. Vom Buchhalter hat er sich zum Konzernchef hinaufgeschlängelt. Er hat stets die Protektion wichtiger Verwaltungsräte genossen und dadurch das Intrigenspiel an der Bally-Spitze schadlos überstanden. Rey überlässt ihm grosszügig das Präsidium des neuen Verwaltungsrates und gibt so den Anschein, als sei ihm an Kontinuität und Tradition gelegen.

Etwas mehr als ein Jahr hat Werner K. Rey gebraucht, um sich eine der traditionsreichsten Firmen der Schweiz anzueignen. Wie ein überreifer Apfel sei ihm Bally in den Schoss gefallen, notiert die Presse halb bewundernd, halb ablehnend. Kein Zweifel: Rey hat von der krassen Unterbewertung des Unternehmens an der Börse profitiert. Er hat sich aber auch die Naivität eines Verwaltungsrats zunutze gemacht, dem diese Unterbewertung ziemlich egal war und der nicht glauben wollte, dass es jemand wagen würde, ein Unternehmen auf die «unfreundliche amerikanische Art» zu übernehmen. Eine Übernahme, die zudem nicht ganz ohne Mithilfe einer Grossbank über die Bühne gelaufen sein dürfte. Diese Grossbank hofft, bei der neuen Bally-Führung die Schweizerische Bankgesellschaft aus ihrer Rolle als Bally-Hausbank zu verdrängen. Und schliesslich sind da noch die Tausenden von Bally-Angestellten. Viele von ihnen sind einfach froh und schon damit zufrieden, dass sich an der Spitze endlich etwas bewegt. Über den wortscheuen Rey wissen sie wenig. Dennoch hoffen sie, dass es ihnen in Zukunft etwas besser gehen wird und vielleicht auch wieder einmal eine kleine Lohnaufbesserung drinliegt. Werner K. Rey verspricht ihnen, einen oder mehrere Sitze im neuen Verwaltungsrat für Arbeitnehmervertreter freizuhalten. Es bleibt allerdings beim Versprechen.

Bis der Apfel fiel, hat Rey kräftig am Baum schütteln müssen: Gegenüber Roman Abegg ist er vertragsbrüchig geworden, Alfred Schaefer hat er mit einer glatten Lüge übertölpelt. Für diese bezahlt Rey einen hohen Preis: Schaefers subtile Rache. Schaefer überwacht künftig jeden Schritt des neuen Bally-Eigentümers. Sein Wissen, laufend ergänzt aus internen Bally-Quellen, wird er später einem Journalisten weiterreichen. Und der wird Rey noch sehr gefährlich werden.

Am 21. Januar 1977 nehmen Rey und seine Verwaltungsräte die Arbeit am Sitz der Bally-Konzern-Zentrale in Zürich auf. Rey begeistert auf Anhieb mit seinem finanztechnischen Wissen und seinem phänomenalen Zahlengedächtnis. Er hat eine weitere Fähigkeit, die er eindrücklich unter Beweis stellt. Mit einem Flair sondergleichen findet er im unübersichtlichsten Zahlendickicht in kürzester Zeit versteckte Fehler heraus, sehr zum Unmut des in die Sitzung zitierten betroffenen Buchhalters, dafür zum Entzücken der anwesenden Verwaltungsräte.

Sie lassen sich überzeugen, dass Rey es nicht – wie in der Presse immer wieder behauptet – auf die stillen Reserven in den Immobilien abgesehen hat. «Es wird nicht eine einzige Liegenschaft verkauft», versichert er ihnen immer wieder. Klar, dass der ehemalige Bänkler Rey nicht den Verkauf sucht, sondern ganz andere Methoden der Geldvermehrung kennt.

Dass Rey in seinen Antworten auf die Frage, was genau er eigentlich mit Bally vorhabe, meist sehr wolkig wird, lassen ihm die Herren Verwaltungsräte durchgehen. Das wird wohl im Charakter des gehemmt wirkenden, nicht sehr eloquenten Jungunternehmers liegen, wie sie rücksichtsvoll treuherzig annehmen.

Und schliesslich ist da noch so etwas wie ein Gefühl der Solidarität, das beim einen oder anderen Verwaltungsrat allenfalls aufkeimendes Misstrauen erstickt. Misstrauen, das der aus diesem Gremium hinauskatapultierte Alfred Schaefer sät, indem er vernehmlich sagt, was er von «Schnuderbueb» Rey hält: Er werde persönlich dafür sorgen, dass der «Schnuderbueb» mitsamt seinen Hampelmännern aus der Bally wieder verschwänden.

Unter der neuen Herrschaft von Rey steigen vor allem erst mal die Ausgaben. Rey schliesst mündliche Arbeitsverträge mit Leuten aus seinem Dunstkreis ab, was bei der Bally-Holding in Zürich schlagartig zu einem Anstieg der Salärkosten um gegen eine Million Franken führt – sehr zum Unwillen der gewöhnlichen Ballyaner, deren Löhne seit Jahren auf Sparflamme gehalten werden. Doch diese Million ist ein Klacks im Vergleich zu dem, was der neue Konzernchef an anderen Kosten verursacht.

Werner K. Rey beginnt tatsächlich nicht mit dem Versilbern von Bally-Liegenschaften, er kümmert sich aber auch nicht um das Schuhgeschäft. Das überlässt er grosszügig der Mannschaft, die er tel quel übernommen hat. Seine ungeteilte Aufmerksamkeit gehört der Mehrung der Liquidität. Nicht etwa derjenigen der Bally, sondern derjenigen der Syndikats AG – zulasten der Bally, die er auszuhöhlen beginnt.

In einem geradezu atemraubenden Tempo müssen die Finanzverantwortlichen in den einzelnen Bally-Konzern-Gesellschaften auf Anordnung von Rey ihre Wertschriftenbestände verkaufen, bestehende Kreditlimiten bei den Banken ausnützen oder gar neue Darlehensverträge eingehen. Denn die Kassen des mit strukturellen und konjunkturellen Problemen kämpfenden Konzerns sind alles andere als voll.

So erwirbt die neugeschaffene Bally Finanz AG mit Geldern aus der Kasse der C.F. Bally AG die völlig unbekannte Glarner Firma Panglobal. Sie gehört der Syndikats AG und besitzt als einziges Aktivum sämtliche Aktien der Overseas Development Bank (ODB). Dann erhält die Panglobal von der Bally Schuhfabrik AG in Schönenwerd ein Darlehen von 5 Millionen Franken, das die Fabrik mangels ausreichender Liquidität bei den Banken borgen muss. Schliesslich wird die Panglobal in Bally Anlagen AG umfirmiert.

Wozu ein Schuhkonzern mit eingespielten Bankbeziehungen plötzlich ein eigenes Geldinstitut wie die ODB braucht und dafür 27,5 Millionen auslegt, weiss ausser Rey niemand. «Mit der Bank, die über ein Aktienkapital von 22,5 Millionen Franken verfügt, hält die C.F. Bally nun ein geeignetes Instrument in der Hand, um die konzerninternen und -externen Geldquellen für alle Tochtergesellschaften zu koordinieren sowie die Kapital- und Geldmärkte systematisch zu bearbeiten.» Soweit Rey in einem dürren und lapidaren Communiqué.

Den Wert dieser Neuakquisition hat vorgängig aber nicht etwa ein unabhängiger Bally-Finanzspezialist ermittelt; den hat Rey «errechnet». Kein Wunder, denn erstens will Rey niemand hinter die Kulissen der Bank, wo vielleicht Unappetitliches zum Vorschein kommt, blicken lassen, und zum zweiten ist er – für Nichteingeweihte paradox – an einem möglichst hohen Kaufpreis interessiert. Denn zu den Aktiva der Bank gehören die bereits einmal erwähnten Wechsel im Nominalwert von einer Million Franken, die Rey kurz zuvor der ODB aus den Beständen der Syndikats AG verkauft hat. Nur Insider wissen, dass die Wechsel ursprünglich von der Bankinvest Cayman stammen und, weil nicht mehr eintreibbar, keinen Pfifferling wert sind.

Mit der ODB und der im Hintergrund agierenden Atlantis Bank Ltd auf den Cayman Islands hat Rey eine geheime Abflussröhre an die Tresorerie der Bally-Mutter und ihrer Töchter gelegt, durch die zwischen Februar und Mai 1977 gegen 40 Millionen zur Syndikats AG und zur Lumoga fliessen.

Schon früher verabschieden sich aus der Lumoga die deutschen Verwaltungsräte Ernst Krienke und Reinhold Kreile von der ADCA. Ihre Dienste werden nicht mehr gebraucht, ebensowenig wie der verschleiernde Firmenzusatz Société Hôtelière d'Investissement, der Mitte 1976 gestrichen wird.

Bei der Speisung der diversen Abflussröhren aus der Bally geht Hans J. Keller Rey zur Hand. Dass er nicht unterschriftsberechtigt ist, hindert ihn nicht daran, Briefe zu signieren, die Bally zu Transfers von Geldern verpflichten.

Auf Schriftliches verzichtet Rey dafür dort, wo es um die Fixierung von Kreditbedingungen und ähnlichem geht. Offiziell gewährt die C.F. Bally AG den Rey-Gesellschaften lediglich Darlehen und Kredite, die in der Bally-Buchhaltung als «ausstehendes Guthaben» oder «Forderung» verbucht werden. Wer, so denkt sich Rey, mag schon auf die Einhaltung von Zins- oder Rückzahlungen pochen, wenn er keine Belege vorweisen kann.

Ebenso heimlich wie diese Transaktionen zwischen Bally und den Rey-Firmen spielt sich zeitgleich noch etwas anderes ab: ein Tauziehen zwischen Rey und der Eidgenössischen Bankenkommission (EBK). Grund für den Streit ist die ODB.

Dieser Bank aus der Erbmasse der IOS widmet die EBK schon lange ihre besondere Aufmerksamkeit. Die mysteriösen Eigentumswechsel von einer Ex-IOS-Hand in die andere führen dazu, dass die jeweiligen (ausländischen) Inhaber der Bank keine Zusatzbewilligung gemäss Bankengesetz erhalten. Die EBK hegt auch gegenüber dem neuen Eigentümer Werner K. Rey grosse Bedenken.

Mit Brief vom 14. Dezember 1976 will die Bankenkommission von der Syndikats AG wissen, woher das Geld für den Kauf der Bank stammt. Falls es sich um ausländisches Geld gehandelt habe, müsse nachträglich die entsprechende Zusatzbewilligung beantragt werden.

Die Frage der EBK ist in der Tat interessant, denn als Rey die ODB für 14 Millionen DM kauft, verfügt die Syndikats AG über ein Aktienkapital von lediglich 5 Millionen Franken.

Die Syndikats AG nimmt sich Zeit und hat keine Eile, der EBK die Frage zu beantworten. Wichtiger ist für sie, die ODB ihrem eigentlichen Zweck zuzuführen. Dann, so hofft die Syndikats AG, sei es ohnehin vorbei mit der Einmischung der EBK.

Die Bank wird, wie bereits skizziert, in die Bally Finanz AG eingebracht. Mit dieser Überführung in den Bally-Konzern, so lässt Rey die Bankenkommission via die Syndikats AG am 28. Januar 1977 wissen, sei deren Anfrage vom 14. Dezember gegenstandslos geworden.

Die Kommission lässt sich nicht gerne belehren, weshalb sie nun erst recht insistiert. Sie will jetzt sogar wissen, woher die Syndikats AG die über 50 Millionen Franken hat, die zum Kauf der ODB und der Bally-Aktien nötig gewesen sind.

Am 3. März bequemt sich die Syndikats AG zur Übergabe von Unterlagen. Aus diesen geht hervor, dass von den 4000 Syndikats-Aktien deren 3995 Werner K. Rey mit Domizil in London gehören. Gemäss einem Abkommen mit der Schweizerischen Bankgesellschaft befänden sich die Aktien der Syndikats AG bei dieser Bank, steht im Begleitschreiben. Weiter liegt eine Zwischenbilanz der Syndikats AG bei: Bis zum Stichtag 28. Februar hat Werner K. Rey insgesamt 19 Millionen Franken in Form des gesamten Aktienkapitals und eines Aktionärsdarlehens in die Syndikats AG investiert. Weitere Gläubiger sind die ODB mit 1,3 Millionen, die Bankinvest Zürich mit 5,4 Millionen, die Investment Bank mit 2,6 Millionen sowie die Glarner Firma Paramount Finance AG mit 5 Millionen. Dass Rey diese 5 Millionen kurz zuvor Bally-Mitteln entnommen hat, steht nicht in der Bilanz.

Rey, für den sehr viel auf dem Spiel steht, spricht wenig später persönlich in Bern vor und lässt die EBK wissen, dass sein gesamtes privates Vermögen in die Syndikats AG investiert sei.

Den «Beweis» für seinen Vermögensstatus lässt Rey Ende April durch die Syndikats AG nachreichen. Danach will er zwischen 1974 und 1977 rund 12,1 Millionen aus Vermittlungen, 5 Millionen aus Wertschriftengeschäften und je 1 Million aus Beratungsaufträgen und sonstigen Einnahmen verdient haben.

Wüsste die EBK um die wahre Herkunft der Vermittlungsgebühren, die Rey bei der Handänderung der Bankinvest Zürich kassiert hat, wäre der Fall klar. Doch auch ohne diese Kenntnisse reichen ihr die dürftigen Angaben, um ernsthaft einen Entzug der Bewilligung ins Auge zu fassen.

Jetzt beginnt die Sache für Rey heiss zu werden. Mitte Mai eilt er erneut nach Bern und versucht die Kommission zu überzeugen, der ODB die Bewilligung zu belassen. Etwas hilflos argumentiert er mit dem Geschäftsgeheimnis, an das er angeblich gebunden sei und welches ihm leider verbiete, Angaben über die Herkunft seines Vermögens zu geben. Blauäugig beteuert

Rey schliesslich, er habe doch kein Interesse, falsche Auskünfte zu geben und so eine Strafuntersuchung auszulösen.

Auf schriftlichem Weg doppelt Reys Anwalt Walter König nach: Er sei im Besitz von Beweisen, die belegten, dass Rey seine persönlichen Mittel in die Syndikats AG investiert habe. Zur Erhöhung ihres Aktienkapitals von 10 auf 20 Millionen Franken sei soeben Reys Aktionärsdarlehen in Kapital umgewandelt worden. Sämtliche Aktien lägen auf einem Sperrkonto der Schweizerischen Bankgesellschaft. Die Kapitalerhöhung beweise, dass Werner K. Rey kein Strohmann sei, sondern die Syndikats AG und damit auch die ODB tatsächlich kontrolliere.

Die Beteuerungen kommen zu spät.

Einen Tag vor der entscheidenden Sitzung der Bankenkommission meldet sich telefonisch die Schweizerische Revisionsgesellschaft, welche die Bücher der ODB kontrolliert.

Bei der Überprüfung der ODB-Jahresrechnung für 1976 sind die Revisoren nämlich auf merkwürdige Dinge gestossen:

So auf einen 9-Millionen-Kredit an die Lumoga AG, deren Verwaltungsratspräsident Werner K. Rey heisst. Der Kredit ist durch eine Londoner Gesellschaft verbürgt. Ursprünglich hat die Lumoga diesen Kredit von der Bankinvest erhalten. Weil er aus den Büchern der Bankinvest zum Verschwinden gebracht werden musste, übernahm die ODB diese Forderung.

Dann auf einen weiteren Kredit von 5 Millionen an die Syndikats AG gegen Hinterlegung von Bally-Aktien, die angeblich bei der Schweizerischen Bankgesellschaft deponiert sind. Eine Bestätigung der Bank, dass die Papiere tatsächlich vorhanden sind, kann die ODB trotz Anmahnung durch die Revisoren erstaunlicherweise nicht erbringen.

Und schliesslich auf einen kleineren Kredit an die Atlantis Bank auf den Cayman Islands.

Die Revisionsgesellschaft kommt zum Schluss, dass von behaupteten Eigenmitteln der ODB in der Höhe von 25 Millionen Franken überhaupt nicht die Rede sein kann. Nach ihrer Auffassung sind allerhöchstens 10 bis 12 Millionen vorhanden.

Das von Rey als seriöse Bank für die Abwicklung aller Bally-Finanztransaktionen gepriesene Institut ODB ist in Tat und

Wahrheit eine Klitsche, über deren Konten fast ausschliesslich Rey-Gelder in Form von undurchsichtigen Krediten hin und her zirkulieren. Kredite, die beispielsweise bei der Lumoga durch Zession von Einkünften aus dem Betrieb eines spanischen Hotels, durch Verpfändung von mysteriösen Firmen in Panama und Spanien sowie durch die Bürgschaft eines überaus suspekten spanischen Geschäftsmannes «abgesichert» sind. Scheinkredite also, denen zweifellos auch Scheingeschäfte zugrunde liegen.

Am 27. Mai 1977 entzieht die Bankenkommission der ODB per sofort die Bewilligung und ordnet die Liquidation an.

Die Kommission begründet ihren Entscheid ausschliesslich mit der Person Rey. Weil Werner K. Rey sich weigert, schriftliche Beweisstücke – Belege, Verträge, Quittungen – für die Herkunft seines Vermögens zu erbringen (indem er auf sein Geschäftsgeheimnis pocht), gleichzeitig aber behauptet, er habe seinem Anwalt König vollen Einblick in seine Vermögensverhältnisse gegeben, nimmt die EBK an, dass Rey eine ausländische Beherrschung vertuscht.

Doch damit noch nicht genug: Die EBK stellt fest, dass Rey innert kürzester Zeit ein erhebliches Vermögen erworben hat, über dessen Herkunft er partout keine Auskunft geben will. Gemäss EBK macht sich Rey damit selber verdächtig, gegen das Gesetz oder die guten Sitten verstossen zu haben. Wer aber, so folgert die Bankenkommission, eine Bank besitzt und verwaltet, muss über einen guten Ruf verfügen und Gewähr für eine einwandfreie Geschäftsführung bieten.

Weil Rey der EBK keinen Einblick in seine Geschäfte gewährt, ist sie bei ihrem Entscheid weitgehend auch auf Vermutungen und Hypothesen angewiesen. Trotzdem, mit ihren Feststellungen und Mutmassungen ist die Bankenkommission der Wahrheit sehr nahe gekommen.

Dass Rey keine Beweise für die Quelle seiner Mittel erbringt, hat einen einfachen Grund: Der Schwindel mit dem Bankinvest-Verkauf würde augenblicklich auffliegen, und er müsste wohl seine wahren Geldquellen enttarnen.

Der Entscheid der Bankenkommission löst eine für Rey fatale Kettenreaktion aus. Der Vorfall wirbelt in der Öffentlichkeit so viel Staub auf, dass sich der Bally-Verwaltungsrat genötigt sieht, sich öffentlich von der wertlos gewordenen ODB loszusagen. Reys Syndikats AG muss die Genfer Bank zurückkaufen. Bally-Verwaltungsratspräsident Walter Heiniger geht sicherheitshalber noch einen Schritt weiter, demissioniert und reklamiert seine von ihm selber festgelegte Abfindungssumme von einer knappen Million Franken. Heinigers Amt übernimmt Walter König, Reys Anwalt. Neu in den Verwaltungsrat geholt wird der St. Galler Professor für Buchhaltung und Revision, Ernst Bossard, ein früherer Verwaltungsrat der Bankinvest.

Die Lage beruhigt sich nicht, im Gegenteil. Die Presse bohrt nach. Walter König ist gefordert, er dementiert, wiegelt ab und bezichtigt die Medien einer Hetzkampagne.

Quasi als kleines Trostpflaster für die erlittene Unbill lässt Rey derweil der Syndikats AG noch schnell 6 Millionen Franken aus der Bally-Kasse zukommen.

Damit in Bankenkreisen der umstrittene Namen der Syndikats AG aktenmässig nicht auftaucht und so ruchbar werden könnte, was bei Bally an der Finanzfront läuft, disponiert Rey um sieben Ecken herum. Konkretes Beispiel, wie Rey seiner Syndikats AG 6 Millionen Franken überweist:

Zuerst lässt sich die Bally Finanz AG vom Bankverein die 6 Millionen vorschiessen. Sie fliessen auf Geheiss der Bally Finanz AG auf ein Konto der C.F. Bally AG bei der Schweizerischen Nationalbank in Zürich. Von dort wandert das Geld zur Nationalbank Genf, die es anschliessend der ODB gutschreibt. Die ODB transferiert die Summe postwendend zurück nach Zürich an die Syndikats AG.

Am 4. Juli versucht Rey eine weitere Disposition zu seinen Gunsten vorzunehmen. Das Münchner Bankhaus Schneider & Münzing, die frühere Besitzerin der ODB, räumt der Bally Finanz AG eine Kreditlimite ein. Zwecks Absicherung weist Rey die C.F. Bally AG an, eine Bürgschaft von 5 Millionen Franken einzugehen. Doch zu diesem erneuten Geldabfluss an die Syndikats AG kommt es nicht mehr.

Am 6. Juli, als unzählige Kleinaktionäre, die Verwaltungsräte und Pressevertreter sich zur 70. ordentlichen Generalversammlung nach Schönenwerd begeben, reisst die «Neue Zürcher Zeitung» (NZZ) mit detaillierten Schilderungen über seine Aushöhlungsmethoden Werner K. Rey die Maske vom Gesicht. Alfred Schaefers subtile Rache.

Die Vorwürfe im einzelnen: 41,5 Millionen Franken sind aus der Bally abgezogen worden. 15 Millionen Franken Bankschulden hat sie eingehen müssen, um die Reyschen Zahlungsanweisungen auszuführen. Und schliesslich, so die NZZ, ist Rey seinen finanziellen Verpflichtungen aus dem Rückkauf der ODB noch immer nicht nachgekommen.

Mit Entsetzen müssen die Verwaltungsräte zur Kenntnis nehmen, was ihr Delegierter Werner K. Rey – offenbar zusammen mit Verwaltungsratskollege Hans J. Keller – in der Bally-Holding-Zentrale in Zürich so alles getrieben hat.

Versammlungsleiter Walter König und Werner K. Rey geraten von der ersten Minute an unter Beschuss der aufgebrachten Minderheitsaktionäre. Rey hat alle Hände voll zu tun. Die Ausführungen der NZZ weist er als «gesamthaft tendenziös und nachweisbar unrichtig» zurück, sie hätten Bally aber einen grossen Schaden zugefügt. Angesichts der harten Fragen eines sehr gut vorbereiteten Aktionärs aus Basel verheddert er sich. Seine Antworten werden ungenau, Punkt für Punkt muss er vorher gemachte Aussagen korrigieren und relativieren.

Die Versammlung fordert eine detaillierte Abklärung der Vorgänge durch die Kontrollstelle und die Einberufung einer ausserordentlichen Generalversammlung. Dank seiner Stimmenmehrheit kann Rey die Anträge abblocken. Überraschend erklärt sich Verwaltungsratspräsident König bereit, dem offensichtlichen Wunsch der unterlegenen Minderheit Rechnung zu tragen, und verspricht den Kleinaktionären, den Kontrollstellenbericht anzufordern und ihn an einer ausserordentlichen Generalversammlung zu präsentieren.

Bei der Décharge-Erteilung an den Verwaltungsrat muss Rey statutengemäss passen. Und da ereignet sich Unglaubliches: Den Aktionären wird weisgemacht, sie hätten die Décharge erteilt. Erst Tage später kommt aus, dass das erforderliche Stimmenmehr gar nicht erreicht worden war.

Wenige Tage nach der denkwürdigen Generalversammlung wird Rey im Verwaltungsrat teilentmachtet. Die Funktion des Delegierten übernimmt ein Ausschuss, dem neben Rey unter anderem König und Bossard angehören. Sowohl die Generaldirektion als auch die Mehrheit des Verwaltungsrates realisieren – nach eigenem Bekunden – erstmals in vollem Umfang, was Rey und Keller angerichtet haben.

Es gibt auch Leute, die es nicht so unvorbereitet trifft. Walter Stotz beispielsweise hat sich schon relativ früh bei Roman Abegg beklagt, dass alles schieflaufe und Rey sich mit zweifelhaften Geldgebern einlasse.

Auch die kantonalen und eidgenössischen Behörden treten auf den Plan. Die Bezirksanwaltschaft Zürich eröffnet eine Untersuchung wegen Verdachts auf ungetreue Geschäftsführung. Als sie Wind davon bekommt, dass Rey 20 000 Aktien, die bei der Schweizerischen Bankgesellschaft hinterlegt sind, verkaufen will, wird das Paket mit einem Kurswert von 22 Millionen Franken mit Arrest belegt.

Gestützt auf eine Voruntersuchung der Schweizerischen Nationalbank, ermittelt das Eidgenössische Finanzdepartement. Die Prüfer wollen wissen, ob die Verordnung über die Bewilligungspflicht für die Aufnahme von Geldern im Ausland verletzt worden ist.

Das Eidgenössische Justiz- und Polizeidepartement will wissen, ob der Bundesbeschluss über den Erwerb von Grundstücken durch Personen im Ausland («Lex Furgler») umgangen worden ist.

Für Werner K. Rey weit schlimmer ist der Druck seiner Geldgeber, die endlich Bares sehen wollen. Zu ihnen gehört beispielsweise eine amerikanische Dame mit Wohnsitz in Südfrankreich, die Rey persönlich aufsucht. Die Lady soll ihm – nach Aussagen eines Ohrenzeugen – unmissverständlich klargemacht haben, wie man in ihren Kreisen mit säumigen Zahlern umzugehen pflegt: Man «liquidiere und entsorge» sie im unergründlichen Hafenbecken von Marseille.

Kommt dazu, dass die Presse mit immer neuen Enthüllungen über den Bally-Raider aufwartet. Die Boulevardzeitung «Tat» zieht Reys Vorleben bei der IOS ans Licht. Auch Bernie Cornfeld kommt dort zu Wort und behauptet, Rey habe Kontakte zum flüchtigen Robert Vesco, den man längst im Mafiamilieu ansiedelt. Rey versucht, das Blatt mit gerichtlichen Demarchen zum Schweigen zu bringen. Eine Enthüllung ist Futter für die nächste. Die «Schweizer Handelszeitung» deutet an, dass Rey sein Startkapital von zehn Millionen bei der Vermittlung der Bankinvest an Metro verdient haben könnte. Namen werden genannt, Zusammenhänge zum Bally-Deal aufgezeigt, ohne dass jedoch die wahren Vorgänge bei Bankinvest aufgedeckt werden. Dies allerdings – so kann Rey sich ausrechnen – wird nur mehr eine Frage der Zeit sein.

Am 4. September 1977, einem Sonntag, gibt Rey auf. Es bleibt ihm nichts anderes übrig, als sich von Bally zu trennen. Er setzt seine Unterschrift unter den Verkaufsvertrag. Rey wäre nicht Rey, wenn er selbst in dieser Situation nicht noch bis zuletzt pokern würde. Von den zahlreichen Interessenten für sein Bally-Paket erhält der Waffenproduzent Dieter Bührle den Zuschlag. Seine Offerte ist am Schluss die höchste. Die Auswechslung des Verwaltungsrates ist für die bereits angesetzte ausserordentliche Generalverammlung vom 10. Oktober 1977 vorgesehen.

Auf diese Generalversammlung hin wird auch der von Walter König freiwillig eingeholte Kontrollstellenbericht vorliegen. König agiert sehr geschickt. Weil er den Bericht verlangt, ohne dazu von einer Aktionärsmehrheit verpflichtet zu sein, bestimmt er beziehungsweise der Verwaltungsrat, was, in welchem Umfang und in welcher Tiefe die Kontrollstelle zu untersuchen hat.

Und so geschieht es denn auch: Gestützt auf Instruktionen und Auflagen des Verwaltungsrates, macht sich die Schweizerische Treuhandgesellschaft an die Arbeit. Sie darf die Bally-Bücher allerdings erst fünf Wochen nach der turbulenten Versammlung aufschlagen. Was in der Zwischenzeit in der Bally-Konzern-Buchhaltung möglicherweise retouchiert, ergänzt oder zum Verschwinden gebracht worden ist, bleibt ein Geheimnis. Immerhin, ein Vorgang findet den Weg in die Öffentlichkeit: Für eine von Rey noch zwei Tage vor der Generalversammlung angelegte «Abflussröhre» von Bally zur Syndikats AG sind die Belege erst vier Tage später, also nach der Generalversammlung, erstellt und – was bleibt anderes übrig – rückdatiert worden.

Ende September liegt der dreizehn Seiten umfassende Kontrollstellenbericht vor. «Daraus geht hervor, dass das Gebot, die Geschäfte einer Gesellschaft mit aller Sorgfalt zu leiten, nicht verletzt wurde. Die Handelnden haben aus damaliger Sicht konkret damit rechnen können, dass der Schuldnerin die termingerechte Rückzahlung und Verzinsung möglich sei, nötigenfalls durch Veräusserung oder Belehnung von in ihrem Besitz befindlichen Bally-Aktien», lässt der Bally-Verwaltungsrat in einem Communiqué mit sichtlicher Erleichterung wissen.

Die Rechnung des Verwaltungsrates geht auf, nach aussen scheint alles in bester Ordnung.

Allerdings: Von den zahlreichen Vorwürfen an die Adresse von Werner K. Rey haben die Revisoren wohlweislich nur gerade deren sechs untersuchen dürfen und nur drei der von der NZZ aufgelisteten Vorhaltungen. Obwohl die Treuhandgesellschaft bei ihrer Untersuchung auf Bankbelege ohne Datumsangabe stösst, im Fall eines Kreditgeschäftes keinen schriftlichen Vertrag über die Konditionen vorfindet und feststellt, dass Verwaltungsrat Hans J. Keller ohne Unterschriftsberechtigung verpflichtende Briefe signiert hat, kommt sie zum Schluss, dass keine aktienrechtlichen und statutarischen Vorschriften verletzt oder die Regeln einer ordnungsgemässen Buchführung umgangen worden sind.

Die Untersucher dokumentieren in ihrem Bericht gleich selbst, an welch kurzer Leine sie der Verwaltungsrat gehalten hat: «Die Frage, was geschehen wäre, wenn die NZZ ihren Artikel nicht geschrieben hätte, ob dann zum Beispiel weitere Mittel von der Bally-Gruppe an die Rey-Gruppe geflossen wären und ob diese sich in Anbetracht der bedeutenden Finanzquellen mit neuen Projekten letztlich nicht übernommen hätte, ist rein hypothetisch und kann nicht beantwortet werden.»

Am 10. Oktober 1977 genehmigt die Generalversammlung den Kontrollbericht und ermöglicht Rey, quasi reingewaschen von der Bally-Bühne abzutreten, wo nun Dieter Bührle Platz nimmt.

Rey geht nicht, ohne ein letztes Mal zu beweisen, wie ausgebufft er ist. Weil natürliche Personen Kapitalgewinne sowohl auf Bundesebene als auch im Kanton Zürich nicht versteuern müssen, schiebt er kurzerhand einen Strohmann zwischen seine Syndikats AG und die Oerlikon-Bührle-Holding und kassiert so seinen Gewinn aus dem Bally-Deal steuerfrei. Die Rede ist von 27 Millionen Franken. Rey selber wird Ende der achtziger Jahre behaupten, dass ihm unter dem Strich nicht 27, sondern 70 Millionen geblieben seien.

Das Bild, das die Medien von Werner K. Rey und seinem Coup bei Bally zeichnen, ist sehr ambivalent. Während die NZZ sein Tun mehr oder weniger kaschiert als Gaunerei bezeichnet, ist in anderen Blättern eine unterschwellige Faszination für den Finanzjongleur und Spekulanten Rey herauszuspüren, der das Establishment genarrt und sich mit einem fetten Gewinn in der Tasche davongemacht habe. Seine komplizierten Transaktionen innerhalb von Bally vermögen die wenigsten zu durchschauen. Da und dort wird argumentiert, dass für Bally unter dem Strich kein Schaden entstanden sei. Und schliesslich wird die grundsätzliche Frage aufgeworfen, ob die schweizerische Wirtschaftslandschaft nicht mehr Leute vom Schlage eines Werner K. Rey benötige, um verkrustete Strukturen aufzubrechen und die Rolle des Aktionärs neu zu interpretieren.

Von der Öffentlichkeit weitgehend unbemerkt, werden in verschiedenen Amtsstuben die diversen Rey-Dossiers zügig geschlossen. Die Bezirksanwaltschaft Zürich stellt ihre Ermittlungen wegen Verdachts auf ungetreue Geschäftsführung ein. Vor Dieter Bührle braucht Rey sich auch nicht zu fürchten. Dem Vernehmen nach soll Rey von ihm die Zusicherung abverlangt haben, auf jegliche Rechtsschritte gegen ihn zu verzichten.

Eidgenössische Stellen werden sowohl bei ihrer Suche nach einer Verletzung der Lex Furgler als auch nach einer möglichen Umgehung von Steuergesetzen nicht fündig. Einzig bei den Währungsschutzbestimmungen haben die Beamten Erfolg. Rey wird – weil er diesbezügliche Vorschriften verletzt hat – eine fünfstellige Busse aufgebrummt. Zumindest in einem Punkt herrscht damit amtliche Klarheit: Der Grossteil der über 50 Millionen Franken, die Rey zum Kauf der ODB und der Bally benötigt hat, stammt aus dem Ausland. Doch woher genau, bleibt ein Rätsel.

Roman Abegg und andere Rey-Kenner aus Bally-Tagen siedeln einige Quellen im nah- und mittelöstlichen Raum an, bei libanesischen Geldgebern und petrodollarschweren Scheichs. Ihre Vermutung gründen sie auf Reys Beziehungsnetz, das dieser während seiner Bankinvest-Tätigkeit in London aufgebaut hat. London gilt als Drehscheibe für arabische Gelder, die nach sicheren Engagements in der europäischen Industrie suchen. Für diese Annahme spricht, dass Werner K. Rey in späteren Jahren laut Angaben eines Beraters ausgesprochen freundschaftliche Beziehungen zu arabischen Geschäftsleuten pflegt. Rey selber lässt im kleinen Kreis verschiedentlich durchblicken, dass bei Bally nahöstliches Geld im Spiel gewesen sei.

Und dann gibt es die These von Bernie Cornfeld: Werner K. Rey hat schmutziges Geld benutzt, das ihm unter anderen von Robert Vesco vermittelt worden ist. Gegen diese von der «Tat» verbreitete Aussage erwirkt Rey eine einstweilige Verfügung beim Bezirksgericht Zürich, die Zeitung muss eine Gegendarstellung abdrucken.

Für die Cornfeldsche Theorie des schmutzigen Geldes sprechen ein paar Indizien: der Besuch der entsorgungswilligen Dame aus Südfrankreich, der Kauf der Overseas Development Bank und der Umstand, dass die geliehenen Mittel höher als üblich verzinst werden müssen.

Und wenn wir schon beim Geld sind: Werner K. Rey hat den zweistelligen Millionengewinn aus dem Verkauf des Bally-Paketes an den Waffenindustriellen Bührle nicht nur am schweizerischen Fiskus unbehelligt vorbeigebracht. Auch den englischen Steuerbehörden ist der Zugriff verwehrt. Als ausländischer Staatsbürger muss Rey an seinem Londoner Wohnsitz nur jene Summe versteuern, die er zur Bestreitung der Lebenshaltungskosten benötigt. Um auch diese Belastung noch zu minimieren, lässt sich Rey diese Mittel von einer seiner Gesellschaften als

Darlehen zur Verfügung stellen. Und Schulden sind auch bei den Untertanen Ihrer königlichen Hoheit Queen Elizabeth steuerlich abzugsfähig.

Was passiert mit dem Firmennetz, das Rey, einer Spinne gleich, um sein Opfer, die C.F. Bally AG, gewoben hat?

Der Name Lumoga AG wird Ende Juli 1977 diskret zum Verschwinden gebracht. Die Gesellschaft heisst jetzt UBI Service Industrie Holding SA. Rey ist aus dem Verwaltungsrat ausgeschieden. Offiziell wird die UBI von Jean-Marc Vuille und einem weiteren Juristen geleitet, mit dem der ehemalige Bankinvest-Direktor Vuille zusammen seit kurzem eine Anwaltskanzlei führt.

Rey übernimmt etwas später mit Assistenz von Rechtsanwalt Jean-Marc Vuille eine Finanzgesellschaft namens Rantlodge Limited in Grossbritannien. Über die Rantlodge erwirbt Rey Beteiligungen an Unternehmen, die im Ferien- und Freizeitbusiness operieren. In mindestens einem Fall verschafft sich der von Rey eingesetzte Rantlodge-Chef mit äusserst dubiosen Methoden die Kontrolle über eine Liegenschaft und die darauf im Bau befindlichen Ferienappartements in Spanien. Die Vehikel, deren sich Rey zur verschleierten Beherrschung der Rantlodge bedient, sind die UBI Holding und die Swiss Metalworks Selve International mit Sitz in Holland, ein heimlicher Spross der Selve Thun (auf die wir später zu sprechen kommen). Die Rantlodge wird finanziell systematisch ausgehöhlt und 1983 mittels Konkurs zum Verschwinden gebracht.

Vuille und sein Partner erhalten von Rey noch ein weiteres Mandat: Ihre Kanzlei wird zur offiziellen Anschrift der Inter-Atlantis Finanz AG, des Schweizer Ablegers der Atlantis Bank auf den Cayman Islands.

Die Overseas Development Bank (ODB) wird – wie von der Eidgenössischen Bankenkommission befohlen – liquidiert. Rey ficht zwar den EBK-Entscheid noch beim Eidgenössischen Bundesgericht in Lausanne an, doch die obersten Richter schützen den Entscheid der Bankenaufsichtsbehörde. In London existiert die ODB unter dem Namen ODB Services S.A. noch eine Weile weiter. Auf recht geheimnisvolle Art, ist anzufügen. Die Gesellschaft verfügt wohl über eine Adresse in London, doch über keinen Telefonanschluss. Laut Firmenunterlagen existiert ein einziger Direktor. Er heisst Pierre J. Roux und wohnt in Genf. Roux ist niemand anderer als der von Rey eingesetzte Direktor der Schweizer ODB.

Nicht liquidiert wird eine weitere, mit der Schweizer ODB eng liierte Gesellschaft: die Services Financiers SA, die ebenfalls in Genf domiziliert ist. Diese Finanz- und Beratungsfirma saugt 1977 einen Teil der ODB-Mannschaft auf und wird zum eigentlichen Hauptquartier von Werner K. Rey in der Schweiz. Sein Name taucht indessen nirgends auf. Reys Statthalter in der Services Financiers heissen Roux und Vuille.

Und die berühmt-berüchtigte Syndikats AG? Nun, sie existiert an der Talstrasse 37 weiter und hält – nehmen wir einmal mangels präziser Informationen an – wohl nach neuen lohnenden Investitionsobjekten in der Schweiz Ausschau. Personell ist sie allerdings mager dotiert. Drei bis vier Leute gehen hier ihrer Arbeit nach. Zu ihnen gehört Martin Dettling. Bis in den Herbst 1977 ist er in der Buchhaltungsabteilung der Bankinvest Zürich angestellt. Dann zieht es ihn mit voller Kraft zu seinem ehemaligen Vorgesetzten Werner K. Rey. Eine Beziehung der ganz besonderen Art nimmt damit ihren Anfang. Der Name Dettling wird uns beim Aufstieg und Fall von Werner K. Rey noch sehr oft begegnen.

Das Bally-Abenteuer hat Rey viele Feinde gebracht. Niemand wird ihm aber derart hartnäckig auf der Spur bleiben wie die Schweizerische Bankgesellschaft. Sie will indessen nichts, aber auch gar nichts von Rey. Im Gegenteil. Der aufs schwerste beleidigte Alfred Schaefer gibt die Order heraus, dass seine Bank mit Rey nie mehr auch nur die geringste geschäftliche Beziehung eingehen darf. Dieser Bannstrahl wird Rey bis zu seinem dereinstigen Kollaps verfolgen. Der verletzte Stolz von Alfred Schaefer wird die Schweizerische Bankgesellschaft damit noch vor grossem Schaden bewahren.

V

Der Streit um des Kaisers Bart

Warum die Zürcher Justiz froh ist, dass der Täter seinem Opfer ein Geschäft anbietet

Im Frühling 1978 blättert in Bern ein Beamter der Eidgenössischen Steuerverwaltung, Abteilung Revisorat, in den Steuerunterlagen der Firma Mensapart AG mit Sitz in Zug. Die Mensapart ist eine Untertochter der Metro und hält für sie inzwischen die Aktien der Bankinvest Zürich, die sie von der Metro-Tochter Grospart übernommen hat. Etwas stört den aufmerksamen Beamten am Kaufpreis, der seinerzeit von der Metro via die ADCA an die Bankinvest ging.

Am 17. Mai schreibt er nach Zug und verlangt Auskunft. Er will wissen, warum Mensapart (beziehungsweise Metro) für die Bankinvest Zürich 32 Millionen Franken bezahlt habe, die ehemaligen Aktionäre der Bankinvest indessen nur 21,75 Millionen Franken erhalten hätten.

Am 2. Juni teilt Mensapart mit, man wisse nichts von einer Differenz von 10,25 Millionen Franken.

Wenn diese Millionen dem Kaufpreis entnommen worden seien, repliziert der Beamte in Bern am 20. Juni, dann liege ein Betrug vor.

In Zug starten die Metro-Verantwortlichen umgehend Nachforschungen. Man erinnert sich plötzlich wieder an die Gerüchte in der Presse, holt die Akten aus dem Schrank und studiert sie mit jener Gründlichkeit, die im Zuge der Kaufverhandlungen angebracht gewesen wäre. Schritt für Schritt wird alles noch einmal durchexerziert. Und siehe da: Die 10,25 Millionen Franken sind tatsächlich verschwunden. Die Zuger realisieren jetzt, dass sie einem Täuschungsmanöver aufgesessen sind.

Die Metro, handelnd durch ihre Tochter Grospart, ist vorerst überzeugt, dass es die mit dem Kauf der Bankinvest betraute

ADCA gewesen ist, welche die 10,25 Millionen Franken zum Verschwinden gebracht hat. Sie fasst die ADCA deshalb im Dezember 1978 ins Recht.

Das Landesgericht Frankfurt weist die Klage am 22. Juni 1979 ab.

Doch noch während dieses Verfahrens tauchen plötzlich die Namen der Liechtensteiner Briefkastenfirmen Urus und Aguas Nuevas auf, die offensichtlich am Verschwinden der 10,25 Millionen Franken beteiligt sind. Denn die ADCA versucht sich aus der Schlinge zu ziehen, indem sie die Schuld Ernst Krienke, Werner K. Rey und Hans J. Keller in die Schuhe schiebt, welche ja die Verhandlungen geführt hätten.

Die Metro forscht deshalb auch in diese Richtung weiter. Die Recherchen gestalten sich – vor allem in Liechtenstein – sehr mühsam. Bei ihrer Spurensuche im Ländle entdecken die Metro-Leute immerhin, dass die Unterlagen zur Urus, die einst bei einem Rechtsanwalt in Vaduz gelegen haben (er war sowohl bei der Urus als auch bei der Aguas Nuevas im Verwaltungsrat), nicht mehr vorhanden sind. Ein Zürcher Rechtsanwalt soll sie noch rechtzeitig in Sicherheit gebracht haben. Man rate...

Gleichzeitig zieht die Metro den Entscheid des Frankfurter Landesgerichts an die nächste Instanz weiter. Mit Erfolg: Das Oberlandesgericht hebt das Urteil der Vorinstanz im November 1981 auf. Beide Parteien ziehen den Entscheid an den Bundesgerichtshof weiter. Die ADCA stellt sich auf den Standpunkt, den Handel korrekt abgewickelt zu haben. Das oberste deutsche Gericht schützt jedoch die Klage der Metro in vollem Umfang und weist den Fall zwecks Festlegung der Höhe des von der ADCA zu bezahlenden Betrages an die unteren Instanzen zurück.

Sehr aufschlussreich in dieser gerichtlichen Auseinandersetzung ist eine Aussage von Zeuge Werner K. Rey vor dem Oberlandesgericht am 27. Februar 1981. Rey, ein Mann mit einem ausserordentlich gut funktionierenden Gedächtnis (wie Bekannte von ihm immer wieder bewundernd hervorheben), antwortet auf die Frage, ob er einen Vermögensvorteil aus dem Verkauf der Bankinvest gezogen habe: «Ich kann nicht ausschliessen, dass später durch von mir beherrschte Gesellschaften ein Vermögensvorteil in irgendeiner Form gezogen worden ist, ich vermag das jedoch nicht zu überblicken.»

Der von Rey «nicht auszuschliessende Vermögensvorteil» beträgt rund 12,5 Millionen Franken und besteht aus so unübersehbaren Objekten wie der Domaine de l'Oumède und der Eigentumswohnung in Montana.

Die ADCA, die in der Zwischenzeit von der Norddeutschen Landesbank übernommen worden ist, rückt noch während des Verfahrens knapp 10 Millionen Franken heraus – wohl nicht zuletzt auf Veranlassung ihrer renommierten neuen Mutter, der der Streit mit der mächtigen Metro offensichtlich peinlich ist.

Mittlerweile haben auch die ehemaligen Bankinvest-Aktionäre Kenntnis von den ungeheuerlichen Vorgängen. Im Frühjahr 1980 erwirken sie gegen Rey und Keller einen Zahlungsbefehl und reichen gleichzeitig Klage bei einem Londoner Handelsgericht ein. Anfang 1982 erklären sich die Londoner Richter als nicht zuständig und verweisen die Kläger an das Handelsgericht Zürich. Die englische Versicherungsbrokerfirma C.T. Bowering und einige andere ehemalige Aktionäre klagen am 1. September 1982 beim Handelsgericht Zürich gegen Rey, Keller, Krienke, die ADCA, Urus und Aguas Nuevas. Bowering verlangt nebst Schadenersatz wegen ungetreuer Geschäftsführung die Herausgabe der Kaufpreisdifferenz von 10,25 Millionen Franken zuzüglich Zinsen.

Es ist ein verzweifeltes Rennen gegen die Verjährung. Die Verkaufsabwicklung liegt bereits sieben Jahre zurück. Die Angeklagten können beispielsweise wegen ungetreuer Geschäftsführung sowie Veruntreuung nur bis 7,5 Jahre nach Deliktsbeginn verurteilt werden. Für jeden gewieften Anwalt ist es ein leichtes, den Gang dieses Verfahrens so zu verzögern, dass sein Mandant ungeschoren davonkommt. Rey hat einen gewieften Anwalt: Walter König, sein juristischer Schutzengel. Als das Handelsgericht Zürich sich im Mai 1983 für zuständig erklärt, ist die Verjährungfrist praktisch schon abgelaufen.

Auch die Metro nimmt Rey ins Visier. Sie, beziehungsweise wieder die Grospart, deponiert am 2. Juni 1982 bei der Staatsanwaltschaft des Kantons Zürich eine Strafanzeige gegen Unbekannt wegen Betrugs. Verdächtige Personen sind Hans J. Keller, Ernst Krienke sowie Werner K. Rey.

Sowohl im zivilen wie im strafrechtlichen Verfahren versucht Rey sich mit teilweise kuriosen Begründungen aus der Verantwortung zu ziehen. Zu den Verhandlungen mit der Metro sei er als kleiner, subalterner Direktor der Bankinvest gar nicht kompetent und nur für die Repräsentanz von Bankinvest in London zuständig gewesen. In der fraglichen Zeit habe er sich gar nicht in Zürich aufgehalten.

Das Organigramm der Bankinvest spricht eine andere Sprache. Danach liegt die Geschäftsführung der Bankinvest in den Händen des Delegierten des Verwaltungsrates, Hans J. Keller, sowie dreier Direktoren, wovon der eine Werner K. Rey heisst.

Rey ist wohl längere Zeit in London stationiert. Im Herbst 1974 besteht seine Repräsentanz aber nur noch aus einem Büro – notabene in einem Gebäude der C.T. Bowering, wo eine Angestellte von Bowering das Telefon bedient. Rey hält sich bereits nicht mehr in London auf, sondern ist, wie alle Zeugen übereinstimmend aussagen, in den wichtigsten Verkaufsverhandlungen zwischen Bankinvest und Metro beziehungsweise ADCA stets persönlich dabei. Dass dem so ist, beweisen unzählige Aktennotizen, die Rey immer als «anwesend» festhalten. Auch tragen mehrere einschlägige Dokumente seine Unterschrift.

Drei Jahre später, am 7. März 1985, verfügt die Staatsanwaltschaft Zürich die Einstellung des Verfahrens. Begründung: Es fehlt das Tatbestandsmerkmal der Arglist. Zwar haben – laut Staatsanwaltschaft – alle drei Angeschuldigten «zumindest leichtfertig gehandelt». Ebenso steht für sie fest, dass Rey und Keller gegenüber den Vertretern der Aktionäre «nicht mit offenen Karten gespielt haben». Angesichts verschiedener Unsicherheiten rechtfertige es sich aber nicht, eine Anklage zu erheben. Anklage sei nur dann zu erheben, «wenn ernsthaft mit der Verurteilung des Angeschuldigten gerechnet werden muss».

Oder ist es etwa so, dass die Angeschuldigten derart raffiniert vorgegangen sind, dass die Untersuchungsorgane in einem echten Beweisnotstand sind?

Gegen die Einstellungsverfügung der Staatsanwaltschaft legt Metro, zusammen mit einigen Aktionären, am 25. März 1985 Rekurs bei der Justizdirektion des Kantons Zürich ein. Sie rügt insbesondere «die merkwürdige Tendenz» des ermittelnden Bezirksanwalts sowie des Staatsanwalts, «offenbar um jeden Preis nach einer Möglichkeit zu suchen, um die unbequeme Untersuchung einzustellen». Obwohl der Bezirksanwalt eine «Vielzahl von Täuschungen» für erstellt halte, «zweifelt er am Eintritt eines Schadens durch eine Vermögensverfügung der Getäuschten».

Am 12. April 1985 doppeln die ehemaligen Bankinvest-Aktionäre mit einer Privatstrafklage gegen Rey, Keller und Krienke bei der Anklagekammer des Zürcher Obergerichtes nach. Ihre Klage begründen sie unter anderem damit, dass Bezirks- und Staatsanwaltschaft in «willkürlicher Weise» über den Grossteil der Beweisanträge von Metro und den Aktionären hinweggegangen seien, dies «sogar ohne jede Einvernahme der Angeschuldigten».

Die Hartnäckigkeit, mit der Metro und die ehemaligen Bankinvest-Aktionäre unter Inkaufnahme beträchtlicher Prozess- und Anwaltskosten vor allem Werner K. Rey zu belangen suchen, ist bemerkenswert. Um so erstaunlicher nimmt sich der plötzliche Rückzug der Kläger im Frühjahr 1987 aus. Aus der Einsicht, dass doch alles vergeblich ist? Keineswegs.

Werner K. Rey persönlich ist die Ursache.

Ende 1986 erwirbt Rey für die stolze Summe von rund 600 Millionen DM eine Mehrheitsbeteiligung am deutschen Mischkonzern Harpener. Der Preis löst in deutschen Wirtschaftskreisen rundum Kopfschütteln aus. Vor allem auch bei jenen Firmen, die sich ebenfalls für das Paket interessiert haben, angesichts des von Rey gebotenen Preises die Idee aber rasch wieder fallenlassen. Zu ihnen gehört auch die Metro.

Anfang 1987 ersucht Rey bei der Metro in Zug um einen Gesprächstermin. Neugierig darauf, ob der hartnäckige Prozessgegner nun doch noch Hand zu einer Lösung biete, geben die Metro-Verantwortlichen dem Begehren statt.

Man kann sich die Gesichter der Metro-Herren vorstellen, als Rey zur Sache kommt: Er bietet ihnen eine Beteiligung an Harpener an. Einfach so, als gebe es zwischen ihm und der Metro nicht den Hauch einer getrübten Beziehung, geschweige denn eine seit Jahren dauernde, kostspielige juristische Querele.

Erst trauen die Herren an der Metro-Spitze ihren Ohren nicht. Dann verlieren einige unter ihnen ob soviel Unverfrorenheit die Contenance. «Sie haben genau zehn Tage Zeit, uns den Bankinvest-Schaden zu bezahlen», herrscht ihn einer der Metro-Manager an. Dann könne man vielleicht über das Geschäft reden. Und was bei Metro niemand für möglich hält, passiert: Innerhalb der gesetzten Frist überweist Rey die geforderten Millionen. Zu einem Deal kommt es trotzdem nicht, denn die Metro hält es wie ihre Hausbank, die Schweizerische Bankgesellschaft: Mit Werner K. Rey wird kein Geschäft gemacht.

Die früheren Bankinvest-Aktionäre bekommen Wind von der Sache und wittern ihre Chance. Sie diktieren einen Vergleich, in den Rey einwilligt.

Hier wie dort hat Rey also – zumindest indirekt – eingestanden, dass er beim Bankinvest-Verkauf eine trübe Rolle gespielt hat.

Die detaillierte Beschreibung dieser trüben Rolle erbringt die «Weltwoche» bereits ein Jahr vorher, wobei die Enthüllung in Bankierskreisen höchstens vorhandenes Halbwissen verbessert haben dürfte. Schon seit Jahren munkelt man an der Bahnhofstrasse hinter vorgehaltener Hand, dass Rey beim Verkauf der Bankinvest Zürich ein Ding gedreht habe. Welche Schlüsse die Geldgeber daraus ziehen, zeigt der Schuldenberg, den ihnen Werner K. Rey nur drei Jahre später hinterlässt, als die Omni Holding und damit Reys Imperium zusammenbricht.

Ihre Vertrauensseligkeit lässt sich vielleicht auch durch Reys öffentliche Interpretation der Vorgänge erklären. Als das Wirtschaftsmagazin «Bilanz» ihn später auf die dubiosen Vorgänge beim Bankinvest-Verkauf anspricht, kann Rey, ohne die Unwahrheit zu sagen, darauf verweisen, dass eine Anklage gegen ihn nie zustande gekommen sei. «Nicht ein einziges Mal wurde ich zur Sache vernommen», unterstreicht er. Er sei halt Opfer seiner Bekanntheit geworden, entschuldigt er sich treuherzig. «Bei mir konnten sie sich etwas erhoffen.» Und warum hat er, wie die

«Bilanz» bei der Metro in Erfahrung bringt, freiwillig einige Millionen überwiesen? «Dieser Streit um des Kaisers Bart», so Rey wörtlich, habe die Stornierung von Metro-Aufträgen an seine Überwachungs- und Prüffirma Inspectorate zur Folge gehabt und sei auch sonst hinderlich bei den Geschäften gewesen. Mit der Bezahlung sei nun alles in Butter, und bereits habe die Metro in Zug grünes Licht für die Wiederaufnahme von Geschäftsbeziehungen mit der Inspectorate gegeben.

In Tat und Wahrheit steht die Ampel weiterhin auf Rot, wie man in Zug vernehmen kann.

So dreist lässt sich eine unfeine Story in einen Werbespot umbiegen…

VI

Ein kurzes Gastspiel als Biedermann

In der Buntmetallfabrik Selve brennt im obersten Stock nachts ein Licht

Mit 35 Jahren ist Werner K. Rey ein reicher Mann. Er besitzt – wir schreiben das Jahr 1978 – am Chelsea Square in London ein Haus. Es ist äusserlich unauffällig, liegt aber in einem eleganten Stadtteil. Das Interieur, notieren Besucher, ist nicht sonderlich geschmackvoll, aber auch nicht ausgefallen. Man deckt sich im berühmten Warenhaus Harrods ein, wo auch die königliche Familie gelegentlich einzukaufen pflegt. Wenn Gastgeber Werner K. Rey Wein serviert, dann ist es einer von der teuren französischen Sorte. Vor der Haustüre steht der Rolls-Royce.

Rey könnte es sich fern von der Schweiz gutgehen lassen und sein ansehnliches Vermögen in aller Ruhe mehren. Doch der schlechte Ruf, den er sich mit der Bally-Affäre eingehandelt hat, die Verachtung, die ihm von seiten der etablierten schweizerischen Wirtschaftskreise entgegenschlägt, schmerzt tief in seiner Psyche. Er will seinen Kritikern beweisen, dass er das Zeug zu einem Unternehmer hat.

Anfang 1979 wird Werner K. Rey von einer Bank auf die Schweizerischen Metallwerke Selve AG in Thun aufmerksam gemacht. Ein Blick in das Firmendossier – und Rey weiss, dass er gefunden hat, wonach er sucht.

Das Unternehmen, das 1895 durch Gustav von Selve gegründet worden ist, stellt in Thun sowie in einem Zweigwerk im benachbarten Uetendorf Halbzeuge aus Buntmetall her. Nach dem Tod des Gründers ist es mit der Fabrik stetig abwärtsgegangen. An der Spitze besteht nach zahlreichen Abgängen ein Führungsvakuum, der Betrieb operiert in den roten Zahlen. Unter den sechs Nachkommen der Familie von Selve herrscht in einem Punkt Einigkeit: Das Unternehmen soll dem Meistbietenden verkauft werden. An Interessenten fehlt es nicht. Doch ob deren Preisvorstellungen rümpfen die von Selves regelmässig die Nase – und bleiben so auf ihrer Fabrik sitzen. Mit grosser Sorge verfolgt man im Berner Oberland, wie sich die Lage bei der Selve immer mehr verschlechtert. Von den einstmals über 1000 Arbeitsplätzen sind noch 700 übriggeblieben. Der einzige Lichtblick in den Selve-Büchern: Das Unternehmen besitzt grosse Liegenschaftsreserven.

Aus Sorge um die Arbeitsplätze lassen sich 1977 drei angesehene Berner Oberländer Unternehmer in den Selve-Verwaltungsrat wählen. Die Herren ringen der Familie von Selve die Zusicherung ab, vorläufig auf weitere Verkaufsverhandlungen zu verzichten. Und dann machen sich die familienfremden Verwaltungsräte auf die Suche nach einem neuen Manager, der das Unternehmen wieder flottkriegen soll. Ihre Suche ist erfolgreich: Sie stossen auf einen Schweizer Manager, der zur Zeit noch in Südamerika arbeitet. Er erklärt sich bereit, am 1. Mai 1979 die Leitung der Selve zu übernehmen. Um ihn zusätzlich zu motivieren, stellen sie ihm in Aussicht, später Mitinhaber des Unternehmens zu werden. Um die Kontrolle der Selve wirklich ausüben zu können und um die Beteiligung des zukünftigen Managers sicherzustellen, lassen sich die drei Verwaltungsräte von der Erbengemeinschaft Selve das Verfügungsrecht über 55 Prozent des Aktienkapitals geben. Mit den Banken können sie überdies einen Kredit von 10 Millionen Franken aushandeln. Die Rettung der Selve, so sind sie überzeugt, ist damit auf bestem Wege.

Sie haben nicht mit Werner K. Rey gerechnet. Wie sollten sie auch? Vom frechen Bally-Raider haben sie – wie die meisten anderen Schweizer auch – seit 1977 nichts mehr gehört.

Die Familie von Selve schon, bei ihr hat sich Werner K. Rey in den ersten Wochen des Jahres 1979 gemeldet. Sein Interesse an den Buntmetallwerken ist sehr gross, und er bietet Barzahlung an. Dieser Verlockung können die Familienmitglieder nicht widerstehen. Obwohl an vertragliche Abmachungen mit den familienfremden Verwaltungsräten gebunden, die von den Verhandlungen nichts wissen, willigen sie in den Verkauf ein.

Ein gutes Geschäft für die von Selves?

Sie, die vor wenigen Jahren eine Offerte von 100 Millionen Franken ausgeschlagen haben, weil sie – wie aus Bankenkreisen verlautet – 120 Millionen wollten, verkaufen Werner K. Rey das Aktienkapital von 15 Millionen Franken für ganze 8,5 Millionen Franken. Davon sieht jedes der sechs Familienmitglieder nur je eine halbe Million in bar. Den Rest von 5,5 Millionen stellen sie auf Drängen von Rey der Selve AG als Obligationendarlehen, verzinsbar zu 4 Prozent und mit einer Laufzeit von 10 Jahren, zur Verfügung. Rey komplettiert das Darlehen mit weiteren 4,5 Millionen Franken auf 10 Millionen. Der Kauf der Selve AG kommt ihn damit auf insgesamt 13 Millionen Franken zu stehen, wovon 10 Millionen direkt in die Firmenkasse fliessen.

Ein gutes Geschäft für Rey.

Wie ein Lauffeuer verbreitet sich am 6. April 1979 in Thun die Nachricht über den neuen Selve-Besitzer. Gleichzeitig werden aber erste Befürchtungen laut: «Der hat es doch nur auf den grossen Liegenschaftsbesitz der Selve-Werke abgesehen», orakeln jene, die sich noch vage an die Bally-Geschichte erinnern können. Unter der Selve-Belegschaft bricht Unruhe aus.

Rey weiss, dass ihm diesmal kein Fehler unterlaufen darf. Er spricht der bestehenden Firmenleitung sofort sein Vertrauen aus und beteuert, dass an der Geschäftspolitik nichts geändert werde. Die Gerüchte um sein angebliches Interesse an den Selve-Liegenschaften dementiert er energisch.

Nicht verhindern kann er den lauten Protest der drei von der Familie Selve ausmanövrierten Verwaltungsräte. Dass sie sofort demissionieren, kommt Rey nicht ungelegen, er hat für sie ohnehin keine Verwendung. Keine Verwendung hat Rey auch für den bereits designierten Selve-Chef aus Südamerika. Der düpierte Manager klagt später auf Entschädigung und zieht den Fall bis vor Bundesgericht, wo er aber abblitzt.

Rey kann ebenfalls nicht verhindern, dass die Schweizerische Bankgesellschaft ihre Beziehungen zur Selve AG unverzüglich abbricht. Im Unterschied zum Krach im Selve-Verwaltungsrat wird der von höchster Stelle angeordnete Rückzug der SBG-Filiale Thun für Rey glücklicherweise nicht publik. (Die Kantonalbank von Bern wird dankend in die Lücke springen.)

Rey will also keinen Fehler machen. Er ist fest davon überzeugt, dass sein schlechter Ruf seit Bally wesentlich von der Presse geprägt worden ist. Er sichert sich deshalb die Dienste eines PR-Beraters und engagiert einen Newcomer. Künftig wird der junge Aloys Hirzel – eben dabei, ein eigenes PR-Unternehmen, die spätere Trimedia, aufzubauen – für seine Imagepflege besorgt sein. Hirzel legt gleich los:

Wenige Tage nach dem Kauf macht der neue Präsident des Selve-Verwaltungsrates, Werner K. Rey, den Thuner Stadtvätern seine Aufwartung. Er erläutert ihnen seine unternehmerischen Absichten. Dann begrüsst er die kantonalen Behörden. Volkswirtschaftsdirektor Bernhard Müller und ein Vertreter der Wirtschaftsförderung zeigen sich von dem Treffen sehr befriedigt. Rey versichert ihnen, dass er Selve als «selbständiges bernisches Unternehmen» fortführen und durch «mittel- und langfristig ausgerichtete betriebswirtschaftliche Massnahmen» weiterentwikkeln will. Der «finanziellen Absicherung dieser zukunftsgerichteten Unternehmenspolitik» dient, so Rey, eine von ihm und den bisherigen Inhabern zur Verfügung gestellte Obligationenanleihe von 10 Millionen Franken. Beide Treffen mit den Behörden werden in der Presse gebührend vermeldet.

Sie verfehlen die gewünschte Wirkung nicht. In Thun kehrt wieder Ruhe ein. Unter den Selve-Arbeitnehmern und bei ihren Gewerkschaften wächst die Überzeugung, dass es der neue Besitzer ernst meint. Rey lässt sich im obersten Stockwerk des Selve-Verwaltungsgebäudes ein privates Quartier einrichten. Vom behelfsmässig eingerichteten Schlafzimmer aus hat er einen schönen Blick auf die Aare, die unmittelbar neben dem Haus vorbeifliesst, auf die Dächer der Altstadt und auf das Schloss Thun. Die pittoreske Szenerie scheint ihn jedoch nicht zu berühren. Wenn er da ist, und das ist er in den ersten Monaten oft, sitzt er tagsüber meist am Telefon. Nach einem kurzen Nachtessen in Begleitung von Selve-Kaderleuten zieht er sich meist früh zurück und vergräbt sich bis tief in die Nacht, nicht selten sogar bis in die frühen Morgenstunden, in dicke Dossiers.

Dass er mit der Buntmetallproduktion nie auf einen grünen Zweig kommen wird, realisiert Rey rasch. Dazu müsste er zu viele Mittel in die Modernisierung der veralteten Selve stecken. Dennoch gilt es möglichst bald einen Beweis für sein unternehmerisches Können zu liefern. Warum nicht die Selve mit einem anderen schweizerischen Buntmetallproduzenten zusammenlegen? Die Auswahl ist allerdings nicht gross. Neben der Selve, sie ist mit Abstand grösster Anbieter, gibt es noch die Metallwerke Dornach AG im Kanton Solothurn und die Boillat SA in Reconvilier im Berner Jura.

Rey streckt seine Fühler diskret nach Dornach aus. Die Wahl ist nicht zufällig. Erstens ist die Dornach AG an der Nebenbörse kotiert und hat somit einen ausbaufähigen Zugang zu den Kapitalmärkten. Zweitens sitzt an der Spitze eine äusserst wichtige Wirtschaftsgrösse: Dornach-Chef Fritz Halm präsidiert den mächtigen Zentralverband Schweizerischer Arbeitgeber-Organisationen. Mit Halm jetzt ins Geschäft zu kommen wäre für Rey ein enormer Prestigegewinn, bleibt aber eine Illusion. Fritz Halm zeigt ihm schon bei den ersten Gesprächen die kalte Schulter. Von einem Zusammengehen mit der seiner Einschätzung nach hochverschuldeten Selve AG will er nichts wissen.

Rey ändert seine Strategie: Die Selve AG soll selber zu einem börsenfähigen Unternehmen aufgewertet werden. Kein leichtes Unterfangen angesichts der katastrophalen Geschäftszahlen, doch Rey hat einen Plan, wie man so etwas bewerkstelligt.

Schritt Nummer eins: Die Selve muss positive Zahlen ausweisen. Und siehe da, die Ergebnisse, die Selve für das Geschäftsjahr 1979 präsentieren kann, werfen ein glänzendes Licht auf den neuen Besitzer. Nach Jahren des Darbens schreibt das Unternehmen mit einem Umsatz von 96,4 Millionen Franken wieder einen Cash-flow von 3,4 Millionen. Nebst einer etwas besseren Konjunkturlage «hat eine erhebliche Verbesserung der Produktivität» für diese positive Entwicklung gesorgt, teilt die Selve den Medien mit.

Dass in Thun plötzlich wieder schwarze Zahlen geschrieben werden, nimmt man in der Branche mit grosser Verwunderung zur Kenntnis. Woher kommt, so fragen skeptische Beobachter, dieser plötzliche Erfolg, obwohl noch immer das als nicht sonderlich qualifiziert eingeschätzte Kader aus der Vor-Rey-Ära am

Werk ist? An Rey allein, so sind sie überzeugt, kann es auch nicht liegen. Dornach-Chef Fritz Halm beispielsweise kommt nach einem Rundgang mit Rey durch die Selve-Hallen zur Überzeugung, dass der neue Herr in Thun ziemlich wenig von der Führung eines Industrieunternehmens versteht. Liegt es trotzdem an Rey? In der Branche munkelt man, die Selve senke auf dem deutschen Exportmarkt die Preise für ihre Produkte um fast 20 Prozent, um dort das Geschäft anzukurbeln. (Rund 75 Prozent der gesamten Selve-Produktion gehen in den Export.)

Schritt Nummer zwei: Werner K. Rey kauft Firmen mit Krediten, die der Selve gewährt werden, auf, um sein Industrieengagement optisch aufzuwerten. Im Februar 1980 erwirbt er die Lanz Industrie-Technik AG mit Werken im aargauischen Murgenthal und in Wolfwil, Kanton Solothurn. Das Unternehmen ist in der Metallumformung tätig und stellt Möbelbeschläge her. Die Bauchemiefirmen Vandex AG und Renesco Bautechnik AG kommen als nächstes dazu.

In der Belegschaft der Selve kann man sich beim besten Willen keinen Reim auf diese völlig branchenfremden Zukäufe machen. Überdies steckt die Lanz Industrie-Technik erst noch in argen Schwierigkeiten, wie in Thun durchsickert (der Verlust beträgt 1,8 Millionen Franken). Weshalb, so fragt man sich, steckt Rey das Geld nicht in die Selve AG, wo es an allen Ecken und Enden fehlt? Rey argumentiert vage mit einer «gezielten Diversifikationspolitik», die der «Risikoverteilung» und damit einer «langfristigen Absicherung des Bestandes der Selve AG» diene – für den einfachen Arbeiter nicht sehr verständliche und erhellende Begründungen. Auch das Kader der Selve hegt gemischte Gefühle. Als hätte es in Thun und Uetendorf nicht schon sonst alle Hände voll zu tun, muss es sich auch noch mit den Neuerwerbungen herumschlagen. Denn dafür hat Rey keine Zeit.

Nach aussen hin präsentiert sich die Selve weiterhin als erfolgreiches Unternehmen: Für das Geschäftsjahr 1980 wird ein mit 4,5 Millionen Franken noch höherer Cash-flow als im Vorjahr ausgewiesen. Das Kader ist um die Person von René Giulianelli, zuvor Sachbearbeiter bei der Bankgesellschaft-Filiale Solothurn, erweitert worden.

Schritt Nummer drei: Rey bringt das optisch aufgewertete Industrieengagement in eine Holding ein und verkündet, dass er in absehbarer Zeit eine Publikumsöffnung beabsichtige. Ende 1980 wird die Schweizerische Metallwerke Selve Holding AG gegründet. Für den Verwaltungsrat der Holding kann Rey zwei ganz Grosse der bernischen Wirtschaft gewinnen: Fritz Berger, Inhaber des Ingenieurunternehmens Emch & Berger, und Kurt Meier, Generaldirektor der Kantonalbank von Bern. Berger interessiert sich vor allem für die Überbauungspläne des Selve-Areals mitten in Thun, von denen Rey immer mal wieder schwärmt. Meier will die Bande zwischen seiner Bank und dem jungen Selve-Besitzer stärken und zum Hausbankier Reys werden.

Was bringt Rey in die Holding ein? Neben der Selve sowie den Neuerwerbungen sind es zwei Gesellschaften, deren Namen dem Aussenstehenden wenig mehr sagen, als dass sie offensichtlich aus den Initialen der Schweizerischen Metallwerke Selve bestehen. Die eine heisst SMS Beteiligungen AG, weist ein Aktienkapital von 20 Millionen Franken aus und besitzt sämtliche Aktien der zweiten Gesellschaft namens SMS Immobilien und Anlagen AG (Aktienkapital 10 Millionen). Beide Gesellschaften sind an der Talstrasse 37 in Zürich domiziliert. Nur Eingeweihte wissen, wie die beiden Firmen noch wenige Tage zuvor geheissen haben: Syndikats AG respektive Syndikats Anlagen AG – beides Vehikel Reys beim Bally-Raid.

Die SMS Beteiligungen AG wird also für 20 Millionen Franken in die Selve Holding eingebracht. Ein stolzer Wert, wenn man bedenkt, dass die Firma zwischen 1977 und 1978 im Nachgang zur Bally-Affäre auf über 35 Millionen Franken betrieben worden ist. (Die Syndikats AG war damals so blank, dass sie nicht einmal die Notariatsgebühren bezahlen konnte.) Die Tochter SMS Immobilien und Anlagen AG weist einen Verlustsaldo von fast einer Million Franken aus.

Schon fünf Monate nach ihrer Gründung präsentiert die Selve Holding im Sommer 1981 erstmals Zahlen – gute natürlich. Bei einem Umsatz von rund 150 Millionen Franken erwirtschaften die in der Holding zusammengefassten Unternehmen einen Cash-flow von 10 Millionen, teilt Rey mit. Auch der Lanz Industrie-Technik scheint es, allen Unkenrufen zum Trotz, gutzugehen. Laut Rey hat sie sowohl den Umsatz als auch den Cashflow erhöhen können. Einmal mehr betont der Alleininhaber der Holding, dass er eine Publikumsöffnung anvisiere.

Doch die lässt auf sich warten. In Thun registriert man hingegen, dass Rey immer seltener vorbeischaut. Selve-Kaderleute dringen mit ihren Problemen gar nicht mehr bis zu ihm vor. Ihre Sorgen scheinen Rey kaum noch zu interessieren. Das einzige, was ihn wirklich noch beschäftigt, ist die Zusammenarbeit mit der Dornach AG. Doch alle Versuche, mit den Solothurnern ins Gespräch zu kommen, scheitern.

Das Buntmetallgeschäft läuft immer harziger. Die Selve AG muss 1982 Kurzarbeit einführen. Der Cash-flow – 1979 und 1980 noch stolz mit Zahlen ausgewiesen – wird nur mehr verbal erwähnt. Die Floskel lautet «knapp befriedigend». Nicht dass die Selve AG mit ihren Problemen allein dastünde, auch die übrigen Buntmetallwerke kämpfen mit Absatzflauten und gegen die billigere ausländische Konkurrenz. Für Rey alles andere als erfreulich ist die Erkenntnis, dass mit der Überbauung des Selve-Areals kurz- und mittelfristig nicht zu rechnen ist.

Die Lanz Industrie-Technik erweist sich schliesslich doch als Fass ohne Boden. Trotz andauernder Restrukturierungsbemühen kommt das Unternehmen nicht aus der Verlustzone heraus. Einzig der Bauchemiebereich scheint leidlich gut zu arbeiten.

Um die Selve Holding zu einem börsengefälligen Gebilde herauszuputzen, reicht das aber in keiner Weise. Rey plaziert 1983 eine weitere Beteiligung in die Selve Holding, die im Industrie- und Unterhaltungselektronikhandel tätige Omni Ray (sic!) in Dietlikon. Ihr Beitrag zur Rentabilität der Selve Holding ist unergründlich, da die Holding keine Zahlen mehr veröffentlicht.

Die erkaltete Liebe zu den Buntmetallwerken Selve wird Ende 1984 auch gegen aussen sichtbar. Rey überlässt seinen Verwaltungsratssitz und damit die Verantwortung einem Kadermann, auf den wir später noch zu sprechen kommen. Er heisst Jean-Claude Vagnières.

Dass Rey die Lust auf sein industrielles Engagement in Thun verloren hat, trifft die Buntmetaller nicht aus heiterem Himmel. Ein erstes Anzeichen dafür haben sie bereits Anfang 1980 wahrgenommen. Die NZZ enthüllt, dass Rey über die Selve AG ein kleines Aktienpaket an der Ateliers de Constructions Mécaniques de Vevey SA (ACMV) gekauft hat. Rey dementiert Gerüchte, er strecke seine Hände nach Vevey aus, ziemlich unwirsch. Er respektive die Selve halte das Paket aus reinen Anlagegründen im Wertschriftenportefeuille. Das leuchtet ein, und man misst deshalb dem Ereignis keine weitere Bedeutung mehr zu.

Inzwischen ist man in Thun eines Bessern belehrt worden.

Bevor wir uns den neuen Erkenntnissen der Thuner zuwenden, soll hier noch auf einen Aspekt von Reys Selve-Engagement hingewiesen werden, der vollkommen im dunkeln liegt: Dem Vernehmen nach soll Rey die Aktien der Selve vorübergehend in arabische Hände gegeben haben. Ob lediglich zur Refinanzierung oder weil diese Kreise an einem diskreten Engagement bei einem Schweizer Industriebetrieb interessiert waren, der auch für den Rüstungsbereich tätig ist (die Selve produziert unter anderem Munitionsbestandteile), ist nicht klar.

Sicher ist dagegen, aber auch davon hat die Selve-Belegschaft keine Ahnung: Rey benutzt den traditionsreichen Namen und gründet auf den Niederländischen Antillen, wo Steuern für ausländisch beherrschte Firmen ein Fremdwort sind, die Swiss Metalworks Selve International Investment NV. In Holland, das als Steuerparadies für ausländische Holdinggesellschaften gilt, kreiert er die Swiss Metalworks Investments BV (NV und BV entsprechen unserem Kürzel AG für Aktiengesellschaft). Die fragwürdigen Geschäfte, die Rey über diese Firmen abwickelt, werden wir im übernächsten Kapitel beleuchten.

VII

Eile mit Eile mit Eisenbahnwagen

In Vevey bricht die Krankheit der zwanghaften Fusionitis aus

Im Verwaltungsrat der Ateliers de Constructions Mécaniques de Vevey SA (ACMV) herrscht in den ersten Tagen des Jahres 1980 Alarmstimmung. Als würde man in der Chefetage nicht schon durch einen Grossaktionär genug auf Trab gehalten, ersucht jemand anders um die Eintragung von 25 Namenaktien jetzt sowie weiteren 75 Aktien zu einem späteren Zeitpunkt. Absender des Begehrens: die Metallwerke Selve AG in Thun.

«Die Ateliers de Vevey in Reys Visier?» Unter diesem Titel appelliert die NZZ am 18. Januar an den Patriotismus der Westschweizer. Sie suggeriert ihnen, alles zu unternehmen, damit die ACMV nicht in deutschschweizerische Hände übergeht. Dass damit die Hände des Werner K. Rey gemeint sind, daran lässt die Zeitung keine Zweifel offen.

Die unerwartete Publizität verdankt Werner K. Rey dem grössten Aktionär der ACMV, der laut über den Verkauf seines Paketes nachdenkt. Es ist der 72jährige Walter Fankhauser. Die Biographie des gebürtigen Emmentalers mit Wohnsitz am Zürichsee zeigt viele auffällige Parallelen zu jener von Rey.

Der im Emmental in ärmlichen Verhältnissen aufgewachsene Fankhauser absolviert bei der Bank von Langnau eine Lehre. Sein beruflicher Weg führt ihn später zur Schweizerischen Bankgesellschaft, wo der ehrgeizige Bänkler rasch Karriere macht. Zuletzt ist er Devisenchef und trägt den Titel eines stellvertretenden Generaldirektors. Eines Tages passiert es: Hinter dem Rükken seiner Arbeitgeberin erwirbt Fankhauser Aktien einer in Schwierigkeiten geratenen Papierfabrik und verkauft sie ins Ausland weiter. Das trägt ihm einen Gewinn von 6 bis 7 Millionen und die sofortige Entlassung ein.

Der reiche Ex-Bankier grämt sich nicht lange. Er fühlt sich zum Unternehmer berufen. Mit seinen Millionen kauft er eine Reihe von schlecht rentierenden kleinen und mittleren Unternehmen, die er nach amerikanischem Vorbild in einen Mischkonzern zusammenführt. Sein Konglomerat tauft er Fibora.

Zwischen 1960 und 1962 erwirbt der agile Berner auch grössere Aktienpakete der Ateliers de Constructions Mécaniques de Vevey SA. Den welschen Verwaltungsräten der ACMV behagt der forsche Deutschschweizer nicht, weshalb sie nur einen Teil seines Aktienbesitzes, rund 20 Prozent, ins Register der Namenaktionäre eintragen. Nicht verwehren können sie ihm die Einsitznahme in den Verwaltungsrat. Ein jahrelanger Streit in diesem Gremium nimmt damit seinen Anfang.

Fankhauser will seine zahlreichen Beteiligungen in die ACMV einbringen. Der Verwaltungsrat verweigert sich diesem Ansinnen. Nicht einmal zu einer finanziellen oder technischen Kooperation mit der Fibora mag er Hand bieten. Auch für Fankhausers Forderung nach einer kräftigeren Dividendenausschüttung hat die Mehrheit des Verwaltungsrats kein Verständnis. Fankhauser, so monieren seine Westschweizer Kollegen, gebärde sich als Financier, statt sich dem Unternehmen als Industrieller verpflichtet zu fühlen. Es gibt keine höhere Dividende, die Mittel werden reinvestiert.

Fankhauser, der seine Aktienkäufe mit Krediten finanziert hat und deshalb unter Druck steht, bietet dem Verwaltungsrat Ende 1979 sein Paket für 12,5 Millionen Franken zum Kauf an. Dieser Preis liegt rund 50 Prozent über dem aktuellen Börsenkurs. Das Angebot ist befristet bis zum 4. Februar 1980.

Im Dezember setzt an der Börse plötzlich eine stürmische Hausse bei den ACMV-Papieren ein. Der Kurs springt von 1150 Franken auf gegen 1500 Franken. Mehrere tausend Titel wechseln innerhalb eines Monats die Hand. Der mutmassliche Grund für diese Hektik: die von Fankhauser seinen VR-Kollegen gesetzte Frist. Ob Fankhauser für den plötzlichen Kursanstieg besorgt ist oder ob Trittbrettfahrer mitmischen, ist nicht klar.

Mitten in diese Hektik platzt die Neuigkeit, dass Werner K. Rey über die Metallwerke Selve AG ein Paket von 100 Namenaktien in Vevey zur Eintragung angemeldet hat. Woher hat Rey dieses Paket?

Rey ist mit Firmenaufkäufen für die Selve beschäftigt. Ein Selve-Manager macht ihn auf eine bestimmte Fabrik des Fibora-Konglomerats aufmerksam, die man sich – ganz im Unterschied zu den von Rey in eigener Regie akquirierten Firmen wie Lanz usw. – gerne zugelegt hätte. Rey kennt natürlich die Verflechtung zwischen Fibora und der ACMV durch Fankhauser. Er nutzt die Gunst der Stunde und nimmt umgehend Kontakt mit Fankhauser auf. Die beiden ehemaligen Bankiers sind sich auf Anhieb sympathisch. Trotzdem verkauft Fankhauser die von der Selve gewünschte Fabrik nicht. Für Rey aber vielleicht wichtiger: Er bringt Fankhauser dazu, ihm 100 ACMV-Aktien zu überlassen. Als Fankhauser wenig später öffentlich erklärt, er werde seine ACMV-Beteiligung dem Meistbietenden verkaufen, ist Reys Interesse endgültig geweckt. Denn die ACMV hat seiner Selve etwas Entscheidendes voraus: Sie ist an der Börse kotiert.

Die von Fankhauser gesetzte Frist lässt der Verwaltungsrat der ACMV ergebnislos verstreichen. Ebenso ohne Echo bleibt eine von der Banque Cantonale Vaudoise lauthals angekündigte «solution romande». Sie sieht vor, dass Fankhauser künftig nicht mehr 25, sondern nur noch 5 Prozent des ACMV-Aktienkapitals hält, die restlichen 20 Prozent werden bei Westschweizer Investoren plaziert. Unter den Banken hat jedoch niemand Lust, weiteres Geld in ein Unternehmen zu stecken, das eine Verschuldung von über 100 Millionen Franken, bei Eigenmitteln von lediglich 18 Millionen Franken, ausweist.

Derweil giesst Fankhauser weiter Öl ins Feuer. Er macht aus seiner Sympathie für den artverwandten Rey keinen Hehl. Der Bally-Coup? Damit hat Rey doch nur seinen guten Riecher bewiesen. Bei diesen verbalen Schmeicheleinheiten bleibt es vorderhand. Rey versucht hartnäckig, via Fankhauser seine Hand auf die Ateliers de Vevey zu legen. Vergeblich, denn der alte Fuchs will den Westschweizern beweisen, dass er ein Financier mit industriellem Konzept ist. Was er darunter versteht, ist dem Verwaltungsrat indessen nicht neu: Fankhauser will nach wie vor seine Fibora in die ACMV einbringen. Seinen Ambitionen kommt die manifeste Angst der ACMV-Verantwortlichen vor Rey sehr entgegen. «Angesichts seiner Vergangenheit» ist eine grössere Beteiligung des Selve-Besitzers unerwünscht, signalisiert man in Vevey. Eine komfortable Situation für Fankhauser: Die ACMV-Verwaltungsräte sind gezwungen, ihm entgegenzukommen. Sonst riskieren sie, dass der vor der Türe ungeduldig wartende Käufer namens Rey zum Zuge kommt.

Im Mai 1981 ringt sich der ACMV-Verwaltungsrat deshalb zu einem Kompromiss mit Fankhauser durch: Dem Grossaktionär werden weitere 5 Prozent seiner Aktien eingetragen und zwei Verwaltungsratssitze für Leute seiner Wahl zur Verfügung gestellt. Im Gegenzug verpflichtet sich Fankhauser, während der nächsten drei Jahre Ruhe zu geben und insbesondere keine weiteren ACMV-Aktien zu erwerben, ohne dass der Verwaltungsrat dafür grünes Licht gibt.

Auch gegenüber Werner K. Rey glaubt man sich in Vevey mittlerweile abgesichert. ACMV-Präsident Philippe Baudraz erkundigt sich persönlich beim Selve-Herrn, was es mit den Gerüchten über ein wachsendes Interesse der Metallwerke Selve AG an der ACMV auf sich habe. Was er dabei zu hören bekommt, beruhigt ihn: Monsieur Rey brauche mindestens fünf Jahre, bis er sein Engagement bei Selve «verdaut» habe.

Was ein Wort von Rey wert sein kann, erfährt Rechtsanwalt Baudraz 14 Monate später:

Am 4. August 1982 verkauft Fankhauser sein mittlerweile auf 30 Prozent angewachsenes Aktienpaket zusammen mit einer Option auf eine Wandelanleihe von 10 Millionen Franken der Schweizerischen Metallwerke Selve Holding (SMS). Damit hat bei der ACMV Werner K. Rey ebenso das Sagen wie bei der Selve.

Über den Preis hüllen sich beide Seiten in Schweigen. Hinter vorgehaltener Hand wird von einer Summe zwischen 7 und 10 Millionen Franken gesprochen. Auf jeden Fall dürfte Fankhauser deutlich weniger kassiert haben als die 12,5 Millionen Franken, die er um die Jahreswende 1979/80 für 20 Prozent des Aktienkapitals gefordert hat. Denn Werner K. Rey ist der einzige Interessent für das Aktienpaket.

Finanzierungssorgen hat Rey keine: Die Kantonalbank von Bern, seit der Selve-Übernahme seine Hausbank, schiesst ihm willig 75 Prozent des Kaufpreises vor.

Über die Motive zum Engagement bei dem mit erheblichen Problemen kämpfenden Westschweizer Betrieb, der bei einem Umsatz von 115 Millionen Franken rund 800 Beschäftigte zählt, äussert Rey sich an einer improvisierten Pressekonferenz in Lausanne nur vage. Er spricht von «vielfältigen Berührungspunkten» zwischen Vevey und der Selve. Das «gemeinsame Ausschöpfen der Marktchancen» verspreche einen «beträchtlichen Ertragseffekt». Besonders die «weltweiten Kontakte und Verbindungen der SMS-Gruppe» könnten der ACMV nützlich sein. Die Reaktionen reichen von Irritation bis zu Kopfschütteln. Niemand kann sich einen Reim auf den Sinn dieses Engagements machen. Wie soll ein im Bereich Maschinen-, Turbinen- und Waggonbau tätiges Unternehmen mit einem auf die Herstellung von Buntmetallzeugen spezialisierten Betrieb nutzbringend kooperieren?

Die Wahrheit kann Werner K. Rey nicht anbieten. Er sagt nicht, dass ihm Waggons und Turbinen ebenso egal sind wie Buntmetalle und er sich am liebsten mit Finanzstrategien und -tricks beschäftigt. Ihn reizt die ACMV in erster Linie wegen ihrer Börsenkotierung und der Liegenschaften.

Wie sehr die Börse Werner K. Rey am Herzen liegt, darauf deutet eine Begebenheit am Rande des Aktionärswechsels hin.

Einige Zeit vor dem Kauf der ACMV-Beteiligung gehen verschiedenen Banken Informationen aus der engsten Umgebung von Werner K. Rey zu. Sie erfahren nicht nur, dass Rey das Fankhauser-Paket kaufen und auch die Option auf die Wandelanleihe übernehmen werde, sondern auch, dass später ein Übernahmeangebot an die übrigen ACMV-Aktionäre erfolge und dass man im Nahen Osten bereits Grossaufträge für Vevey in Aussicht habe. Lauter Botschaften also, die bester Nährboden für Kursausschläge nach oben sind. Tatsächlich werden im Juli grössere Käufe bei stark anziehenden Kursen durch spezialisierte Börseninstitute abgewickelt. Auch am 4. August, dem Tag, an dem der ACMV-Verwaltungsrat (der erbitterte Fankhauser- und Rey-Gegner Baudraz ist nicht mehr dabei, das Gremium besteht inzwischen aus Fankhauser-Getreuen) der Handänderung zustimmt, werden auffallend viele ACMV-Aktien zu Terminkursen gehandelt.

An der Pressekonferenz vom 5. August ist von den optimistischen Aussichten nicht mehr viel festzustellen. Eine Übernahme der Option tönt Rey lediglich noch als Möglichkeit an. Und an die Adresse der Aktionäre teilt er mit, dass nur zuvor echt verdiente Dividenden ausgeschüttet werden. Von den angeblichen Grossaufträgen ist schon gar keine Rede mehr. Statt dessen bemüht Rey den nebulösen Begriff «Synergieeffekte». Lauter Dinge, die die Phantasie der Wertschriftenhändler nicht beflügeln können.

Die Börse reagiert prompt: Die Kurse sacken in den ersten paar Tagen nach der Veröffentlichung des Aktionärswechsels von über 1200 Franken auf unter 800 Franken ab. Wer in dieser kurzen Zeitspanne die richtigen Börsendispositionen getroffen hat, freut sich an einem satten Gewinn. Und Werner K. Rey hat die Möglichkeit, billig zu weiteren ACMV-Aktien zu kommen.

Ob Rey den Kurssturz durch eine gewiefte Informationsstrategie und gezielte Indiskretionen provoziert oder ob – gegen seinen Willen – ein unbedarfter Mitarbeiter eigenmächtig handelt? Es fällt auf, dass vier Jahre später in einer ähnlichen Situation sich die gleiche Frage wieder stellt. Allerdings kann sie dort schlüssig beantwortet werden: Vermutlich aus Wichtigtuerei lässt sich ein Kadermann Reys im Zuge der Übernahmeverhandlungen des deutschen Mischkonzerns Harpener zu einer unbedachten Äusserung hinreissen. Diese bewirkt eine drastische Kursbewegung, dannzumal allerdings in der anderen Richtung.

Mit diesen manipulativen Vorgängen an der Börse habe er nichts zu tun, beteuert Werner K. Rey gegenüber der «Bilanz»: «Ich würde mir mehr schaden, wenn ich so auf die Schnelle noch ein bisschen mehr Geld machen wollte.» Bei anderen Transaktionen hat er, wie man weiss, solche Gelegenheiten nie links liegenlassen.

Ende August schlägt sich der Besitzerwechsel bei ACMV auch personell nieder: Fankhauser räumt seinen VR-Präsidentenstuhl. An seine Stelle plaziert Werner K. Rey den Lausanner

Rechtsanwalt Robert Piaget, er selbst begnügt sich mit dem Vizepräsidium. Ein geschickter Zug, einen Romand auf das höchste Podest zu setzen. Neu in den Verwaltungsrat wird überdies Jean-Claude Vagnières gewählt, der im Fertiguhrenbereich des Uhrenkonzerns Asuag als Direktor tätig ist. Die verunsicherte Belegschaft von ACMV beruhigt Werner K. Rey mit der Zusicherung, dass er das Management nicht auswechseln werde.

1982 geht zu Ende und damit in eine Phase, in der Werner K. Rey immer wieder auffällig den Drang zeigt, noch rasch ein grösseres Geschäft abzuschliessen. Während also da und dort noch immer über den Sinn einer Annäherung von Selve und ACMV spekuliert wird, tätigt Rey bereits die erste Akquisition für die ACMV.

In den USA erwirbt er zu einem unbekannten Preis die Turbinenfabrik Norwalk-Turbo Inc und fusioniert sie mit der dortigen Vevey-Tochter VMI, einer mangels Aufträgen inaktiven Gesellschaft.

Weil man sich da und dort fragt, woher wohl die liquiditätsschwache ACMV die Mittel für diese Übernahme habe, lüftet Rey den Zipfel eines Geheimnisses. Der Kauf der Norwalk-Turbo mit 160 Beschäftigten wird laut Rey zum Teil von der Selve Holding finanziert, die Patente und Lizenzen der Norwalk an Zahlung nimmt. Diese Hilfestellung der Selve will Rey – wohl vor allem mit Blick auf seine Kritiker – ausdrücklich als das erste positive Ergebnis der Zusammenarbeit zwischen Selve und den Ateliers de Vevey gewertet wissen. Er unterstreicht, dass die Liquidität der ACMV dadurch überhaupt nicht belastet wird. Auch hat – immer gemäss Rey – «die Bilanzlage und vor allem der Bestand an Aktiven der Norwalk-Turbo einen genügend grossen Spielraum zur Beschaffung lokaler Dollars» geboten. Frei interpretiert: Der Übernahmepreis wird mit der Versilberung und/oder der Verpfändung von Aktiven des Kaufobjektes finanziert.

Dass es sich bei dem Kauf der Norwalk-Turbo nicht um eine wohlüberlegte Diversifikation in den Bereich Turbokompressoren für die Erdöl- und Erdgasindustrie handeln kann, sondern vielmehr um ein Zufallsgeschäft, dafür spricht einiges.

Die amerikanische Maschinenindustrie leidet an enormen Überkapazitäten und veralteten Produktionsanlagen. Viele Firmen sind von der Schliessung bedroht. Auffallend ist denn auch, dass die ACMV praktisch keine Zahlenangaben zu ihrer Neuerwerbung machen kann. Für das Geschäftsjahr 1982/83 rechnet man bei der Norwalk-Turbo mit einem Umsatz von 16 Millionen Dollar. Wer mehr wissen will, wird in Vevey auf einen demnächst erscheinenden Aktionärsbrief vertröstet.

Diesen Brief erhalten die Aktionäre am 11. Februar 1983. Über das amerikanische Engagement erfahren sie indes wenig Neues. Dafür lässt ihnen der ACMV-Verwaltungsrat mitteilen: Mit der Dividende ist es heuer wieder nichts.

Um das Schicksal der amerikanischen Turbofabrik weiterzuverfolgen, ist ein Zeitsprung nötig:

Am 13. Dezember 1985 – merke, ein Jahr geht wieder einmal zur Neige – teilt die ACMV mit, dass die amerikanische Turbokompressoren-Tochter auf Ende Jahr an die Maschinenfabrik Escher Wyss AG, eine Sulzer-Tochter, verkauft wird, die von der Selve auch die seinerzeit übernommenen Patente und Lizenzen erwirbt. Über den Preis hüllen sich beide Parteien in Schweigen. In Vevey betont man aber, dass er für die ACMV interessant sei. Man werde das dreijährige «Gastspiel» im Turbokompressoren-Bereich, der 1984 einen Umsatz von 18,3 Millionen Dollar verzeichnete, mit einem Gewinn abschliessen.

Was ihnen unter dem Strich genau verbleibt, erfahren die ACMV-Aktionäre im Juni 1986 in einem Aktionärsbrief: Nichts.

Obwohl die ACMV-Geschäftstätigkeit im abgelaufenen Jahr kräftig angezogen hat, schliesst die Erfolgsrechnung mit einem symbolischen Reingewinn von 12 962 Franken ab, der selbstverständlich keinen Rappen Dividende zulässt. Der Ertrag aus dem deutlich angestiegenen Verkaufserlös ist fast gänzlich zur Bestreitung eines aus der Veräusserung der US-Tochter anfallenden «Sonderaufwandes» herangezogen worden. Überdies sind bedeutende Währungsverluste auf den der amerikanischen Tochter gewährten Darlehen angefallen.

Was ist wirklich passiert? Rey stösst zufällig oder im Rahmen eines anderen Geschäftes auf die Norwalk-Turbo. Es ist anzunehmen, dass er sie nach dem Kauf vorerst bei einer seiner diskreten ausländischen Gesellschaften – vielleicht sogar bei einem Karibikableger der Selve – plaziert. Nach seinem Einstieg bei ACMV sieht er eine Gelegenheit, die Neuerwerbung den Ateliers de Vevey unterzuschieben und daraus propagandistisches Kapital für die angeblich nutzbringende Zusammenarbeit zwischen Selve und ACMV zu schlagen. Dass die neukonzipierte US-Tochter in den ACMV-Büchern nie konsolidiert wird, obwohl sie angeblich regelmässig einige Millionen Gewinn pro Jahr abwirft, kann nur dahingehend interpretiert werden, dass man die Übernahme von Schulden oder anderen Belastungen in die Buchhaltung der Stammfirma vermeiden will.

Ob Rey aus eigenem Antrieb oder auf Drängen der ACMV-Leitung die Diversifikationsübung wieder abbricht, ist nicht klar. Fest steht aber, dass er der Sulzer-Escher Wyss den Kauf schmackhaft macht, indem er ihr eine Garantie für allfällige Verluste im ersten Jahr nach dem Kauf abgibt. Die Verluste treten prompt ein, und Vevey wird zur Kasse gebeten.

Von Sulzer ist zu diesen Vorgängen lediglich zu vernehmen, dass unmittelbar nach dem Kauf der Norwalk-Turbo in den USA der Erdölmarkt – ein wichtiger Abnehmer für Turbinen – zusammengebrochen ist. Sie bestätigt im übrigen die anstandslose Erfüllung der Garantieverpflichtung durch Rey. Gemäss Sulzer ist die Firma unmittelbar danach liquidiert worden.

Offensichtlich hat man bei Sulzer weder einen allzu genauen Blick in die Firmenbücher noch auf die Marktlage geworfen. Denn in der Regel pflegt ein Wirtschaftszweig von der Bedeutung der Erdölindustrie ja nicht einfach über Nacht und ohne Vorwarnung zusammenzubrechen. Aus Winterthur ist auch zu hören, dass der für diesen Deal zuständige Sulzer-Verantwortliche sich hausintern ziemlich grosse Scherereien eingehandelt hat.

Wir schreiben das Jahr 1986: Sieben Jahre sind es her, seit Rey in Thun seinen Einstand als Unternehmer – genauer als Industrieller – gegeben hat. Falls ihm mit diesem Engagement an einer Neuwertung seines Images gelegen war, dann hat er dieses Ziel erreicht. Die Mehrheit der Medien ist ihm wohlgesinnt.

Mit ein Grund für diese Haltung ist die (allerdings nicht ganz richtige) Annahme, der Bally-Raider habe seinen steuerfrei kassierten Gewinn nicht im Ausland verprasst, sondern in der Schweiz reinvestiert und damit marode Unternehmen vor dem Zusammenbruch und Hunderte von Angestellten vor der Arbeitslosigkeit bewahrt. Das Tempo, mit dem er sich sein kleines Imperium aufbaut, hebt sich nach Meinung vieler Kommentatoren wohltuend von der vorherrschenden Behäbigkeit und den verkrusteten Strukturen in der schweizerischen Industrielandschaft ab. Ein stiller, bescheidener Aussenseiter, der das Misstrauen, das ihm das Establishment entgegenbringt, eigentlich nicht mehr verdient.

Die ACMV schrammt Jahr für Jahr haarscharf an den roten Zahlen vorbei. Eine Dividende gibt es seit dem Antritt von Werner K. Rey als Grossaktionär nicht. Rey überlässt die Knochenarbeit Jean-Claude Vagnières, der seit 1986 Delegierter des Verwaltungsrates und Vorsitzender der Direktion ist. Im Herbst 1984 gab er seinen Rücktritt aus dem Verwaltungsrat der Selve AG. Auch für diesen serbelnden Betrieb überliess er die Verantwortung also seinem Nachfolger Jean-Claude Vagnières.

Das Übel der mangelnden Rentabilität in seinem industriellen Reich geht Werner K. Rey auf seine Weise an: Er verschiebt und verschachtelt Firmen so lange, bis sie für kurze Zeit wieder eine halbwegs tragfähige Basis vorweisen.

Dies gilt für die Selve genauso wie für die ACMV. Für die Selve strebt Rey bekanntlich praktisch seit dem ersten Tag eine Kooperation mit der grössten Konkurrentin, der Metallwerke Dornach AG, an. Bisher vergeblich. Nun kann Rey nicht mehr länger zuwarten.

Hinter dem Rücken der widerspenstigen Dornacher Firmenleitung unter Fritz Halm nimmt Rey Gespräche auf mit den beiden Hauptaktionären, den Kabelwerken Cossonay (der auch die Boillat SA gehört) und dem Schweizerischen Bankverein. Er versucht, sie von der Notwendigkeit eines Zusammengehens zu überzeugen. Mit Erfolg: Die drei Werke schliessen sich zuerst zur Swissmetal-Gruppe zusammen. Am 20. August 1986 wird die Holding UMS Schweizerische Metallwerke AG gegründet, in welche die Swissmetal-Gruppe integriert wird. Die UMS kontrolliert 73 Prozent von Dornach, 100 Prozent von Selve sowie 100 Prozent der Boillat SA in Reconvilier.

Am Aktienkapital von 80 Millionen Franken partizipiert Cossonay mit 49 Prozent, die Selve Holding AG mit 40 Prozent und der Bankverein mit 11 Prozent. Werner K. Rey wird Vizepräsident des Verwaltungsrates, Jean-Claude Vagnières Delegierter.

Dank den vereinten Anstrengungen von Kurt Meier, Generaldirektor der Kantonalbank von Bern, und Bauunternehmer Fritz Berger – beide sitzen im Verwaltungsrat der Selve Holding – begründet die UMS ihr Domizil zur Freude der bernischen Wirtschaftsförderung in Bern.

Der Zusammenschluss mag volkswirtschaftlich durchaus Sinn machen. Verschiedene Branchenkenner schlagen seit Jahren eine enge Zusammenarbeit zwischen den drei Buntmetallwerken vor. Den grössten Nutzen aus dieser Übung zieht aber zweifellos Werner K. Rey. Auf einen Schlag und sehr elegant schraubt er die finanziell belastenden Selve-Werke in seinem Selve-Holding-Portefeuille auf 40 Prozent hinunter.

Für Dornach, das zwar kaum besser rentiert, aber noch über erhebliche stille Reserven verfügt, und für Reconvilier, das leidlich gut arbeitet, bedeutet dies dagegen, dass sie nun in einen Topf mit der hochverschuldeten Selve geworfen werden. «Das raffinierteste Asset stripping», meint der emeritierte ETH-Professor Otto Hans Caspar Messner, den seine berufliche Karriere sowohl durch die Werke von Dornach als auch der Selve geführt hat. Tatsächlich müssen später auf der Selve-Beteiligung grosse Abschreiber gemacht werden, dies zu Lasten der anderen UMS-Unternehmen.

Kaum einen Monat später holt Rey zum nächsten Schlag aus. Anfang Oktober 1986 fusioniert er – ein Blitz aus heiterem Himmel – die ACMV mit der Selve Holding.

Für die Berner Oberländer ist der Traum endgültig aus, mit der Selve Holding zu einem börsenkotierten Unternehmen zu kommen, wie ihnen Rey einst vorgespiegelt hat. Vergessen ist die Zusicherung an die Behörden, Selve werde ihre bernische Eigenständigkeit behalten. Denn formell schluckt die kleinere

ACMV die grössere Selve Holding SMS mit allen Aktiven und Passiven.

Was die Thuner nicht wissen können: Rey hat das Projekt einer Publikumsöffnung schon lange fallenlassen. Die SMS ist – allen Reyschen Zukäufen zum Trotz – zu schmalbrüstig und wohl zu sehr mit Schulden befrachtet. Aus Buchprüferkreisen ist zudem zu vernehmen, dass Rey keinen Konzernabschluss erstellen kann (oder will?) und die Kontrollstelle folglich die Bestätigung verweigert.

Mit der börsenkotierten ACMV, die dem Selve-Herrn ohne grosse Anstrengung in den Schoss fällt, verfügt er über ein bequemeres Vehikel, um seinen Geldbedarf zu stillen.

Zusammen mit dem Fankhauser-Paket, der Option (von der Rey erst kurz vor der Fusion Gebrauch macht) und der Einbringung der Selve Holding kontrolliert er mit einem Federstrich 75 Prozent des ACMV-Kapitals.

In den Verwaltungsrat, wo bereits Nationalrat Jean-Pierre Bonny sitzt, holt Rey seinen alten Bekannten Fritz Berger vom Ingenieurbüro Emch & Berger (die ACMV ist reichlich mit Liegenschaften dotiert).

Wie hoch ist der Wert der beiden fusionierten Unternehmen?

Eine von Rey beauftragte Treuhandgesellschaft schätzt die Eigenmittel (Aktienkapital und Reserven) der ACMV auf 28 Millionen Franken, jene der Selve Holding auf respektable 31 Millionen. Man darf davon ausgehen, dass sich die Gutachter bei der Bewertung der Selve Holding im wesentlichen auf jene Zahlen gestützt haben, die Rey ihnen zur Verfügung gestellt hat. Und Rey hat bei dieser Transaktion alles Interesse daran, dass die Selve Holding möglichst hoch bewertet ist.

Die ACMV-Aktionäre können sich aufgrund der dürftigen Erklärungen von Rey kein Bild machen, wie es um die Ertragskraft der Selve Holding bestellt ist. Ihnen bleibt nur die Hoffnung, dass sie besser ist als bei der ACMV (wo sie seit langem keine Dividende mehr erhalten). Und so haben sie auch keine Ahnung, ob die 2000 Selve-Aktien mit einem Nominalwert von 100 Franken tatsächlich 42 000 ACMV-Aktien (Nominalwert 500 Franken) entsprechen. Dieses Umtauschverhältnis hat Rey festgelegt, ebenso den Verrechnungspreis. Er beträgt 1250 Franken und entspricht – welch ein Zufall – genau jenem vertraglich festgelegten Preis, den Rey im Frühjahr 1986 bei der Umwandlung des von Fankhauser übernommenen Darlehens in ACMV-Aktien bezahlt hat. Angenommen, Rey habe die Übernahme des Darlehens von Fankhauser fremdfinanziert und diese Schuld bei der Selve Holding verbucht, so wandert die Schuld – falls Rey sie mittlerweile nicht zurückbezahlt hat – mit der Fusion in die Bücher der ACMV. Wie dem auch immer sei, die 42 000 Aktien, die die ACMV neu herausgibt, um die Selve Holding zu schlucken, führen bei einem Stückpreis von 1250 Franken zu einer markanten Erhöhung der ACMV-Eigenmittel um 52,5 Millionen Franken. Davon entfallen 21 Millionen auf die Erhöhung des ACMV-Aktienkapitals, die restlichen 31,5 Millionen fliessen in die stillen Reserven. Diesem ganzen Vorgang – das darf man nicht vergessen – liegt eine Sacheinlage bei der ACMV zu Grunde. Ob diese Sache, nämlich die Selve Holding, derart werthaltig ist, dass damit die Eigenmittelbasis der ACMV um über 50 Millionen Franken verbreitert werden kann, steht auf einem anderen Blatt. Doch bei Rey heiligt der Zweck die Mittel, wie wir noch des öftern sehen werden. Der Zweck? Die ACMV soll sowohl für die kreditgebenden Banken als auch für das Börsenpublikum optisch aufgehellt werden.

Eigentlich fehlt nun nur noch die Wiederaufnahme der Dividendenzahlung. Und siehe da.

Im Mai 1987 teilt die ACMV mit, dass die Dividendenzahlung wiederaufgenommen wird und gleichzeitig eine Kapitalerhöhung geplant ist. Begründet wird der überraschende Entscheid unter anderem mit den erfreulichen Perspektiven im Eisenbahnbau.

Die Börse reagiert auf die Neuigkeit mit einem Kursanstieg der ACMV-Papiere. Dass es in anderen Bereichen, insbesondere bei der 40-Prozent-Beteiligung UMS, aber auch in ACMV-eigenen Divisionen, alles andere als rosig aussieht, trübt die Stimmung unter den Börsianern und Anlegern nicht.

Finanzanalysten und Wirtschaftsjournalisten müssen wieder einmal bei Null anfangen. Denn die von Rey in regelmässigen

Abständen vorgenommenen firmenarchitektonischen Veränderungen führen dazu, dass das aktuelle Zahlenmaterial nur mehr beschränkt mit den Vorjahreswerten vergleichbar ist. War die ACMV im Jahr zuvor noch ein klassisches Unternehmen im operationellen Bereich, so sind jetzt auch Holdingfunktionen zu bewerten.

Für Rey geht die Rechnung auf. Die Kapitalerhöhung um 10 Millionen bringt dank des ausgezeichneten Börsenklimas 23 Millionen Franken an neuen Mitteln in die Kassen der ACMV. Die Zahl der Namenaktien wird durch eine Aufsplittung von 80 000 auf 400 000 Titel erhöht. Drei Viertel davon sind im Besitz von Werner K. Rey. Ein überaus komfortabler Bestand, der ihm auch bei allfälligen Teilverkäufen immer noch die Mehrheit sichert.

Diese 75-Prozent-Beteiligung an einem industriellen Gebilde besteht aus schlecht rentierenden Einzelteilen. Die Rechnung würde noch schlimmer aussehen, hätte Rey nicht zuvor die Lanz Industrie-Technik ausgegliedert. Das Unternehmen produziert in den Jahren der Zugehörigkeit zur Selve-Gruppe einen Verlust zwischen 30 und 35 Millionen Franken. Rey verschenkt die Fabrik an das Lanz-Management und trägt den Millionenverlust, so versichert ein Insider, persönlich.

Persönlich heisst bei Rey, dass die Schuld einer ihm privat gehörenden Gesellschaft angehängt wird. Diese Gesellschaft weist dann in ihren Büchern eine Forderung an Rey aus. Und weil Forderungen als Aktivum gelten, tut das der Bilanz dieser Gesellschaft ganz schön gut.

Die Industriebeteiligung, deren Verschachtelung keiner industriellen Logik entspricht, wird zum Baustein für Werner K. Reys grandiosestes Projekt, die Omni Holding.

VIII

Der weisse Ritter erforscht einen Kontinent

Ein überschlauer Handel in North Carolina und das Funerale einer kalifornischen Bank

Im Oktober 1978 taucht in Charlotte im amerikanischen Bundesstaat North Carolina ein Mann namens Jallal Nasri auf. Der 30jährige vermittelt den Eindruck, als stamme er aus sehr guten Verhältnissen. Er komme aus der Schweiz, erzählt er Bekannten. Früher sei er einmal Helikopterpilot in der iranischen Luftwaffe gewesen. Dann habe er ein Import- und Exportgeschäft mit Perserteppichen aufgezogen. Sein Vater sei ein wohlhabender Geschäftsmann in der Schweiz.

Nasri scheint ein Mann der schnellen Entschlüsse zu sein. Kaum in Charlotte, lernt er eine Amerikanerin kennen. Zwei Monate danach erfolgt die Heirat. Den Zivilstandsbehörden erklärt Nasri, nie zuvor verheiratet gewesen zu sein. Kurze Zeit später mietet er ein Restaurant sowie eine Wohnung. Im Mietvertrag zur Wohnung bezeichnet sich Nasri überraschenderweise als geschieden, obwohl seine Ehe mit der Amerikanerin eben gerade seit zwei Monaten besteht. Erstaunlich auch, dass Nasri angibt, er werde die Wohnung mit einer 26jährigen Frau und zwei Kindern teilen. Tatsächlich wird in der benachbarten Schule ein achtjähriges Mädchen eingeschrieben, dessen Wohnadresse mit jener von Nasri übereinstimmt.

Im Mai 1979 – fünf Monate nach der Heirat – beantragt Nasris amerikanische Ehefrau die dauernde Niederlassung für ihren Gatten. Das Gesuch wird bewilligt.

Im Mai 1980 lässt sich Nasri von der Amerikanerin scheiden. Die Ehe hat, wie die Ermittlungsbehörden später herausfinden, nur auf dem Papier bestanden. Einziger Zweck: Nasris rasche Einbürgerung. (Nasri ist effektiv verheiratet und hat mit der 26jährigen Sekineh zwei Kinder. Die Familie lebt in Charlotte.)

In Nasris Restaurant wird praktisch kaum je ein Gast gesichtet. Der Iraner erweist sich als säumiger Mietzinszahler. Dennoch engagiert er im August 1979 einen Landsmann namens Farley Gharagozlou für die Renovation des Lokales.

Gharagozlou ist im Unterschied zu Nasri in Charlotte kein unbeschriebenes Blatt. Gegen seine im Immobilienbereich tätigen Firmen laufen zahlreiche Klagen wegen Zahlungsausständen bei Banken und Handwerkern.

Am 29. September schliesst Nasri eine Versicherung in der Höhe von 65 000 Dollar auf sein Restaurant ab. Fünf Tage später zerstört ein Brand den grössten Teil des Lokales. Die Polizei findet Spuren, die auf Brandstiftung deuten. Mangels eindeutiger Beweise wird auf eine Anklage verzichtet. Angesichts der dubiosen Umstände weigert sich die Versicherung jedoch, den Schaden zu berappen. Sein Anwalt rät ihm, seine Forderung gerichtlich durchzusetzen – Nasri verzichtet.

1980 und 1981 gründet Nasri drei Gesellschaften. Partnerin in diesen Firmen ist laut schriftlichen Unterlagen «Ehefrau Sekineh Nasri». Eine der Gesellschaften heisst Swiss American Corporation.

In Charlotte ereignet sich weiterhin Erstaunliches. Im Juni 1981 kauft das Ehepaar Nasri für 3,5 Millionen Dollar das Einkaufszentrum Courtyard Plaza. Ein involvierter Immobilienhändler bezeichnet das Geschäft als «das seltsamste seines Lebens». Treten bei solchen Käufen normalerweise unzählige Anwälte, Berater, Buchprüfer auf den Plan, die das Objekt im Auftrag des Erwerbers aufs gründlichste zerpflücken, um sicherzugehen, dass die Investition ihr Geld wert ist, passiert hier nichts dergleichen. Nasri wickelt den Kauf in nur zwei Tagen ohne jede Drittunterstützung ab. Als neue Besitzerin lässt Nasri die Firma Colicos auf den Niederländischen Antillen eintragen.

Kurz nach dem Kauf bauen Nasri und Gharagozlou das Einkaufszentrum für zwei Millionen Dollar in ein Hotel namens Nova Plaza Hotel um. In Charlotte schüttelt man den Kopf, denn für ein Hotel ist die Verkehrslage denkbar ungünstig.

Im November schlägt Nasri erneut zu: Er kauft die Überbauung Swan Run mit 100 Mietwohnungen für rund 2,7 Millionen

Dollar. Man wolle, so erklärt Gharagozlou im Namen von Nasri, entweder alles in Eigentumswohnungen verwandeln oder das Ganze zu einer Dépendance des Nova Plaza Hotel umfunktionieren. Auch Swan Run wird auf den Namen einer auf den Niederländischen Antillen residierenden Gesellschaft eingetragen. Sie heisst Dilroad Corp.

Im Januar 1982 holt Nasri zum dritten Schlag aus: Für 605 000 Dollar übernimmt er ein leerstehendes kleineres Hochhaus. Die neue Eigentümerin heisst Elko Corp und residiert – wo denn sonst? – auf den Niederländischen Antillen. Der Kauf ist schon allein deshalb verwunderlich, weil es eigentlich gar nichts zu kaufen gibt. Das Gebäude ist jedenfalls nicht zur Veräusserung ausgeschrieben. Der Eigentümer nimmt Nasri denn auch gar nicht ernst. Doch dieser insistiert und drängt auf den Kauf. Als der andere wissen will, wie Nasri den Kauf zu finanzieren gedenkt, antwortet ihm dieser ausweichend, das Geld stamme aus Zürich.

Der Kauf kommt zustande. Erst will Nasri das mehrstöckige Haus in ein Bürogebäude umbauen, das er Tyron Tower tauft. Dann trägt er sich mit Plänen, daraus ein weiteres Nova Plaza Hotel zu machen, «das exklusivste in den Staaten», wie Nasris Sprachrohr Gharagozlou prahlt.

In den Immobilienkreisen von Charlotte rätselt man seit dem ersten Kauf, woher der Iraner Nasri das Geld für die Aufkäufe hat. Doch Nasri gibt sich zugeknöpft.

Dass Nasri und Gharagozlou ein merkwürdiges Spiel treiben, realisieren auch einige Handwerker, die von dem Gespann mit Aufträgen eingedeckt werden. Ihre Rechnungen bleiben unbezahlt. Ein Liegenschaftsmakler, der im Auftrag der beiden das leerstehende Hochhaus einschätzt, zerrt die Immobiliengesellschaft Swiss American Corp im Juni 1983 wegen Zahlungsausständen vor Gericht. Obwohl der Richter die Forderung gutheisst, erhält der Makler keinen Cent. Die Gesellschaft ist mausarm und besitzt nicht ein einziges Aktivum, das verwertet werden könnte.

Eine Baufirma klagt die beiden wegen unbezahlter Rechnungen von fast 75 000 Dollar ein. Sie verlangt, dass das Gericht die

Firmen von Nasri und seinem Kompagnon durchleuchtet, die Buchhaltung unter die Lupe nimmt und die wahren Besitzverhältnisse abklärt. Doch es kommt nicht soweit. Die beiden Iraner schliessen mit der Baufirma sofort einen aussergerichtlichen Vergleich.

Die verärgerten Bauunternehmer und Handwerker sowie die irritierten Immobilienverkäufer von Charlotte wissen zu diesem Zeitpunkt noch nicht, dass die beiden Iraner klassische Strohmänner sind. Sie können auch nicht ahnen, dass die für unbekannte Geldgeber aufgekauften Objekte noch in einem ganz anderen Zusammenhang eine wichtige Rolle spielen werden: in einem der ersten und spektakulärsten Zusammenbrüche in der amerikanischen Sparkassenbranche.

Die Rede ist von der BHSL, der Beverly Hills Savings & Loan, die weit von Charlotte entfernt im sonnigen Kalifornien tätig ist. Vierzig Jahre lang ist die Bank – wie Tausende andere amerikanische Sparkassen und Hypothekenbanken, kurz S&L (Savings and Loan) – einer biederen und verlässlichen Tätigkeit nachgegangen: Spargelder zu variablen Zinssätzen entgegennehmen und die Mittel zu festen Sätzen als Hypotheken weiterverleihen.

Der Ölpreisschock und scharf anziehende Zinsen zerstören in den siebziger Jahren das Gleichgewicht. Plötzlich haben die S&L-Institute Hypotheken mit 6 bis 7 Prozent Zins in ihren Büchern, während die Einleger nun bis zu 15 Prozent Zins verlangen und mit dem Abzug ihrer Ersparnisse drohen.

1982 kommt die vermeintliche Wende. Präsident Ronald Reagan verordnet der serbelnden S&L-Branche seine nach einfachster Rezeptur aufgemischte Wunderdroge: die Deregulierung. Von zahlreichen Vorschriften befreit, dürfen die Institute bis zu 40 Prozent ihrer Aktiva nun dort investieren, wo die grösste Rendite lockt – und dies, obwohl die Banken durchwegs über eine lächerlich geringe Kapitalbasis verfügen. Dafür verbürgt der Staat nunmehr Einlagen bis zu 100 000 Dollar.

Bereits hier sei vorweggenommen, dass Reagans naiver Glaube, mit der Verpflanzung der Raubtiermentalität von der Wall Street in die Provinz könne die biedere S&L-Branche gerettet werden, sich als fataler Trugschluss erweisen wird.

Dennis Fitzpatrick, Chef der Beverly Hills Savings & Loan, der an der Universität von Berkeley Raumfahrtswissenschaft und Betriebswirtschaft studiert hat, stürzt sich mit hochtrabenden Plänen in den neuen Freiraum. Der kleine Sparer interessiert ihn nicht mehr. Mit hohen Zinsversprechungen macht er Jagd auf Grossanleger, auch ausserhalb der kalifornischen Grenzen.

Der Lockvogel der hohen Zinsen erweist sich als sehr effizient: Zwischen 1982 und 1984 wachsen die Einlagen von 290 Millionen Dollar auf 2,3 Milliarden an. In der Wirtschaftspresse wird BHSL als eine der am schnellsten wachsenden Publikumsgesellschaften in Kalifornien gefeiert.

Um den Anlegern die hohen Zinsen bezahlen zu können, muss die Bank auch hohe Einnahmen erzielen. Die lukrativste Einnahmequelle ortet Fitzpatrick im Liegenschafts- und Immobiliengeschäft. Er ist überzeugt, dass dem Süden Kaliforniens eine grandiose wirtschaftliche Zukunft mit entsprechendem Bauboom bevorsteht. Die BHSL will sich direkt an Landerschliessungsgesellschaften und Baukonsortien beteiligen und von den Gewinnen profitieren, die aus der Veräusserung von Bauland und Immobilien anfallen. Ein lukratives Geschäft, das jedoch enorme Risiken birgt. Doch Fitzpatrick ist in seiner Euphorie überzeugt, dass seine Bankcrew den Sprung vom verstaubten Hypothekargeschäft ins grosse Immobilienbusiness schaffen wird.

Eines der ersten Projekte, in das Fitzpatrick im Januar 1982 einsteigt, ist der Bau eines Hotels in San Diego. Einer von Fitzpatricks Partnern in diesem Deal ist die Euro-Inter Hotel Ltd. Beide beteiligen sich mit je 2,5 Millionen Dollar Bareinlage am Aktienkapital sowie mit einer Kreditzusage von je 10 Millionen Dollar. Die Euro-Inter Hotel Ltd wird über die Zwischengesellschaft Euro Corp von der Swiss Metalworks Investments in Holland kontrolliert.

Und wer steht hinter der Swiss Metalworks Investments im steuerlich günstigen niederländischen Königreich? Richtig!

Fitzpatrick und Rey kennen sich seit 1980.

Rey hat auch diesmal nicht die geringste Absicht, das Hotelprojekt mit eigenen Mitteln zu finanzieren. Im Februar lässt er sich von Fitzpatricks BHSL zwei Darlehen von insgesamt rund 6,3 Millionen Dollar geben. Darlehensnehmerinnen sind die beiden Rey-Gesellschaften Euro Corp und Triangle Property. Für die Bank ist das eine vermeintlich sichere Sache, bietet die Euro Corp als Sicherheit doch das Nova Plaza Hotel im weitentfernten Charlotte an. Niemand nimmt Anstoss, dass dieses Hotel einer Gesellschaft namens Colicos gehört.

Und was macht Rey mit den 6,3 Millionen Dollar? Er gibt sie im Rahmen seiner 10-Millionen-Kreditlimite für das Hotelprojekt in San Diego aus. Reys alter Trick: Er kauft ein zweifelhaftes Immobilienobjekt für 3,5 Millionen Dollar, bietet es als Sicherheit für einen fast doppelt so hohen Kredit an und beteiligt sich mit den frischen Mitteln an einem rentablen Bauprojekt.

Selbstverständlich ist Werner K. Rey nicht der einzige, der herausgefunden hat, dass die deregulierten S&L-Institute bei geschicktem Vorgehen wahre Selbstbedienungsläden sind. Die S&L-Institute sind nicht auf die Folgen der Deregulierung vorbereitet. Ihre Angestellten bis hinauf zu den Kadern müssen sich mit geschäftlichen Bereichen herumschlagen, von denen sie schlicht keine Ahnung haben. Es fehlt ihnen an Ausbildung und Erfahrung in den neuen Sparten.

1983 gerät die BHSL ins Visier von Paul Amir, einem der ganz Grossen im Immobiliengeschäft von Los Angeles. Amir will die Bank unter seine Kontrolle bringen und kauft in grossem Stil Aktien auf. Fitzpatrick sucht sich gegen den unerwünschten Aktionär eilends einen Verbündeten, einen sogenannten «weissen Ritter».

Werner K. Rey ist zur Stelle. Die unerwartete Chance, sich in den Besitz einer amerikanischen Bank zu bringen, will er sich nicht entgehen lassen. Der schlaue Fuchs hat klare Vorstellungen, wie sich so ein Geschäft für ihn – wiederum – kostenlos inszenieren lässt.

Mitte Dezember 1983 erwirbt er für knapp 7 Millionen Dollar etwas über 9 Prozent des BHSL-Aktienkapitals. Weiter zeichnet er eine Wandelobligation von 20 Millionen Dollar, mit der er seinen Aktienanteil nach der Umwandlung auf rund 26 Prozent erhöhen kann. Damit wäre Rey der einflussreichste Aktionär. Rey muss sich verpflichten, im Verwaltungsrat während der nächsten fünf Jahre stets im Sinne der von Fitzpatrick dirigierten Geschäftsleitung zu stimmen.

Er ist aber nicht nur Retter in der Not. Er verkauft der BHSL folgendes Immobilienportefeuille: die Euro Corp, die zu 25 Prozent am Hotelprojekt in San Diego beteiligt ist; die Triangle Property, die im kalifornischen Stockton Industrieland besitzt; das gesamte Aktienkapital der Karibikgesellschaft Dilroad, der die Swan-Run-Überbauung in Charlotte gehört; das Aktienkapital der Elko, die in der gleichen Stadt das Geschäftshaus Tyron Tower hält; 98 Prozent des Aktienkapitals einer Gesellschaft, die in New York an einem Bürogebäude mitbeteiligt ist; einen 50-Prozent-Anteil an der auf den Niederländischen Antillen ansässigen Gesellschaft Adamuz NV, die ebenfalls Liegenschaftsinteressen hat.

Insgesamt verlangt Rey für dieses Paket von der BHSL 33 Millionen Dollar – 6 Millionen mehr, als er für die Aktien und die Obligation schuldet. Die Bank bezahlt Rey 17 Millionen Dollar in bar und übernimmt überdies sämtliche Verpflichtungen, insbesondere Kredite, welche die Reyschen Gesellschaften für den Kauf der Objekte eingegangen sind.

Im Geschäftsbericht für das Jahr 1983 schreibt das BHSL-Management vollmundig, dass «die Bank ihren Angestellten das entsprechende Fachwissen beigebracht und in der Immobilienbranche die nötigen Kontakte angeknüpft hat, die es ihr erlauben, grosse Projekte mit komplexen Finanzierungsarrangements durchzuführen».

Und wie sieht die Wirklichkeit aus? Ein unabhängiger Experte kommt drei Monate nach dem Kauf der Swan-Run-Überbauung in Charlotte bei einem Augenschein zu einem vernichtenden Urteil:

«Mit Ausnahme von drei Gebäuden ist die Überbauung seit längerem nicht mehr gestrichen worden. Die Dachrinnen hängen herunter, die Abflussrohre sind weg. Die gläsernen Eingangshallen sind praktisch überall zerstört, verfaulendes Holz liegt herum, Fensterscheiben sind zerbrochen, an den Eingangstüren blättert die Farbe ab. Die Umgebung ist verwildert, die

Strassen sind aufgerissen oder überhaupt nicht gepflastert. Auf dem Gelände streunen grosse Hunde herum, an den Wochenenden werden auf den Parkplätzen Autos geflickt; die Unterstände, Innenhöfe und Trottoirs sind übersät mit Motorfahrrädern, Velos und unordentlichen Holzstössen. Der Waschraum, der vor sechs Monaten fertigerstellt worden war, ist total verschmutzt. Eine Wohnung ist voller Abfall, und bei allen Gebäuden dringt Wasser aus dem Untergrund herauf. In den leerstehenden Wohnungen fehlen Küchen- und Sanitäreinrichtungen. Die Zimmerwände müssen dringend neu tapeziert werden. Die noch vorhandenen Einrichtungen sind in schlechtem, um nicht zu sagen unbrauchbarem Zustand und sind zu ersetzen. Dies gilt insbesondere für die Kochherde, Geschirrspüler, Kühlschränke, Waschbecken und Toiletten.»

In den BHSL-Büchern ist Swan Run mit 3,1 Millionen Dollar bewertet – fast eine halbe Million über dem Preis, den Strohmann Jallal Nasri damals bezahlt hat.

Nicht viel anders sieht es mit dem Tyron-Tower-Geschäftshaus aus, das die Bank für 800 000 Dollar gekauft hat. Das Gebäude ist von einem früheren Besitzer regelrecht ausgeschlachtet worden und befindet sich in äusserst schlechtem Zustand. Von behördlicher Seite ist denn auch die Auflage gemacht worden, dass das Hochaus erst wieder bewohnt werden darf, wenn es den gesetzlichen Vorschriften entspricht. Eine neutrale Expertise kommt zum Schluss, dass die Immobilie höchstens den halben Kaufpreis wert ist. Die zukünftigen Ertragsaussichten taxiert sie als gleich Null.

Drastischer kann Reys Masche nicht dargestellt werden. Sowohl Swan Run als auch Tyron Tower sind in einem katastrophalen Zustand. Ungeachtet dessen setzt Rey höchstpersönlich einen eigentlichen Mondpreis fest. Diese überbewerteten Liegenschaften verkauft er der bereits unter seinem Einfluss stehenden BHSL. Mit dem Verkaufserlös finanziert der Privatmann Rey dann den Kauf der gleichen Bank.

Mit diesen faulen Winkelzügen zum Schaden der Bank hat sich Rey zum Grossaktionär aufgeschwungen. Doch er kann sich nur kurze Zeit an seiner neuen Position erfreuen.

Paul Amir ist nicht bereit, seinen Angriff abzublasen. Am 4. Januar 1984 verklagt er die Bank und macht geltend, Rey habe sich mit dem Management in verschwörerischer Absicht zusammengetan, um dessen Vormachtstellung zu sichern (was nach amerikanischem Recht nicht erlaubt ist). Zudem betrieben Fitzpatrick und ein Mitglied des BHSL-Verwaltungsrates auf privater Basis und zum Schaden der Bank Geschäfte mit Werner K. Rey. Beim Hotelprojekt in San Diego präsidiere Fitzpatrick als Privatmann die Baugesellschaft, während seine Bank gleichzeitig als Kreditgeberin auftrete.

Fünf Tage später, am Montag, dem 9. Januar 1984, trifft Amir Werner K. Rey in New York. Vor ihnen liegt ein dicker Ordner auf dem Tisch. Er enthält die Ergebnisse der gründlichen Recherchen, die Amir über Rey angestellt hat. Drei Tage später vermelden die Medien, die an der Übernahmeschlacht in Kalifornien regen Anteil nehmen, dass der weisse Ritter Rey überraschend auf die Umwandlung seiner 10-Millionen-Obligation in BHSL-Aktien verzichte.

Während Rey zu seinem abrupten Sinneswandel keine Aussagen machen will, spart der Anwalt von Amir nicht mit Pikanterien. Amir hat herausgefunden, dass die Eidgenössische Bankenkommission dem ehemaligen IOS-Mann Rey die Bewilligung für den Betrieb der Overseas Development Bank ODB in Genf entzogen hat, weil sie Zweifel an der moralischen und rechtlichen Qualifikation von Reys Geschäftsgebaren gehabt hat. Rey, so gibt sich der Amir-Anwalt überzeugt, «ist ein professioneller Strohmann für international anrüchige Anleger».

Wieder einmal hat sich Rey selber in die Ecke manövriert: Er kann den Vorwurf des Strohmannes nicht entkräften, weil er sonst aufdecken muss, mit welchen Methoden er die dilettantischen BHSL-Manager übers Ohr gehauen hat. Und dafür hätten sich blitzschnell auch die S&L-Aufsichtsbehörden interessiert.

Noch ist Amir nicht am Ziel angelangt. Aus New Jersey meldet sich überraschend ein neuer weisser Ritter: die Triangle Industries Inc.

Die neue Herausforderin trägt fast den gleichen Namen wie die Gesellschaft Triangle Property, die Rey aus dem Hut zaubert, als er bei der BHSL den 6,3-Millionen-Kredit lockermacht. Zufall? Zweifel sind angebracht.

Bei der Triangle Industries handelt es sich um ein kleineres Buntmetallunternehmen, das neben Draht- und Kabelerzeugnissen Spiel- und Münzautomaten herstellt. Es ist durchaus vorstellbar, dass der Buntmetallindustrielle und Selve-Besitzer Rey erneut seine lenkende Hand im Spiel hat.

In Finanzkreisen hegt man grossen Argwohn gegen die neue Offerte aus New Jersey. Erstens mutet es seltsam an, dass ein Industrieunternehmen von der Ostküste eine Bank an der Westküste übernehmen will. Zweitens steht es um die finanzielle Verfassung der Triangle Industries schlecht. Sie arbeitet mit Verlusten und ächzt als Folge einer forcierten Expansionspolitik unter einer beträchtlichen Schuldenlast.

Mitte Februar scheint das Rennen gelaufen, Triangle und BHSL beschliessen den Zusammenschluss. Sogar Paul Amir willigt in das Geschäft ein, nachdem sich Triangle bereit erklärt hat, ihren Übernahmepreis noch etwas aufzupolieren. Dann platzt die Seifenblase: Am 9. April 1984 bekommen die Triangle-Manager kalte Füsse und kündigen das Abkommen mit BHSL.

Für Amir ist der Weg nun endgültig frei: Am 11. April lässt er sich zum neuen Chef der BHSL ernennen. Dennis Fitzpatrick wird zur Bank hinauskomplimentiert. Zweitgrösster Aktionär hinter Amir bleibt Werner K. Rey.

Die oberste Leitung ist nun zwar neu, doch an der Geschäftspolitik der BHSL ändert sich nicht viel. Im dritten Quartal 1984 muss die Bank einen Verlust von 10,1 Millionen Dollar ausweisen. Als Grund werden «fragwürdige» Grundstückkredite genannt. Und dann geht alles sehr schnell.

Im Dezember sitzt die Bank auf einem Wertschriftenportefeuille von 300 Millionen Dollar, was einem Anteil von über 10 Prozent der Aktiven entspricht. Es handelt sich aber nicht etwa um erstklassige Wertpapiere, sondern praktisch ausschliesslich um Junk bonds, hochverzinsliche, aber ebenso hochriskante Anleihen. Wie gefährlich die Dinger sind, werden der Erfinder der Junk (= Müll) bonds, der Wall-Street-Wunderknabe Michael Milken, und sein Arbeitgeber, das Investmenthaus Drexel Burnham Lambert, nach dem Börsencrash von 1987 noch auf schmerzliche Weise erfahren. Milken wird 1991 zu einer zehnjährigen Gefängnisstrafe verurteilt (Das Strafmass wird später reduziert.)

Anfang April 1985 kündigt die BHSL an, man sei mit dem Jahresabschluss 1984 im Verzug, doch schon jetzt zeichne sich ein Rekordverlust von 100 Millionen Dollar ab.

Gleichzeitig geht Aktionär Werner K. Rey einen weiteren bemerkenswerten Deal mit seiner BHSL ein. Im Wissen, dass die Wandelobligation angesichts der desolaten Lage der Bank praktisch wertlos ist, tauscht er über eine offensichtlich einzig zu diesem Zweck gegründete Firma – Fallswood heisst sie – die Hälfte der 20-Millionen-Wandelanleihe gegen vier Immobilienprojekte im Portefeuille der BHSL ein. Der Wert der Immobilienprojekte wird auf 31 Millionen Dollar geschätzt. Gleichzeitig lässt sich Rey über Fallswood von der Bank einen Kredit von 21 Millionen Dollar, verzinsbar zu 14 Prozent mit einer Laufzeit von mindestens fünf Jahren, ausstellen. Für 10 Prozent der Summe gibt Reys Omni Holding in der Schweiz eine Garantie ab.

Über Fallswood kauft Rey von der BHSL schliesslich noch die Gesellschaften Triangle, Dilroad und Elko zum Nominalwert zurück. Als Dreingabe überlässt ihm die BHSL entschädigungslos drei Hypothekarforderungen und eine Option zum Kauf einer Beteiligung an einer Immobilienfirma, die mitten in Los Angeles ein Bürogebäude besitzt.

Fünf Tage später, am 23. April, ist die BHSL zahlungsunfähig. Ein Fall für die amerikanische Bundeseinlagenversicherung, die einspringen muss und eine Auffanggesellschaft für das marode Institut gründet.

Obwohl rundherum noch andere Banken und Sparkassen zusammenkrachen, erregt der Fall der Beverly Hills Savings & Loan landesweites Aufsehen. Die Verluste des Institutes sprengen den Rahmen der üblichen Insolvenzfälle in einem Masse, dass sich sogar der amerikanische Kongress für die Angelegenheit zu interessieren beginnt.

Bereits Mitte Juni beginnt sein Untersuchungsausschuss mit Hearings über die Ursachen des Zusammenbruchs. Weil Werner

K. Rey als Ausländer keiner Aussagepflicht unterliegt, lädt ihn der Ausschuss gar nicht erst vor. Das Interesse an dem Investor aus der Schweiz, der eine IOS-Vergangenheit mit sich herumschleppt, ist offensichtlich dennoch gross.

Befragt wird unter anderen der frühere Bankboss Dennis Fitzpatrick. Auszüge aus dem Protokoll:

«Wir möchten gerne wissen, wer Werner Rey ist, wie Sie ihn kennenlernten und welche Geschäftsbeziehungen Sie zu ihm hatten.»

«Werner Rey ist ein Schweizer Bürger. Er ist Geschäftsmann und Investor. Er ist in einer ganzen Reihe von Wirtschaftsbereichen tätig. Ich glaube, er besitzt eine der grossen Metallverarbeitungsfirmen in der Schweiz. Er besitzt auch eine grosse Bauinspektionsfirma und zwei Banken, eine in Deutschland und eine in der Schweiz. Ich habe ihn so um 1980 herum kennengelernt, und schliesslich wurde er Investor in der Beverly Hills.»

«War Mr. Rey je einmal mit Robert Vesco liiert gewesen?»

«Nicht dass ich wüsste.»

«Hat Beverly Hills vor dem Dezember 1983 andere Geschäfte mit Mr. Rey gemacht?»

«Ja. Mr. Rey war Partner in einem unserer Joint-ventures.»

«Welches waren die Bedingungen des Joint-ventures?»

«Mr. Rey und BHSL brachten zusammen das Aktienkapital für ein Hotelprojekt in San Diego auf.»

«Hat Mr. Rey die Abmachungen und Bedingungen dieses Joint-ventures eingehalten?»

«Ja.»

Dann kommt der Ausschuss auf die dubiosen Transaktionen vom Dezember 1983 zu sprechen, als Rey in die Rolle des weissen Ritters schlüpfte. Rey habe der Bank 26,8 Millionen Dollar entrichtet, während die Bank ihm 33 Millionen Dollar in Form einer Barzahlung und der Übernahme von Verpflichtungen verrechnet habe. Was die Differenz von 6 Millionen zugunsten Reys bedeute, wollen die Befrager wissen. Doch Fitzpatrick will sich nicht mehr genau an die Vorgänge erinnern, verspricht zu Hause die Unterlagen noch einmal zu studieren und auf schriftlichem Weg zu antworten. Der Brief trifft nie ein.

Auch Paul Amir wird in den Zeugenstand geholt.

«Erzählen Sie uns von Ihren Eindrücken, die Sie von Werner Rey und den Vermögenswerten haben, die Beverly Hills von ihm erworben hat.»

«Das erste Mal traf ich ihn irgendwann im April, nachdem Mr. Fitzpatrick freiwillig das Management der Bank abgab.»

«Bitte, kommen wir auf Mr. Rey! Mr. Fitzpatrick weiss nichts über eine Verbindung zu Vesco. Wissen Sie etwas davon?»

«Über eine Verbindung zu Vesco weiss ich nichts, okay? Es gibt Gerüchte. Ich weiss es nicht. Als ich Mr. Rey das erste Mal traf, beeindruckte er mich als ein sehr schlauer Geschäftsmann, dem niemand, bei Beverly Hills gewachsen war.»

«Hat Ihnen Mr. Rey das gesagt?»

«Nein. Er sagte es nicht. Das einzige, was er kommentierte, war die Rolle von Fitzpatrick – also ich kenne Fitzpatrick seit einigen Jahren, aber ich muss Ihnen sagen, dass ich mich wirklich über Fitzpatrick ärgere, weil ich sah, wie er mit einem Partner im Hotelprojekt verhandelte und sich von ihm übertölpeln liess. Fitzpatrick hat viele Steuervorteile, die der Bank gehörten, dem Partner weitergegeben. Ich denke, Fitzpatrick ist tatsächlich ein armseliger Geschäftsmann – und ich zitiere Werner Rey.»

«Waren die Vermögenswerte, die Beverly Hills Rey abkaufte, gut?»

«Armselige Investitionen, und ich denke, die Fakten zeigen es. Beim letzten Treffen mit Werner Rey gab dieser es zu und sagte: Okay, ich bin bereit, den Preis zu reduzieren. Ich glaube, es waren 3,6 Millionen. Als Beverly Hills in allergrösster Eile – ich glaube, es waren vielleicht zehn Arbeitstage oder weniger – Vermögen im Wert von 26 Millionen erwarb, bekam sie nicht nur Liegenschaften. Sie kaufte ausländische Gesellschaften, etwas Kapital von einigen Gesellschaften, einige Aktien an Gesellschaften. Sie erwarb Vermögen, an dem sie kein klares Eigentumsrecht hatte. Ich denke, das war ein absolut verheerender Kauf.»

«Das ist also Ihr Eindruck. Nun, was denken Sie über die Kredite und Investitionen, die Beverly Hills im Immobilienbereich gemacht hatte, als Sie die Kontrolle übernahmen?»

«Irgend jemand hat es schon erwähnt – ich glaube, dass bei Beverly Hills fast jeder ein Dealer war. Das ist wirklich schlimm. Was noch schlimmer ist, es waren alle ganz lausige Dealer. Es gab nicht eine einzige wirklich substanzhaltige Immobilieninvestition, einen Immobilienkauf, ein Joint-venture, das für die Bank Gewinn abgeworfen hätte. Da gibt es ein 32-Millionen-Projekt, das jetzt, wie ich glaube, auf weniger als 20 Millionen abgeschrieben worden ist.»

«Welches Projekt meinen Sie?»

«Das Hotelprojekt in San Diego.»

«Entschuldigen Sie, war Mr. Rey auch in dieses Projekt verwickelt?»

«Ich glaube, er war ursprünglich involviert. Er stellte einen Kreditbrief aus. Der Kreditbrief stammte von Darlehen der Beverly Hills an Mr. Rey. Eines der Darlehen war nicht durch den zuständigen Kreditchef signiert worden, sondern meines Wissens durch den Einlagenchef, der überhaupt nichts vom Kreditwesen versteht. Der kann nur alten Damen den Schmus bringen und ihnen etwas mehr Zins bezahlen. Er unterzeichnete einen wichtigen Kredit, ich glaube, es ging um 4 Millionen, einzig, um Mr. Rey genügend Mittel zu geben, damit er den Kreditbrief ausstellen konnte.»

Im Oktober 1985 knöpft sich das neue Bankmanagement den seiner Ansicht nach in grossem Masse Mitverantwortlichen für das Desaster bei der BHSL vor: Gegen Werner K. Rey und mehrere seiner exotischen Gesellschaften reicht es bei einem kalifornischen Distriktgericht Klage ein. Die Anschuldigungen sind hart: Rey und seinen Gesellschaften werden unter anderem Betrug und Verletzung von Aktienrechtsbestimmungen vorgeworfen.

Und dies sind die Vorwürfe im einzelnen:

- Rey hat das Nova Plaza Hotel in Charlotte als Sicherheit für einen Kredit bei der BHSL eingebracht, einige Zeit später jedoch die Colicos veranlasst, das Hotel an eine Drittpartei zu verkaufen, die ihren Kreditverpflichtungen dann nicht mehr nachgekommen ist.

- Rey hat spätestens im April 1985 gewusst oder geahnt, dass seine Wandelanleihe von 20 Millionen Dollar angesichts der katastrophalen Lage der Bank und der hängigen Übernahme durch die Bundeseinlagenversicherung praktisch wertlos war.
- Rey hat, um sich schadlos zu halten, die BHSL betrogen, indem er erstens die Hälfte seiner wertlosen Anleihe gegen werthaltige Aktiven des Instituts ausgetauscht hat. Zweitens hat er sich einen Kredit einräumen lassen und drittens Gesellschaften zurückgekauft, die er der Bank zuvor unter falschen Angaben verkauft hat.
- Rey hat überdies ohne jegliche Entschädigung eine Reihe weiterer Aktiven der Bank auf seine Gesellschaft Fallswood überschreiben lassen.
- Rey hat bei all diesen Transaktionen bewusst falsche Angaben gemacht oder Informationen unterdrückt. Dies gilt insbesondere für die Swan-Run-Überbauung und den Tyron Tower, von denen Rey behauptete, sie seien in ausgezeichnetem Zustand und eine vorteilhafte Investition. Überdies hat Rey erhebliche steuerliche Belastungen verschwiegen, die beim Kauf der Gesellschaften Elko und Dilroad für die BHSL anfielen.
- Rey hat der BHSL die Übernahme von 50 Prozent des Aktienkapitals der Gesellschaft Adamuz schmackhaft gemacht, indem er behauptete, die BHSL werde einen Sitz im Verwaltungsrat erhalten und der jährliche Cash-flow von Adamuz werde deutlich höher als die BHSL-Investition sein. Tatsächlich jedoch haben die anderen Adamuz-Aktionäre der Bank den VR-Sitz verwehrt, und der Cash-flow hat kaum ausgereicht, um die Betriebskosten zu decken.
- Rey hat behauptet, Fallswood sei willens und finanziell in der Lage, ihren Zahlungsverpflichtungen in Zusammenhang mit dem 21-Millionen-Kredit nachzukommen. Fallswood sei jedoch nichts anderes als eine Briefkastenfirma, die über keine anderen Aktiven verfüge als über jene, die sie im April 1985 von der BHSL übernommen habe. Damit habe Rey falsche Angaben bezüglich der Bonität der Gesellschaft Fallswood gemacht.

Die Klägerin verlangt die Rückgängigmachung verschiedener Transaktionen zwischen Rey und der Bank sowie Schadenersatz in der Höhe von mindestens 15 Millionen Dollar.

Im Frühjahr 1986 kommt es – wie in den USA in solchen Streitfällen üblich – zu einem Vergleich zwischen den Parteien. Die Bank habe ihn als uneingeschränkten Eigentümer der 1985 erworbenen Immobilienbeteiligungen anerkannt, lässt Rey später mitteilen. Welche Konzessionen er eingegangen ist, um einem Schuldeingeständnis zu entgehen, darüber hüllt er sich in Stillschweigen. Gerüchteweise ist die Rede von über 5 Millionen Dollar, wobei die Anwalts- und Prozesskosten nicht inbegriffen sein dürften.

Werner K. Reys Hoffnung, dass mit diesem Kompromiss nun Gras über die peinliche Sache wächst, ist nicht von langer Dauer. Im Oktober erhebt die Bundeseinlagenversicherung, welche die Bank vor dem Zusammenbruch retten musste, Schadenersatzklage gegen Fitzpatrick, Amir und eine ganze Anzahl von Verwaltungsräten und Direktoren der BHSL, gegen die externe Kontrollstelle Touche Ross & Co. sowie gegen Werner K. Rey und drei von ihm beherrschte Gesellschaften, unter ihnen die Selve-Ableger auf den Niederländischen Antillen und in Holland. Sie fordert von allen Angeklagten Schadenersatz in der Höhe von insgesamt mindestens 300 Millionen Dollar.

Die Transaktionen, mit denen Rey sich zum weissen Ritter gekürt hat, qualifiziert die klagende Bundeseinlagenversicherung als ausserordentlich spekulativ und in höchstem Masse unvorsichtig. Rey und seine Gesellschaften hätten zu diesem Zeitpunkt einen kontrollierenden Einfluss auf das Management und die Politik der Bank ausgeübt und dabei ihre aus dieser Stellung resultierende Treuepflicht verletzt.

Nach Berechnungen der Klägerin sind der BHSL durch die Transaktionen mit Rey Fehlbeträge von über 60 Millionen Dollar entstanden. Der daraus resultierende Verlust wird auf mehr als 40 Millionen beziffert. Die Geschäfte mit Rey, so die Klageschrift, trugen zur unstabilen Lage und wahrscheinlich zur Zahlungsunfähigkeit der BHSL bei.

Im übrigen kommt die Klägerin zur gleichen Einschätzung wie die Leitung der BHSL-Auffanggesellschaft. Rey, der weisse Ritter, habe gegenüber der Bank «mit betrügerischer Absicht den Wert der Liegenschaftsbeteiligungen falsch dargestellt, indem er unter anderem Belastungen, welche den Wert beeinträchtigen, verschwieg, falsche Angaben über die zu erwartenden Gewinne aus den Grundstücksbeteiligungen machte und auch die effektiven Eigentumsverhältnisse falsch darstellte, welche die BHSL mit dem Erwerb der Firmen einging».

Auch dieses Verfahren könnte mit einem Vergleich enden. Laut Auskunft der Bundeseinlagenversicherung ist jedoch nicht sicher, ob ein solcher zustande kommt, weil der Fall an sich sehr kompliziert ist und sich die Angeklagten untereinander mit Klagen und Gegenklagen am Wickel zu nehmen versuchen.

Werner K. Rey ist beileibe nicht der einzige, der sich an der BHSL bereichern wollte und dadurch ihren Kollaps mitverursacht hat. Dennis Fitzpatrick und seine Mannschaft sind noch einigen anderen skrupellosen Investoren auf den Leim gekrochen. Der Baulöwe Paul Amir, der sich anheischig gemacht hat, eine Bank verwalten zu können, hat die hochriskante Geschäftspolitik seiner Vorgänger fortgesetzt.

Eine entscheidende Rolle in diesem Trauerspiel kommt der internen und externen Kontrollstelle zu. Ellen Goodman, die BHSL-interne Revisorin, zeigt bereits im Januar 1983 die rote Flagge. In einem internen Memorandum warnt sie vor faulen Krediten, die aufgrund falscher oder unvollständiger Informationen gewährt worden seien. Die Kreditabteilung sei angesichts der forcierten Expansionspolitik völlig überfordert. Ständig würden interne Reglemente und Vorschriften, aber auch Gesetzesbestimmungen verletzt.

In ihrer Kritik wird die Revisorin auch von externen Rechtskonsulenten und einer auf Liegenschaftentransfers spezialisierten Buchprüfungsfirma unterstützt. Doch ihre Warnung geht unter, wie allein schon der zehn Monate später abgewickelte Deal zwischen der BHSL und Werner K. Rey deutlich zeigt.

Erst recht verwunderlich ist, dass die externe Kontrollstelle Touche Ross & Co, notabene eine der grössten in den USA, von all diesen Vorgängen scheinbar nichts mitbekommt. Sie gibt ihr Testat für das Geschäftsjahr 1982 ohne Einschränkungen; auch für 1983 sieht Touche keine Veranlassung für irgendwelche Vorbehalte.

Erst im Juli 1984 wird das BHSL-Mandat für Touche Ross zu heiss: «Wir stiessen auf kompromittierende Umstände, die man uns zuvor versteckt hatte.» Touche unterzieht das Geschäftsjahr 1983 einer zusätzlichen Überprüfung. Dabei stellt sich heraus, dass der Gewinn um fast zwei Millionen Dollar stärker geschrumpft ist als ursprünglich angenommen. Auf der Suche nach der Ursache dieser offenkundigen Unregelmässigkeit kontrolliert der Touche-Revisor auch die Geschäftsaufzeichnungen des BHSL-Vizepräsidenten, der bis Ende 1983 im Amt gewesen ist. Der Chefbuchhalter händigt ihm sieben Kartonschachteln aus mit der Bemerkung, dies seien sämtliche Aufzeichnungen, die der Vizepräsident hinterlassen habe. Leider fehle eine Schachtel. Sie sei aus Versehen in die Aktenvernichtungsmaschine geraten.

Man sei, verteidigt sich Touche Ross später vor dem Untersuchungsausschuss des Kongresses, schon etwas skeptisch geworden ob dieser Erklärung. Doch die BHSL-Leitung habe glaubhaft versichert, es bestehe kein Grund für irgendwelche Zweifel.

Ob soviel Blauäugigkeit verliert selbst der Vorsitzende des Ausschusses vorübergehend seine Fassung. «Wie kann Ihre Firma annehmen, es habe keine Unregelmässigkeiten gegeben, wenn von acht Schachteln, die wichtige Informationen enthielten, eine ‹unglücklicherweise› zerstört worden ist? Ist der Aktenvernichter bei Beverly Hills Savings gross genug, um eine ganze Schachtel auf einmal zum Verschwinden zu bringen, oder muss man jedes Blatt einzeln hineingeben?»

Noch im Juli 1984 löst BHSL den Revisionsvertrag mit Touche Ross auf. Für Touche ist es zu spät: Auch sie wird von der Bundeseinlagenversicherung auf die Anklagebank gezerrt. (Um einem möglichen Schuldspruch zu entgehen, wird sie 1991 in einen Vergleich einwilligen. Über die Höhe des Schadenersatzes, den Touche Ross zahlt, hüllen sich beide Seiten in Schweigen.)

Für den amerikanischen Autor und anerkannten Revisionsspezialisten Mark Stevens ist der Fall Touche Ross und Beverly Hills Savings & Loan ein exemplarisches Beispiel für die rücksichtslosen Praktiken in der S&L-Branche und die Verstrickung der grossen Buchprüfungsfirmen in diesen «nationalen Skandal»[1].

Doch kehren wir noch einmal nach Charlotte in North Carolina zurück. Was ist aus den merkwürdigen Immobilienprojekten geworden?

Aus dem Courtyard Plaza Shopping, das der Strohmann Jallal Nasri im Auftrag der Colicos für 3,5 Millionen Franken gekauft hat, entsteht 1982 das Nova Plaza Hotel. Gegenüber einer Lokalzeitung erzählt eine Buchhalterin, dass sie in 17 Jahren Berufserfahrung noch nie ein derartiges Chaos angetroffen habe wie in diesem Hotel. Löhne und Rechnungen seien kaum bezahlt worden, in der Buchhaltung fehlten die Belege.

Weil der Besitzer seinen Verpflichtungen aus einem 3-Millionen-Kredit nicht nachkommt, muss die Gläubigerin BHSL im Februar 1985 das Hotel übernehmen. Im März wird das völlig überschuldete Etablissement geschlossen.

In der Überbauung Swan Run wird die Rückzahlung der Hypothek bereits 1983 überfällig. Die heruntergekommenen Mietwohnungen sind nie zu Eigentumswohnungen umgebaut worden. Die BHSL, die Anfang 1984 neue Eigentümerin wird, kann die Häuser ihres miserablen Zustandes wegen nicht vermarkten.

Im Tyron-Tower-Gebäude werden die Renovationsarbeiten im Februar 1983 eingestellt. Verschiedene Bauunternehmen erheben Klage gegen den Eigentümer. Im Januar 1984, als das Hochhaus an die BHSL übergeht, steht es noch immer leer.

Nasri lebt weiterhin in Charlotte und führt ein Grillrestaurant. Wer ihn zu den merkwürdigen Käufen befragen will, blitzt ab. Er habe nichts zu sagen, lässt er über seinen Anwalt wissen. Gharagozlou verschwindet 1984 aus Charlotte.

Werner K. Reys Wirken bei der Beverly Hills Savings & Loan lässt nur den Schluss zu, dass Rey auf seine Art ein «Wiederho-

[1] Mark Stevens: «The Big Six». The Selling Out of America's Top Accounting Firms. Simon & Schuster, 1991

lungstäter» ist, der bei jeder sich bietenden Gelegenheit stur zu den gleichen Tricks greift: wertlose Substanzen mit einem minimalen eigenen oder sogar vollständig fremdfinanzierten Mitteleinsatz erwerben und sie in komplizierten Transaktionen gegen attraktivere Vermögenswerte «austauschen» – das hat man bei Bally schon gesehen. Kaskaden von Briefkastenfirmen mit exotischen Adressen zwischenschalten – das kennt man seit der Bankinvest-Affäre. Und wie bei früheren Gelegenheiten zeigt Rey erneut sein sonderbares Verhältnis zu einem Unternehmen, das ihm über seine Rolle als Aktionär ganz oder – wie bei der BHSL – teilweise gehört: Seine eigenen Interessen sind ihm wichtiger als diejenigen des Unternehmens. Nicht Treuepflicht dirigiert sein Verhalten; ihn reizen allein die spielerischen Möglichkeiten, andere Teilhaber an einem Unternehmen, andere Teilnehmer im Spiel um Macht und Geld auszudribbeln.

Vor diesem Hintergrund fällt es natürlich schwer, der Öffentlichkeit, insbesondere in der Schweiz, wo er um das Image eines Biedermannes ringt, eine konsistente Erklärung für die Vorfälle in den USA zu geben.

Als Rey sich im Februar 1984 für alle überraschend aus der Rolle des weissen Ritters zurückzieht, erklärt er, er wolle nicht in einen bitteren Disput zwischen der Bank und einem dissidenten Aktionär hineingezogen werden. Als wenig später der von Amir in die Welt gesetzte Verdacht, Rey sei aufgrund seiner dubiosen IOS-Vergangenheit ein Strohmann, hierzulande ruchbar wird, behauptet Rey, er habe realisieren müssen, dass das amerikanische Gesetz es ihm verunmögliche, die notwendige Bewilligung zur Vergrösserung seiner Bankbeteiligung zu erhalten.

Als 1985 die Kunde über den Atlantik dringt, Rey werde von den amerikanischen Behörden für das Desaster bei der kalifornischen Sparkasse mitverantwortlich gemacht, hat er blitzschnell eine neue Erklärung parat: Er sei von der BHSL-Leitung mittels gefälschter Bilanzen in das Abenteuer hineingezogen worden und habe einen überhöhten Einstiegspreis bezahlen müssen. Seine Opfertheorie unterstreicht er mit der Ankündigung, er werde seinerseits rechtliche Schritte gegen das BHSL-Management vornehmen.

1986 lässt sich Rey von seinem PR-Manager Aloys Hirzel in die Nähe eines Justizopfers rücken, als er erneut angeklagt wird. Es sei grotesk, dass man ihn mit den gleichen Behauptungen belangen wolle, die doch bereits im ersten Verfahren im Rahmen eines Vergleichs von der Klägerin zurückgezogen worden seien. Da offensichtlich reinen Gewissens, begrüsst Werner K. Rey die eingereichte Klage insofern, «als dadurch hoffentlich endlich die wahren Verantwortlichen des Bankrotts der BHSL festgestellt werden können». Zumal Rey «immer noch Forderungen gegenüber BHSL im Umfang von über 10 Millionen Dollar offen hat, die er nach wie vor geltend macht».

Von der angedrohten Klage Reys gegen die BHSL-Manager ist keine Rede mehr. Kaum verwunderlich, denn selbst für einen Werner K. Rey wäre es eine Knacknuss gewesen, ein Geschäft einzuklagen, für das er nie einen Rappen bezahlt hat.

In der Schweiz hat man keine Ahnung von Tyron Tower, Swan Run und dem Nova Plaza Hotel und schon gar nicht, dass und wie Rey sie gekauft hat. Die interessierten Kreise in Charlotte sind da schon näher dran und haben Reys Geschäftsgebaren aus einem anderen Blickwinkel kennengelernt. Rey liefert ihnen massgeschneiderte Erklärungen.

Es stimme, teilt Hirzel dem «Charlotte Observer» im Juni 1985 mit, dass Werner K. Rey die drei Liegenschaften über eine seiner Gesellschaften gekauft habe. Rey habe dies jedoch im Auftrag eines Klienten getan, dessen Identität er leider nicht bekanntgeben könne.

Und Jallal Nasri? Den kenne Rey nicht persönlich. Es sei der Kunde gewesen, der Nasri ausgewählt und ihn mit der Verwaltung der Immobilien betraut habe.

Und was es denn mit dem Bally-Coup und dem Entzug der Bewilligung für den Betrieb der Overseas Development Bank auf sich habe, will die Zeitung wissen, die sich offensichtlich den einen oder anderen NZZ-Artikel beschafft hat. Der Ruf von Herrn Rey habe keinen Schaden davongetragen. «Gemessen an schweizerischen Verhältnissen, hat er einen bedeutenden Konzern aufgebaut. Er ist in der Wirtschaftswelt ein angesehener Mann», legt sich Hirzel für seinen Kunden ins Zeug.

Und was ist aus den Immobilienprojekten geworden, die Werner K. Rey aus der BHSL geholt hat? Ihm nahestehende Kreise betonen, dass Rey 1985 und 1986 grosse Gewinne im amerikanischen Immobiliengeschäft erzielt hat.

IX

Die Perlenfischer von Neuenburg

Ein skurriler Fall von Wirtschaftsförderung findet im «Express» einen Panegyriker

Zurück ins Jahr 1981. Werner K. Rey pumpt die Selve Holding Thun mit kleinen Firmen auf, lauert auf einen Einstieg bei den Ateliers de Vevey, mischelt über Karibikgesellschaften im amerikanischen Immobilienhandel mit und wehrt Klagen der alten und neuen Besitzer der Zürcher Bankinvest ab.

Etwas viel auf einmal? Nicht für Rey. Er hat Zeit, sogar mehr Zeit als die meisten anderen Menschen. Er meidet gesellschaftliche Anlässe, hat keinerlei Freizeitbeschäftigung und reduziert biologische Notwendigkeiten wie Nahrungsaufnahme und Schlaf auf ein unerlässliches Minimum. Wenn er seiner Gattin zuliebe mal einige Tage Urlaub auf seinem herrschaftlichen Anwesen in Ramatuelle verbringt, zieht er sich meist sogleich in sein Arbeitszimmer zurück. Wagt er sich einmal ins kühle Nass des Swimmingpools, stehen sicherheitshalber zwei Telefonapparate am Poolrand, damit er unverzüglich zum Hörer greifen kann, wenn es klingelt. Es könnte sich ja um ein interessantes Geschäft handeln. Und kein Gedanke ist ihm unerträglicher als die Vorstellung, einen Deal zu verpassen.

Vielleicht kommt die gute Nachricht über einen dieser Telefonapparate. Rey wittert jedenfalls 1981 ein gutes Geschäft, als er über den Schweizerischen Bankverein Kenntnis erhält, dass in Düsseldorf eine Firma namens Inspectorate zum Verkauf steht.

Die Inspectorate ist ein Dienstleistungsunternehmen. Sie führt Prüfungen und Kontrollen von Waren aus. Die Inspectorate hat verschiedene Aussenstellen, so auch ein – allerdings inaktives – Büro in Basel. Das Geschäftsvolumen ist mit etwa 16 Millionen DM alles andere als berauschend. Aber die Inspectorate weist einige Merkmale auf, die Rey sofort ins Auge springen: Sie existiert schon sehr lange, und sie verfügt über Erfahrungen im arabischen Raum. Was Rey zusätzlich animiert, ist ausnahmsweise auch die Branche, in der offenbar viel Geld zu holen ist.

Das Paradebeispiel ist die Société Générale de Surveillance (SGS) in Genf. Die 1919 von einigen wohlhabenden französischen Familien gegründete Firma ist weltweit das grösste private Inspektionsunternehmen. Die SGS kontrolliert im Auftrag Dritter das Beladen und Entladen, den Transport und die Lagerhaltung von Rohstoffen sowie von Agrarprodukten und macht Qualitätsanalysen in eigenen Labors. SGS-Spezialisten inspizieren Kernkraftwerke, Ölpipelines und Ölbohrplattformen, testen Werkstoffe, überwachen Produktionsanlagen und kontrollieren die Qualität von Konsumgütern, bevor diese die Fabrik verlassen. Im Auftrag von Banken und Versicherungen nimmt die SGS Schadensprüfungen und Vermögensbewertungen vor. Die SGS floriert, ihre Honorareinnahmen liegen weit über einer halben Milliarde Franken.

Die SGS öffnet sich im Oktober 1981 dem Publikum. Der Erfolg ist enorm. SGS-Aktien avancieren praktisch vom ersten Börsenhandelstag an zu den gefragtesten Werten.

Eine zweite SGS – das ist es, was Rey will. Ein Dienstleistungskonzern, der ihm endlich jene Perspektiven eröffnet, die er in seinem harzigen Industrieengagement in Thun so sehr vermisst: schnelles Wachstum, internationales Ansehen und ein Anlegerpublikum, das ihm zu Füssen liegt.

Und da ist noch etwas: Grösste Einzelaktionärin der SGS ist die Schweizerische Bankgesellschaft, jene Bank also, die ihn in seiner Bally-Zeit zur Persona non grata erklärt hat und bis heute eisern daran festhält, dass er als Geschäftsmann absolut vertrauensunwürdig sei. Ein schmerzhafter Stachel, der tief in Reys Fleisch sitzt.

Zurück zur Inspectorate und ihrer Geschichte. Sie wird 1927 von einem deutschen Ingenieur gegründet. 1952 geht das aus zwei Angestellten bestehende Unternehmen für nur 500 DM an den ägyptischen Ingenieur Ibrahim Momataz Moussa über. Weil ihm deutsches Personal zu teuer ist, holt er Landsleute nach Düsseldorf. 1972 beauftragt ihn ein Basler Chemiekonzern mit Inspektionsaufgaben in Ägypten, was zur Gründung der winzigen Niederlassung in Basel führt.

1980 sieht sich Moussa von zwei amerikanischen Testlabors umworben, die sein Geschäft kaufen wollen, um an einen grossen Inspektionsauftrag in Nigeria heranzukommen. Der Ägypter nutzt die Gunst der Stunde. Von einem Wirtschaftsprüfer lässt er ein Gutachten erstellen, das den Wert der Inspectorate auf 12 Millionen DM veranschlagt – dreimal mehr, als nach einhelliger Auffassung damaliger Inspectorate-Angestellter realistisch ist. Aber immer noch billig genug für Werner K. Rey. Mit einer Offerte von gleich 14,5 Millionen DM sticht er die amerikanische Konkurrenz aus. Moussa macht den Deal seines Lebens. Denn die politischen Wirren in den Ländern des Nahen Ostens haben seine Geschäfte praktisch zum Erliegen gebracht. Rey kümmert das nicht. Er will die Inspectorate mit ihrem seriös und gut klingenden Namen – unbedingt.

Die Zukunft der Inspectorate International, wie Rey sein kleines Pflänzchen programmatisch tauft, verläuft in mancherlei Hinsicht aussergewöhnlich. Doch was sich zwischen 1983 und 1987 in Neuenburg abspielt, ist schlicht skurril.

Dort lebt Karl Dobler. Der gebürtige Appenzeller ist von der Regierung des Kantons Neuenburg als Wirtschaftsförderer angestellt. Kein Aufwand ist ihm zu gross, wenn es gilt, ein in- oder ausländisches Unternehmen in seine Wahlheimat Neuenburg zu lotsen. Die Nachfrage nach arbeitsplatzschaffenden Firmenansiedlungen ist gross; denn wie kaum ein anderer Kanton leidet Neuenburg unter der Strukturkrise in der Uhrenbranche und der Rezession in der Maschinenindustrie.

Als Dobler dank seinem vielfältigen Beziehungsgeflecht 1981 vernimmt, dass Werner K. Rey die deutsche Firma Inspectorate aufgekauft hat und nach einem geeigneten Domizil in der Schweiz Ausschau hält, ist er sofort mit einem Angebot zur Stelle: Steuererleichterungen auf zehn Jahre hinaus und Hilfe bei der Suche nach geeigneten Büroräumlichkeiten. Rey greift zu und zügelt den Sitz der Inspectorate nach Neuenburg.

Zwei Jahre gehen ins Land. Inzwischen hat Rey bei der SGS den deutschen Ingenieur Heinz Döring abgeworben und ihm die Leitung der Inspectorate übergeben. Der neue Mann scheint ein Glückstreffer zu sein, auch aus der Sicht von Dobler. Er ist überzeugt, dass die Inspectorate das ihr gewährte Steuergeschenk mehr als nur aufwiegen wird.

Mit zum Eindruck, dass der rührige Dobler bei seinen Bemühungen um die Inspectorate eine gute Hand gehabt hat, trägt der Journalist Jaime Pinto von der Neuenburger Tageszeitung «L'Express» bei. Pinto verfügt über einen vorzüglichen Draht zu Heinz Döring, dem Delegierten des Inspectorate-Verwaltungsrates und Geschäftsführer. In seiner Bewunderung für den Président-directeur général, den PDG, wie Pinto Döring gerne nennt (und dieser sich gerne nennen lässt), macht Pinto «L'Express» zum eigentlichen Hoforgan der Inspectorate. Getreulich rapportiert er zuhanden seiner Leserschaft, was ihm der «junge draufgängerische PDG, der, statt zu klagen, neue Märkte erobert», regelmässig in die Feder diktiert. Das Standardbild im «Express» zeigt einen Döring, der mit dem Telefonhörer am linken Ohr forschen Blickes in eine verheissungsvolle Zukunft blickt.

Mit Staunen erfahren die Neuenburger, dass die Inspectorate – diesen Namen haben sie zuvor noch nie gehört – 1983 weltweit fast 1600 Mitarbeiter beschäftigt und mehr als 10 000 Kunden in 58 Ländern bedient. Mit Yann Richter, dem ehemaligen Präsidenten der Freisinnig-demokratischen Partei der Schweiz, sitzt seit kurzem ein prominenter Neuenburger in ihrem Verwaltungsrat.

PDG Döring, so müssen die Neuenburger aufgrund der Zeitungslektüre glauben, ist ein von Tatendrang überschäumender Spitzenmanager, der von einem Flugzeug ins andere umsteigt, die Arbeit von Inspectorate rund um den Erdball persönlich überprüft, neue Märkte aufreisst und sein Unternehmen mit der Übernahme hochprofitabler Firmen auf die neunziger Jahre ausrichtet. Dörings Inspektions- und Überwachungsspezialisten sind in Hongkong, Südkorea und Japan ebenso präsent wie in den USA oder in der Basler Chemie.

«Eine englische Gesellschaft lässt sich in Neuenburg nieder», jubelt das Blatt im November 1984. Heinz Döring hat zugeschlagen und in Grossbritannien eine Transport- und Zollabfertigungsfirma mit 110 Mitarbeitern gekauft. Am 1. Januar 1985 werde die Zentrale von London nach Neuenburg ziehen, verrät Döring. Für das laufende Jahr prognostiziert der Herr über mittlerweile 2600 Mitarbeiter einen Umsatz von mehr als 100 Millionen Franken. Rund 20 neue Arbeitsplätze seien in der Schweiz geschaffen worden, wovon ein Dutzend in Neuenburg. Und noch mehr sind geplant. Döring wörtlich: «Wir wollen junge Elektronikingenieure und Mechanikspezialisten anstellen. Wenn immer möglich sollen es Neuenburger sein. Sie müssen allerdings Englisch beherrschen und reisewillig sein.» In Neuenburg blüht die Hoffnung,

Die Erfolgsstory aus Neuenburg, die sich so wohltuend von der Untergangsstimmung in der Uhren- und Maschinenindustrie abhebt, findet allmählich auch in anderen Publikationen Eingang. Denn für Medienleute hat Döring trotz seines ausgefüllten Terminplanes stets Zeit. «Reys bestes Stück», titelt die «Bilanz» im Februar 1985. Der «Tages-Anzeiger» ist überzeugt, dass «Rey mit dem ihm eigenen Gespür (...) die einmalige Chance» erkannt hat, «sich im Dienstleistungsbereich ein kleines Juwel zu sichern».

Immer wieder streut Döring Namen von prominenten Firmen ein, mit denen man zusammenarbeitet: Motor Columbus, Sulzer, Kühne & Nagel usw. Er weist auf die Eröffnung eines Büros in Genf hin, um mit den dort ansässigen internationalen Organisationen engere Kontakte pflegen zu können.

Im Februar 1986 spricht Döring locker von seinen Plänen, mit Inspectorate demnächst in den Versicherungsbereich vorzustossen und sich gelegentlich auch noch eine Bank zuzulegen. Mit Genuss vergleicht er, der David, sich mit dem Goliath der Branche, der Société Générale de Surveillance SGS, und weist auf deren angeblich überproportionalen Verwaltungskosten hin.

Die «Bilanz» lobt die Inspectorate: «Der 1500-Personen-Laden beschäftigt in der Neuenburger Zentrale erst 18 Leute, was mit ein Grund ist, dass die Cash-flow-Rendite mit zwölf Prozent gute zwei Punkte über dem Wert von Surveillance liegen dürfte.» Die ohnehin ausgezeichneten Geschäftszahlen sind, rechnet man den Ende 1985 erfolgreich getätigten Diversifikationsschritt in das Computer-Leasing mit, noch brillanter, folgert das Magazin weiter.

Die «Handelszeitung» spricht anerkennend von den «Koordinations-Profis» aus Neuenburg. Und gibt ihrer Leserschaft auch gleich einen Tip weiter: Falls die Aktien, welche Inspectorate demnächst unters Publikum bringt, ähnliche Avancen wie die von Döring prognostizierten Umsatzsteigerungen von jährlich 20 Prozent aufweisen, «dürfte sich ein Engagement bei Inspectorate lohnen».

Im Frühsommer 1986 kennt die Freude von Förderer Dobler und Firmenchronist Pinto keine Grenzen mehr: Inspectorate (weltweit die Nummer zwei im Inspektionsbusiness, wie Heinz Döring verkündet) öffnet sich dem Publikum und emittiert 125 000 Inhaberaktien – die für die Schweiz grösste Transaktion dieser Art seit dem Going public des Rüstungskonzerns Oerlikon-Bührle.

Banken und Anleger sind begeistert von der «Rey-Perle» (»Tages-Anzeiger»). Die Inspectorate-Aktie entwickelt sich praktisch vom ersten Tag an zu einem Börsen-Highflyer. Die gute Stimmung hält an, denn aus Neuenburg werden laufend neue Akquisitionsprojekte gemeldet. Die «Finanz und Wirtschaft» lobt die «grundsolide finanzielle Basis und den Nimbus von Werner K. Rey», und die «Handelszeitung» schreibt unbelehrbaren Kritikern ins Stammbuch: «Dass Werner K. Rey kein Finanzjongleur, sondern ein Unternehmer ist, dürfte zwischenzeitlich klargeworden sein.»

Ein Unternehmen, an dem sich verdienen lässt. Wer zehn Inspectorate-Aktien zum Ausgabekurs von 1000 Franken das Stück kauft und sie wenig später wieder losschlägt, kriegt mehr als das Doppelte zurück. Schneller geht's nimmer!

Auf das Jahresende hin kommt es noch toller: Praktisch aus dem Stand heraus holt sich Rey für über eine halbe Milliarde Franken die Hälfte des deutschen Mischkonzerns Harpener. An der Börse wird Inspectorate mittlerweile auf über eine Milliarde

Franken bewertet – unbestreitbar das Kronjuwel unter den von Karl Dobler an neuenburgische Lande gezogenen Firmen. In wohligem Schauder rechnen sich die Steuerbehörden aus, wie ihre Kassen nach Ablauf des Förderungsabkommens im Jahre 1991 klingeln werden.

Und dann zerrinnt den Neuenburgern das Glück förmlich zwischen den Fingern.

«Die Nachricht hat wie eine Bombe eingeschlagen», kommentiert «L'Express» am 26. März 1987 den am Vortag bekanntgewordenen Rücktritt von Heinz Döring, «dem Vater der Inspectorate». Jaime Pinto verliert auf einen Schlag seine beste Informationsquelle. Die letzte Meldung, die Pinto aufs Pult flattert, ist ein Schreiben von Dörings PR-Berater «an die Wirtschaftspresse der Schweiz, der USA und Europas». Döring, «einer der erfolgreichsten Macher und Geschäftsleute der letzten Jahre, hat durch seine Weitsicht, Kreativität und Durchschlagskraft innerhalb kürzester Zeit aus Inspectorate ein Dienstleistungsunternehmen erster Güte geformt. Der grundsätzliche Aufbau ist nun abgeschlossen und die Unternehmensstrukturen solide aufgebaut. Deshalb übergibt der Kapitän das Steuerrad seinen Nachfolgern», ist dort zu lesen.

Rey spricht bei Wirtschaftsförderer Dobler vor und verlangt weitere Steuerzugeständnisse. Doch der Kanton Neuenburg kann nicht mithalten. Mit Bestürzung registriert Dobler, dass die Inspectorate den gesamten Finanzbereich nach Genf verschiebt. Dann verwandelt sich seine Bestürzung in Zorn: Ende 1987 werden an der Rue des Moulins 17–19, mitten in der malerischen Altstadt Neuenburgs, die Inspectorate-Büros endgültig verriegelt. Das Kleinod der neuenburgischen Wirtschaftsförderung hat in Bern ein noch steuergünstigeres Domizil gefunden.

In Reys Reich ist eben nichts von Dauer – und nicht alles aus Gold, was glänzt. Vor allem nicht bei der Inspectorate…

X

Die Schaffung der Inspectorate aus dem Geiste der Rhetorik

Le Président-directeur général Heinz Döring schlägt mit Umsatzzahlen Schaum

Vor allem nicht bei der Inspectorate, wo wir den Faden im Dezember 1981 noch einmal aufnehmen.

Rechtsanwalt Walter König und sein Associé Ferdinand Meyer transferieren den Sitz der Inspectorate (Schweiz) AG, beratendes Ingenieurbüro für Inspektionen und Verfahrenstechnik, von Basel nach Neuenburg. Um die Firma flottzumachen, erhöht König das Kapital von 50 000 auf 2,5 Millionen Franken. (Er bleibt in diesem Umfang über Jahre hinaus Aktionär der Inspectorate.)

Im Februar danach treffen sich die Aktionäre zu einer ausserordentlichen Generalversammlung. Es gilt, einen Geschäftsführer für die Inspectorate einzusetzen. Der vielbeschäftigte Rey ist nicht anwesend, dafür der erst seit kurzem in seinen Diensten stehende Markus Herzig, wie sein Chef ein gelernter Bänkler. Herzig vertritt die niederländische Gesellschaft Equipment Finance and Leasing BV (EFL), Reys Pied-à-terre in Holland. Die EFL dient ihrem Eigentümer Rey als Parkplatz für seinen Aktienbesitz. Unter Kennern internationaler Steuergepflogenheiten zählt Holland zu den fiskalischen Oasen. Ausländer, die ihre Beteiligung über eine holländische Holding verwalten, sind weitgehend steuerbefreit.

Die Anwesenden wählen einen SGS-Mann, Bernhard Müller, zum Delegierten des Verwaltungsrates.

Müllers Aufgabe ist nicht leicht. Die Administration der Inspectorate besteht aus einer Handvoll ägyptischer Ingenieure. Die Inspektionsaufträge muss er mangels eigenen Personals an Aussenstehende vergeben. Und dann ist da noch Moussa, der mit einem Beratervertrag für monatlich 20 000 DM in der Tasche weiterhin in Düsseldorf herumgeistert und sich schon bald bei Rey beklagt, dass man ihm alle Kompetenzen wegnehme.

Müller kommt nicht mehr allein zurecht und holt sich im Einverständnis mit Rey einen weiteren Mitarbeiter, eben den Président-directeur général Heinz Döring. Müller ahnt nicht, dass er damit seinen eigenen Sturz einleitet.

Der neue Mann – ein blendender Rhetoriker – ist überaus ehrgeizig und beeindruckt Rey mit seiner Eloquenz nachhaltig. Döring setzt sich nach aussen geschickt und wortgewaltig in Szene und leistet so willkommene PR-Arbeit beim notwendigen Aufbau eines Firmenimages für die Inspectorate. Möglicherweise hat Döring noch einen anderen Trumpf in der Hand: Seiner früheren Arbeitgeberin, der SGS in Genf, fehlen seit dem Wechsel Dörings wichtige Kundenunterlagen aus dessen früherer Abteilung. Die SGS verwickelt ihn deshalb – nur kurz nach seinem Stellenantritt bei Inspectorate – in ein für ihn peinliches juristisches Verfahren.

Bereits im Juni 1982 verdrängt Döring Müller vom Sessel des VR-Delegierten. Wenige Wochen später gibt Müller entnervt auf und legt seine sämtlichen Funktionen in der Inspectorate nieder. Die erste Panne.

Seinen Sitz im Verwaltungsrat übernimmt ein Bekannter von Rey namens Alfred R. Gutzwiller. Doch schon im Juni 1983 muss auch dieser neue Mann wieder von der Bildfläche verschwinden. Grund: Gutzwiller sei in eine krumme Sache verwickelt, erzählen Insider.

Den vakanten Sitz übernimmt Rey persönlich. Die zweite Panne. Das Handelsregisteramt Neuenburg rügt nämlich umgehend die gesetzeswidrige Zusammensetzung des Verwaltungsrats: Das Obligationenrecht schreibe vor, dass die Mehrzahl des Verwaltungsrats aus Personen mit Schweizer Nationalität und Schweizer Wohnsitz bestehen müsse. Dieses Anforderungsprofil erfüllt im dreiköpfigen Inspectorate-Verwaltungsrat nur noch Walter König. Döring ist Deutscher, und Rey lebt in London.

Offensichtlich haben Rey und König grosse Mühe, reputierte Personen für einen Sitz im Inspectorate-Aufsichtsgremium zu gewinnen. Am 30. August bittet König um eine Fristverlängerung für die ordnungsgemässe Besetzung des Verwaltungsrats bis Ende Jahr. Die Inspectorate sei eben keine Briefkastenfirma, für die man auf die Schnelle Verwaltungsräte finde, belehrt der Anwalt die Neuenburger Beamten. Und dann trägt er dick auf: In verschiedenen Ländern habe Inspectorate wichtige Akquisitionen getätigt. Weltweit beschäftige die Gruppe gegen 1500 Mitarbeiter. In Neuenburg seien bereits acht Arbeitsplätze geschaffen worden.

Wenige Tage vor Ablauf der König gewährten Nachfrist kann die Inspectorate wenigstens mit dem zweiten vollblütigen Schweizer aufwarten. Es ist Yann Richter, Neuenburger Anwalt und ehemaliger Präsident der Freisinnig-demokratischen Partei der Schweiz. Der dritte echte Schweizer lässt indessen weiter auf sich warten. Im März 1984 kann König Armin Seiler, Professor für Betriebswirtschaft an der Eidgenössischen Technischen Hochschule Zürich (ETH), zur Annahme des Mandats überreden. Mit dem Segen seines Arbeitgebers wird Seiler im August 1984 formell in den Verwaltungsrat gewählt.

Bereits Ende 1983 beginnt Rey, die Inspectorate mit Firmen und Firmchen, die er in einer ersten Phase vor allem in England zukauft, aufzublähen. Diese Firmen werden intern herumgeschoben und weisen alle ein gemeinsames Merkmal auf: Sie sind sanierungsbedürftig. Mehr davon im nächsten Kapitel.

In Neuenburg und Düsseldorf herrscht vollkommene Unordnung. Ein Teil der Angestellten zieht es vor, die Inspectorate zu verlassen. Wer ausharrt, aber nicht mit seiner Meinung über die Arbeitsverhältnisse zurückhält, dem droht Döring schon mal mit der Kündigung. Kaderleute, die sich bei Rey beschweren wollen, erhalten keinen Termin und wenn, dann keine befriedigende Antwort. «Er ist nie da, man weiss nicht, was er denkt», kritisiert ein Manager.

Hinter vorgehaltener Hand erzählt man sich, dass Döring mit den Umsatz- und Beschäftigtenzahlen schummle: Aus selbständigen Agenten, die obendrein auch für die Konkurrenz arbeiten, würden kurzerhand Niederlassungen, das Geschäftsvolumen werde mit zweifelhaften Aufträgen aufgeblasen.

Mit Zahlen steht man im Hause Inspectorate ganz offensichtlich auch sonst auf Kriegsfuss. Während König in seinem Gesuch an das Handelsregisteramt Neuenburg um eine Fristverlängerung auf 1500 Arbeitsplätze tippt, prahlt Döring im «Express» fast zur gleichen Zeit mit deren 2600. Im ersten öffentlich zugänglichen Geschäftsbericht vom April 1986 erfährt das geneigte Publikum, dass 1983 genau 896 Menschen in den Diensten Inspectorates standen.

Aus England dringt das Gerücht, Döring versuche immer mal wieder, bei Firmenaufkäufen mitzukassieren. Aus Deutschland stammt das On-dit, das Steueramt Düsseldorf suche nach Beweisen, dass die deutsche Inspectorate auf dubiosen Wegen an die Inspectorate Schweiz verkauft worden sei.

Wer sich nach den angeblichen Kundenbeziehungen zu namhaften Schweizer Firmen erkundigt, dem wird von ehemaligen Inspectorate-Leuten bedeutet, dass sie – sofern überhaupt vorhanden – weit bescheidener als behauptet seien. Der Kundschaft seien die organisatorischen Mängel in Neuenburg nämlich nicht verborgen geblieben.

Und die Mitarbeiter stellen fest, dass die Inspectorate alles andere als rentiert. Bei einigen der gekauften Firmen stossen sie auf kosmetisch präparierte Bilanzen, mit denen Rey zur Bezahlung eines überhöhten Preises gelockt wurde.

Ein Wunder eigentlich, dass diese Ungereimtheiten das schöne Bild der Inspectorate im «Express» nicht zu trüben vermögen.

Gelegentlich bieten die Irrungen und Wirrungen im Hause Inspectorate auch Anlass zu unfreiwilligem Humor. So klingelt irgendwann im Sommer 1986 in Neuenburg das Telefon. Am anderen Ende des Drahtes hängt ein Manager der Pittsburgh Testing Laboratories (PTL), eines amerikanischen Testlabors. Rey hat es im März in der falschen Meinung gekauft, PTL sei auf dem gleichen Gebiet tätig wie die Inspectorate, die in der Folge entsprechende Aufträge nach Amerika schickte. Weil die PTL aber lediglich über Labors verfügt, in denen sie Werkstoffe prüft, fragt ein PTL-Manager, was mit diesen Aufträgen geschehen soll. Er möchte auch gerne wissen, wer und was Inspectorate eigentlich sei. Um die signifikante Informationslücke zu schliessen, ordnet Rey flugs ein dreitägiges Informationsseminar in Pittsburgh an, an dem rund 20 Personen von diversen Inspectorate-Firmen und PTL teilnehmen. Als sich die Amerikaner unter anderem erkundigen, wie denn bei Inspectorate das Marketing organisiert sei, wird ihnen mitgeteilt, dafür sei Neuenburg zuständig, und zwar weltweit. Gut, dass die Amerikaner die Verhältnisse in der Neuenburger Zentrale (noch) nicht kennen.

Zwischen Döring und Rey herrscht seit längerem Eiszeit. Das Gespann, das als «Architekt» der grossartigen Inspectorate präsentiert wird, könnte unterschiedlicher nicht sein. Hier Rey, der stille, in seine Zahlenwelt versunkene Ex-Bankangestellte und Mann einsamer Entscheide. Dort der lärmige Ingenieur, der sich in der Rolle des Président-directeur général sonnt, obwohl er dazu kaum qualifiziert ist. Mitarbeiter bemängeln denn auch, dass er sich in der Presse als Erfolgsmanager aufplustere, obwohl er vom Geschäft nicht eben viel verstehe.

Zwischen diesen beiden Polen bewegen sich die Chefs der aufgekauften Firmen, ein Heer, das dank Reys rastloser Einkaufspolitik ständig grösser wird. Sie nutzen das Führungsvakuum aus, um unbehelligt ihrer bisherigen Geschäftspolitik nachzugehen, oder sie steigen, weil Rey sie dazu ermuntert, gleich selber aufs Akquisitionskarussell auf und kassieren bei den Deals mit.

Augenschein am Hauptsitz der Inspectorate International SA in der Neuenburger Rue des Moulins 17–19, Ende März 1987: Wer die Büros des zum Börsenliebling aufgestiegenen weltumspannenden Unternehmens betritt, glaubt erst, sich in der Adresse geirrt zu haben. Hier also soll «das innovative und schlagkräftige Management der Inspectorate-Gruppe die Marktchancen, die sich dem internationaler und vielfältiger gewordenen Unternehmen bieten, voll ausschöpfen», wie im Geschäftsbericht für 1985 nachzulesen ist? Die Ambiance erinnert eher an eine kleine Bürogemeinschaft, die sich irgendwo einquartiert hat – und auch das nur vorübergehend. Von den in der Lokalpresse immer wieder grossartig angekündigten mehreren Dutzend neuer Arbeitsplätze sind gerade deren neun besetzt.

Hier wird nicht gemanagt, nach neuen Objekten Ausschau gehalten, nicht koordiniert, konsolidiert und kontrolliert – hier herrscht pure Frustration. Die wenigen Angestellten blicken in eine ungewisse Zukunft.

Rey ist mit Döring immer weniger zurecht gekommen, wollte ihn aber dennoch nicht entlassen. Er fürchtete unerwünschte Reaktionen vor dem Going public. Hingegen hat er im letzten Jahr damit begonnen, bestimmte Holdingfunktionen an Döring vorbei nach Genf abzuziehen. Dort ist im Herbst 1986 die IF Inspectorate Finance SA entstanden, die ausschliesslich mit Rey-Vertrauten bestückt ist. Die IF ist für das gesamte Finanzwesen der Inspectorate-Gruppe zuständig. Assistiert wird sie von Services Financiers SA, Reys eigentlicher Schaltzentrale in der Schweiz.

Die Angestellten beider Firmen zerbrechen sich in den pompös eingerichteten Büros (was in Neuenburg mit besonderer Missgunst registriert wird) allerdings nicht den Kopf über die unternehmerische Einbindung der Neuerwerbungen in die Inspectorate oder, wo nötig, über eine Sanierung und Restrukturierung der Unternehmensteile. Vielmehr beschäftigen sie sich vor allem mit jenen Fragen, die auch ihrem obersten Chef besonders am Herzen liegen: Wie eliminiert man Steuern, in welchem Land gibt es welche Gesetzeslücken im Aktienrecht, wo sind die Buchführungsvorschriften besonders large, wie können neue Finanzierungsinstrumente optimal eingesetzt werden.

Döring ist im Dezember 1986 ein grober Fehler unterlaufen, auf den wir beim Kauf der Harpener zurückkommen werden. Trotzdem hat ihn Rey behalten und ihn erst drei Monate später (auf Drängen seines Freundes und Leiters der englischen Inspectorate-Niederlassung, Francis Holmes) entlassen. Döring erhielt eine saftige Abgangsentschädigung. Für das Reysche Zögern gibt es eine einleuchtende Erklärung: Er hat noch nie zuvor einen Spitzenmanager entlassen, und er wird es auch später nur mit äusserstem Widerstreben und in nur ganz wenigen Fällen tun.

Am 1. April reduziert sich die Neuenburger Adresse endgültig auf die Bedeutung eines Briefkastens. Die bisher von Döring ausgeübte Oberaufsicht über das weltweite Inspektions- und Prüfgeschäft geht an Holmes über, den Chef der Inspectorate UK Holdings Ltd in Loddon in der englischen Grafschaft Norfolk. Holmes werde auch ein Büro in Genf beziehen, heisst es in einer internen Mitteilung. Eine reine Kompetenzverschiebung, denn ein Management, das diesen Namen auch nur halbwegs verdient, gibt es noch immer nicht.

Werner K. Rey hält viel lieber Ausschau nach einem neuen Steuerdomizil für die Inspectorate. Während sein Intimus König für Zürich plädiert, werfen sich seine Freunde Fritz Berger und Kurt Meier mächtig für den Standort Bern ins Zeug. Sekundiert werden sie vom bernischen Finanzdirektor, Regierungsrat Ueli Augsburger. Der ehrgeizige Politiker aus dem Lager der Schweizerischen Volkspartei will den Bauern- und Beamtenkanton zu einem attraktiven Ort für in- und ausländische Firmensitze machen. Und das klappt allemal über die Steuern. 1987 führt er via eine Revision der Steuergesetzgebung das Holdingprivileg ein. Rey ist entzückt: Es dürfte nach dem Pendant im Kanton Schwyz das günstigste im ganzen Land sein. Als er sich mit Berner Politikern im Sitzungszimmer des Berner Kursaals zu einem Meeting trifft, ist für ihn der Fall klar: Inspectorate zieht in die Bundeshauptstadt. Ueli Augsburger, der sichtlich nervös in die Sitzung geeilt ist und sich auf eine langwierige Auseinandersetzung eingestellt hat, ist begeistert. Mit Rey in Bern «muss ich nicht mehr weiter erklären, was der Kanton Bern den juristischen Personen und Holdinggesellschaften bieten kann. Jeder weiss: Rey kann rechnen; wenn er kommt, muss das interessant sein», so Augsburger.

XI

Aus dem Lexikon der magischen Künste

Wie die Inspectorate-Aktie zu einem gewaltigen Börsenrenner präpariert wird

Wie baut man aus einem winzigen, auch in Fachkreisen fast unbekannten Inspektionsunternehmen in nur fünf Jahren eine Gruppe auf, die einen Umsatz von über 600 Millionen Franken ausweist? Womit bringt man ein Anlegerpublikum derart in Fahrt, dass die Inspectorate an der Börse zu einem milliardenschweren Unternehmen emporgejubelt wird? Rey weiss es. Und wir können es eingedenk der Vorgänge bei Selve, ACMV und bei der BHSL ahnen.

Im Juli 1982 legt er erstmals richtig Hand an die Inspectorate. Aus der Schweizerischen Metallwerke Selve Holding AG löst er die SMS Immobilien und Anlagen AG heraus und bringt sie in die Inspectorate ein. Was sich bei der Selve Ende 1980 bewährt hat, nämlich die Aufblähung der Eigenmittelstruktur durch die Übernahme undurchsichtiger Firmen aus dem Reyschen Fundus, wird jetzt bei der Inspectorate wiederholt.

Eine kuriose Verschmelzung: Die kleine Inspectorate mit einem Aktienkapital von 2,5 Millionen Franken und einem geschätzten Umsatz von 15 Millionen Franken schluckt die SMS, die auf dem Papier ein viermal grösseres Aktienkapital ausweist. In der Übernahmebilanz erscheinen die SMS-Aktiven mit 24 Millionen, die Passiven mit 13 Millionen. Die Aktiven setzen sich fast ausschliesslich aus kurz- und langfristigen Darlehen an «nahestehende Gruppen und nahestehende Übrige» zusammen. Eine typische Rey-Gesellschaft also, deren Aktiven aus nichts anderem als aus Forderungen an andere Rey-Gesellschaften bestehen. Um die Rentabilität ist es bei der SMS schlecht bestellt: Per Ende Januar weist sie einen kumulierten Verlust von annähernd einer Million Franken aus.

Die Inspectorate übernimmt die SMS für 11,5 Millionen Franken. Bezahlt wird so: Die Inspectorate erhöht ihr Aktienkapital um eben die 11,5 Millionen Franken auf 14 Millionen. Die neuen Inspectorate-Aktien gehen an die SMS-Besitzerin Selve Holding über und werden dort bilanzwirksam als Wertschriftenbestand verbucht – ein Geschäft unter Rey-Firmen.

Der Zweck dieser Operation? Die Inspectorate hat nun ein bedeutend höheres Aktienkapital, was für die Kreditaufnahme bei Banken wichtig ist, und sie gilt dank ihrer neuen Grossaktionärin, der Selve Holding in Thun, nicht mehr als juristische Person mit Sitz im Ausland. Damit unterliegt sie beim Erwerb von Immobilien in der Schweiz keinen lästigen Einschränkungen mehr.

Mit dieser «Aufwertung» des Eigenkapitals macht sich Rey 1983 an den zügigen Ausbau der Inspectorate.

Die erste Firma, die er kauft, heisst Unit Inspections und liegt in England. Kaufpreis: 500 000 Pfund. Allgemeinzustand des auf zerstörungsfreie Prüfverfahren spezialisierten Unternehmens: miserabel.

Die zweite namens Palmer Group EaE Ltd besteht aus acht Firmen, die verschiedensten Aktivitäten nachgehen. Der Kaufpreis ist unbekannt, aber auch hier gilt der Allgemeinzustand der Firmengruppe als sehr schlecht.

Die dritte heisst General Freight und ist im Transport und im Zollabfertigungswesen zu Hause. Sie kostet Rey 90 000 Pfund.

Nach dem Erwerb wird General Freight zu einem höheren Preis an die Palmer Group weiterverkauft. Anschliessend wird die Palmer Group umgetauft, von ihrem bisherigen Namen bleibt nur das EaE. Rey propagiert sie als englische Tochter der Inspectorate International. (Später heisst sie Inspectorate UK Holdings Ltd.) Die Leitung erhält Francis Holmes, ehedem Besitzer der Palmer Group.

Bei diesen Aufkäufen muss man sich vor Augen halten, dass das Wirtschaftsklima in Grossbritannien zu jener Zeit sehr gedrückt ist, was eine Sanierung der angeschlagenen Firmen doppelt schwer macht. Doch Rey akquiriert in England unverdrossen weiter. Das nächste Objekt heisst Resource Technology.

Diese Firma erweitert die Inspectorate-Angebotspalette auf einen Schlag um ein Taucherausbildungszentrum, einen Vermieter von geophysikalischen Geräten und um Kommunikationsunternehmen. Welcher Art diese Kommunikation ist, ergibt sich aus den Inspectorate-Publikationen nicht. Geschätzter Preis: 15 Millionen Franken.

Von Reys überbordender Erwerbslust profitieren auch alte Freunde. Hans J. Keller, Ex-Bankinvest-Generaldirektor und Bally-Mitläufer, überlässt ihm seine im Bankenbereich tätige Personalvermittlungs- und -beratungsfirma BFK AG. Ein grosser Temporärarbeitsvermittler, der sich zuvor ebenfalls für die BFK interessiert hat, taxiert die Firma nach kurzer Begutachtung als Nonvaleur.

Es ist bekannt, dass Rey kurz vor Jahresschluss immer mal wieder grössere Umschichtungsaktionen vorzunehmen pflegt. Die wichtigste Akquisition von 1985 wird folgerichtig im Dezember getätigt. An ihr lässt sich exemplarisch aufzeigen, wie Rey Bilanzen zu präparieren versteht.

Im Frühsommer kauft Rey für knapp 34 Millionen Franken 50 Prozent des Aktienkapitals der amerikanischen Computer-Leasingfirma Meridian Group. Das via Bankkredit fremdfinanzierte Paket hält die Omni Finance Ltd auf den Cayman Islands, Reys Omni-Ableger in der Karibik. Wie Reys Superholding Omni entstanden ist, wird im Detail später beschrieben.

Reys Pläne sind simpel: Er will die gesamte Meridian hierzulande über die Inspectorate an die Börse bringen. Weitaus raffinierter ist die Ausführung: Rey vereinbart mit dem amerikanischen Verkäufer, dass das bereits gekaufte 50-Prozent-Paket noch vor dem Gang an die Börse in die Neuenburger Gesellschaft eingebracht wird. Die restlichen 50 Prozent des Meridian-Aktienkapitals hingegen sollen erst nach dem Going public übernommen werden.

Weshalb dieses Splitting? Ganz einfach. Mit der ersten Hälfte wird die Inspectorate-Bilanz so herausgeputzt, dass die Anleger bei der Börseneinführung ganz sicher zugreifen und Rey mit soviel Cash bedienen, dass er damit bequem die zweite Meridian-Tranche finanzieren kann. Denn diese lässt sich Rey einiges kosten, nämlich 80 Millionen Franken oder das Zweieinhalbfache des ersten Kaufpreises.

Und so verkauft Reys Omni Finance Ltd am 9. Dezember 1985 ihr Meridian-Aktienpaket weiter, allerdings nicht an die Inspectorate, sondern an den Privatmann Werner K. Rey. Dort bleiben die Papiere indessen nur wenige Stunden liegen. Noch am gleichen Tag veräussert Rey die Aktien an die Inspectorate weiter.

Für diesen merkwürdigen Umweg gibt es nur eine einzige plausible Erklärung: Rey will weitere Inspectorate-Aktien. Und wie macht er das? Wie gehabt. Er erhöht das Aktienkapital der Inspectorate um 16 Millionen Franken von 14 auf 30 Millionen. Die 16 Millionen verrechnet er mit der Sacheinlage Meridian, und die restlichen 17,6 Millionen des vom Privatmann Rey dem Inspectorate-Besitzer verrechneten Preises werden zu offenen Reserven deklariert.

Abgesehen von Reys Begehrlichkeit nach zusätzlichen Inspectorate-Aktien hat die komplizierte Transaktion noch weitere für ihn wichtige Effekte: Auf dem Weg zur Inspectorate hat die Meridian die Bilanzen einiger Rey-Gesellschaften ganz schön aufgeblasen, so ganz sicher jene der Omni Finance Ltd und ihrer Mutter Omni Holding.

Rey ist rundum zufrieden. Als Privatmann hält er nun noch mehr Inspectorate-Aktien, mit denen er nach der Börsenöffnung lukrative Geschäfte betreiben kann, und die Inspectorate weist per Ende 1985 ein respektables Aktienkapital von 30 Millionen Franken, nicht minder satte Reserven von über 17 Millionen Franken sowie einen Gewinnanteil von Meridian von 4,7 Millionen Franken aus. Dem Anleger wird damit eine hohe Rendite vorgegaukelt, das heisst, das Verhältnis zwischen investiertem Kapital und ausgewiesenem Ertrag erscheint äusserst vorteilhaft.

Doch ein Grossteil davon ist Luft. Die Meridian USA verzeichnet per Ende 1985 ein Eigenkapital von 28,3 Millionen Franken, der 50-Prozent-Anteil von Inspectorate macht also gerade 14,2 Millionen aus. Die Differenz zum Übernahmepreis von knapp 33,6 Millionen Franken, nämlich 19,4 Millionen, sind reiner Goodwill, der von Gesetzes wegen abgeschrieben werden muss. Rey weiss auch schon, wer ihm diese teure Arbeit abnehmen wird: das Börsenpublikum.

Der Kauf der Meridian ist nur der Anfang eines breiten Vorstosses ins Leasinggeschäft. Treibende Kraft dahinter ist der Engländer Brian McHugo, ein ausgebuffter Finanzspezialist. McHugo ist Chef der Zuger Firma Greyhound Financial & Leasing Corporation. Diese Gesellschaft, ein Joint-venture zwischen dem gleichnamigen amerikanischen Transportkonzern sowie europäischen Banken, hat sich auf die Finanzierung risikoreicher Geschäfte spezialisiert. Ein Mann also, wie ihn Rey zweifellos gebrauchen kann. McHugo wechselt 1984 zu Rey, der ihm augenblicklich wichtige Ämter überlässt, unter anderem den Aufbau der Omni und einer Meridian Holding in Zürich, die – laut Angaben aus Omni-Kreisen – nichts mit der von Inspectorate Neuenburg erworbenen Meridian zu tun hat.

McHugo beginnt über die Meridian Holding Zürich in Deutschland und Italien ins Leasinggeschäft einzusteigen. Im Dezember 1985 findet auch die Meridian Holding Zürich, zusammen mit einer Beteiligung an der deutschen CRE Leasing GmbH, eine Bleibe unter dem Dach der Inspectorate. Die CRE belastet die Rechnung ganz schön, denn Inspectorate muss finanzielle Verpflichtungen von 15 Millionen Franken, zahlbar bis 1988, übernehmen. Aus der Entourage von Rey ist zu vernehmen, dass die McHugo-Akquisitionen – mit Ausnahme der Meridian Group in den USA – samt und sonders schlechter Natur seien.

Ebenfalls 1985 nimmt Rey Verhandlungen mit den Besitzern des (im letzten Kapitel erwähnten) amerikanischen Prüflabors Pittsburgh Testing Laboratories (PTL) auf. Ein Inspectorate-Finanzmann überprüft die PTL-Unterlagen und rät Rey anschliessend dringend vom Kauf ab. Er verweist insbesondere auf die schlechte Rentabilität und auf die starke Überalterung der Belegschaft. Rentabilität und Personalpolitik interessieren Rey nicht. Sein Augenmerk ist ganz auf die Börse gerichtet. Die Stimmung auf den Aktienmärkten ist momentan phantastisch. Mit durchschnittlichen Kurssteigerungen von über 50 Prozent gilt das Börsenjahr 1985 als das beste in der schweizerischen Wirtschaftsgeschichte. Spätestens im März 1986 will Rey die Inspectorate dem vom Spekulationsfieber befallenen Publikum öffnen.

Der Termin kann nicht eingehalten werden. Erstens ziehen sich die Verhandlungen mit Pittsburgh in die Länge. Zweitens ist die Inspectorate mit nur einer einzigen (und erst noch kaum bekannten) Schweizer Firma – Kellers Personalberatungsbüro BFK – zu sehr auslandslastig. Es muss deshalb noch eine ordentliche Schweizer Adresse her. Neuer Termin für die Emission von 125 000 Inhaberaktien ist der 5. Mai.

Walter Haefner besitzt das Firmenimperium Careal, zu dem unter anderem der grösste Automobilimporteur des Landes, die AMAG Automobil- und Motoren AG, gehört. Haefners Careal kontrolliert die in Wettingen ansässige ACI Automation Center International AG. Die Firma mit einer Schwestergesellschaft in England ist im EDV-Bereich tätig.

Rey wird fündig, denn er kommt Haefner wie gerufen. Der bereits betagte Careal-Besitzer will sich von peripheren Firmen trennen. Die ACI-Wettingen-Gruppe geht an Rey über.

Im März ist der Kauf der Pittsburgh Testing Laboratories Inc perfekt. Kostenpunkt: rund 50 Millionen Franken.

Das Emissionssyndikat für die Inspectorate-Aktien steht. Es wird von der Berner Kantonalbank angeführt und setzt sich hauptsächlich aus anderen grossen Kantonalbanken sowie der Swiss Cantobank zusammen. An der Swiss Cantobank sind die Kantonalbanken und Rey beteiligt (mehr davon im Kapitel 14). Von den Grossbanken ist lediglich der Schweizerische Bankverein mit von der Partie. Dass ausgerechnet die Berner Kantonalbank sich mit dem Titel des Lead-Managers schmücken darf, obwohl sie über keine Erfahrungen im Emissionsgeschäft verfügt, ist natürlich kein Zufall, sondern das Ergebnis der seit Reys Einstieg bei Selve sehr freundschaftlichen Bande zwischen ihm und Kurt Meier, Chef der Berner Kantonalbank. Während Meier sich zweifellos geehrt fühlt, hegt Rey wohl eine andere Absicht: Die unerfahrenen Berner werden sich hüten, genauen Aufschluss über Inhalt und Wert der Firmen im Inspectorate-Topf zu verlangen. Doch das müssten sie, wenn sie schon Hand dazu bieten, dass Rey die Inspectorate-Aktie – wie etwas später gezeigt wird – zu einem völlig überrissenen Preis auf den Markt werfen kann. Doch die Bankiers in Bern geben sich mit der Unterschrift der Inspectorate-Kontrollstelle Deloitte Haskins & Sells unter den schönen Geschäftszahlen der Inspectorate vollauf zufrieden.

Rey blind vertrauend, stürzen sich die Banken mit viel Elan ins Inspectorate-Abenteuer und betreiben eine grosse Vorauspublizität. Die Zürcher Kantonalbank versichert ihren Kunden: «Die Aktie ist von guter Anlagequalität.» Ihre Berner Kollegen lassen zehn Tage vor Beginn der Zeichnungsfrist beiläufig wissen, dass sich bei ihnen bereits Investoren gemeldet hätten, die das ganze Inspectorate-Paket aufkaufen möchten. Es müsse deshalb mit massiven Überzeichnungen gerechnet werden. Wenn das die Stimmung nicht anheizt.

Im April veröffentlicht Rey den ersten Geschäftsbericht für die Inspectorate. Was da dem Anleger serviert wird, kann getrost mit Lug und Trug umschrieben werden. So wird behauptet, das Meridian-Aktienpaket sei «per 1. Juni 1985» gekauft worden, wodurch Inspectorate ein Gewinnanteil von 4,7 Millionen Franken zugeflossen sei. In Tat und Wahrheit sind es kümmerliche 450 000 Franken, die Inspectorate für die Besitzesdauer vom 9. Dezember bis zum 31. Dezember 1985 hätte verbuchen dürfen – viel zuwenig, um die bei den diversen Inspectorate-Firmen angefallenen Kosten und Verluste im Geschäftsjahr 1985 auszugleichen. Diese sind sogar so hoch, dass sie auf Geheiss von Rey teils auf Omni-Gesellschaften transferiert und teils mittels fiktiver Gewinne aus Scheingeschäften innerhalb der Gruppe zum Verschwinden gebracht worden sind. Mit keinem Wort wird überdies erwähnt, dass der Kauf der restlichen Meridian-Aktien für 80 Millionen Franken beschlossene Sache ist. Es könnte ja sonst jemand dumme Fragen über Preisunterschiede der beiden Pakete stellen.

Auch wenn Bilanzmanipulationen für den Aussenstehenden nicht zu entdecken sind, so gibt es dennoch genügend Ungereimtheiten, die zur Vorsicht mahnen müssten. Weshalb werden die Umsatzzahlen vor 1985 verschwiegen, dafür aber die Gewinne auf eine Stelle nach dem Komma bis ins Jahr 1983 zurück angegeben? Warum werden die Gewinne – mit Ausnahme des Meridian-Beitrages 1985 – nicht nach ihrer Herkunft aufgeschlüsselt?

Alles Fragen, die sich Anleger und Bankanalysten stellen könnten und eigentlich auch müssten. Doch wozu sich den Kopf über die Bonität der Inspectorate zerbrechen, wenn das andere bereits getan haben und zu einem positiven Schluss gelangt sind?

Die von Rey auf das raffinierteste präparierte Falle kommt im ersten Geschäftsbericht der Inspectorate ganz beiläufig daher. «Im Rahmen geschäftlicher Beziehungen zur Schweiz Versicherung und zur Schweizerischen Rückversicherungs-Gesellschaft übernahm die Inspectorate ein langfristiges Optionsdarlehen. Die eingeräumte Option wurde im März 1986 ausgeübt.» Und weiter im Text: «Das rasche Wachstum der Inspectorate liess es angezeigt erscheinen, den Verwaltungsrat der Gesellschaft zu erweitern. Dies erfolgte durch die Zuwahl von Martin Imbach, Meilen, dem Generaldirektor der Schweiz Allgemeine Versicherungs-AG, und Hans Herzig, Muri, ehemaliger Finanzdirektor des Nestlé-Konzerns.»

Wenn ein Nestlé-Kadermann bei Rey einsitzt und wenn der zweitgrösste Rückversicherer der Welt samt seiner Tochter sich finanziell an einer Rey-Gesellschaft beteiligt, dann kann es sich bei der Inspectorate ja nur um ein erfolgreiches Unternehmen handeln.

Wer so denkt, fällt prompt in die Grube. Denn er weiss natürlich nicht, dass Herzig in erster Linie aus familiären Gründen dabei ist (Filius Markus Herzig ist ein enger Rey-Mann) und dass die beiden Versicherer in dieser Geschichte ihr eigenes Süppchen kochen.

Dieses Süppchen hat es in sich. Um es in aller Ruhe zu kosten, müssen wir uns noch einmal die Situation der Inspectorate bei der Jahreswende 1984/85 vor Augen führen:

Werner K. Rey versucht mit allen Mitteln, sich Zugang zum schweizerischen Wirtschaftsestablishment zu verschaffen. Er tut dies nicht nur aus einer persönlichen Motivation heraus – das Bally-Syndrom ist noch nicht bewältigt –, ihn treiben auch handfestere Gründe an. Gelingt es ihm, eine geschäftliche Verbindung zu einem angesehenen Schweizer Unternehmen zu knüpfen, so kann er damit für seine Firmen werben. Eine Renommieradresse braucht er insbesondere für seine jüngste Kreation, die Inspectorate. Das gesuchte Unternehmen soll für Sicherheit und Solidität bürgen.

Vom Begriff Sicherheit zum Wort Versicherung ist es gedanklich nur ein kleiner Sprung. Dass ein Inspektionsunternehmen die Nähe einer Versicherung sucht, lässt sich leicht und einleuchtend begründen. Und welche Versicherung sollte es in der Reyschen Logik denn sein? Die Schweizerische Rückversicherungs-Gesellschaft (Rück) selbstverständlich, der zweitgrösste Rückversicherer der Welt. Doch Rey hat keinerlei Kontakte zu den Konzernverantwortlichen am Mythenquai in Zürich. Die hat aber – zumindest indirekt – Rechtsanwalt Walter König. Zu Königs Bekanntenkreis zählt Martin Imbach, Generaldirektor der Schweiz Allgemeine Versicherungs-AG, einer Tochter der Rück. König arrangiert ein Treffen zwischen den beiden Herren.

Bei dieser Zusammenkunft Anfang 1985 merkt Rey rasch, dass er einen Glückstreffer gelandet hat. Imbach macht keinen Hehl aus seiner Bewunderung für Rey und dessen Art, Firmen aufzubauen. Natürlich denkt der Versicherungsmann sofort auch an sein Geschäft. Mit der rasch expandierenden Rey-Gruppe könnte er einen respektablen Fang machen. Rey zeigt sich interessiert, lässt jedoch deutlich durchblicken, dass er es vorzieht, solche Pläne auf der Stufe Rück zu besprechen.

Imbach wendet sich unverzüglich an den für die Schweiz Versicherung verantwortlichen Rück-Generaldirektor Rolf Gamper. Er schwärmt vom aufkommenden Wirtschaftsstar Rey und den geschäftlichen Möglichkeiten, die sich mit ihm abzeichnen. Auch Gamper ist nach einer ersten Kontaktaufnahme von Rey angetan, insbesondere von dessen Flair für finanzielle Belange. Dass mit diesem Mann Geld zu verdienen ist, sind neben Gamper und Imbach bald auch der bei der Rück für die Finanzen zuständige stellvertretende Generaldirektor Arnold Saxer und sein Pendant in der Schweiz Versicherung, Léon Genoud, überzeugt.

Und so kommt Rey mit Leichtigkeit zu seinem Ziel: Die Rück und ihre Tochter Schweiz Versicherung zeichnen im Sommer 1985 bei der Inspectorate je zur Hälfte eine 15-Millionen-Franken-Optionsanleihe auf zehn Jahre zu einem Zins von 5½ Prozent.

Die lange Laufzeit des Darlehens existiert für die Beteiligten selbstverständlich nur auf dem Papier. Das Geschäft soll alle möglichst rasch glücklich machen: Die Verantwortlichen der Rück und der Schweiz Versicherung wollen – in Kenntnis der geplanten Publikumsöffnung der Inspectorate – bald grosse Kasse machen. Rey erhält dringend benötigtes Geld für seinen Akquisitionshunger und ein erstklassiges Aushängeschild für die Inspectorate.

Dass solche Dienste nicht gratis sind, versteht sich von selbst. Rey wird deshalb Kunde der Schweiz Versicherung. Was dabei herauskommt, soll jedoch hier noch nicht verraten werden.

Die beiden Versicherer wandeln ihr Darlehen Anfang März 1986, knapp zwei Monate vor dem Going public der Inspectorate, in Aktien zu 1000 Franken das Stück um. (Das Inspectorate-Kapital wird zu diesem Zweck von 30 auf 37,5 Millionen Franken erhöht.) Rey rückt die Liaison mit der Assekuranz in den Geschäftsbericht mit der klaren Absicht, den unwissenden Leser zu folgenden Annahmen zu verleiten: Zwischen der Inspectorate und den beiden Versicherern bestehen gute Geschäftsbeziehungen. Sie sind offenbar so gut, dass die Versicherer ihrer Klientin ein Darlehen gewähren. Weil sie vom Erfolg der Inspectorate überzeugt sind, wandeln sie das Darlehen schon nach kurzer Zeit in Aktien um – dies notabene, bevor sie überhaupt wissen, wie die Inspectorate beim Börsenpublikum ankommt.

Reys raffinierte Botschaft soll aber nicht nur den normalen Anleger erreichen. Sie richtet sich insbesondere auch an die grossen Investoren. Dazu muss man wissen, dass die Anlageprofis der Rück und der Schweiz Versicherung einen sehr guten Ruf geniessen. Wenn sie ein Finanzengagement eingehen, dann muss die Sache in der Tat lukrativ sein.

Reys Rechnung geht am 5. Mai 1986 endlich auf. Die 125 000 Inhaberaktien der Inspectorate – Nennwert 100 Franken, Emissionspreis 1000 Franken – sind im Nu ausverkauft. Schon nach dem ersten Börsenhandelstag steigt die Inspectorate-Aktie auf 2400 Franken. Und von dort geht es mit kurzen Unterbrüchen immer weiter in die Höhe. Das Going public der Inspectorate ist ein Grosserfolg. Dass Reys Anteil an der Inspectorate sich von 98 auf 75 Prozent reduziert, kann er leicht verschmerzen.

Die Rück und die Schweiz Versicherung gehören zu den ersten, die ihre Inspectorate-Papiere versilbern. Mit einem Einsatz von 15 Millionen Franken erhalten sie über 30 Millionen zurück – ein Bombengeschäft. Ob die Millionen am Schluss wirklich alle in der Kasse der beiden Assekuranzunternehmen landen, ist allerdings eine andere Frage. Doch auch davon später.

Werner K. Rey kann erleichtert aufatmen. Niemand hat in seine Dunkelkammer Inspectorate hineingeleuchtet. Das grosse Chaos im winzigen Management, der bedenkliche Gesundheitszustand der meisten Inspectorate-Firmen und damit die tatsächliche finanzielle Verfassung der Inspectorate Holding – an der das Publikum nun zu 23 Prozent beteiligt ist – sind unentdeckt geblieben.

Alle haben ein gutes, Rey aber eindeutig das beste Geschäft gemacht. Dank dem enorm hohen Agio (Differenz zwischen Emissionspreis und Nennwert) von 900 Prozent fliessen ihm 125 Millionen Franken an frischen Mitteln zu – fast soviel wie der Umsatz der Inspectorate im Jahre 1985.

Weil die Stimmung im Publikum so phantastisch ist, schiebt Rey am 14. Juni gleich noch 500 000 Partizipationsscheine (PS) zum Nennwert von 20 Franken nach. 125 000 Scheine werden über das Bankenkonsortium zum Preis von je 100 Franken an die Publikumsaktionäre abgegeben (Kasse für die Inspectorate: 12,5 Millionen). Die Bezugsrechte für die restlichen 375 000 Scheine liegen bei Rey (Kasse für die Inspectorate: 37,5 Millionen).

Was tut er? Er wartet einige Tag ab, bis die PS an der Börse für über 400 Franken gehandelt werden. Dann verkauft er 175 000 Bezugsrechte über das Konsortium für 415 Franken an das Publikum weiter – «um den Markt weiter zu verbreitern», wie er ganz harmlos sagt. Die restlichen 200 000 stösst Rey direkt und damit spesensparend an Dritte ab. Aus dieser «Marktverbreiterung» fliessen ihm aus dem Bankenkonsortium über 72 Millionen und – unter der Annahme, dass er sie zum gleichen Kurs abwickelt – aus den Direktverkäufen weitere 83 Millionen zu. Nach Abzug von 37,5 Millionen Franken, die er Inspectorate für das gesamte Paket von 375 000 PS schuldet, verbleibt ihm ein persönlicher Reingewinn von nicht weniger als 118 Millionen Franken – legal steuerfrei, da Kapitalgewinn. Da nehmen sich die 50 Millionen (12,5 und 37,5 Millionen), die Inspectorate aus der PS-Emission zufliessen, geradezu bescheiden aus.

Mitten im Geldzählen wird Rey jäh unterbrochen. Das amerikanische Wirtschaftsblatt «Wall Street Journal» enthüllt eine brisante Geschichte. Der amerikanische Transportkonzern Greyhound sei 1985 auf dubiose Geschäfte seiner Finanz- und Leasing-Tochter in Zug gestossen. Hauptverantwortlicher: Brian McHugo, der in der Rey-Gruppe überall Schlüsselpositionen einnimmt, bei Inspectorate sogar Delegierter des Verwaltungsrats ist.

Nach Erkenntnissen der amerikanischen Konzernzentrale hat McHugo, seit 1979 Geschäftsführer der Zuger Tochter, mittels eines raffinierten Tarnsystems Schiffseigentümern, deren Kreditwürdigkeit schlecht oder deren Kreditlimite bereits ausgeschöpft war, weitere Mittel zur Verfügung gestellt und dafür Schmiergelder kassiert. In einem besonders krassen Fall hat McHugo einem griechischen Reeder 45,2 Millionen Dollar zugehalten und sich für seine Bemühungen mit einem grosszügigen Handgeld von 675 000 Dollar entschädigen lassen.

Eigentlich Anlass genug, sich sofort von McHugo zu trennen, obwohl Greyhound zu diesem Zeitpunkt noch kein juristisches Verfahren gegen den Briten und seinen Helfershelfer eingeleitet hat (dazu kommt es erst später). Doch Rey zögert. Erst als seine engere Umgebung Druck aufsetzt, entfernt ihn Rey wenigstens von den diversen Verwaltungsratssitzen in seiner Gruppe.

Ganz auf die Dienste des Briten mag Rey aber nicht verzichten. McHugo darf deshalb hinter den Kulissen ungestört weiterhin seinen Geschäften nachgehen. Im September 1986 wird McHugo in einem internen Zirkularschreiben der Inspectorate noch als Koordinator und Verantwortlicher der neugegründeten Inspectorate Finance AG in Genf vorgestellt. Nach aussen taucht sein Name in den IF-Dokumenten indes nirgends auf. McHugo sorgt auch dafür, dass Rey im Leasing-Business am Ball bleibt. Mit finanziell schwerwiegenden Konsequenzen, wie wir noch sehen werden.

Dass McHugo von der Bildfläche verschwindet, löst bei vielen Inspectorate- und Omni-Leuten grosse Erleichterung aus. Der Brite wird weitherum als «gefährlicher Mann» eingestuft. Einen Verantwortlichen der einverleibten ACI-Wettingen-Gruppe, anfänglich von der Aufnahme in den Inspectorate-Verband noch angetan, beschleichen ernsthafte Zweifel an der Seriosität der Inspectorate, als McHugo bei ihm auftaucht. Rey und McHugo wollen eine ACI Meridian Holding gründen. Als der ACI-Mann merkt, welch zweifelhafte Beteiligungen da untergebracht werden sollen, wehrt er sich energisch, worauf Rey von seinem Vorhaben ablässt und die Beteiligungen andernorts plaziert.

Nach dem Intermezzo mit McHugo geht Rey wieder zum Tagesgeschäft über: Er kauft Firmen. Allein zwischen Juli und Dezember 1986 sind es deren vier. Nebenbei wird noch die Beteiligung an der Meridian in den USA auf 99 Prozent aufgestockt. Sorgen ums Geld muss er sich nicht machen. Er drückt einfach auf die Partizipationsschein-Presse, der Markt schluckt die Papiere problemlos. Oder er gibt – wie im November 1986 – eine Dollar-Optionsanleihe zu 3½ Prozent (Laufzeit bis 1993) aus, was 110 Millionen Franken einbringt. Weitere 130 Millionen sind schon in der Pipeline, berechtigt die Option doch zum Bezug von Inspectorate-Partizipationsscheinen, deren Stückpreis mit 392 Franken bereits fixiert ist.

Kostengünstiger kann Rey gar nicht zu Geld kommen. Der Nettozinssatz dieser Finanztransaktion beträgt nur etwa 1,6 Prozent.

Rey kann sich alles erlauben. Niemand vermag sich ihm in den Weg zu stellen. Am allerwenigsten seine Verwaltungsräte bei der Inspectorate, die er punkto Information an der kurzen Leine hält. Er allein – und niemand sonst – pflegt Geschäfte anzureissen und durchzuführen. Wenn die Verwaltungsräte ihn gelegentlich doch mit Fragen bedrängen, mehr Angaben zu diesem oder jenem Geschäft wollen, weicht er geschickt aus und macht in Verzögerungstaktik. Im Augenblick sind aber auch sie bester Laune und freuen sich daran, dass die Inspectorate bei den Anlegern so gut ankommt und liquide ist wie noch nie. Sie sagen ja zu allem, was ihnen Rey vorlegt.

Auch am 9. Dezember 1986, dem Tag, an dem Rey zu einem Quantensprung abhebt.

Um 10 Uhr morgens eröffnet Präsident Rey die Sitzung des Verwaltungsrates der Inspectorate International an der Rue des Moulins in Neuenburg. Die Unterlagen sind den Teilnehmern einige Tage zuvor zugestellt worden.

Kauf der Meridian.

Um ihn zu finanzieren, ist die Banque Cantonale Vaudoise bereit, 66 960 Partizipationsscheine (Nennwert 20 Franken) zum Stückpreis von Fr. 384.55 zu übernehmen. Weitere 83 040 Scheine gehen an die Genfer Niederlassung der Bank Paribas. Die Franzosen lassen sich jedoch nur 375 Franken verrechnen. Macht 150 000 PS im Wert von insgesamt 56 889 486 Franken.

Ein Routinegeschäft. Der Verwaltungsrat genehmigt es.

Akquisition der Harpener.

Der Vorsitzende stellt den Antrag, die Akquisition von 51 Prozent der Harpener AG zu folgenden Bedingungen zu genehmigen: 530 Millionen DM werden bar bezahlt, davon 180 Millionen aus Eigenmitteln und 350 Millionen mit Fremdmitteln. Die Harpener-Verkäuferin (York-Hannover-Gruppe mit Sitz in Luzern und Toronto) erhält weiter 71 091 neue Partizipationsscheine (Nennwert 20 Franken), welche durch Einbringung der Harpener-Aktien als voll liberiert gelten.

Ein Routinegeschäft. Meint der Verwaltungsrat und genehmigt es.

Bericht über bereits getätigte Akquisitionen.

Die Geschäftsleitung hat in eigener Kompetenz die englische Inspektionsgesellschaft Griffiths & Co Ltd zu folgenden Bedingungen gekauft: 5 Millionen Franken werden im Dezember 1986 bezahlt, 5 Millionen im Januar 1987. Weiter werden 12 500 neue PS herausgegeben. 10 000 PS werden zum Preis von mindestens 400 Franken bei Dritten plaziert, der Erlös von 4 Millionen Franken steht dem Verkäufer zu. 2500 PS gelten durch die Übernahme der Aktien der Griffiths als voll liberiert.

Ein Routinegeschäft. Der Verwaltungsrat nimmt Kenntnis und genehmigt die Ausgabe der 12 500 PS.

Nachtrag zur Akquisition Harpener.

Die Inspectorate kauft bis zum 31. Januar 1987 eine nachrangige Schuldverschreibung der York Hannover Development Ltd Toronto in der Höhe von 30 Millionen Franken mit einer Laufzeit von 6 Jahren und einem Zins von 6 Prozent durch die Ausgabe von Partizipationsscheinen. Der Ausgabepreis hat 5 Prozent unter dem Kurswert vom 31. Januar 1987 zu liegen.

Detail eines Routinegeschäfts. Meint der Verwaltungsrat und genehmigt es.

Was hier protokollarisch verkürzt und verpackt zwischen wirklichen Routinegeschäften daherkommt, ist der teuerste von Rey bis zu diesem Zeitpunkt je realisierte Kauf. Das 51-Prozent-Paket der Dortmunder Harpener kostet mehr als alles, was die Inspectorate in den letzten Monaten auf den Kapitalmärkten abgerahmt hat.

Ein Verwaltungsrat erklärt, dass Rey den Kauf der Harpener ohne vorgängige Konsultation in die Wege geleitet und den Verwaltungsrat erst rund zehn Tage vor der Sitzung eingeweiht habe.

Zu den Entscheidungsunterlagen gehört eine Studie über die Harpener, worin der innere Wert auf 1,8 Milliarden DM beziffert wird. So betrachtet dürfte der Preis nicht überrissen sein, beruhigen sich die Verwaltungsräte. Zumal Rey auf die Reserven aufmerksam macht, die man mobilisieren könnte, sowie auf die Börsenkotierung der Harpener, womit ebenfalls leicht Geld zu holen sei.

Und, wie gesagt, an der Börse läuft's rund, und Reys Phantasie für Finanzierungen ist scheinbar grenzenlos. Muss sie sein. Denn nebst den über 600 Millionen für Harpener sind noch 130

Millionen Franken für drei in den USA gekaufte Firmen aufzubringen.

Die Verwaltungsräte sehen sich in den folgenden Tagen durch die Medien bestätigt. Einmal mehr äussern sich die Blätter durchwegs lobend über das Finanzgenie Rey, das in einem geschickten Zug die «substanzstarke» Harpener in die Inspectorate eingebracht hat.

Und wie sieht man das bei der Harpener?

XII

Der Adlerblick für stille Reserven fällt auf Dortmund

Bei der ehemaligen Bergwerksgesellschaft Harpener im Ruhrpott läuten die Alarmglocken

Hier ist man – sensibilisiert durch schlechte Erfahrungen – ganz anderer Meinung.

An der Vosskuhle 38 in Dortmund, dem Hauptsitz der Harpener, drehen sich die Gespräche seit Wochen nur noch um ein Thema: Wer um alles in der Welt befreit uns aus den Fängen dieses Spekulanten?

Karsten Bodo von Wersebe ist deutsch-kanadischer Staatsbürger und Besitzer der Immobiliengruppe York Hannover. Seit Juni 1986 treibt er mit der Harpener AG sein trübes Spiel.

Angefangen hat es damit, dass er der französischen Holding Gaz et Eaux in Paris, Mehrheitsaktionärin der Harpener, 51 Prozent des Dortmunder Mischkonzerns abkauft. Die Franzosen reiben sich begeistert die Hände, als von Wersebe ihnen eine halbe Milliarde Mark für das Aktienpaket bietet.

Die Genfer Niederlassung der französischen Bank Paribas sowie die Deutsche Genossenschaftsbank sehen keine Veranlassung, dem Abkömmling deutschen Landadels die Finanzierung des hohen Kaufpreises abzulehnen. Zu seinen Geldgebern, so lässt dieser durchblicken, gehöre unter anderem die Schweizer Industriellenfamilie Schmidheiny. Überdies hat von Wersebe mit seinem Berater Otto Gellert aus Hamburg einen renommierten Wirtschaftsprüfer zur Hand. Und so wechselt die Harpener-Mehrheit von Paris in die Schweiz zur York Hannover Holding AG in Luzern, von Wersebes Firmendomizil in Europa.

Die Harpener ist aus einer Bergwerksgesellschaft hervorgegangen und heute in der Energieerzeugung, Binnenschiffahrt sowie im Immobiliengeschäft tätig. Sie hält Beteiligungen an verschiedenen Industrie- und Dienstleistungsfirmen.

Nur im Ruhrpott stellt man sich die kleinkrämerische Frage, wie sich ein grösstenteils fremdfinanzierter Kaufpreis von 500 Millionen DM für die Hälfte eines Unternehmens rechnet, das bei einem Umsatz von knapp 190 Millionen seinem Mehrheitsbesitzer höchstens 15,3 Millionen DM Gewinn abwirft. Wie, wenn nicht durch rasches Ausschlachten der an stillen Reserven fetten Gans Harpener?

Genau so kommt es. Schon kurze Zeit nach dem Kauf versucht von Wersebe, der Harpener-Verwaltung die Übernahme seiner Immobiliengesellschaft Raulino Treuhand- und Verwaltungs AG in München für 130 Millionen DM schmackhaft zu machen. Der Aufsichtsrat (Verwaltungsrat) und der Vorstand (Geschäftsleitung) der Harpener sind anfänglich nicht abgeneigt, ziehen jedoch vorsichtshalber eigene Erkundigungen ein. Ergebnis: Die Raulino ist eine praktisch leere Hülse, von Wersebe hat werthaltige Aktiven in andere Gesellschaften der York-Hannover-Gruppe verschoben. Bei Wirtschaftsprüfer Gellert, der zum Vorsitzenden des Harpener-Aufsichtsrats avanciert ist, dämmert die Erkenntnis, dass er sich in seinem Mandanten arg getäuscht hat.

Der Aufsichtsrat sperrt sich gegen den Kauf, worauf von Wersebe eine ausserordentliche Generalversammlung erzwingen will, um den Aufsichtsrat mit willfährigen Leuten zu besetzen. Auch damit dringt er nicht durch.

Inzwischen weiss man in Dortmund, weshalb von Wersebe es so eilig hat. Bis zum Jahresende muss er den grössten Teil der Fremdfinanzierung für den Harpener-Kauf bei den Banken ablösen. Geld hat er offenbar keines, dafür jede Menge Schulden, 2,2 Milliarden DM sind es bei seiner York-Hannover-Gruppe. Die Familie Schmidheiny – zu 49 Prozent an der York Hannover Holding beteiligt – hat das Paket 1985 für insgesamt 40 Millionen Franken an von Wersebe abgestossen. Dieser hat bis heute dem Industriellenclan jedoch erst 10 Millionen Franken bezahlt. An den von ihm behaupteten eigenen Mitteln in der Höhe von 220 Millionen DM hegt man bei Harpener grösste Zweifel. Dass von Wersebe nach einem Käufer für sein Harpener-Aktienpaket sucht, ist in Dortmund ein offenes Geheimnis.

Interessenten sind vorhanden, so beispielsweise der deutsche Grosshandelskonzern Metro und die Geldinstitute Deutsche Bank und Westdeutsche Landesbank, die beide im Aufsichtsrat der Harpener vertreten sind. Der Börsenkurs der Harpener-Papiere liegt im Herbst 1986 bei 340 DM.

In Dortmund tröpfeln die Tage voller quälender Ungewissheit dahin. Niemand – nicht einmal der Aufsichtsrat – weiss, an wen der York-Besitzer das Harpener-Paket verschachert. Bekannt ist nur, dass die Interessenten reihum aus den Verhandlungen aussteigen, weil von Wersebe zuviel verlangt.

Die überrissenen Forderungen von Wersebes lassen sich leicht erklären. Der in der Klemme sitzende Spekulant muss 420 bis 430 DM pro Aktie haben, will er wenigstens den Anschaffungspreis, die übrigen Akquisitionskosten und die aufgelaufenen Zinsen abdecken. Dazu bietet natürlich kein kühl rechnender Investor Hand.

Während man also in Dortmund rätselt, pokert von Wersebe mit einem Kollegen aus alten IOS-Tagen. Dieser ist scharf auf das Paket, schwärmt vom Grundbesitz und der angenehmen Tatsache, dass die Harpener an den deutschen Börsen kotiert ist. Von Wersebe pokert hoch – und gewinnt. Die Verhandlungen sollen von der ersten Kontaktaufnahme bis zur Unterzeichnung drei Wochen gedauert haben.

Der erste, der bei Harpener davon erfährt, ist Otto Gellert. «Wir haben verkauft», teilt ihm am 11. Dezember von Wersebes Rechtsvertreter mit. Der neue Besitzer sei ein gewisser Werner K. Rey, ein Schweizer Geschäftsmann mit Sitz in London. Gellert solle sich mit Heinz Döring, Chef der Rey-Firma Inspectorate, in Verbindung setzen. Und so trifft sich der völlig überrumpelte Gellert am Abend des 11. Dezembers mit Döring in Frankfurt.

Bevor Döring in Zürich das Flugzeug nach Frankfurt besteigt, füttert er Pressevertreter mit allerlei Wissenswertem über die Inspectorate und den Kauf von Harpener. Vor allem deutsche Medienleute sind dankbar für das Briefing, hören doch einige von ihnen den Namen Inspectorate zum ersten Mal. Mit dieser «dynamisch geführten» Dienstleistungsgruppe sei Rey in der Schweizer Geschäftswelt «allgemein respektiert». Nicht zuletzt die Tatsache, dass Rey mit den Schweizer Kantonalbanken in der Swiss Cantobank verbunden sei, mache deutlich, dass heute eine enge Zusammenarbeit und ein gutes Vertrauensverhältnis zwischen Rey und «diesen doch sehr seriösen Schweizer Banken» bestehe.

Dann kommt Döring zur Sache und macht jenen kapitalen Fehler, den wir schon an anderer Stelle angetönt haben. Seine Gruppe werde im kommenden Jahr den 20 000 Minderheitsaktionären von Harpener ein «faires Übernahmeangebot oberhalb der Börsennotierung» machen, erklärt er. Und auf die Frage, ob Inspectorate überhaupt imstande sei, den ohnehin schon hohen Kaufpreis plus die ebenfalls stolze Abfindung finanziell zu verdauen, nachdem von Wersebe bereits an der Finanzierung seines 51-Prozent-Paketes gescheitert sei, antwortet Döring mit geschwellter Brust: «Wir sind äusserst flüssig.» Überdies gebe es zwischen der Inspectorate, «dieser Perle und Ausdruck der Seriosität», und der Harpener einige vielversprechende Synergieeffekte.

In deutschen Wirtschafts- und Finanzkreisen, vor allem jedoch bei Harpener, schüttelt man anderntags bei der Lektüre der Zeitungen ungläubig die Köpfe. Hat da einer zuviel Geld, dass er sich für die restlichen 49 Prozent eine Kursspekulation nach oben leisten kann? Oder steckt gar Absicht dahinter? Plant Rey schon jetzt einen Weiterverkauf der Harpener an einen Dritten?

In Börsenkreisen hat man in letzter Zeit auffällig hohe Umsätze mit Harpener-Papieren registriert. Wer sich vor dem 10. Dezember eingedeckt hat im heimlichen Wissen, dass nach diesem Datum die Harpener-Kurse markant anziehen werden, kann einen satten Gewinn verbuchen. Die Harpener-Aktie springt von 310 auf über 380 Mark.

An der Vosskuhle in Dortmund wächst der Verdacht, dass hier ein zweiter von Wersebe im Anzug ist.

Einigermassen fassungslos wird die gerüchteweise herumgebotene Summe von rund 570 Millionen DM zur Kenntnis genommen. «Der Preis ist der normalen Bank-Logik nicht mehr zugänglich», staunt Eckart van Hooven, Vorstand der Deutschen

Bank und Harpener-Aufsichtsrat. «Er entbehrt jeder seriösen Wirtschaftlichkeitsberechnung», konstatiert Otto Gellert. Das Unternehmen, das einen Umsatz von rund 190 Millionen DM in Form eigener Aktivitäten sowie der Erträge aus den Firmenbeteiligungen erzielt, repräsentiert für ihn einen Wert von 800 bis 850 Millionen DM. «Bei grosszügiger Bewertung» veranschlagt er den Wert des 51-Prozent-Paketes auf höchstens 450 Millionen.

Die Dividendenauschüttungsquote von Harpener liegt bei 25 Prozent, was einem Betrag von rund 32 Millionen DM entspricht. «Davon erhält Rey 11,5 Millionen, und das ist gemessen an seinem Investitionsaufwand ein absolut lächerlicher Betrag», so Gellert wörtlich.

Was also rechtfertigt die horrende Differenz zwischen der Dividendenrendite und den Finanzierungskosten? Sicher nicht die von Döring behaupteten Synergieeffekte, denn die sind nach Ansicht der Harpener-Spitze schlicht nicht vorhanden.

Noch weniger lässt sich Harpener auf die Schnelle ausschlachten. Das Dortmunder Unternehmen sitzt wohl auf enormen stillen Reserven, doch diese sind aus steuerlichen Gründen in den Grundstücken und Gebäuden gebunden. Versilbert Harpener den Grundbesitz und investiert das Geld nicht binnen Jahresfrist wieder in Immobilien, so langt der Fiskus mit beiden Händen zu. Harpener stehen ferner erhebliche finanzielle Belastungen, und damit ein Ertragsrückgang, bevor. Die Beseitigung von Umweltschäden auf ehemaligen Bergwerksarealen kostet viel Geld, zudem muss demnächst ein veraltetes Kraftwerk geschlossen werden.

Rechnet man den Kaufpreis hoch, so veranschlagt Rey den Wert der Harpener offenbar auf 1,5 Milliarden DM. Otto Gellert: «Mit viel Glück und einer gehörigen Portion Tüchtigkeit könnte Harpener vielleicht in einigen Jahren auf einen Wert von 1,2 Milliarden hochgefahren werden.»

Otto Gellert kann sich keinen anderen Reim machen, als dass Rey – «kein Unternehmer, sondern ein Finanzakrobat» – die Harpener benutzt, um die Bilanz von Inspectorate herauszuputzen und damit neues Geld zu beschaffen.

Ein weiterer Grund für die Alarmstimmung sind die «ausserordentlich negativen Informationen», die der Harpener-Vorstandschef Heyo Schmiedeknecht in aller Eile über Rey gesammelt hat. Der Deutsche ist auf Reys Vergangenheit bei IOS, Bankinvest und Bally gestossen sowie auf Gerüchte, wonach Rey Kontakte zu Waffenhändlern und Mafiakreisen habe. Dass sich zwei IOS-Jünger gefunden haben, trägt auch nicht zum Vertrauen bei. Schmiedeknecht: «Der Mann ist unseriös.»

Nicht minder suspekt erscheint der Harpener-Spitze die Inspectorate. «Analysiert man die Bilanz, so stösst man rasch auf viel heisse Luft», so Schmiedeknecht. Die Umsatz-Gewinn-Relation sei im Verhältnis zum hohen Börsenkurs «einfach witzig». Sein Verdacht: «Da wird schwer rummanipuliert.» Auch bezüglich der personellen Besetzung der Neuenburger Firma fällt sein Verdikt negativ aus: «Heinz Döring ist absolut unbrauchbar für die Führung eines derart komplizierten Gebildes, wie es die Inspectorate ist. Man kann doch nicht einfach mit Firmenübernahmen Umsätze dazukaufen und glauben, das laufe dann von allein. Das Ganze muss organisiert und geführt werden. Dazu braucht es ein ausgeklügeltes Management- und Informationssystem, und das hat Rey nicht.»

Entnervt ob der wirren Vorgänge im Aktionariat der Harpener, demissioniert Schmiedeknecht auf Ende des Jahres.

Otto Gellert ist inzwischen im Besitz einer Kopie des Kaufvertrages zwischen von Wersebe und Rey. Sie ist ihm ohne Begleitschreiben und Absender in einem Umschlag, frankiert mit Schweizer Briefmarken, zugestellt worden. Der Inhalt übertrifft seine schlimmsten Befürchtungen. Nicht 565 Millionen DM, wie erst vermutet, sondern rund 610 Millionen hat Rey seinem Bekannten aus IOS-Tagen bezahlt – pro Aktie mehr als 90 Mark über dem damaligen Börsenkurs, was einem Aufgeld von insgesamt 130 Millionen DM entspricht.

Die beiden Herren scheinen überdies eine gemeinsame Zukunft anzuvisieren: Teil des Kaufpreises ist eine Schuldverschreibung von 30 Millionen Franken, die Rey bei der York Hannover zeichnet. Sie ist mit einem Optionsrecht verknüpft, das Rey erlaubt, innerhalb der nächsten zehn Jahre Immobilien der York-Gruppe zu erwerben. Darüber hinaus planen die beiden laut Vertrag, «selbst oder durch ihre verbundenen Gesellschaften gemeinsam Immobilienprojekte in Nordamerika zu realisieren». Hat nicht Döring in seinen ersten Äusserungen davon gesprochen, dass man mit Harpener in den USA einsteigen wolle? Und jetzt ist die Harpener eine mit der Rey-Gruppe verbundene Gesellschaft.

«Ein enorm geschickter Mann, dieser Rey», davon ist Gellert je länger, je mehr überzeugt. Wie geschickt der Finanzakrobat aus der Schweiz tatsächlich ist, realisiert Gellert am eigenen Leib, und zwar in Zusammenhang mit Dörings vorlautem Barabfindungsangebot an die Minderheitsaktionäre.

In der Überzeugung, dass seine Aufsichtsratskollegen – unter ihnen drei hochkarätige Bankiers und ein VW-Aufsichtsrat – den Schutz der Minderheitsaktionäre auf ihre Fahne geschrieben haben, eröffnet Gellert am 11. Februar 1987 die Aufsichtsratssitzung der Harpener. Das Gremium, so sein Antrag, soll Rey auffordern, den Minderheitsaktionären eine Abfindung in bar statt in Form von Inspectorate-Aktien zu offerieren. Das sei die sauberste Lösung und entbinde überdies die Aufsichtsräte von der unangenehmen Pflicht, den 20 000 Harpener-Aktionären den Tausch von Inspectorate- gegen Harpener-Aktien empfehlen oder wohl viel eher davon abraten zu müssen.

Gellert erlebt eine böse Überraschung. Die Bankenvertreter im Aufsichtsrat teilen gelassen mit, Rey habe ihnen versichert, er denke vorläufig nicht an den Kauf weiterer Harpener-Aktien, bei Dörings Äusserung handle es sich lediglich um einen bedauerlichen Irrtum.

Gellert merkt, dass Rey in den letzten Wochen die Bankiers in seine Pläne mit Harpener eingeweiht und ihnen offenbar lukrative Geschäfte in Aussicht gestellt hat, etwa die Kotierung der Inspectorate an der deutschen Börse und die Emission einer Optionsanleihe. Die Geldmanager, die Rey noch vor kurzem empört als Finanzjongleur verurteilt haben, besinnen sich plötzlich wieder aufs Geschäft und mögen keinen Druck mehr auf ihn ausüben. Eigentlich sei der Schweizer ganz anders, als man sich ihn vorgestellt habe. Er wirke im Gespräch ruhig und gelassen und habe glaubhaft versichert, er werde keine Beteiligungen im Harpener-Portefeuille verkaufen. «Warum», so meint ein Aufsichtsrat, «soll man gegen einen Mann kämpfen, der keinen Anlass dafür bietet?»

Gellert, der sich einer abbröckelnden Front gegenübersieht, resigniert und legt einige Tage später sein Amt nieder. Nur etwas bedauert er insgeheim sehr: Er hätte gerne einmal mit jenem Mann gesprochen, der für Harpener einen Preis bezahlt hat, der seine – Gellerts – Vorstellungskraft schlicht übersteigt. «Doch Rey hat es nicht für nötig befunden, mit mir in Kontakt zu treten», ärgert sich Gellert.

In der nächsten Botschaft aus dem Hause Harpener, der Vorschau auf den Geschäftsabschluss per 31. Dezember 1986, suchen die Medienvertreter vergeblich weitere Informationen zum Aktionärswechsel. Ausser der Mitteilung, dass Werner K. Rey, Präsident des Verwaltungsrates der Inspectorate SA, und der von ihm vorgeschlagene Stuttgarter Rechtsanwalt Brun-Hagen Hennerkes demnächst in den Aufsichtsrat einziehen werden, verliert die Harpener-Spitze kein Wort zum Thema.

Doch hinter den Kulissen ist ein personalpolitisches Gerangel im Gang. Im Stil einer Feuerwehrübung wird Aufsichtsrat Karl Gustav Ratjen für den ausgeschiedenen Schmiedeknecht in den Vorstand geschickt. Ratjens Hoffnungen, dies sei nur eine Übergangslösung und man werde rasch einen geeigneten Mann finden, erfüllen sich nicht, alle Angefragten lehnen dankend ab. Rey versucht, den ungeliebten Döring auf diesen Posten abzuschieben. Dafür kann sich der Aufsichtsrat aus einleuchtenden Gründen aber nicht begeistern. Ebensowenig wie für Reys Absicht, Kurt H. Martin, Leiter der Bankverein-Niederlassung in Frankfurt, in den Aufsichtsrat zu bringen. Die deutschen Bankiers pochen auf einen Mann ihres Ranges. Wenn schon ein Schweizer Bankier, dann müsse es mindestens ein Generaldirektor am Hauptsitz sein.

Am 25. Mai 1987, fünf Monate nach dem Kauf der Harpener-Hälfte, tritt Rey erstmals vor die Presse. Das Interesse der Harpener-Aktionäre und der Medien ist gross, die Ausbeute an erhellenden Ausführungen jedoch eher dürftig. «Zum Teil ist es im

Zuge der Übernahme der Kapitalmehrheit durch die Inspectorate zu Missverständnissen gekommen», beginnt Rey seine Ausführungen. Dazu gehöre auch, dass es – entgegen früheren Äusserungen des inzwischen aus der Inspectorate ausgeschiedenen Heinz Döring – nicht zu einer Barabfindung der Minderheitsaktionäre kommen werde. Als Schweizer «mit einer eher konservativen Grundhaltung» habe er Verständnis dafür, dass «ein Newcomer anfänglich mit einer gewissen Reserviertheit, Zurückhaltung und Vorsicht betrachtet wird». Inzwischen jedoch sei mit den Verantwortlichen in Aufsichtsrat und Vorstand, aber auch bei den deutschen Banken eine Vertrauensbasis geschaffen worden.

Den Verdacht, er müsse den angeblich zu hohen Kaufpreis durch Ausschlachten der Harpener zurückholen, weist Rey an der Pressekonferenz weit von sich. Zwar sei ein Teil des Kaufpreises, 350 Millionen DM, über Bankkredite finanziert worden. Inzwischen jedoch habe die Inspectorate Kapitalerhöhungen vorgenommen und eine Optionsanleihe plaziert, so dass überhaupt keine Schwierigkeiten bestanden hätten, den Kaufpreis aus «eigenen Mitteln darzustellen». Ja, selbst der Kauf der ganzen Harpener für über eine Milliarde DM hätte von der Inspectorate durchgeführt werden können – bei Beibehaltung einer ausreichenden Liquiditätsreserve, erklärt Rey seiner staunenden Zuhörerschaft. Dass er nicht zu teuer gekauft habe, zeige sich auch darin, «dass uns seither regelmässig Angebote erreichen, die deutlich über dem von uns bezahlten Kaufpreis liegen». Angesichts der Mehrheitsverhältnisse «sind wir auf die Übernahme weiterer Aktien nicht angewiesen. Ich will nicht ausschliessen, dass wir zu einem späteren Zeitpunkt und aus Überlegungen, die wir heute selber noch nicht kennen, weitere Aktien zukaufen. Derzeit bestehen jedoch keine konkreten Absichten.»

Was Rey wohlweislich verschweigt: Schon kurz nach dem Kauf hat er nach einem Partner Ausschau gehalten, um ihm einen Teil des Aktienpaketes abzutreten. Dass er dabei auf jene höchst originelle Idee kommt, just bei der Metro in Zug anzuklopfen, und wie dieses «Gespräch» ausgegangen ist, haben wir bereits beschrieben.

Im Rahmen der Berichterstattung über die Medienkonferenz hat die deutsche Wochenzeitung «Zeit» sich gefragt, ob Rey mit dem Gedanken spielen könnte, den Harpener-Minderheitsaktionären Inspectorate-Aktien zum Austausch anzubieten. Auf die Frage, ob er Inspectorate-Papiere annehmen würde, antwortet ein Bankier kurz und bündig: «Ich bin doch nicht verrückt.»

In Dortmund, an der Vosskuhle 38, kehrt allmählich wieder Ruhe ein. Rey lässt sich nur ganz selten blicken und mischt sich überhaupt nicht in die Geschäfte ein. Einzig das Rechnungswesen von Harpener scheint ihn zu interessieren.

In aller Stille kauft Rey weitere Harpener-Aktien auf.

XIII

Wie man Analysten Zahlen in die Augen streut

Die Bilanzierung der Inspectorate wird zum immer kunstvolleren Verwirrspiel

Wir gehen noch einmal zurück zum Tag des Quantensprungs, zum 9. Dezember 1986. Zufrieden verlässt Werner K. Rey die Verwaltungsratssitzung der Inspectorate International SA in Neuenburg. Der Kauf des Harpener-Paketes ist perfekt.

Der deutsche Mischkonzern ist ganz nach seinem Geschmack: Alteingesessen, von gutem Ruf, mit enormen Substanzen im Immobilienbereich und an der Börse eingetragen. Dennoch – eigentlich hat Rey eine solche Firma nicht gezielt gesucht, er ist nur durch Zufall auf die Harpener gestossen. Jedenfalls lässt sich damit die Inspectorate-Bilanz ganz kräftig aufpolieren.

Er hat eine ganze Reihe von namhaften deutschen Banken und Unternehmen, die sich ebenfalls für das Paket von Wersebes interessiert haben, ausgebootet. Dass er mit der Gewährung eines Darlehens von 30 Millionen Franken eine Option auf Immobilien in Nordamerika erwirbt, ist eine äusserst angenehme Begleiterscheinung.

Zeit, sich jetzt persönlich um die Harpener zu kümmern, hat Rey nicht. Das ist vorläufig Dörings Sache. In den USA und in Grossbritannien laufen weitere Firmenübernahmen für die Inspectorate, dort engagiert sich Rey.

Erst im Januar 1987 wendet Rey sich der deutschen Neuerwerbung zu. Von Belang sind für ihn die Harpener-Aufsichtsräte, die Vorstände interessieren ihn nicht. Er muss die Aufsichtsräte, darunter Vertreter von drei namhaften Banken, für sich gewinnen und sie zuerst von einem überzeugen: 51 Prozent reichen ihm aus, ein Abfindungsangebot an die Minderheitsaktionäre drängt sich nicht auf, Dörings Äusserung hin oder her.

Rey pflegt die Aufsichtsräte aus zwei weiteren Gründen: Es ist ihm sehr daran gelegen, dass die Herren mit klangvollen Namen im Aufsichtsrat verbleiben. Und schliesslich will er mit den Bankenvertretern ins Geschäft kommen.

Der ehemalige Bankangestellte weiss, wie man Geldmanager ködert. Er bietet ihnen an, die Inspectorate-Aktie an der Frankfurter Börse für ihn zu kotieren und die Emission einer 200-Millionen-DM-Optionsanleihe durchzuführen.

Rey hat dabei vor allem das grösste deutsche Geldhaus, die Deutsche Bank, im Visier. Wenn er die erste Geldadresse Deutschlands für die Führung des Anleihe-Emissions-Konsortiums gewinnen kann, ist dies seinem Ansehen in der internationalen Bankenwelt enorm förderlich. Rey hofiert deshalb Deutsche-Bank-Vorstand Eckart van Hooven, wird von ihm aber nicht erhört. Die Deutsche Bank lehnt die Teilnahme an der 200-Millionen-Kapitalmarktoperation ab. Der Schweizer, der sie mit einem Phantasiepreis aus dem Rennen um die Harpener-Übernahme geworfen hat, ist ihnen offensichtlich zu suspekt. Die beiden anderen im Harpener-Aufsichtsrat vertretenen Banken dagegen erklären sich bereit, im Konsortium mitzumachen – ein Punktsieg für Rey.

Die Absage der Deutschen Bank erlaubt es dafür dem Schweizerischen Bankverein, sein noch junges Standbein in Deutschland mit dem Lead-Management der Anleihe zu stärken.

Die ungewöhnlich komplizierte Optionsanleihe berechtigt die Optionsinhaber zum Bezug von vier Inspectorate-PS zu je 543 Franken. Das enorme Agio – der Nennwert der PS ist bekanntlich immer noch 20 Franken – bringt in einer ersten Phase sofort 70 Millionen Franken in die Kasse. Bis zum 6. Mai 1991 können die Optionszeichner ihre Anleihensscheine mit Aufpreis in acht weitere PS-Scheine zu je 597 Franken umwandeln. Geplanter Erlös: netto 270 Millionen Franken.

Der Erfolg der Option ist allerdings nicht so umwerfend, wie Rey hofft. «Für den Anleger erscheint das komplizierte Machwerk wenig attraktiv», kritisiert beispielsweise das deutsche Wochenblatt «Wirtschaftswoche»: Das Ganze «lässt vermuten, dass es hier vorwiegend darum geht, möglichst schnell Geld zur Finanzierung des (...) Harpener-Deals in die Kasse zu bekommen».

Mehr Erfolg kann Rey anlässlich der Generalversammlung der Inspectorate am 5. Mai 1987 verbuchen. Die Stimmung unter den Aktionären ist ausgezeichnet. Dazu trägt sicherlich ein Schokoladetaler bei, der jedem Aktionär geschenkt wird. Das in eine Goldfolie verpackte Präsent trägt die Gravur «Inspectorate 1927–1987». Wer freut sich da nicht, an einem Unternehmen mit sechzigjähriger Tradition beteiligt zu sein? Entscheidend für die Stimmung ist aber vor allem eine Dividendenerhöhung von 20 auf 24 Prozent, die dank einer Steigerung des Reingewinnes von 10 Millionen auf 17 Millionen Franken möglich wird.

Dass die markant verbesserte Ertragslage der Holding im wesentlichen dadurch zustande gekommen ist, indem sich die Inspectorate-Firmen gegenseitig Beteiligungen zu überhöhten Preisen verkauft haben, können sie nicht wissen. Konkret: Vom Gesamtertrag von 50,6 Millionen stammen 27 Millionen Franken aus solch hausinternem Handel (dieser Posten in der Ertragsrechnung wird erst im Geschäftsbericht des folgenden Jahres ausgewiesen).

In bester Laune stimmen die Aktionäre einer Kapitalerhöhung zu. Nebst 100 000 neuen Inhaberaktien gibt's noch 200 000 neue PS. Und in bester Laune greifen sie noch tiefer in die Tasche als bei der Publikumsöffnung. Denn nun will Rey nicht mehr «nur» 1000 Franken für die 100-Franken-Inhaberaktie, sondern gleich 2250 Franken sowie 450 Franken für die 20-Franken-PS. Das Agio bringt Inspectorate die enorme Summe von 301 Millionen Franken ein.

Was sich hinter den Kulissen des angeblich so traditionsreichen Hauses tut, registrieren die Aktionäre einmal mehr nicht. Dabei würde ein Blick in den Geschäftsbericht genügen, um die Bilanzkundigen unter ihnen stutzig zu machen.

Darin würden sie im Anschluss an die «Botschaft des Präsidenten» Rey, an die netten Bilder von Inspectorate-Mitarbeitern an ihren Arbeitsplätzen sowie nach der eingehenden Betrachtung des imposanten Firmenorganigramms auf eine grosse Merkwürdigkeit stossen.

In der konsolidierten Bilanz der Inspectorate-Gruppe wird das Eigenkapital mit 225,2 Millionen Franken ausgewiesen. Zehn Seiten später wird das Eigenkapital der Inspectorate International SA, also der Holding und Mutter der Gruppe, mit 395,1 Millionen Franken angegeben – es ist fast doppelt so hoch wie jenes der Gruppe. Eine Diskrepanz, die es gar nicht geben dürfte. Denn in der Holdingbilanz gilt das Niedrigstwertprinzip, das heisst, die Beteiligungen müssen zum tiefstmöglichen Wert bilanziert werden, und deshalb ist bei allen Holdings hierzulande das Eigenkapital wesentlich tiefer als jenes der konsolidierten Gruppe. (Das Äquivalent der auf der Aktivseite stehenden Beteiligungen ist auf der Passivseite das Eigenkapital.) Schlussfolgerung: Rey bewertet seine Beteiligungen zum Höchstwert, und bei diesem dürfte es sich um den jeweiligen Kaufpreis handeln. Ergo ist auch das ausgewiesene Eigenkapital viel zu hoch. Dieses Spiel wird sich auch in den kommenden Geschäftsjahren wiederholen, wobei die Differenz sogar immer noch grösser wird.

Ein erlaubter Trick? Nach Ansicht von Bücherexperten selbst unter Berücksichtigung der extrem largen schweizerischen Rechnungslegungsvorschriften nicht.

Nur Deloitte Haskins & Sells, die Kontrollstelle der Inspectorate, ist gleicher Meinung wie ihr Kunde Rey. Denn sie unterschreibt die Holdingrechnung ohne Vorbehalte. (Einer der Unterzeichner heisst Michael Cutler. Auf seinen Namen werden wir später im Zusammenhang mit einem ganz dubiosen Gutachten stossen.) Das sind noch nicht alle Ungereimtheiten.

Im Kapitel «Organe/Organigramme», wo normalerweise Verwaltungsrat und Geschäftsleitung in ihrer personellen Zusammensetzung aufgeführt werden, finden sich im Geschäftsbericht der Inspectorate nur der Verwaltungsrat und die Kontrollstelle Deloitte Haskins & Sells. Nicht ein einziger Exekutivmanager taucht auf.

Eine Publikumsgesellschaft ohne Geschäftsleitung – und kein Aktionär fragt nach? Rey bringt auch das fertig.

In einem Interview mit der «Weltwoche», die sich fünf Tage vor der Inspectorate-Generalversammlung kritisch mit den Zuständen innerhalb des Neuenburger Unternehmens auseinandersetzt, begründet Rey, den Abgang von Döring unter anderem damit, «dass ich mich in den letzten zwei Jahren aktiver mit der Geschäftsführung auseinandergesetzt habe, weil ich vermehrt die Zügel in die Hände nehmen möchte». Ob er tatsächlich Exekutivfunktionen wahrnehmen wolle, fragt die «Weltwoche» weiter. Rey: «Nein. Meine Aufgabe liegt nach wie vor in der Koordination der Exekutivfunktionen in allen Diversifikationsbereichen sowie bei den Akquisitionen.» Offensichtlich glauben ihm die Aktionäre.

Zügel nimmt Rey tatsächlich in die Hände, doch weniger im Management der Inspectorate als vielmehr bei den Finanzanalysten – zumindest versucht er es. Diese beeinflussen mit ihren Anlageempfehlungen den Kursverlauf der Inspectorate-Papiere. Noch schreiben nicht alle so, wie Rey es sich wünscht. Kein Wunder, denn wer seine Arbeit ernst nimmt, kann ob der Inspectorate verzweifeln. Kaum hat der Analyst aufgrund des dürftigen Zahlenmaterials ein unscharfes Bild von der Dienstleistungsgruppe gewonnen, kann er von vorne beginnen. Denn noch während der Drucklegung kauft Rey wieder ein neues Unternehmen, wirft PS-Scheine in fünfstelliger Höhe auf den Markt oder testet eben mal wieder ein neues Finanzierungsinstrument aus.

Der Mangel an verlässlichen Daten hinterlässt Spuren. Da gibt es Analysten, die, wie jene der Bankverein-Filiale in London, die Inspectorate-Papiere wohl zum Kauf empfehlen, aber für «aggressivere Fonds». Eine verklausulierte Warnung an den vorsichtigen Anleger, seine Hände von den Papieren zu lassen. Ganz zu schweigen von der Schweizerischen Bankgesellschaft, die das Papier überhaupt nicht in ihrer Liste der empfohlenen Aktien führt.

Rey muss etwas für das Image der Firma tun. Um die Analysten in den Griff zu bekommen, nimmt er regelmässig an ihren Meetings teil. Auf Kosten der Inspectorate darf sich vom 12. bis zum 18. Juli 1987 ein Trupp von Bankenvertretern sogar in den USA umsehen. Rey will ihnen vor Ort beweisen, wie gut das Geschäft der zahlreichen Inspectorate-Akquisitionen läuft.

Rey, so notiert ein Teilnehmer, gibt sich alle Mühe, den Bankenvertretern eine angenehme Amerikatour zu bieten. Es fällt aber auf, wie schlecht er über seine Firmen orientiert ist. Finanzzahlen rückt er nach wie vor keine heraus. Der Spezialist kommt aufgrund seiner Beobachtungen zum Schluss, dass Rey mehrheitlich sanierungsbedürftige Firmen zu überhöhten Preisen gekauft hat.

Soll man solches zu Hause rapportieren, wo doch in der eigenen Bank die Kollegen Börsianer, die Kapitalmarktabteilung, ja teilweise sogar die Chefetage von Rey höchst angetan sind, ihn gar als Finanzgenie bejubeln? Man sollte, tut es aber nicht.

Kaum zurück, kauft Rey weitere Unternehmen auf. In den USA werden die Multiwatch Security Corp und die Network Security Corp übernommen, die beide in der Sicherheitstechnologie (Überwachung von Gebäuden und Produktionsprozessen) tätig sind.

Fritz Berger, der neuerdings im Inspectorate-Verwaltungsrat sitzt, überzeugt Rey von einer Beteiligung an seiner UIAG Universal Ingenieur AG.

Das Jahr 1987 ist für Inspectorate vor allem durch den Ausbau der Sparte Leasing geprägt. Möglicherweise über Brian McHugo kauft Rey die englische United Leasing. Ein gutes Geschäft? «Der Erwerb der ertragsstarken United Leasing (...) wird dazu führen, dass das Ergebnis der Inspectorate im laufenden Geschäftsjahr deutlich über den Erwartungen liegen wird», teilt die Inspectorate stolz mit.

Doch wie sieht es im englischen Leasinggeschäft wirklich aus? United Leasing ist wie vier andere in dieser Sparte tätige Firmen an der Börse kotiert, geniesst also die volle Aufmerksamkeit von Finanzanalysten. Und die sind ab 1985 alles andere als begeistert über das, was sie in den Büchern der Computer-Leasingfirmen vorfinden.

Im Zentrum ihrer Skepsis steht die Frage, wieviel des ausgewiesenen Gewinnes tatsächlich echt ist. Grund für ihre Skepsis sind die Bilanzierungsmethoden der Firmen.

Der Kampf um die Kunden ist so hart, dass bei den Leasingverträgen kaum mehr ein Profit herausschaut. Ein Gewinn lässt sich aber dann erzielen, wenn die Computer nach Ablauf des Leasingvertrages zu einem guten Preis verkauft oder weiterverleast werden können. Um ihre Bilanzen gegenüber Aktionären und kreditgebenden Banken zu schönen, nimmt auch die United Leasing diese zukünftigen und äusserst unsicheren Einnahmen in ihre Bücher auf, obwohl die Leasingverträge erst am Anlaufen sind. Eine hochriskante Sache, da technologische Neuerungen und der auch unter den Geräteherstellern tobende Preiskampf den zukünftigen Gewinn über Nacht zum Verschwinden bringen können.

Weniger diese – in der Londoner City kritisierte – Buchhaltungspraxis denn ein dramatischer Rückgang im Amerika-Geschäft haben den Gewinn von United Leasing im Geschäftsjahr 1985 um 1 Million Pfund auf 4 Millionen heruntergedrückt. Die Schockmeldung löst einen Kurssturz aus, und die Banken sind nur mehr zu hohen Zinsen bereit, Geld zur Verfügung zu stellen.

Im Frühjahr 1987 geht United Leasing der Schnauf aus. Das nach Einschätzung von Analysten am stärksten überschuldete Unternehmen der Branche muss sich in rettende Arme werfen. Es sind jene von Werner K. Rey, der sich die Rettungsaktion 50 Millionen Pfund kosten lässt. United Leasing wird zum grössten Brocken der Meridian Europe, des europäischen Informatik- und Computer-Leasingbereichs innerhalb der Inspectorate.

Rey breitet die Arme weiter aus. Anfang Oktober eilt er der ebenfalls völlig überschuldeten englischen Leasingfirma IBL zu Hilfe. Sie hat in Frankreich erhebliche Verluste eingefahren und gehört zu jenen Firmen, die am ausgiebigsten mit zukünftigen Gewinnen jonglieren. Weil die Wirtschaftsprüfer bei diesem Spiel nicht mitmachen, muss IBL, die einen Umsatz von 341 Millionen Pfund ausweist, den Gewinn für das Geschäftsjahr 1986 von 10 Millionen auf 4,5 Millionen hinunterkorrigieren. Rey kauft für 42,2 Millionen Franken, obwohl er den Bilanzen der IBL nicht über den Weg traut und Zweifel an ihrem effektiven Wert hat.

Schon wenige Wochen nach dem Kauf entbrennt zwischen Reys Meridian Europe und IBL-Chef Philip Coussens sowie den früheren IBL-Aktionären ein heftiger Streit: Der von Coussens behauptete und von ihm im Kaufvertrag garantierte Wert der IBL ist in Tat und Wahrheit viel tiefer. Rey beharrt deshalb auf einer teilweisen Rückerstattung des Kaufpreises, Coussens will davon nichts wissen. Man trifft sich vor Gericht. Der äusserst kostspielige Streit wird erst 1990 beigelegt. Coussens und ein anderer Aktionär müssen einen Teil des Kaufpreises zurückerstatten.

Rey will United Leasing und IBL mit Meridian, jenem Leasingunternehmen, das er 1985 in den USA gekauft hat, verschmelzen. Doch Harvey Kinzelberg, Präsident der Meridian Group, verweigert sich diesen Plänen aus guten Gründen. Der erfolgreiche Amerikaner will keine zusätzliche Verantwortung für das europäische Leasinggeschäft übernehmen. Schliesslich wird Ian Orrock von der United Leasing Chef der Meridian Europe respektive der Meridian International, wie man sich nun nennt.

Wenige Tage nach dem Kauf der IBL kracht an der Wall Street – an einem Freitag, wie üblich – die Börse zusammen. Der «Black Friday» pflanzt sich über das Wochenende fort. Die Schweiz erlebt ihren «Schwarzen Montag». Es ist weltweit einer der schlimmsten Börsencrashs aller Zeiten. Die Inspectorate-Inhaberaktie saust am Montag und in den folgenden Tagen von über 3600 Franken auf etwas über 1800 Franken hinunter, der Partizipationsschein von 520 auf knapp 200 Franken. Vorbei ist es mit den mühelosen Kapitalerhöhungen und fetten Agios, die es Rey erlauben, übermütig Firmen zu fast beliebig hohen Preisen zu kaufen.

Wie überhöht, daraus macht Rey nicht einmal ein Geheimnis. Im Geschäftsbericht 1987 der Inspectorate wird die Differenz zwischen dem Nettowert der Akquisition und dem (hohen) Kaufpreis auf nicht weniger als 637 Millionen Franken veranschlagt. Diesen Betrag also hat Rey von 1985 bis 1987 – in den wilden Aufkaufsjahren – mit lockerer Hand für seine neuen Firmen insgesamt zuviel bezahlt und über die reichlich fliessenden Einkünfte aus dem Agio sofort abgeschrieben. Damit ist es nun vorläufig vorbei. Rey muss Fremdkapital aufnehmen.

Einen Lichtblick in diesen dunklen Börsentagen gibt es für Rey dennoch: Er kann endlich ein Inspectorate-Management präsentieren, das diesen Namen auch verdient. Auf Anfang 1988 nehmen Ulrich Guggisberg und Matthias U. Jermann ihre Arbeit auf. Guggisberg war bis 1985 Mitglied der Geschäftsleitung von Hoffmann-La Roche und dann Verwaltungsratspräsident eines Software-Instituts. Jermann hat die Feintool AG in Lyss (Kanton Bern) geleitet. Zusammen mit dem Briten Francis Holmes, der seit 1987 für das Inspektionsgeschäft zuständig ist, bilden Guggisberg und Jermann die Generaldirektion der Holding. Den Vorsitz hat Rey.

Die Arbeit der zwei neuen Generaldirektoren ist enorm schwierig. Sie müssen eine in alle vier Windrichtungen diversifizierte Gruppe strukturieren und die Firmenverantwortlichen, die sich bislang nicht um die Holdingzentrale Schweiz geschert haben, weil es die ja nicht wirklich gab, in den Griff bekommen.

Und wenn es nach der Genfer Privatbank Ferrier Lullin & Cie S.A. ginge, müssten sie vor allem ein Gegengewicht zum Alleinherrscher Werner K. Rey schaffen.

Man könnte den Wink aus Genf gleich wieder vergessen, würde es sich bei dieser Bank nicht ausgerechnet um eine Tochter des Schweizerischen Bankvereins handeln, jener Bank also, die neben der Kantonalbank von Bern die intensivsten Geschäftsbeziehungen zu Rey pflegt. Und zwar nicht nur Beziehungen monetärer Art: Bankverein-Generaldirektor Fritz Köhli hält auf Wunsch von Rey seit 1987 ein Aufsichtsratsmandat bei der deutschen Harpener.

Ferrier Lullin hat mehr als nur Tips an die Adresse der neuen Inspectorate-Generaldirektion zu geben. Die Inspectorate als solche ist der kleinen, aber feinen Privatbank suspekt. Sie macht aus ihrer Einschätzung keinen Hehl, wie aus einer Anlagestudie hervorgeht, die sie am 4. Januar 1988 an ihre vermögende Kundschaft verschickt. «Bis jetzt», so rügt die Privatbank, «hat man bei Inspectorate keine produktive Strategie entwickelt, sondern sich auf das Firmenaufkaufen konzentriert. Man akquirierte in alle Richtungen, ohne sich um den Zusammenhang mit den übrigen Gruppengesellschaften zu sorgen.» Dabei sei die Leitung eines Konglomerates eine gefährliche Angelegenheit: «Man muss über eine ausgeklügelte Infrastruktur und über Managementerfahrungen verfügen, doch beides ist bei der Inspectorate noch nicht vorhanden.» Die Nomination von Generaldirektoren an der Spitze der Inspectorate sei ein erster Schritt in die richtige Richtung, der Erfolg werde sich aber erst mittelfristig einstellen.

Vor allem jedoch weist die Privatbank auf eine ganz «spezielle Situation» bei Inspectorate hin: «Monsieur Rey, der Mehrheitsaktionär, übt die alleinige Macht in der Inspectorate aus. Nun wird aber Monsieur Rey in der Schweiz völlig anders wahrgenommen als im Ausland. Die schweizerische Finanzwelt bewundert ihn sehr als Initiator und Realisator des grossen Projektes Inspectorate. Der Präsident des Neuenburger Unternehmens, der um diese hohe Wertschätzung sehr wohl weiss, hat dadurch das schnelle Wachstum der Inspectorate billig finanzieren können. Es war ihm in der Tat ein leichtes, zwischen 1986 und 1987 grosse Mengen an Aktien – vor allem Partizipationsscheine – zu hohen Preisen ausgeben zu können. Auf diese Weise haben Inspectorate und Monsieur Rey, der sich vor der Publikumsöffnung einen Grossteil des Kapitals gesichert hatte, von erheblichen Agios profitiert. Der Ruf des Inspectorate-Chefs ist auf internationaler Ebene ganz anders. Vor allem in Deutschland erheben sich zahlreiche Stimmen, die ihm unternehmerische Fähigkeiten absprechen und ihn eher als ‹gewöhnlichen Spekulanten› einstufen. Die Episode Bally in der Schweiz sowie ein missglücktes Bankenabenteuer in den USA haben zweifellos zu diesem negativen Klima beigetragen.»

Schlussfolgerung für den Börsenanleger: «Wir raten im Augenblick vom Kauf der Inspectorate-Papiere ab.»

Werner K. Rey, der ohnehin empfindlich auf jede Kritik reagiert, ist ausser sich vor Zorn, als er die Studie in die Hände bekommt. Er interveniert beim Schweizerischen Bankverein und verlangt umgehend eine Aussprache mit dessen Tochter Ferrier Lullin. Doch die Privatbankiers mögen ihre Studie nicht revidieren.

Dass bei der Inspectorate in der Tat vieles im argen liegt und einiges nicht mit rechten Dingen zugeht, realisieren die zwei von aussen kommenden Generaldirektoren bald einmal. Einer der beiden hat schon im November von Rey Einblick in die provisorischen Inspectorate-Zahlen erhalten. Mit Erstaunen registriert er, dass der definitive Geschäftsabschluss erheblich davon abweicht. Hat der Monat Dezember dem Geschäftsgang der Inspectorate noch zu einem kräftigen Schub veholfen? Oder hat – es ist Dezember – Rey die Schlussbilanz mit anderen Mitteln aufpoliert?

Zeit, über diese Merkwürdigkeit nachzudenken, bleibt dem Generaldirektor nicht. Die neue Leitung hat alle Hände voll zu tun mit dem Computer-Leasing. Während das Amerikageschäft unter Leitung von Harvey Kinzelberg und seinem Meridian-Chef Timothy Ozark floriert, herrscht in der Meridian International ein Chaos. Der verantwortliche Brite Ian Orrock hat in seinem Bereich Führungskräfte reihenweise auf die Strasse gestellt, mit dem Ergebnis, dass niemand mehr den Überblick hat. Die Administration in England ist in lausigem Zustand, Geschäftsdokumente lagern in Schuhschachteln auf den Gängen. «Ein unglaubliches Puff», wie ein Besucher aus der Schweiz notiert. Mit den Geschäftsabschlüssen liegt Orrock völlig im Rückstand, nicht zuletzt deshalb, weil es keine richtige Buchhaltung gibt.

Dass Orrock dadurch den desolaten Zustand der englischen Leasingfirmen kaschieren kann, wird die inzwischen in Bern residierende Inspectorate-Holding-Zentrale erst viel später im vollen Ausmass realisieren. Dass es aber schlimm aussieht, realisiert man schon jetzt. Mehrmals müssen bis zu zweistellige Millionenbeträge nach England transferiert werden, um die Löcher im Leasinggeschäft zu stopfen.

Ulrich Guggisberg, der unter anderem für das Leasinggeschäft zuständig ist, will den Stall ausmisten und mit einer Sonderequipe die herumliegenden Geschäftsdokumente auf Computer übertragen. Dabei muss er feststellen, dass Rey die Firmenverantwortlichen in England gar nie richtig informiert hat, dass sie einen neuen Chef haben – ihn, Guggisberg. Als ihm schliesslich noch das Gerücht zu Ohren kommt, Orrock habe Unregelmässigkeiten begangen, entlässt er ihn sowie einen zweiten Mann, den er für das allgemeine Schlamassel ebenfalls verantwortlich macht. Das heisst, Guggisberg versucht, sie zu entlassen. Orrock beschwert sich umgehend bei Rey. Er hat Erfolg, Rey macht die Entlassungen rückgängig. Guggisberg zieht die Konsequenzen und verlässt die Inspectorate schon im Frühling wieder.

Warum Rey in derart auffälliger Weise an Leuten wie Orrock festhält (es sei hier auch an den Fall Brian McHugo erinnert), ist selbst für seine engste Umgebung ein Rätsel. Von verschiedener Seite wird vermutet, dass Rey von diesen Leuten unter Druck gesetzt wird, indem sie ihm beispielsweise drohen, für ihn unangenehme Dinge an die Öffentlichkeit zu bringen. Denn an Reys manifester Abneigung vor personalpolitischen Entscheiden allein kann seine Treue zu zweifelhaften Gestalten nicht liegen.

Geld fliesst nicht nur ins marode Leasing-Business in England, sondern auch an die Börse. Rey interveniert mit massiven Stützungskäufen, um den Kurs der Inspectorate-Papiere zu halten. Warum er dies tut oder tun muss?

Die Inspectorate International ist der Heissluftballon, an dem die Omni Holding hängt. Und was ist die Omni Holding? Um bei diesem Bild zu bleiben: natürlich der Korb.

Die Passagiere dieses Heissluftballons wollen wir jetzt etwas näher kennenlernen. Dazu kehren wir ins Jahr 1983 zurück, wo an der Talstrasse 37 in Zürich eine Finanzgesellschaft namens HHB das Licht der Welt erblickt.

XIV

Ein Heissluftballon hebt ab: die Omni

Die Schuldenmaschine schluckt das Verlagshaus Jean Frey und steigt beim Maschinenkonzern Sulzer ein

Die Vorgeschichte des Ballonkorbes Omni Holding beginnt bei den Ateliers de Constructions Mécaniques de Vevey SA (ACMV). Zur Erinnerung: 1982 kauft Rey für sie in den USA die Norwalk-Turbo Inc. auf. Von Mitarbeitern darauf aufmerksam gemacht, dass der Basler Chemiemulti Hoffmann-La Roche in der Nähe von Norwalk ein neues Werk baut und vielleicht das eine oder andere der Norwalk-Erzeugnisse gebrauchen könnte, spricht Rey in Basel vor. Hoffmann-La Roche zeigt sich nicht abgeneigt, macht jedoch ein Gegengeschäft zur Auflage: Rey soll sie von einer unangenehmen Altlast befreien, einer Beteiligung an der kleinen Hamburger Handelsbank GmbH. Rey greift zu, obwohl die Bank laut Einschätzung eines Rey-Intimus eine «fürchterliche Klitsche» ist. Markus Herzig wird in die Bank entsandt.

Der Name «Hamburger Handelsbank» inspiriert Rey: Im Oktober 1983 entsteht so die HHB Finanz AG. Bei der personellen Besetzung geht es familiär zu und her. Zum Präsidenten des Verwaltungsrates wird Hans Herzig ernannt, einstiger Finanzchef von Nestlé und Vater von Reys Gefolgsmann Markus Herzig. Ihm zur Seite stehen sein Sohn Markus sowie der Rechtsanwalt Jean-Marc Vuille, Reys alter Bekannter aus Bankinvest- und Bally-Zeiten. Die Geschäftsführung liegt in den Händen von Markus Herzig und Buchhalter Martin Dettling, Reys Faktotum seit 1977.

Im Mai 1984 kommt bei der HHB die Inspectorate ins Spiel. Im Zuge einer Kapitalerhöhung von 1 auf 5 Millionen Franken zeichnet das Neuenburger Unternehmen für 2,5 Millionen Franken HHB-Aktien.

Vier Monate später nimmt Rey den Finanzprofi Brian Eyre McHugo, Chef der Greyhound Financial & Leasing Corporation AG in Zug, in seine Dienste. McHugos Können und Erfahrung ist Rey offenbar so wichtig, dass er ihm sofort die bis dahin von Herzig ausgeübte HHB-Geschäftsführung übergibt und ihn in den Verwaltungsrat wählen lässt.

Im September 1984 wird die HHB Finanz AG in Omni Finanz AG umgetauft. Warum gerade Omni? Ganz einfach. Seit 1983 gehört Rey das Elektronikhandelsunternehmen Omni Ray im zürcherischen Dietlikon. Ray hat für Rey natürlich einen besonderen Klang.

Omni Finanz AG erhöht das Kapital um nicht weniger als 25 Millionen auf 30 Millionen Franken. Die neuen Aktien werden alle von Inspectorate gezeichnet. Diese schiesst nicht etwa frisches Kapital ein, sondern verrechnet Darlehen und Forderungen, die sie HHB gewährt respektive überlassen hat – getreu Reys bewährtem System der kommunizierenden Röhren, durch die Schulden und Forderungen hin und her geschoben werden.

Kurz vor der Jahreswende wechselt die inzwischen an die Freigutstrasse 4 in Zürich dislozierte Omni Finanz AG erneut das Namensschild. Jetzt prangt darauf «Omni Holding AG». Die Raison d'être der Gesellschaft wird mit «reiner Holdingzweck» angegeben.

Der Firmentitel Omni Finanz AG verschwindet indessen nicht. Den hängt sich sogleich eine andere Rey-Gesellschaft um, die seit 1982 existierende ITA Inspectorate Treuhand AG. Die «neu-alte» Omni Finanz AG (Zweck: Vermittlung und Durchführung von Finanztransaktionen und ähnlichem) wird zu einer Subholding der Omni Holding AG deklariert.

In den einschlägigen Steueroasen entstehen Omni-Ableger, und in den USA wird Reys Immobilienbesitz in eine Omni-Gesellschaft, die Omni Swiss Properties, eingebracht.

Möglicherweise über die guten Drähte von Brian McHugo erhält Rey Kenntnis, dass der amerikanische Rohstoffkonzern Phibro-Salomon-Brothers seit längerem einen Käufer für sein Finanzinstitut in Zug, die Phibrobank AG, sucht. Eine Gelegenheit, an der der ehemalige Bänkler Rey nicht vorbeigehen kann.

Doch offensichtlich ist die Omni doch nicht so potent, wie dies das stolze Aktienkapital von 30 Millionen Franken suggeriert, denn Rey hat für diesen Kauf nicht genügend Geld.

Das hat dafür ein holländischer Financier mit Wohnsitz in Monaco. Die Omni Holding schafft im Frühjahr 1985 ein Partizipationsscheinkapital von 40 Millionen Franken. Gezeichnet werden die stimmrechtslosen Aktien von einer Zuger Firma namens Nelatex – der Briefkastenadresse des Monaco-Holländers in der Schweiz.

Die Geldübergabe geht sehr diskret vor sich. Rey kann die Phibrobank, die über eine Niederlassung in London verfügt, jetzt kaufen und darin seine Hamburger Handelsbank unterbringen. Die Phibrobank ist mit einer Bilanzsumme von 530 Millionen Franken nicht sonderlich profitabel. 1984 hat sich der ausgewiesene Gewinn (4,8 Millionen Franken) im Vergleich zum Vorjahr halbiert. Die Stimmung in der Belegschaft ist schlecht, nicht zuletzt wegen der langen Ungewissheit um die Besitzverhältnisse der Bank.

Die Bücher der Phibrobank müssen einen millionenschweren Verlust aus einem dubiosen Checkgeschäft verkraften. Dafür verhält sich – zur Erleichterung Reys – die Eidgenössische Bankenkommission (EBK) in Bern ruhig. So selbstverständlich ist dies nicht, hat Rey doch die Bankenwächter im Zusammenhang mit der Overseas Development Bank (ODB) 1977 von einer für ihn sehr unangenehmen Seite kennengelernt. (Die EBK wird sich dafür später um so intensiver um die Phibrobank kümmern müssen.)

Rey schwingt sich auf den Sessel des Verwaltungsrats-Vizepräsidenten der, wie sie neuerdings heisst, Omnibank. Seinen Finanzmann Brian McHugo beglückt er ebenfalls mit einem Verwaltungsratsmandat. Dass auch Jean-Pierre Bonny, früher Direktor des Bundesamtes für Industrie, Gewerbe und Arbeit (Biga) und nunmehr freisinniger Nationalrat, ein Verwaltungsratsmandat bei der Omnibank annimmt, ist ein weiteres Indiz dafür, dass Rey in Bern salonfähig geworden ist.

Doch das ist nichts im Vergleich zur Befriedigung, die Rey erfüllt, als sich Kurt Meier, Chef der Kantonalbank von Bern und

Präsident des Schweizerischen Kantonalbanken-Verbandes, bei ihm meldet. Meier bittet, ja bestürmt Rey förmlich, den staatlichen Geldinstituten eine Beteiligung an der Omnibank zu verkaufen. Meier will aus der provinziellen Enge ausbrechen und internationale Luft atmen. Die Staatsinstitute sind, so sein Kalkül, besser gegen die Konkurrenz der Grossbanken gewappnet, wenn auch sie ein Standbein im Ausland haben.

Das Angebot ist für Rey zu verlockend. Die enge Einbindung der Kantonalbanken in seine geschäftlichen Interessen und der Prestigegewinn sind das eine, der Preis, den er dafür verlangen kann, das andere. (Der holländische Financier muss ja schliesslich auch noch bezahlt werden.) Das überwiegt bei weitem die negative Seite, jene nämlich, dass seine Einflussnahme auf die Omnibank durch die neuen Aktionäre beschränkt wird. Und so erfährt eine staunende Öffentlichkeit im November 1985, dass die insgesamt 29 kantonalen Geldinstitute Rey 60 Millionen Franken hinblättern, um fortan 60 Prozent der Bank zu kontrollieren, die nicht mehr Omnibank, sondern fortan Swiss Cantobank heisst. Präsident des Verwaltungsrates wird der Generaldirektor der Kantonalbank von Bern, Kurt Meier.

«Das hätten sich die Manager der Kantonalbanken», kommentiert der «Tages-Anzeiger», «vor knapp zehn Jahren wohl in ihren kühnsten Träumen nicht ausgemalt, dass sie einmal vor diesem Werner K. Rey in die Knie gehen würden, der als Jungfinancier mit seinem Übernahmecoup bei Bally das Establishment vor den Kopf stiess.»

In das Staunen mischt sich da und dort aber auch Ärger. In einigen kantonalen Parlamenten ertönt Kritik an den Expansionsgelüsten der Kantonalbanken im Schlepptau von Rey. Doch beschwichtigt beispielsweise die Basler Regierung misstrauische Volksvertreter am 12. Dezember, dass die Kantonalbanken «keineswegs beabsichtigten, in das risikoreiche internationale Kreditgeschäft einzusteigen». Der Regierungsrat des Kantons Basel-Stadt täuscht sich schwer.

Mit der Swiss Cantobank als gewichtigster Beteiligung im Portefeuille sitzt Rey im Sommer 1986 irgendwo in einem stillen Kämmerlein und geht in Gedanken eine Kombination durch, deren Kühnheit alles schlagen soll, was er bisher ausgeheckt hat. Er will seinen privat gehaltenen Anteil am Börsenknüller Inspectorate in die Omni überführen. Die schmalbrüstige Holding soll – wie einst bei Inspectorate mit Meridian – zu einer gewichtigen Holding gemacht und so rasch als möglich an die Börse gebracht werden. Und dann, so denkt sich Rey, kann das grosse Abkassieren bei den Anlegern erneut beginnen.

Über den Preis, den er der Omni zu verlangen gedenkt, hat Rey spätestens im Herbst recht klare Vorstellungen. Er will mindestens 1500 Franken für das Papier mit einem Nennwert von 100 Franken. Das sind ziemlich genau 500 Millionen Franken für das Paket, das 51,3 Prozent des Eigenkapitals der Inspectorate verkörpert. Damit liesse sich einerseits das Omni-Aktienkapital massiv erhöhen, und andererseits könnte ein ganz bestimmtes Konto «gereinigt» werden, nämlich jenes von Omni-Alleinaktionär Werner K. Rey. Ende September weist dieses Aktionärskonto ein Minus von nicht weniger als 125 Millionen Franken auf, Millionen, die Rey als Darlehen bezogen oder die er in Form von Schulden gegenüber Dritten auf die Omni überwälzt hat. In Ermangelung eigener Liquidität hat die Omni sich dieses Geld hauptsächlich bei Gross- und Kantonalbanken ausleihen müssen.

Wie legt man die genauen Modalitäten einer solch enormen Sacheinlage, wie es das Inspectorate-Paket verkörpert, fest? Im Hause Omni läuft das folgendermassen ab: Am 14. Oktober um 15.20 Uhr treffen sich in der Autobahnraststätte Grauholz vor den Toren Berns Werner K. Rey und der von ihm besoldete Delegierte des Omni-Verwaltungsrates und Omni-Finanzchef René Giulianelli. Wie es seine Pflicht ist, erkundigt sich Giulianelli nach dem effektiven Wert der Inspectorate, der ja möglicherweise tiefer sein könnte, als dies die augenblicklich hohe Börsennotierung suggeriert. Doch Rey weiss es besser. Die Inspectorate sei insgesamt mindestens 1,5 Milliarden Franken wert. Und dann lässt er den gelernten Buchhalter Giulianelli teilhaben an den glänzenden Zukunftsaussichten der Inspectorate, indem er nach einem papierenen Tischset greift, es umdreht und mit flinker Hand die Aufwand- und Ertragspositionen der einzelnen

Inspectorate-Gesellschaften für die Jahre 1986 und 1987 in Millionen hinkritzelt. Für 1986 prognostiziert Rey einen konsolidierten Gewinn von 30 bis 40 Millionen und für 1987 einen solchen von 85 bis 90 Millionen. 90 Millionen bei einem Kapitalisierungszinsfuss von sechs Prozent? Giulianelli rechnet geschwind nach und kommt – wen erstaunt es – auch auf 1,5 Milliarden Franken.

Noch eine Frage? Nein, keine Frage, die Sitzung kann deshalb abgebrochen werden, die beiden Herren eilen zu ihren Autos und brausen – jeder in eine andere Richtung – davon.

Ende Oktober informiert Giulianelli seine Kollegen im Verwaltungsrat (Präsidium: Werner K. Rey) stichwortartig über die unschlagbaren Vorteile, die sich mit dem Kauf des Inspectorate-Aktienpaketes zu 500 Millionen Franken für die Omni ergeben. Diese Variante biete eine «fast einmalige Chance, zu einem äusserst bedeutungsvollen Eigenkapital zu gelangen». Es entstehe eine «hervorragende Bilanz (bestens für Finanzbeschaffung geeignet)».

Doch das Memo ist bereits veraltet, als es noch unter den Verwaltungsräten zirkuliert. Rey verlangt plötzlich nicht mehr 1500 Franken pro Aktie, sondern den aktuellen Börsenpreis von 2400, was einem Mehrbetrag von 300 Millionen Franken entspricht. Niemand unter den Verwaltungsräten erhebt einen Einwand, und so ist das Traktandum an der VR-Sitzung vom 3. Dezember 1986 ein reines Routinegeschäft: Die Omni Holding kauft von Alleinaktionär aus dessen Privatbesitz das Inspectorate-Paket für 800,4 Millionen Franken sowie 60 200 Namenaktien der Ateliers de Constructions Mécaniques de Vevey (ACMV) für 75,25 Millionen Franken. Gesamtwert des Reyschen Aktientransfers: 875,65 Millionen Franken.

Das «äusserst bedeutungsvolle Eigenkapital» erblickt das Licht der Welt: Mit der Sacheinlage wird das Aktienkapital um 375 Millionen Franken von mageren 50 auf glänzende 425 Millionen Franken erhöht. Weitere 300,15 Millionen werden als «offene Reserven und Rückstellungen» verbucht. Die Schlussdifferenz von 200,5 Millionen schliesslich werden dem Aktionärskonto Werner K. Rey gutgeschrieben. Dort werden sie denn auch dringend benötigt, hat der nimmersatte Rey doch sein Konto mittlerweile um fast 200 Millionen Franken überzogen. Diese können nun bequem zum Verschwinden gebracht werden. Auf diesem Aktionärskonto sind immer wieder faule Geschäfte – sie stammen zum Teil aus der Hinterlassenschaft von Brian McHugo – geparkt und dann in eine private Rey-Gesellschaft in der Karibik, die Space Financial Holdings auf den Cayman Islands, entsorgt worden.

Bilanzwarheit und -klarheit, wie es die nationalen und internationalen Rechnungslegungsgrundsätze fordern? Rey und seine Helfershelfer treten alle Bestimmungen mit den Füssen.

Erstens ist gemäss Gesetz und allgemein anerkannten kaufmännischen Grundsätzen bei Sacheinlagen auf den inneren und nicht auf den Börsenwert abzustellen. Zweitens ist über die Art und den Zustand der einzubringenden Vermögenswerte und die Angemessenheit der dafür berechneten Wertansätze ein eingehender schriftlicher Bericht zu erstatten. Letzterem dürfte ein mit Zahlen verziertes Tischset wohl kaum genügen...

Drittens ist der Posten «Rückstellungen» oder «Rücklage» in der Höhe von 300 Millionen Franken gemäss schweizerischen Bilanzvorschriften als Fremdkapital auszuweisen. Rey tut jedoch genau das Gegenteil und führt die Millionen unter der Rubrik Eigenkapital auf. Dort bewirken sie zusammen mit dem Aktienkapital von 425 Millionen, einem Partizipationsscheinkapital von 40 Millionen (es wurde bekanntlich zwecks Finanzierung des Kaufs der Swiss-Cantobank-Vorgängerin Phibrobank geschaffen), kümmerlichen gesetzlichen Reserven von 110 000 Franken und einem Gewinnvortrag von 3,9 Millionen (hinter dessen Werthaltigkeit man wohl ein grosses Fragezeichen setzen muss, wir kommen darauf zurück) ein Eigenkapital von sage und schreibe 769 Millionen Franken. Ein Eigenkapital, das grösstenteils aus warmer Luft besteht. Und niemand weiss das besser als Rey, seine Mitspieler bei Omni und seine Revisoren bei Deloitte Haskins & Sells (DH&S).

Die von DH&S geprüfte und bestätigte konsolidierte Jahresrechnung von Inspectorate weist per Ende 1986 ein Eigenkapital von 225 Millionen Franken aus. Somit verkörpert das von der

Omni gekaufte Paket einen Anteil von 115 Millionen. Zieht man das höhere Eigenkapital in der gesetzlichen Inspectorate-Bilanz (auf dessen merkwürdiges Zustandekommen wir früher hingewiesen haben) heran, macht der Omni-Anteil 203 Millionen aus.

Pikant ist eine weitere Elaborat von DH&S. Zwischen Februar und April 1987 erstellte die Revisionsgesellschaft ein Bewertungsgutachten der Inspectorate per Ende 1985. Wert der Inspectorate auf diesen noch vor der Publikumsöffnung liegenden Zeitpunkt: 70 Millionen Franken. Addiert man die Kapitalzuflüsse, insbesondere beim Going public, und subtrahiert den Verlust, kommt man auf einen Wert von 384 Millionen Franken per Ende 1986. Umgelegt auf das von der Omni gekaufte Aktienpaket, sind es wiederum rund 200 Millionen Franken. Kleine Anmerkung: Der Wert, den Inspectorate Ende 1986 verkörpert, ist zu rund 80 Prozent durch die Publikumsaktionäre (hohes Agio) geschaffen worden, während der Grossaktionär Rey nur rund 20 Prozent zu diesem Wert beigetragen hat.

Doch es wird noch bunter: Anfang Juli 1987 ordert René Giulianelli bei der Firma Revisuisse eine Gesamtbewertung der Omni Holding. Bezüglich der Inspectorate kommt Revisuisse zum Schluss, dass der anteilige Wert im Besitz der Omni 515 Millionen Franken beträgt. Korrigiert man das Gutachten um zwei nicht unerhebliche Berechnungsfehler, die den Revisuisse-Leuten unterlaufen sind, ergibt sich ein Wert von 227 Millionen Franken, der nach Einschätzung von Fachleuten immer noch zu hoch liegt. Doch ob der Betrag nun bei 227 Millionen oder «nur» bei 200 Millionen liegt, der von Rey geforderte Preis von 800 Millionen entbehrt jeglicher Grundlage.

Dass den Revisuisse-Fachleuten bei ihrer Arbeit nicht ganz wohl gewesen sein dürfte, geht aus diversen Stellungnahmen hervor.

Zum Stellenwert von Marktpreisen und Börsenkursen schreibt die Revisuisse: «Marktwerte, die sich aus dem Börsenhandel ergeben, reflektieren grundsätzlich ein hohes Mass an Zukunftserwartung. Zwischen den Zukunftserwartungen der Anleger einerseits und den Bilanz-, Erfolgs- und Budgetwerten einer Unternehmung andererseits besteht häufig nur eine geringe Korrelation. Dieser Sachverhalt lässt sich mit dem Begriff Kursphantasie treffend umschreiben.»

Und so kommt die Revisuisse zum folgenden Schluss: «Zusammenfassend stellen wir fest, dass Marktwerte und Börsenkurse (der Beteiligungsgesellschaften Inspectorate und ACMV) keine zuverlässige Grundlage zur Bewertung der Omni Holding AG bilden können. (...) Das Ertragspotential der erworbenen Beteiligungen (Inspectorate, ACMV, Swiss Cantobank) konnte unseres Erachtens nicht aus dem bezahlten Goodwill abgeleitet werden, waren doch die Übernahmeverhandlungen von verschiedenen Faktoren beeinflusst.»

Hier irrt wohl die Revisuisse. Für Rey zählt ein einziger Faktor: Wie schaffe ich ein möglichst hohes Eigenkapital? Ganz einfach, indem Gesellschaften zu einem Wert in eine Holding eingebracht werden, der weit über dem Eigenkapital oder dem effektiven Wert des Unternehmens liegt.

Kein Irrtum liegt dagegen der von Revisuisse vorgenommenen Bewertung der Omni-Beteiligungen zugrunde: Das Inspectorate-Paket wird von 800 auf 200 Millionen Franken hinunterkorrigiert, und die ACMV, für welche die Omni Rey mit 75 Millionen entschädigt hat, wird zu 59 Millionen Franken in die Berechnung aufgenommen. Für die Swiss Cantobank setzt Revisuisse 36 Millionen ein, was ein Total von 295 Millionen für die Omni-Beteiligungen ergibt. Die von Deloitte kontrollierte Bilanz weist per Ende 1986 ein Beteiligungsportefeuille von 916 Millionen Franken aus.

Die von Rey mit Bedacht vorgenommene Überbewertung macht also 621 Millionen Franken aus.

Das wiederum bedeutet, dass das ausgewiesene Eigenkapital von rund 770 Millionen Franken, korrigiert um die über 600 Millionen, lediglich 170 Millionen beträgt. Somit ist das Grundkapital der Omni von 465 Millionen am 31. Dezember 1986 nicht einmal mehr zur Hälfte gedeckt gewesen.

Die Bestimmungen des Obligationenrechts für diesen Fall sind klar: «Zeigt die Jahresbilanz, dass die Hälfte des Grundkapitals nicht mehr gedeckt ist, so muss die Verwaltung unverzüglich eine Generalversammlung einberufen und diese von der

Sachlage unterrichten.» Sollten gar die Forderungen der Gläubiger nicht mehr gedeckt sein, muss der Verwaltungsrat sogar den Richter benachrichtigen. Dieser wiederum könnte eine Konkurseröffnung anordnen.

Doch der Verwaltungsrat tut nichts dergleichen. Wie sollte er auch, steht er doch unter dem Präsidium von Werner K. Rey, und an der Generalversammlung nähme genau ein Aktionär teil: Werner K. Rey. Um die Gläubiger, die Banken, kümmert sich Rey persönlich. Mit einer von Deloitte Haskins & Sells bereits am 26. November 1986 erstellten Pro-forma-Bilanz, in welcher der Einbringungswert der Inspectorate-Aktien mit 800 Millionen festgehalten ist und die, so Deloitte, «in Übereinstimmung mit anerkannten Grundsätzen der Rechnungslegung in der Schweiz» sei, eilt Werner K. Rey kurz vor Jahresschluss zu Merrill Lynch und lässt sich einen Kredit von 150 Millionen bereitstellen.

Und so geht das Jahr 1986 für Rey optimal zu Ende. Die Kombination, die er sich im stillen Kämmerlein ersonnen hat, steht: Die aufgeblähte Inspectorate ist in die Omni eingebracht. Die ihrerseits aufgeblasene Omni Holding ist reif für die Börse, und seine persönlichen Schulden von immerhin fast 200 Millionen sind, wenn auch nicht getilgt, so doch gut zugedeckt. In seiner Freude realisiert Rey nicht, dass er einen Mechanismus eingebaut hat, der auf Selbstzerstörung programmiert ist. Solches ist gerade beim Ballonfahren gefährlich. Die Luft im Ballon Inspectorate muss vom Piloten Rey mit Hilfe der als Passagiere mitfahrenden Omni-Beteiligungen ständig geheizt werden und darf nie zu stark abkühlen, weil sonst der Absturz droht.

Der Inspectorate-Kurs darf, zumindest am Jahresende (massgebender Termin für die buchhalterische Bewertung), nicht wesentlich unter die Marke von 2400 Franken fallen. Tritt dieser Fall ein, ist Geldbeschaffung mit der ganz grossen Kelle angesagt. Nichts ist indessen unberechenbarer als die im Grunde der Dinge nach irrealen Gesetzmässigkeiten funktionierende Börse.

Voller Tatendrang und keinen Gedanken an diese Gefahr verschwendend, tritt der kühne Architekt Rey ins Jahr 1987 ein, in welchem – so hofft er – schon bald Omni-Papiere gehandelt werden.

Der Schweizerische Bankverein, der zusammen mit seiner Londoner Filiale und der Swiss Cantobank von Rey für die Federführung beim Going public engagiert worden ist, dämpft Reys Ungeduld. Die Omni Holding mit der Inspectorate, der ACMV und der Swiss Cantobank als Hauptbeteiligungen sei vielleicht doch etwas zu leichtgewichtig. Die Banken empfehlen Rey, vorgängig noch rasch ein Unternehmen zu akquirieren, das in der Schweiz einen respektablen Bekanntheitsgrad und Substanz hat. Hurtig durchforstet man die helvetische Firmenlandschaft nach einem übernahmefähigen Objekt. Die Suche ist erfolgreich. Max Frey, Alleinbesitzer der Zürcher Jean-Frey-Gruppe, will sich von seinem Verlags- und Druckereiunternehmen trennen und führt auch bereits entsprechende Verhandlungen mit der Konkurrenz.

Rey lässt eiligst ein Dossier über die Firma anlegen. Was ihm präsentiert wird, erweckt augenblicklich seinen Appetit. Das drittgrösste Medienunternehmen der Deutschschweiz besitzt eine reiche Substanz, nämlich Liegenschaften mitten in Zürich und in Winterthur. Der ausgewiesene Umsatz von rund 190 Millionen Franken dürfte ausreichend sein, um das Unternehmen später an die Börse zu bringen. Reys PR-Berater Aloys Hirzel macht ihn noch auf einen dritten Vorteil aufmerksam: Der Jean-Frey-Verlag besitzt die landesweit verbreiteten Publikationen «Weltwoche», «Bilanz» und «Sport». Werner K. Rey – Herausgeber der Prestigeobjekte «Weltwoche» und «Bilanz»! Er kostet diese Vision genüsslich aus. Er, der äusserst empfindlich auf Kritik reagiert, könnte mit dem Kauf zwei wichtige Meinungsblätter neutralisieren.

Rey nimmt Ende Juli Kontakt mit Max Frey auf. Der Verleger, der keiner mehr sein will, weil ihn das unbeschwerte Leben auf seiner Luxusjacht und seinen herrschaftlichen Anwesen mehr anspricht, merkt schon nach den ersten Gesprächen, dass da einer kommt, der anders rechnet als die übrigen Übernahmeinteressenten. Während diese die Jean-Frey-Gruppe genau unter die Lupe nehmen und mit Schwächen, an denen sein Unternehmen zugegebenermassen leidet, eine knallharte Preisfeilscherei betreiben, scheint sich Rey diesbezüglich keine grossen Gedanken zu machen. Er ist offensichtlich auf die Immobilien fixiert, die zu einem tiefen Wert von 100 Millionen Franken und ohne grosse hypothekarische Belastung in den Büchern stehen. In saloppem Ton erklärt Rey, dass es ihm bei der Preisfestsetzung auf einige Millionen mehr oder weniger nicht ankomme, da er demnächst mit der Omni an der Börse abkassieren werde. Stolz gewährt er Einblick in seine Rechnung: hier das billige Geld von der Börse, dort die Bankkredite – die Mischrechnung daraus ergibt eine Verzinsung des Fremdkapitals von lumpigen 2 Prozent.

Max Frey hat den idealen Käufer gefunden. Rey überlässt die Verhandlungen weitgehend einigen Omni-Leuten, da für ihn die Sache nach dem Handschlag mit Frey gelaufen ist. Am 18. August, kaum drei Wochen nach der ersten Kontaktaufnahme, ist das Geschäft perfekt: Frey verkauft seinen Besitz (er behält einzig die Berichthaus AG, bestehend u.a. aus mehreren Kinos in Zürich, Basel und Bern) für 210 Millionen Franken an Rey, 30 Millionen mehr, als andere Konkurrenten geboten haben. Das Geld dazu entnimmt Rey nicht seiner eigenen Kasse. 168 Millionen Franken holt er sich bei den Banken, 42 Millionen lässt Max Frey als Darlehen stehen. Rey will ihm dafür Omni-Aktien andienen. Doch der clevere Verleger lehnt ab. Auf Papiere, die nicht an der Börse gehandelt werden, ist er nicht scharf. (Die 42 Millionen wird er samt Zinsen einige Monate später in bar einfordern und sie auch erhalten.)

Wieder einmal sind alle glücklich bei einem Deal. Max Frey, weil er einen maximalen Preis erzielt hat. Rey, weil er die 210 Millionen Franken bei der auf Oktober angesetzten Börsenöffnung der Omni mit links wieder einzuspielen gedenkt (überdies sinniert er jetzt bereits laut über eine spätere Publikumsöffnung der Jean-Frey-Gruppe). Die Banken schliesslich, weil sie Zinsen kassieren und sich die fetten Kommissionen aus dem Going public ausrechnen dürfen.

Am Kauf der Jean-Frey-Gruppe lässt sich das simple Strickmuster, nach dem Rey vorgeht, exemplarisch darstellen. Er kauft ein Unternehmen nicht, weil er an dessen Produkten interessiert ist, sondern weil es mit seinem Namen und seinen stillen Reserven eine substanzarme Rey-Gesellschaft «verdicken» soll. Der Preis spielt keine grosse Rolle, die Börse, so spekuliert Rey, wird ihn überreichlich entschädigen.

Das Management wird – wie üblich – auch bei der Jean-Frey-Gruppe in seinen Funktionen belassen, mit einer Ausnahme allerdings. Sie betrifft den Posten des Finanzchefs, den Rey sehr rasch mit einem Mann seiner Wahl besetzt.

Die Geschäftsführung unter der Regie von Verlegersohn Marc Frey leidet an einem Wasserkopf und ist hauptsächlich mit Kompetenzkämpfen und Intrigen beschäftigt. Rey will im Vorfeld des Going public der Omni jedes störende Nebengeräusch vermeiden und greift deshalb nicht ein.

Das einzige, was er von den Herren ausdrücklich erwartet, ist, dass sie ihn kontinuierlich mit schönen Ertragszahlen beglücken, damit auch die Jean-Frey-Gruppe möglichst bald dem Publikum zugänglich gemacht werden kann. Und eines will der neue Besitzer ebenfalls noch sichergestellt haben: In den Blättern der Frey-Gruppe ist das Wort «Spekulant» in Verbindung mit seiner Person ab sofort «verpönt», verboten also.

Max Frey, der frühere Besitzer, wird in den Verwaltungsrat gewählt. Was Rey von ihm erwartet, tönt vernünftig: Frey bringt die Ideen für die Expansion im Medienbereich – Rey sorgt für die Finanzen.

Die mit der Jean-Frey-Übernahme verknüpfte Rechnung geht für Rey voll auf: Der Kauf ist während Tagen das herausragende Medienereignis. Selbst im Ausland wird der Coup gebührend zur Kenntnis genommen. Die Omni, von der man zuvor kaum Kenntnis hatte, ist in aller Munde. Den Medienvertretern werden eifrig Organigramme mit einer beeindruckenden Zahl von Kästchen verteilt – Reys Imperium auf dem Papier.

Hinter den Kulissen nimmt Rey noch rasch einige Retouchen an seiner Superholding vor. Das Aktienkapital wird durch eine Sacheinlage um 1 Million auf 426 Millionen Franken erhöht. Die Sacheinlage besteht aus 10 Aktien der Nelatex AG in Zug, die Reys holländischem Geldgeber für den Phibrobank-Kauf gehört. Die Nelatex weist einen beachtlichen Aktivenüberschuss von 22 Millionen Franken aus. Woraus der zur Hauptsache besteht? Aus einer Beteiligung an der Omni Holding AG im Umfang von 21,5 Millionen Franken.

Am 1. Oktober sichert sich Rey im Hinblick auf die Publikumsöffnung den beherrschenden Einfluss auf die Omni. Das Aktienkapital von 426 Millionen wird aufgeteilt in 1 500 000 Namenaktien im Nominalwert von 100 Franken und in 552 000 Inhaberaktien zu 500 Franken.

Der publizistische Startschuss erfolgt wenig später mit der Ankündigung, dass dem Publikum zwischen dem 4. und dem 6. November 198 000 neue Inhaberaktien zur Zeichnung angeboten werden – ein Novum auf dem schweizerischen Kapitalmarkt, wie die «Finanz und Wirtschaft» anmerkt. «Erstmals begibt eine Dachgesellschaft, die bereits börsengängige Tochtergesellschaften aufweist, Aktien. Anteilseigner von Inspectorate und Ateliers de Vevey erwerben über den Kauf einer Omni-Aktie im wesentlichen etwas, das sie bereits besitzen.»

Was von diesem ausgefallenen Schachtel-in-der-Schachtel-Prinzip zu halten ist, überlässt das Finanzblatt vorsichtshalber seiner Leserschaft: «Man darf gespannt sein, wie die Anleger auf diese doch ungewöhnliche und möglicherweise einmalige Situation reagieren.»

Der seriöse Anleger müsste sich noch viel mehr Gedanken zur Omni Holding machen. Warum weist eine Gesellschaft bei einem Beteiligungsportefeuille von 922,8 Millionen Franken einen mickrigen Gewinn von 2,2 Millionen aus?

Oder die Frage des Domizils: Im Omni-Geschäftsbericht ist es eine Postfachadresse in Zug. Das Steuerdomizil liegt im benachbarten Baar, wo man sich in einem Geschäftshaus eingemietet hat. Doch unter der angegebenen Telefonnummer meldet sich niemand. Das Büro ist leer. (Der Domizilwechsel von Zürich nach Zug ist erfolgt, nachdem die Zürcher Steuerbehörden Zweifel an der Holding-Natur der Omni geäussert hatten, da deren Beteiligungsportefeuille zu diesem Zeitpunkt praktisch nur aus der Swiss Cantobank bestand.)

Doch viel Zeit zum Nachdenken bleibt nicht. Das Feuer unter dem Omni-Topf wird kräftig geschürt. Die Swiss Cantobank meldet mehr als vierzehn Tage vor dem offiziellen Subskriptionsbeginn, dass bereits haufenweise Zeichnungsbegehren eingetroffen seien. Es müsse mit einer «starken Überzeichnung» gerechnet werden. Markus Herzig, Omni-Direktor, wartet mit einer originellen Begründung für das Schachtelprinzip auf: «Damit will Werner Rey den Aktionären der Inspectorate und der Ateliers de Vevey ein Geschenk machen.» Womit wohl in erster Linie Inspectorate- und ACMV-Mehrheitsaktionär Rey gemeint ist. Tatsächlich wird den Aktionären beider Unternehmen ein Anrecht auf die Zeichnung von Omni-Papieren eingeräumt. Dass dieses Anrecht und der gutplazierte Herzig-Spruch die Inspectorate- und ACMV-Papiere in die Höhe treiben, ist ganz im Sinn von Rey. Das Omni-Konstrukt basiert ja beinahe ausschliesslich auf den Kurswerten der beiden Firmen.

Der am reichhaltigsten Beschenkte in der Omni dürfte erneut Rey sein. Die 198 000 Inhaberpapiere zum Nennwert von 500 Franken sollen für mindestens 1500 Franken losgeschlagen werden, wodurch ihm nach Abzug der Spesen rund 290 Millionen Franken zufliessen – mehr als genug, um die Kosten für den Jean-Frey-Kauf herauszuschlagen. Rey denkt sogar an einen Emissionspreis von 2000 Franken und darüber.

Aus den schönen Plänen wird nichts. Am 19. Oktober kracht die Schweizer Börse im Schlepptau der New Yorker Börse zusammen. Das «grösste Börsendebakel aller Zeiten», wie die Zeitungen in dicken Lettern verkünden, reisst den Omni-Inhalt in Rekordtiefen. Der Kurs der Inspectorate-Papiere halbiert sich innerhalb weniger Tage, die ACMV meldet eine Minderbewertung von 36 Millionen Franken. Wie erinnerlich, steht die Inspectorate mit 800 Millionen und die ACMV mit 75 Millionen Franken in den Omni-Büchern. Die 300 Millionen Franken, die Rey bei der Verrechnung der insgesamt 875 Millionen auf ein Rücklagekonto verbucht hat, aus dem angeblich allfällige Kursverluste abgedeckt werden sollen, existieren bekanntlich nur auf dem Papier.

In Bankenkreisen werden Reys Buchverluste auf 600 Millionen Franken geschätzt.

Doch der Omni-Besitzer lässt sich auch angesichts solcher Zahlen nicht aufhalten. Er tastet sich an ein neues Übernahmeobjekt heran. Dieses schlägt ihn so in Bann, wie er es bisher erst einmal erlebt hat, nämlich bei Bally. Der magische Anziehungspunkt heisst Sulzer.

Seit Monaten wird der drittgrösste Maschinenbaukonzern der Schweiz mit Sitz in Winterthur von einer unfreundlichen Aktionärsgruppe belagert. Ein Ereignis, das in der Öffentlichkeit grosse Emotionen auslöst.

Bei Bally erlebte die Schweiz erstmals hautnah die Eroberung eines Publikumsunternehmens durch unzufriedene Anteilseigner. Der von Rey inszenierte Anschlag blieb jedoch merkwürdigerweise ein singuläres Ereignis, dies, obwohl Reys fürstlicher Gewinn aus der Aktion eigentlich andere Spekulanten zur Nachahmung hätte verleiten müssen. Statt dessen verfolgte man hierzulande aus sicherer Distanz, wie in den USA, dem Ursprungsland dieses Phänomens, Übernahmeschlachten immer gewaltigerer Dimensionen über die Bühne gingen. Milliardenkonzerne wurden zum Spielball von Raidern. Erst Mitte der achtziger Jahre sprang der Funke auf Europa über.

In der Schweiz ist die Sulzer ein potentielles Übernahmeopfer. Der Konzern beschäftigt weltweit 31 000 Arbeitnehmer und weist einen Umsatz von rund 4,6 Milliarden Franken aus. Für einen feindlichen Angriff ist er bestens geeignet, weil er substanzreich, aber an der Börse völlig unterbewertet ist. Die Konzernleitung ist im Vertrauen auf das breitgestreute Aktionariat und auf das Depotstimmrecht der im Verwaltungsrat vertretenen Grossbanken träge geworden. Die Sulzer-Aktionäre werden mit einer mageren Dividende abgespeist.

Im Frühjahr 1987 beginnen die Sulzer-Namenaktien plötzlich anzuziehen. Im August und September melden die Banken haufenweise Verkäufe von Namenaktien nach Winterthur. Die unbekannten Aktionäre versuchen jedoch erstaunlicherweise nicht, sich ins Aktionärsregister eintragen zu lassen. Ein solcher Versuch wäre ohnehin nutzlos, da die Sulzer-Leitung die Zahl der Namenaktien, die pro Käufer in das Register eingetragen werden dürfen, drastisch reduziert hat. Still und leise.

Anfang Oktober enthüllt die «Finanz und Wirtschaft» den Strategen hinter den massiven Aufkäufen: Tito Tettamanti, Besitzer der Treuhandfirma Fidinam und mit Geldern verschiedener Herkunft – vorwiegend italienischer – in den USA am beliebten Spiel des Firmenraids beteiligt.

Kein bleichgesichtiger, scheuer Jüngling wie einst bei Bally, sondern ein gestandener Advokat und ehemaliges Mitglied der Tessiner Kantonsregierung (wegen einer Steueraffäre musste er das Amt rasch wieder niederlegen) bringt die Sulzer-Verwaltung ins Schwitzen.

Dieser «Dottore Avvocato» also besitzt nun – zusammen mit einem Syndikat von Investoren, worunter sich auch Genfer Bankenkreise befinden – rund 35 Prozent aller Sulzer-Namenaktien. Tettamanti sieht sich als «aktiver Aktionär», der Druck auf das Management ausüben will, damit die seiner Meinung nach brachliegenden Reserven mobilisiert und zur Renditensteigerung eingesetzt werden. Die Sulzer-Spitze nennt ihn verächtlich einen Finanzhai und verweigert ihm und seinen Mitläufern die Eintragung ins Aktionärsregister, wodurch Tettamanti die Stimmkraft entzogen ist.

Zum Verdruss der Winterthurer wächst Tettamantis Popularität, je höher die Wogen der Auseinandersetzung schlagen. Das ist nicht nur allein das Verdienst von Tettamantis ausgebufftem Zürcher PR-Berater Klaus J. Stöhlker – auf der Gegenseite sucht man sich neckischerweise Rat bei der Trimedia von Reys PR-Mann Hirzel –, sondern auch von Sulzers unzimperlicher Abwehrschlacht. Im Kampf gegen den Raider werden auch die Rechte der Sulzer-treuen Aktionäre beschnitten. Jeder Aktionär, der von seinem legitimen Recht Gebrauch macht und seine Sulzer-Papiere an Tettamanti verkauft, wird von der Sulzer-Leitung kurzerhand als «Strohmann» diffamiert. Das löst eine breite Diskussion über die schwache Stellung des Aktionärs und die Willkür des Verwaltungrates sowie des Managements in der Schweiz aus. Doch Sulzer bleibt hart und trägt der Tettamanti-Gruppe nur das statutarische Minimum an Namenaktien ins Register ein.

Bei Tettamanti melden sich einige Interessenten, die ihm und seiner Gruppe das Sulzer-Paket abkaufen oder mit ihm kooperieren möchten. Einer unter ihnen zeigt sich besonders hartnäckig: Werner K. Rey. Seine Beharrlichkeit trägt insofern

Früchte, als sich nun auch der Sulzer-Verwaltungsrat an einer ausserordentlichen Sitzung am 20. Oktober mit Rey beschäftigt und einige Herren im Gremium gar den Gedanken, dass der Financier ihnen als Retter in der Not beistehen könnte, nicht mehr a priori verwerfen.

Der Crash an der Börse spitzt die Lage zu. Die Kursverluste zwingen die Tettamanti-Gruppe, ernsthaft nach einem Käufer für das Sulzer-Paket Ausschau zu halten. Am 22. Oktober kommt es zwischen Sulzer-Verwaltungsratspräsident Armin Baltensweiler, Konzernchef Pierre Borgeaud sowie der Sulzer-Hausbank, der Schweizerischen Kreditanstalt, und Tito Tettamanti zu Verhandlungen. Sie scheitern an der Preisforderung von Tettamanti. Er will 8500 Franken pro Aktie oder über 2000 Franken mehr, als das Sulzer-Papier an der Börse notiert.

Am 23. Oktober macht die NZZ Reys Interesse publik: «Rey als weisser Ritter für Sulzer?» fragt das Blatt mit bangem Unterton.

Rey lässt über seinen Sprecher Aloys Hirzel mitteilen, ein Engagement bei Sulzer sei «denkbar, sofern industrielle Logik vorhanden ist». Eine geschickte PR-Finte, suggeriert sie doch dem breiten Publikum, der Omni-Herrscher denke wirklich nur in streng unternehmerischen Kategorien. Was genau der Financier unter «industrieller Logik» versteht, verschweigt er wohlweislich. Dafür lässt er durchblicken, nicht er habe sich ins Gespräch gebracht, sondern Bankenkreise seien an ihn herangetreten, um sein Interesse an einer Übernahme des Sulzer-Paketes auszuloten.

Im kleinen Kreis redet Rey freilich anders. Er ist vollkommen von der Idee besessen, Sulzer unter seine Kontrolle zu bringen. Von industrieller Logik ist, wenn man davon absieht, dass er an eine Unterbringung seiner wenig rentablen Industriegruppe Ateliers de Vevey im Sulzer-Konzern denkt, hier nichts zu hören. Dafür schwärmt er ausgiebig vom umfangreichen Liegenschaftsbesitz in Winterthur und anderswo, der – wie bei der Jean-Frey-Gruppe in Zürich – für lukrative Grossüberbauungen freigemacht werden könnte. Das zweite Motiv, aus dem er keinen Hehl macht, ist die Vorstellung, endlich mit der ersten Garde der

Schweizer Wirtschaftskapitäne an einem Tisch zu sitzen. Den Verwaltungsrat der Sulzer zieren so prominente Köpfe wie Bankgesellschafts-Generaldirektor Peter Gross, SKA-Chef Rainer E. Gut, Swissair-Verwaltungsratspräsident Armin Baltensweiler, Winterthur-Chef Peter Spälti und Jacob Schmidheiny, Besitzer der Zürcher Ziegeleien.

In Winterthur versucht man alles, um ohne Rey über die Runden zu kommen, und paukt andere Lösungsmöglichkeiten durch. Die Maschinenbauer wollen Tettamanti dazu bringen, je zehn Prozent in zwei der Sulzer genehme Hände fest zu plazieren sowie eine grössere Beteiligung bei einem industriellen Partner zu deponieren. Für eines der Zehn-Prozent-Pakete hat man eine Investorengruppe um die Winterthur Versicherung zusammengetrommelt.

Rey wird auf die Reservebank verwiesen, ist dort aber nicht untätig. Für 55,6 Millionen Dollar oder 123 Millionen Franken kauft er im Januar 1988 54 Prozent der neuseeländischen Gesellschaft Omnicorp Investments Ltd, die durch den Börsenkollaps schwer angeschlagen ist. Omnicorp ist unter anderem an der britischen Tourismusholding Hudson Place Investments Ltd (HPI) beteiligt, zu der die Charterfluggesellschaft Air Europe sowie Reisebüros gehören.

In der Schweiz drohen derweil die Verhandlungen zwischen Sulzer und Tettamanti endgültig zu scheitern. Vor allem der Genfer Flügel in Tettamantis Syndikat kritisiert die Offerte der um die Winterthur Versicherung gescharten Investorengruppe als ungenügend.

Über diese Genfer Hintertüre schleicht sich Rey wieder an die Sulzer heran. Er bietet den Bankiers den gewünschten Paketzuschlag an. Mit dem potentiellen Käufer Rey an der Angel schlagen sie das Angebot der Investorengruppe am 24. März 1988 endgültig aus. Zwei Tage später signieren Tettamanti und Rey den Kaufvertrag. Der Financier aus London übernimmt vom Financier aus dem Tessin 40 000 Namenaktien zum Stückpreis von 5500 Franken, 550 Franken mehr als die letzte Börsennotierung. Macht zusammen 220 Millionen Franken. 110 Millionen Franken schiessen ihm die Banken gegen Verpfändung der Sulzer-Papiere vor, 50 Millionen lässt Tettamanti als Darlehen stehen, und 60 Millionen leiht ihm eine zur Omni-Gruppe gehörende Gesellschaft.

Rey ist nunmehr grösster Einzelaktionär eines der bedeutendsten Industrieunternehmen der Schweiz. Er sei in einen wahren Freudentaumel ausgebrochen, erinnern sich Omni-Leute. Rey glaubt erreicht zu haben, worauf er seit seiner Ächtung nach dem Bally-Coup unermüdlich hingearbeitet hat: von den Mächtigen im Land als ihresgleichen akzeptiert zu werden.

Akzeptiert wird er bei Sulzer tatsächlich, doch nicht als Bereicherung der illustren Runde, sondern als das – im Vergleich zu Tettamanti – weniger grosse von zwei Übeln. Das folglich kleinere Übel wird gleich zu Beginn an die Kette gelegt. Rey muss sich vertraglich verpflichten, sechs Jahre lang stets im Sinne der Verwaltung und der Konzernspitze zu stimmen, seine Aktien vor jedem Verkauf erst einer Sulzer-Stiftung anzubieten und ohne Einwilligung des Verwaltungsrates keine weiteren Aktien zuzukaufen. Dafür wird ein Teil seiner 40 000 Aktien im Register eingetragen. Rey willigt ohne Widerrede ein. Denn in fünf Jahren, ja vielleicht schon vorher, denkt er sich insgeheim, wird er die Machtverhältnisse auf die eine oder andere Art zu seinen Gunsten umgekrempelt haben.

Gegen aussen freilich bemüht sich Sulzer um ein weicheres Bild – aus schierem Eigeninteresse. Denn die Tatsache, dass es dem Verwaltungsrat und der Konzernleitung nicht gelungen ist, erstklassige Investoren als weisse Ritter zu gewinnen, ist alles andere als ein Ruhmesblatt. Rey wird reichlich diffus als «nützlicher Helfer bei der Suche nach einem industriellen Partner und als Impulsgeber im Dienstleistungs- und Finanzbereich» dargestellt. (Nur in einem Punkt spricht man in Winterthur Klartext: Synergieeffekte mit den Ateliers de Vevey gibt es keine.)

Rey saugt diese Worte wie ein trockener Schwamm in sich auf. Als die Medien ihn in den folgenden Tagen in Interviews «auspressen», tropfen genau diese von Sulzer definierten Rollen heraus.

Aus den Tropfen wird ein munterer Bach: «In der Omni Holding mussten wir bisher viele an sich gute Angebote, die für Sulzer vielleicht interessant gewesen wären, ablehnen. Hier ist nun eine neue Türe geöffnet. Sulzer hat mir bestätigt, dass bisher die Beziehungen und die personelle Dotierung ein umfassendes Ausschauhalten nach Partnern oder Akquisitionen nicht zugelassen haben», erklärt Rey dem «Tages-Anzeiger». Was dem milliardenschweren Konzern offenbar nicht möglich ist, kann die Omni mit links: «Wir sind über Akquisitionen gewachsen. Aus diesem Bedürfnis heraus haben wir Spezialisten im Team, die Firmen analysieren und die entsprechenden Abklärungen treffen können.»

Aus dem Bach wird ein Fluss: «Bekannt dafür, dass seine engsten Mitarbeiter ein übernommenes Unternehmen rasch nach Schwachstellen, Wasserköpfen und Sparmöglichkeiten durchforsten, dürfte Rey auch im Hause Sulzer bald für frischen Wind sorgen», kommentiert die «Finanz und Wirtschaft».

Soviel Lob kann schon mal übermütig machen. «Rey ist wohl der Schweizer Unternehmer mit dem weltweit breitesten Beziehungsnetz», behauptet René Giulianelli. Der ehemalige Selve-Mann ist 1985 in die Omni Holding übergetreten. Seit 1986 hat er das Amt des Delegierten des Verwaltungsrates inne.

In die Bewunderung mögen nicht alle einstimmen. Die NZZ beobachtet Rey weiterhin mit Argwohn, und die «Basler Zeitung» spricht den Financiers à la Rey und Tettamanti schlichtweg jeglichen volkswirtschaftlichen Nutzen ab. Die Boulevardzeitung «Blick» sieht das mit ihren fetten Titelbalken ganz anders: «Werner K. Rey: ‹Mister Goldfinger› der Schweiz». Männer wie Rey seien das «Salz unserer Wirtschaft», lärmt das Blatt weiter und meint: «Zu oft wird nämlich in unserem Land Kapital verwaltet statt dynamisch und unternehmerisch produktiv eingesetzt.»

Nur gut, dass die «Stimme des Mannes und der Frau von der Strasse» nicht weiss, was Rey und von ihm inspirierte Manager sonst noch alles unter «produktivem Einsatz von Kapital» verstehen.

Beispielsweise die Liaison zwischen Rey und der Schweizerischen Rückversicherungs-Gesellschaft sowie deren Tochter Schweiz Versicherung, zu denen wir jetzt zurückkehren.

XV

Financial Engineering oder Verblendung durch ein Schlagwort

Zwei Versicherungen absolvieren einen fatalen Lehrgang im innovativen Umgang mit Geld

Anfang 1985 kommen Rey, Rolf Gamper von der Schweizerischen Rückversicherungs-Gesellschaft und Martin Imbach von der Schweiz Allgemeine Versicherungs-AG (nachstehend Schweiz Versicherung oder auch kurz Schweiz genannt) miteinander ins Geschäft. Bekanntlich beteiligen sich die Versicherer mit einer 15-Millionen-Franken-Wandelanleihe an der Inspectorate. Rey kommt so nicht nur zu hochwillkommenem Geld, er darf mit dem Namen der beiden Firmen auch kräftig auf die Werbetrommel für seine vor der Börsenöffnung stehende Inspectorate schlagen.

Kurz vor dem Going public – laut Inspectorate-Geschäftsbericht am 6. März 1986 – wandeln die Assekuranzunternehmen die Anleihe in 15 000 Inspectorate-Aktien zu je 100 Franken Nennwert um. Was nicht im Geschäftsbericht steht: Die Versicherer verkaufen die Aktien schon wenige Tage nach der Eröffnung des Börsenhandels. Das rasche Geschäft wirft den Anlageprofis der beiden Versicherungen einen phänomenalen Gewinn ab. Der Kurs der Inspectorate-Aktie liegt fast um das Zweieinhalbfache über dem Emissionspreis. Doch – wir haben die Frage bereits früher gestellt – werden wirklich alle gewonnenen Millionen Franken in den Firmenkassen verbucht?

Das in 15 000 Aktien zum Nennwert von 100 Franken pro Aktie umgewandelte Darlehen von 15 Millionen Franken entspricht 3 Prozent des Inspectorate-Aktienkapitals von 50 Millionen Franken. Der Beteiligungsatlas «Who owns Whom» für das Jahr 1986 gibt die Partizipation von Rück und Schweiz an der Inspectorate aber nur mit je 1 Prozent an. (Dass die Beteiligung inzwischen versilbert worden ist, hat man den Autoren des Atlas offensichtlich nicht mitgeteilt.) Wohin ist das dritte Prozent entschwunden?

Diese Frage stellen sich auch einige Insider in den beiden Versicherungsunternehmen. Und je lauter sie diese Frage stellen, desto merkwürdigere Dinge passieren. Plötzlich werden besonders hartnäckigen Fragern von hausinternen Quellen Inspectorate-Aktien zum Kauf angeboten. Stammen die Aktien aus dem Paket, das verschwunden ist? Und will jemand mit dem Kaufangebot die heftig zirkulierenden On-dits zum Verschwinden bringen?

Das ist beileibe nicht die einzige Merkwürdigkeit in diesem Geschäft, wie eine kleine Rückblende zeigt.

Martin Imbach, Schweiz-Generaldirektor, und Rolf Gamper, Rück-Generaldirektor und gleichzeitig Konzernverantwortlicher für die Schweiz Versicherung, wollen Rey im Gegenzug für die 15-Millionen-Anleihe als Kunden gewinnen. In einem internen Memo wird am 18. Februar 1985 festgehalten, wie dem Financier eine Zusammenarbeit mit der Schweiz schmackhaft gemacht werden könnte: zum Beispiel mit «Gewinnverschiebungsmöglichkeiten».

Um Rey den Entscheid noch leichter zu machen, überweist Schweiz-Finanzchef Léon Genoud bereits im April 1985 einen achtstelligen Betrag an die Omni Holding AG. Für die Plazierung dieses «Depots» bedankt sich Reys Privatsekretär Christian Kühni am 19. April schriftlich bei Genoud. Nicht auf Omni-Briefpapier, sondern auf jenem einer Gesellschaft namens Pyra SA mit Sitz an der Talstrasse 37 in Zürich. Der Geschäftszweck der Ende 1984 gegründeten Firma wird mit «Treuhand, Verwaltung, Finanzgesellschaft» angegeben. Nach der Zusammensetzung des Verwaltungsrates muss es sich offenbar um eine Reysche Familiengesellschaft handeln. In die Verwaltung teilen sich neben Rey noch dessen Mutter und eine Schwester. (Tatsächlich hat besagte Schwester mit monetärer Unterstützung ihres Bruders Werner ein Geschäft namens Pyra aufgezogen, das, glaubt man dem Briefkopf, im internationalen Textilhandel tätig ist. Doch das Geschäft rentiert überhaupt nicht und wird still und leise wieder eingestellt.)

Dass Rey an versicherungstechnischen Fragen wenig, dafür um so mehr an den finanziellen Möglichkeiten, die sich aus ihnen ergeben, interessiert ist, merken Gamper und Imbach rasch. Auf diese Interessen einzugehen ist für sie kein Problem.

Am 11. Juli steht das Ergebnis der Entscheidungsfindung: ein «Versicherungskonzept für die Gesellschaften des Interessenbereiches von Herrn Werner K. Rey». Die Schweiz Versicherung bietet ein Modell an, das sich bei Konzernen seit längerem grosser Beliebtheit erfreut: Die Versicherungen der Konzerntöchter werden über eine eigene Versicherungsgesellschaft, im Fachjargon Captive genannt, abgewickelt. Damit lassen sich sowohl auf der Stufe Direktversicherung als auch bei der Rückversicherung der Risiken Kosten minimieren. Um die Einsparungen auch noch steuerschonend verwalten zu können, werden die Captive-Gesellschaften in den einschlägig bekannten Fiskaloasen der Karibik und anderswo domiziliert. Alles legal und, wie schon angetönt, auch verschiedenenorts praktiziert.

Und so sieht – grob dargestellt – das «Versicherungskonzept» für die Rey-Gruppe aus:

Sämtliche Gesellschaften schliessen ihre Personen- und Sachversicherungen inklusive Personalfürsorge bei der Schweiz ab. Prämienzahlungen und Schadenregulierungen werden ausschliesslich über sie abgewickelt. Davon ausgenommen sind Rey-Firmen, die demnächst abgestossen werden oder die bereits so günstige Versicherungsverträge haben, dass die Schweiz nicht mithalten kann.

Rey lässt in Liechtenstein eine Captive-Gesellschaft gründen, deren Management einem ehemaligen Rück-Mitarbeiter übergeben werden soll. Die Gesellschaft schliesst mit der Schweiz Versicherung einen Vertrag ab, worin festgelegt wird, dass 90 Prozent der bei den Rey-Gesellschaften eingetriebenen Prämien an die Captive-Gesellschaft weitergeleitet werden. Die restlichen 10 Prozent kassiert die Versicherung als Entschädigung für ihre Umtriebe. Muss die Schweiz für Schäden in einer Rey-Gesellschaft aufkommen, so darf sie diese anschliessend der Captive belasten, die Rückversicherung der Risiken wird gemeinsam organisiert.

1986 sollen die Else von Selve-Stiftung und die Caisse de retraits des ACMV fusioniert und der Omni Holding unterstellt werden. Sämtliche Rey-Gesellschaften treten dann sukzessive der Stiftung bei, indem zusätzliche Fonds gegründet werden. Die Wertschriftenverwaltung soll durch die Omnibank (sie heisst später Swiss Cantobank) erfolgen. Bei der Eröffnung von Wertschriftendepots bei anderen Banken soll deren Kreditpolitik gegenüber Werner K. Rey berücksichtigt werden.

Dieses Modell weist eine ganze Reihe von Ungereimtheiten auf.

Erstens (und zugleich am bedenklichsten): Die Schweiz hat laut «Verzeichnis der unter Bundesaufsicht stehenden privaten Versicherungseinrichtungen» keine Bewilligung für die Sparte Lebensversicherung. Deshalb darf sie keine Pensionskassengelder entgegennehmen.

Zweitens: Dass eine Captive-Gesellschaft in Liechtenstein existiert, darf bei den Rey-Firmen – namentlich bei der Selve-Gruppe und bei Inspectorate – offenbar unter keinen Umständen bekannt werden. «Der Verwaltungsrat dieser Gesellschaft sollte weder mit SMS- noch mit Inspectorate-Kader dotiert sein», heisst es wörtlich im Papier. Rey, sein Sekretär Kühni und eine Omni-Angestellte werden als Wunsch-Verwaltungsräte genannt.

Drittens: Sowohl die Rück als auch ihre Tochter sind blutige Anfängerinnen im Captive-Bereich. Das Know-how müssen sie sich im August 1985 denn auch in aller Eile bei einer englischen Beratungsfirma beschaffen.

Der Versuch, dieses mit Ungereimtheiten und Unzulänglichkeiten belastete Konzept zu verwirklichen, fördert einige Besonderheiten der inneren Organisation in Werner K. Reys Reich zutage.

Am 19. August beklagt sich der mit der Durchführung des «WKR-Konzepts» betraute Schweiz-Projektleiter über die schleppende Kontaktherstellung bei den einzelnen Gesellschaften der Rey-Gruppe. Seine Kritik gilt namentlich René Giulianelli, der auf der Omni-Seite für die Koordination verantwortlich ist.

Die einzelnen Firmen lassen Giulianelli ins Leere laufen. Sie haben keine grosse Lust, ihre angestammten Versicherungsbeziehungen, die teilweise auf Gegengeschäften beruhen, zugunsten einer zentralen Regelung aufzugeben. Eine durchaus verständliche Haltung. In einem straff geführten Verband könnte dieser Widerstand indessen gebrochen werden. Doch genau diese zentrale Willenslenkung fehlt in der Rey-Gruppe.

Das Zentralgestirn ist Werner K. Rey, um ihn herum kreisen stellare Objekte. Typisches Beispiel ist die Inspectorate International SA, die in sich selber einem weitgehend führungslosen Kugelhaufen gleicht. Die Omni ist eine reine Serviceorganisation der Sonne WKR und Arbeitsort für eine Handvoll langjähriger Rey-Vertrauter ohne eigene Kompetenzen. Bezeichnenderweise kann Giulianelli nur Kontakte herstellen, nicht aber kraft seines Amtes die einzelnen Gruppengesellschaften zur Mitarbeit zwingen.

Die Rey-Gruppe ist für das Captive-Modell also denkbar ungeeignet, aber nicht allein wegen der ungewohnten, um nicht zu sagen nur auf dem Papier vorhandenen Strukturen und Hierarchien. Schweiz-Angestellte, welche die harzig hereintröpfelnden Policen unter die Lupe nehmen, können wenig Attraktives erkennen. Im Gegenteil.

Diverse Rey-Gesellschaften weisen hohe Schadensquoten auf. Bei der Buntmetallwerke Selve AG beispielsweise übersteigt allein die Schadensbelastung aus der Feuerversicherung im Zeitraum 1980 bis 1985 die Prämieneinnahmen um 86 Prozent. Überdurchschnittlich hoch ist in Thun überdies die Belastung im Krankenversicherungsbereich, weil die Personalstruktur eine starke Überalterung aufweist. Auch die Omnibank kommt mit schlechten Zensuren weg. Sie wird als Betrieb mit erheblichen Sicherheitsrisiken eingestuft, was unter anderem mit schlecht qualifizierten Mitarbeitern begründet wird.

Vor allem jedoch geht die Rechnung bei der fragwürdigen Entgegennahme von Pensionskassengeldern nicht auf. Aber nicht etwa, weil die geistigen Väter plötzlich Skrupel haben. Das Projekt muss allein deshalb vertagt werden, weil eine grosse schweizerische Lebensversicherungsanstalt, die von diesem Dreh am meisten getroffen würde, sich in geharnischten Schreiben gegen eine vorzeitige Kündigung der Verträge wendet.

Anfang 1986 findet zwischen der Omni und der Schweiz eine Lagebesprechnung statt. Es herrscht allgemeine Ernüchterung. Die Captive-Gesellschaft existiert, allen Widerwärtigkeiten zum Trotz, zwar mittlerweile tatsächlich. Sie heisst Capar AG, hat ihren Sitz in Vaduz und wird ganz nach Reyscher Manier durch die ihm gehörende Briefkastenfirma Bellworth SA von Panama aus kontrolliert.

Das Prämienvolumen, das im laufenden Jahr in die Capar AG fliessen sollte, ist mit 1,41 Millionen Franken weit tiefer als ursprünglich angenommen. Zu tief jedenfalls, um das Verlustrisiko bei der Captive-Gesellschaft aufzufangen. Deshalb, so wird beschlossen, soll die Liechtensteiner Firma 1986 lediglich mit «indirekten Inkassoprämien» alimentiert werden. Mit anderen Worten: Die Schweiz behält die risikobehafteten Geschäfte und erbringt obendrein zusätzliche Zuwendungen in Form von «indirekten Inkassoprämien» an die Capar. Man will ja schliesslich mit Rey unbedingt im Geschäft bleiben.

Dass beide Seiten nicht so recht wissen, was mit der Capar AG, die aus den erwähnten Gründen ja für den ursprünglichen Zweck nicht wie gewünscht gebraucht werden kann, geschehen soll, geht aus einem Auszug aus dem Besprechungsprotokoll hervor: «Die Capar kann unter Umständen ein geeignetes Mittel darstellen, um nicht versicherbare oder prämienmässig zu kurze Risiken steuergünstig in Form der Eigenversicherung zu behandeln», heisst es dort vage.

Auch eine Zwischenbilanz am 7. September 1987 zeigt, dass die Rey-Gruppe nach wie vor nicht richtig Captive-tauglich ist. Zwar betont René Giulianelli gegenüber seinen Schweiz-Gesprächspartnern, dass die Zeit für die Capar in Liechtenstein günstig sei. Er hofft unverdrossen, dass die vielen Rey-Gesellschaften einsichtig werden und die Capar mit Prämien alimentieren. Vor allem bei der Inspectorate sieht Giulianelli einige Chancen, weil mit Matthias U. Jermann, Ulrich Guggisberg sowie Francis Holmes eine neue Generaldirektion unter Vertrag ist. Es werde sich nun zeigen, wer von ihnen die «US-Satelliten» (Giulianelli über die weitgehend autonom agierenden amerikanischen Inspectorate-Firmen) bändigen könne.

Aber nicht nur das eigentliche Versicherungsgeschäft mit Rey harzt an allen Ecken und Enden. Den Herren Versicherern scheint beim bevorstehenden Going public der Omni Holding nicht mehr die Goldsträhne wie einst bei der Inspectorate zu winken, wie dem Gesprächsprotokoll weiter zu entnehmen ist. Laut Giulianelli sei der Zug abgefahren, ein Bankenkonsortium habe den Kuchen verteilt. Die Schweiz Versicherung könne bestenfalls noch 20 000 Omni-Inhaber für 1500 Franken das Stück kaufen, müsse jedoch die 30 Millionen Franken innert 24 Stunden aufbringen. Das scheint der Versicherung nun doch ein zu grosser Happen zu sein. (Die Versicherer werden über diesen Verzicht noch froh sein. Das Going public der Omni kann bekanntlich nicht termingerecht erfolgen, muss auf den Sommer 1988 verschoben werden und wird alles andere als erfolgreich sein.)

Zurück zum Versicherungsgeschäft: Leicht frustriert müssen die Schweiz-Leute zur Kenntnis nehmen, dass ihre Dienste bei der Capar AG zurückgestuft werden. Mit der Erarbeitung eines Konzeptes für die weitere Verwendung der Capar sei nunmehr jemand anderer beauftragt, eine Firma namens SIS Holding AG, teilt ihnen Giulianelli mit. Er betont allerdings, dass man immer noch an einer engen Zusammenarbeit mit der Rück interessiert sei. Und die Rolle der Schweiz Allgemeine Versicherung? «Giulianelli sieht uns als ‹Vorzimmerdame› zur Rück», notiert ein Schweiz-Versicherung-Mann.

Wer ist die SIS Holding, die da plötzlich ein Konzept für die Capar ausarbeiten soll? Um diese Frage zu beantworten, müssen wir ein zweites Mal zurückblenden, und zwar zum Jahresende 1986.

Die Bande zwischen Rey und der Rück-Tochter Schweiz sind geknüpft. Der Knoten wird verstärkt durch die enormen Gewinne aus der Versilberung von Inspectorate-Aktien nach der Börsenöffnung. Rey will mehr: eine langfristige und publizitätswirksame Zusammenarbeit mit der Schweiz und der dahinterstehenden Rück.

Der nach Expansionsmöglichkeiten suchende Imbach ist sofort dabei. Nach Konsultation von Rück-Generaldirektor Rolf

Gamper schlägt Imbach Rey die Gründung einer gemeinsamen Holding für Versicherungs- und Finanzdienstleistungen vor. Rey ist hoch erfreut und stellt im Frühjahr 1987 rund 20 Millionen Franken zur Verfügung. Ende April gründet Imbach die Swiss Insurances & Services Holding SIS mit Sitz in Zürichs Nobelvorort Zollikon. Rey delegiert Giulianelli in den SIS-Verwaltungsrat ab.

Rey ahnt zu diesem Zeitpunkt offenbar nicht, dass Martin Imbach, Léon Genoud sowie ein weiterer Schweiz-Kadermann heimlich beschlossen haben, ihren Brötchengeber zu verlassen und sich selbständig zu machen. Vor allem Imbach, ein glühender Verehrer von Rey, träumt von einer eigenen Gesellschaft, die nach dem gleichen Strickmuster wie die Omni aufgebaut ist: Weltumspannend muss sie sein und als Kernstück mindestens eine Bank enthalten. Weshalb dafür eine neue Gesellschaft gründen, wo es doch die SIS gibt.

Der Austritt bei der Schweiz erfolgt im Mai 1987. Kurz darauf erwirbt die SIS eine Mehrheitsbeteiligung an der kleinen Credit Bank in Zürich, die in schwedischen Händen liegt.

Mit diesem Kauf ist das SIS-Aktienkapital von 25 Millionen Franken mehr als nur angeknabbert. Bei Rey um weitere Mittel nachzusuchen ist ungünstig, weil die Herren ja unbedingt die Mehrheit an der SIS haben wollen. Rey hat nämlich inzwischen erfahren, dass die drei aus der Schweiz Versicherung ausgetreten sind und sich mit der SIS selbständig gemacht haben. Er ist ziemlich sauer darüber, dass er nicht mehr auf ihre Dienste zählen kann. So muss Rey darauf verzichten, die SIS-Beteiligung in den Omni-Hochglanzprospekten imagefördernd als Joint-venture mit der Schweizer Rück auszugeben. Er macht aber gute Miene zum bösen Spiel. Schliesslich ist er froh um jede Beteiligung an einem Schweizer Unternehmen, mit der er seine vor der Börsenöffnung stehende Omni Holding schmücken kann.

Obwohl Rey nicht um neue Mittel angegangen wird, expandiert die SIS in schnellem Tempo. Haben die drei Ex-Schweiz-Männer eine andere Finanzquelle gefunden? Einiges deutet darauf hin.

Mittel zum Zweck könnte die ehemalige Arbeitgeberin selbst sein, die eine überaus interessante Geschäftsbeziehung zum deutschen Anlagespezialisten Walter Amend und seiner Garmenbeck-Gruppe unterhält.

Amend lockt Firmen und Privaten mit marktunüblich hohen Renditen Geld aus der Tasche. Mit diesem Geld kauft er abgezinste Wertpapiere mit einer Laufzeit von 10 Jahren. Solche Papiere sind erst am Ende der Laufzeit ihren vollen Preis wert, die Zinsen werden im Laufe der Jahre gutgeschrieben. Deren künftigen Eingang garantiert die Bank, bei der die Wertpapiere hinterlegt werden. Mit der Bankgarantie geht Amend zur Schweiz, die ihm für den vollen Betrag und gegen eine saftige Prämie eine Garantie ausstellt. Sie verpflichtet sich damit, den erst in Zukunft zu erzielenden Ertrag auf Verlangen bereits heute auszuzahlen. Die Garantie der Versicherung legt Amend einer Bank vor, die ihm für den garantierten Betrag einen Kredit ausstellt. Mit diesem Geld kauft Amend eine Lebensversicherung (Einmalprämie) und belehnt die Police bei einer weiteren Bank und so weiter und so fort. Der Amendsche Trick funktioniert so lange reibungslos, als sich immer neue Anleger daran beteiligen.

Obwohl nach Ansicht damaliger Schweiz-Mitarbeiter niemand das äusserst komplizierte und verschlungene Anlagemodell von Amend und dessen Firmengruppe Garmenbeck zu durchschauen vermag, steigt die Schweiz Versicherung 1986, damals noch unter Leitung von Imbach, mit Wonne in das prämienträchtige Geschäft ein. Die Mutter Rück hat nichts dagegen.

Kurz vor seinem Absprung bei der Schweiz gründet Léon Genoud zusammen mit Thorbjörn Laag, dem Hauptaktionär der in Zug domizilierten Minibar-Gruppe (sie betreibt unter anderem das Geschäft mit den gleichnamigen Kühlschränken in den Hotelzimmern rund um die Welt), die Minibar Finance Systems AG, ein reines Finanzvehikel mit einem Minimalaktienkapital von 50 000 Franken und Domizil bei einer Zuger Anwaltskanzlei.

Die Minibar Finance Systems AG klinkt sich in Amends Spiel ein. Eines der ersten Geschäfte läuft so ab: Die Minibar veranlasst die Schweiz Versicherung im Mai 1987, eine Bürgschaft über 5 Millionen Dollar bei einer Zürcher Bank einzugehen. Bürgschaftsnehmerin ist Amends Garmenbeck Ltd in London, eine reine Briefkastenadresse. Garmenbeck hinterlegt bei der Schweiz eine Sicherheit (abgezinste Wertpapiere) in der Höhe der 5 Millionen Dollar. Am Schluss erhält die Minibar von der Schweiz Versicherung einen Bankcheck über 5 Millionen Dollar zugeschickt, bei dem es sich angeblich um die Auszahlung eines Darlehens der Garmenbeck London handeln soll. Zur Undurchsichtigkeit trägt bei, dass Walter Amend den Versicherungsvertrag mit der Schweiz im Namen der Minibar Finance Systems signiert, obwohl er in den Akten dieser Firma nicht als unterschriftsberechtigt auftaucht.

Später verpflichtet die Minibar Finance Systems AG die Schweiz Versicherung ohne Zwischenschaltung von Amend. Dass die Minibar Finance Systems AG, eine noch völlig unbekannte und mit einem kleinen Aktienkapital dotierte Gesellschaft, innert kürzester Zeit Bankdarlehen von gegen 50 Millionen Franken bezieht – und dies mit der Schweiz-Garantie –, ist doch sehr erstaunlich.

Natürlich erscheint in ihren Büchern nicht immer der Name Minibar Finance Systems als Auftraggeber. Zwischendurch figuriert eine Liechtensteiner Anstalt namens Bajana unter den Kunden der Schweiz. Dass sich dahinter aber wieder die Minibar verbirgt, bringt ein dummer Zufall ans Licht: Am 1. August 1988 notiert ein Schweiz-Buchhalter bei einer 7,5-Millionen-Garantie gegenüber der Aargauischen Hypotheken- und Handelsbank hinter dem Auftraggeber Bajana in Klammern: «Minibar».

Dass die Bajana ihr Domizil gerade in Liechtenstein hat, lässt sich leicht erklären: Die Schweiz bedingt sich in den Garantieverträgen nämlich ein Regressrecht aus. Wird sie aus der Garantieverpflichtung zur Kasse gebeten, ist sie berechtigt, den Betrag bei ihrer Auftraggeberin zurückzufordern. Wenn diese als Briefkastenfirma in Liechtenstein sitzt, so lässt sich leicht ausrechnen, dass die Schweiz nicht so einfach an sie herankommen dürfte.

Der beachtliche Zufluss an Geldern bei der Minibar korrespondiert mit der raschen Ausdehnung der Geschäftsaktivitäten der SIS Holding. Überall in Europa, ja sogar in Übersee, erwirbt die SIS Beteiligungen an Versicherungen und Finanzgesellschaften. Die Mittel dazu? In Insiderkreisen ist man überzeugt, dass Finanzfachmann Léon Genoud, der bei beiden Gesellschaften im Verwaltungsrat sitzt, die Frage beantworten könnte. Übrigens erhält Genouds Nachfolger bei der Schweiz, Andreas Früh, 1989 ebenfalls einen Sitz im Verwaltungsrat der Minibar Finance Systems.

Ein weiteres Indiz für den undurchsichtigen Charakter der Minibar Finance Systems: 1989 kann Minibar-Gründer Laag keinen geringeren als Klaus J. Jacobs für die Minibar engagieren. Jacobs, Besitzer des Nahrungsmittel-Konzerns Jacobs-Suchard, ist an lukrativen Finanzanlagen sehr interessiert. Er steigt mit 40 Prozent in die Minibar-Gruppe ein. Die anfängliche Freude weicht indessen bald grosser Frustration. Weil Laag ihn nicht in die Bücher blicken lässt und auch sonst mit Informationen nicht herausrücken will, tritt Jacobs schon ein Jahr später wieder aus dem Verwaltungsrat der Minibar aus. Er könne angesichts der fehlenden Informationen seine Verantwortung als Verwaltungsrat nicht mehr wahrnehmen, begründet ein enger Mitarbeiter den Schritt. Seine Beteiligung hält Jacobs weiter, soll dem Vernehmen nach aber noch heute nicht wissen, wie es um die Minibar-Gruppe bestellt ist und was diese überhaupt alles macht. Thorbjörn Laag soll sich weiterhin weigern, Auskünfte über das Unternehmen zu geben.

Welche Rolle Rey beim raschen Wachstum der SIS Holding spielt, ist nicht klar, auch nicht, ob er um die undurchsichtigen Verbindungen zwischen der Schweiz Versicherung und der Minibar Finance Systems weiss. Sein Anteil am Aktienkapital der SIS reduziert sich im Laufe der Zeit auf rund 26 Prozent. Im SIS-Verwaltungsrat lässt er sich durch René Giulianelli vertreten. In Insiderkreisen weist man darauf hin, dass Rey Imbach und Genoud immer nur als Steigbügelhalter für die geschäftliche Bindung an die Rückversicherungs-Gesellschaft gesehen und sich deshalb ziemlich übertölpelt gefühlt habe, als die beiden sich von der Schweiz Versicherung abnabelten, um sich als SIS-Mitbesitzer zu profilieren.

Und so geht die Geschichte zu Ende:

Nach nur vier Jahren Existenz der SIS-Holding weist das Organigramm bereits unzählige Kästchen auf – getreu dem Vorbild Omni. Da gibt es Beteiligungen an Versicherungsgesellschaften, an Finanz- und Serviceunternehmen und seit 1989 eine ziemlich quer zum Konzept liegende Mehrheitsbeteiligung am Zürcher Hoch- und Tiefbauunternehmen Ed. Züblin & Cie AG.

Rey rächt sich an den «Schweiz-Abspringern» auf seine Weise. Im November 1990, als ihm das Wasser bereits bis zum Hals reicht, verkauft er seinen Anteil an der SIS ohne Rücksprache mit Imbach und Genoud – und sicher gegen deren Willen – an die Comco Holding in Biel (eine Gesellschaft, auf die wir später zu sprechen kommen werden). Die Ex-Schweiz-Leute halten nur noch knapp über 50 Prozent des SIS-Aktienkapitals.

Walter Amend wird im Januar 1990 wegen Verdachts auf Steuerhinterziehung von der deutschen Justiz vorübergehend in Untersuchungshaft genommen. Die misstrauisch gewordenen Banken und Anleger fordern – gestützt auf Schweiz-Garantien – ihre Gelder zurück. Der Rück-Tochter resultiert daraus ein Riesenverlust von 450 Millionen DM. Sie ist finanziell ausgehöhlt. Die Rückversicherung muss ihrer Tochter zu Hilfe eilen.

Obwohl in internen Revisionsberichten bereits 1988 verklausuliert Kritik an der Amendschen Geldvermehrungsmaschine laut geworden ist, hat die Schweiz blind weitergemacht. Die Mutter Rück hat – trotz Kenntnis des Engagements und der Vorgänge bei ihrer Tochter – nicht interveniert. 1990 hat diese Garantieverpflichtungen in den Büchern, die das ausgewiesene Eigenkapital von 170 Millionen um mehr als das Doppelte übersteigen.

Amend ist inzwischen untergetaucht.

Das Kapital der Capar AG in Vaduz wird 1987 erhöht, die Schweiz Versicherung sichert sich einen Verwaltungsratssitz. Angeblich soll die Capar ab 1988 praktisch zu einer inaktiven Gesellschaft geworden sein. Aus versicherungstechnischer Sicht dürfte dies zweifellos stimmen. Denn in der Rey-Gruppe wird der Versuch, das Prämiengeschäft in die eigene Hand zu nehmen, endgültig begraben. Ob die Capar von Rey oder der

Schweiz Versicherung für andere Zwecke benützt wird, ist nicht klar. Im September 1991 wird sie liquidiert. Fast zeitgleich reicht in Zürich der Privatmann Werner K. Rey eine Insolvenzerklärung ein.

Das also ein kleines Beispiel, was «Mister Goldfinger» – die Boulevardzeitung «Blick» 1988 über Rey – auch noch unter produktivem Einsatz von Kapital versteht. Ein Beispiel, das zeigt, was herauskommen kann, wenn Rey, das «Salz unserer Wirtschaft» («Blick»), andere Manager zum Geschäftemachen animiert.

XVI

Der zweite Gang zur Börse ist ein Kriechgang

Noch verhallen Sturmwarnungen ungehört – die Omni-Aktie erweist sich am Ende doch als Flop

Frühjahr 1988: Ballonpilot Werner K. Rey hat schon eine stattliche Anzahl von Passagieren an Bord des Omni-Korbes genommen. Zur Beteiligung an der Ateliers de Constructions Mécaniques de Vevey (ACMV) und der Swiss Cantobank haben sich das Medien- und Druckunternehmen Jean Frey, die erwähnte Beteiligung an der SIS Holding sowie ein 30-Prozent-Paket an der Genfer Bedarfsfluggesellschaft ALG Aeroleasing gesellt. Dem Vernehmen nach soll Vielflieger Rey gelegentlich Aeroleasing-Maschinen benützt haben. Über den Wolken sei ihm die Idee gekommen, sich am Unternehmen zu beteiligen. Aeroleasing-Besitzer Elie Bazbaz, ein Frankolibanese, gibt dem Werben des Kunden Rey rasch nach. Man gründet im steuerlich günstigen Freiburg eine Holding, und Rey schiesst Geld ein. Die Reyschen Intentionen dabei, die auch Bazbaz sehr gefallen: ein Take-off an der Börse.

Weil das Fliegen Rey ganz offensichtlich Vergnügen bereitet, hat er im Februar 1988 in Neuseeland einen kurzen Zwischenhalt eingeschaltet und die Aktien der dort an der Börse kotierten Omnicorp Investments Ltd gekauft. Die Omnicorp ist an der HPI, der privaten britischen Touristikholding Hudson Place Investments, beteiligt, der unter anderem die britische Charter- und Linienfluggesellschaft Air Europe gehört. Dass die Omnicorp den gleichen Namen wie Reys Omni-Gruppe trägt, ist purer Zufall, dürfte jedoch für Rey ein zusätzlicher Kaufanreiz gewesen sein. Auf jeden Fall zeigt er sich auch bei diesem Geschäft von der grosszügigen Seite – sehr zur Freude der Omnicorp-Verkäufer, denen der Börsencrash von 1987 sehr zugesetzt hat. Doch Rey rechnet eben anders. Er hofft, dass die HPI demnächst in England an die Börse kommt, und dann hat er sein Geld wieder eingespielt.

Seit April 1988 ist Rey schliesslich überglücklicher Besitzer von 20 Prozent des weltweit bekannten Maschinenbaukonzerns Sulzer.

Und wie geht es Pilot Rey, dessen Korb samt Passagieren am prallen Inspectorate-Ballon hängt, in finanzieller Hinsicht? Bei nüchterner Betrachtung ausgesprochen schlecht.

Blättern wir dazu etwas im Geschäftsbericht der Omni für das Jahr 1987, der aufgrund Reys höchst fragwürdiger Bilanzierungsmethoden mit grosser Vorsicht zu interpretieren ist. Aber immerhin, Schulden lassen sich nicht so leicht aus der Welt schaffen, und deshalb stehen sie auch ungeschminkt im Geschäftsbericht.

Bei einem ausgewiesenen Eigenkapital von 788 290 835 Franken, von dem mindestens 400 Millionen warme Luft sind, hat die Omni Holding am 31. Dezember 1987 einsame 185 798 Franken in der Holdingkasse. Dem Kleingeld in der Kasse stehen kurzfristige Bankdarlehen von knapp 55 Millionen Franken gegenüber, 30 Millionen mehr als im Jahr zuvor. Die langfristigen Bankdarlehen schlagen sogar mit 308 Millionen (140 Millionen Franken mehr als im Vorjahr) zu Buch.

Und was wirft das Beteiligungsportefeuille von 1 242 800 000 Franken, das nur deshalb so hoch ist, weil Rey alle Beteiligungen, also nicht nur die berühmte Inspectorate, zum vollen Übernahmewert in die Bücher nimmt, an Dividenden ab? Genau 13 970 225 Franken. Das ist weniger als jene 14,5 Millionen, die Omni an Zinsen für das Fremdkapital bezahlen muss. Was nicht im Geschäftsbericht steht: Zu den Dividendeneinnahmen zählen beispielsweise 3,6 Millionen Franken, welche eine Omni-Tochter auf den Cayman Islands 1987 ihrer Mutter überwiesen hat. Das erfolgreiche Geschäftsjahr der Karibiktochter ist unter anderem auf einen florierenden Handel mit Inspectorate-Aktien zurückzuführen.

Kurz: Die Rentabilität der Passagiere im Omni-Korb ist äusserst dürftig. Dass die Holding dennoch einen Reingewinn von 18 Millionen Franken ausweisen kann, verdankt sie unter anderem einem Ertrag von 27 Millionen Franken, der im Wertschriftengeschäft angefallen ist.

Das Ganze sieht nicht besser aus in der konsolidierten Rechnung, die ein Bild über den Zustand der Omni-Gruppe liefert. Bei einem Bilanztotal von 1,3 Milliarden Franken liegen gerade 7,8 Millionen Franken in den Kassen. Vom Wertschriftenbestand von 55,9 Millionen Franken lassen sich zur Not Papiere im Wert von weniger als 20 Millionen Franken versilbern, der Rest ist gebunden, das heisst bei Banken verpfändet.

Zusammengefasst machen die Schulden 434 Millionen Franken aus. Davon wird ein Bankdarlehen von 150 Millionen Franken auf das Jahresende 1988 und werden weitere 134 Millionen 1989 zur Rückzahlung fällig.

Um nicht erneut nur einen kümmerlichen Gewinn auszuweisen, greift Rey in der konsolidierten Erfolgsrechnung kurzerhand zu einem anderen Bilanzierungsprinzip: Verbucht er in der Holdingrechnung die tatsächlichen Dividendeneinnahmen als Gewinn, so weist er hier den anteiligen Gewinn der einzelnen Beteiligungen aus. Er kann somit auch jenen Gewinnbestandteil berücksichtigen, der in der betreffenden Unternehmung nicht an die Aktionäre ausgeschüttet, sondern den Reserven zugewiesen wird. Durch diese kleine Änderung der Darstellung verdreifacht sich der Beteiligungserlös auf einen Schlag.

Diese Zahlen geben ein Bild per Ende Dezember 1987 ab. In der Zwischenzeit hat sich die Omni Holding mit dem Kauf der Sulzer-Aktien (220 Millionen Franken) und der neuseeländischen Omnicorp (123 Millionen Franken) weiter verschuldet. Klar, dass einige Omni-Passagiere dem Piloten aushelfen müssen.

Weil die Kasse der Frey-Gruppe in der Philosophie von Rey und seinen Mitarbeitern auch die Kasse der Omni ist, hat das Druckerei- und Verlagsunternehmen seinen Beitrag zum Preis von 220 Millionen Franken für das Sulzer-Paket zu leisten. So etwas nennt sich gruppenweites Cash-Management. Deshalb nehmen ein Omni-Verantwortlicher und der von der Omni neu eingesetzte Jean-Frey-Finanzverantwortliche auf den Liegenschaften der Frey-Gruppe beim Schweizerischen Bankverein und der Zürcher Kantonalbank einen Hypothekarkredit von insgesamt 60 Millionen Franken auf. Das Geld fliesst direkt zur Omni Holding und von dort zu Tito Tettamanti, dem Verkäufer der Sulzer-Aktien. Bei der Jean-Frey-Gruppe wird die Transaktion als Darlehen an die Omni abgebucht. Sicherheiten werden keine hinterlegt.

Der Verwaltungsrat der Jean-Frey-Gruppe, der ein solches Geschäft vor dem Gang zu den Banken selbstredend absegnen müsste, wird erst nachträglich informiert. Die mutwillig übergangenen Verwaltungsräte reagieren entsprechend. Für ihren Ärger hat man bei der Omni indessen kein Verständnis, da man doch lediglich brachliegende Mittel für die Gruppe nutzbringend angelegt habe, bei der Omni handle es sich im übrigen um eine erstklassige Schuldnerin. Und schliesslich stehe das Going public der Omni bevor und aus dem Erlös werde das Darlehen umgehend wieder zurückbezahlt. Zum Glück für Rey beruhigen sich die Gemüter bei Jean Frey wieder. Scheinbar.

Obwohl das Börsenklima noch immer nicht sehr freundlich ist, mag Rey nicht mehr länger zuwarten. Seine Omni Holding muss sich so rasch als möglich dem Publikum öffnen.

Wie immer bei Rey gehen einem solchen Ereignis kleinere Retouchen voraus: Anfang Juni beschliesst der Verwaltungsrat die Sitzverlegung der Omni Holding von Zug nach Bern. Räumlichkeiten hat man noch keine, das Problem der Suche überlässt man den Berner Behörden, bei denen Rey seit dem Wechsel der Inspectorate von Neuenburg nach Bern enorm hoch im Kurs steht. Zugleich nimmt der Verwaltungsrat eine interessante Präzisierung des Gesellschaftszwecks in den Omni-Statuten vor: «Die Gesellschaft kann auch Finanzierungen für eigene und fremde Rechnungen vornehmen und Garantien und Bürgschaften für Tochtergesellschaften und Dritte eingehen.»

Wichtig ist vor allem die zweite Hälfte des Satzes. Der exzessive Gebrauch von Garantien und Bürgschaften an Omni-Töchter und Dritte wird wesentlich zum Untergang der Omni Holding beitragen. Eine Garantie der Omni Holding wird vielen Bankiers ausreichen, um einer Gruppengesellschaft ohne Zögern Kredite ohne Realsicherheiten zur Verfügung zu stellen.

Bereits hier sei erwähnt, dass die Holding am 31. Dezember 1990 – zwei Monate vor dem Kollaps – Garantieverpflichtungen für den astronomischen Betrag von 1,95 Milliarden Franken in den Büchern haben wird.

René Giulianelli, bislang Delegierter, wird von Rey – offenbar ohne Konsultation der anderen Mitglieder – zum Verwaltungsrat hinauskomplimentiert. Der Abgehalfterte wird mit dem neugeschaffenen Posten des Generaldirektors getröstet. Neu in den Omni-Verwaltungsrat holt Rey Wolfgang Marti, Direktionspräsident des Berner Kommunikationsunternehmens Hasler, Mitglied des Sulzer-Verwaltungsrats und Präsident des Vereins Schweizerischer Maschinen-Industrieller (VSM). Wolfgang Marti ist in Reys Augen ein klassischer Vertreter des gehobenen Wirtschaftsestablishments und deshalb eine hochwillkommene Bereicherung des Omni-Verwaltungsrates.

Parallel dazu laufen die Ausmarchungen zwischen dem Bankenkonsortium und Rey bezüglich der Börsenöffnung. Das Aktienkapital wird um 134 Millionen Franken von 466 auf 600 Millionen erhöht. Von einem satten Agio auf den 268 000 neuen Inhaberaktien zum Nennwert von je 500 Franken – 1987 war ein Emissionspreis von mindestens dem Dreifachen des Nominalwertes geplant gewesen – kann Rey diesmal nur träumen. Die Papiere, so raten ihm die Banken unter Federführung des Schweizerischen Bankvereins, kann er höchstens zum doppelten Betrag auf den Markt bringen.

Dem potentiellen Anleger wird eine Mindestdividende von 5 Prozent, und zwar rückwirkend für das gesamte Jahr, versprochen. Diese Mindestdividende macht, bezogen auf das Inhaberkapital von 340 Millionen Franken (die restlichen 260 Millionen sind Namenkapital), 17 Millionen aus. Wenn man bedenkt, dass die Omni Holding 1987 einen Reingewinn von 18 Millionen Franken erzielt hat, so wird rasch klar, dass sie schon 1988 einen massiven Gewinnanstieg realisieren muss. Nur so kann sie den Aktionären mehr als das wenig attraktive Minimum von 5 Prozent ausschütten. Es sei denn, jemand mit einem grossen Aktienbestand verzichte grossmütig auf den ihm zustehenden Dividendensegen.

Den Jemand gibt es: Werner K. Rey, Besitzer aller Namenaktien. Für die drei Geschäftsjahre bis 1990 passt er bei der Verteilung der Dividende für diese Papiere. Damit «erspart» sich die Omni Holding jährlich mindestens 13 Millionen Franken. Von Bankenseite ist zu vernehmen, dass diese Idee nicht von den Geldinstituten zur Bedingung gemacht worden ist, sondern von Rey stammt.

Er demonstriert überdeutlich die wacklige Ertragslage der Superholding Omni.

Warum wagen es die Banken dennoch, die Omni-Aktie unters Publikum zu bringen? Wohl deshalb, weil sie in erster Linie an ihr Geschäft denken. Und Emissionen sind ein sehr einträgliches Geschäft, sowohl für die Emissions- als auch die Börsenabteilungen der Banken. Welcher Bankier erwartet von diesen Abteilungen nicht jedes Jahr noch bessere Leistungen, sprich ein höheres Geschäftsvolumen? Zum anderen liegt der einen oder anderen Bank, die bei Rey grössere Kredite ausstehen hat, sehr daran, dass die Omni an der Börse raschestmöglich frische Mittel erhält. Und schliesslich darf das Ansehen nicht unterschätzt werden, das Financier Rey bei den Banken mittlerweile geniesst.

Dem Konsortium gehören denn auch so renommierte Adressen wie die Schweizerische Kreditanstalt oder die beiden kleineren Banken Julius Bär und Leu an. Selbstverständlich sind auch die Swiss Cantobank und die Kantonalbanken mit von der Partie, ebenso selbstverständlich fehlt die Schweizerische Bankgesellschaft. Den grossen Schnitt macht indessen der Konsortialführer, der Schweizerische Bankverein. Er zeichnet nicht nur 33 Prozent der 120 000 für das Publikum reservierten Omni-Inhaber, sondern noch eine weitere Tranche von 48 000 Aktien, die Rey laut Emissionsprospekt «bei einer kleineren Anzahl namhafter in- und ausländischer Investoren, die an einer längerfristigen Anlage interessiert sind», bereits fest vergeben hat, sowie 100 000 Aktien, die in der Verfügungsgewalt des Omni-Verwaltungsrates bleiben.

Am 28. Juni 1988 lädt Werner K. Rey zur Medienkonferenz ein. Wer bislang nicht so recht gewusst hat, was die Omni Holding eigentlich ist, erhält endlich Aufschluss: Die Omni ist eine Banque d'affaires. Eine Bank also? Nein, belehrt Rey seine Zuhörerschaft, eine artverwandte Institution, wie es sie bereits im 19. Jahrhundert gegeben hat. Damals finanzierten die Banques d'affaires die grossen Erfindungen, die Omni leistet heute Finanzierungshilfe für den rasch expandierenden Dienstleistungssektor sowie für Industriegesellschaften.

Und wie funktioniert die Banque d'affaires Omni? Sie übernimmt Unternehmen ganz oder teilweise. Wenn die Omni sie länger zu behalten gedenkt, dann sind es «strategische Beteiligungen». Bei ihnen pocht man auf einen Sitz im Verwaltungsrat, um auf die «strategische Ausrichtung» der Gesellschaft zu wirken und die Ertragskraft zu «verbessern». Gedenkt Omni die Gesellschaften nicht über eine längere Zeit zu behalten, so sind es «taktische Beteiligungen». Sie zeichnen sich dadurch aus, dass es ihnen zuerst schlecht geht. Dann machen sich Reys Finanzspezialisten und Berater ans Werk, sanieren und verkaufen sie mit sattem Gewinn wieder. Synergieeffekte, wie Reys Lieblingswort Anfang der achtziger Jahre hiess, brauchen die Omni-Beteiligungen nun nicht mehr zu produzieren.

Weil Reys Spezialität vor allem die Finanzierungshilfe ist oder Financial Engineering, wie das Ding auf Englisch heisst, beteiligt er sich am liebsten an Publikumsgesellschaften. Diese verfügen bereits über einen ungehinderten Zugang zu den Kapitalmärkten. Ist dies nicht der Fall, wie zum Beispiel bei der Jean-Frey-Gruppe, so arbeiten Rey und seine Spezialisten gezielt auf die Publikumsöffnung hin.

Finanzierungshilfen jedwelcher Art, so Rey stolz, seien für die Omni kein Problem. Wie wenige andere private Gesellschaften verfüge sie über eigene Mittel von über einer Milliarde Franken. Und wenn Rey in die schweizerische Wirtschaftslandschaft blickt, durchfährt ihn ein wohliger Schauder, denn überall entdeckt er «unterbewertete» Unternehmen. Rey dazu wörtlich: «Hier sehen wir für die Omni ein grosses Potential, attraktive Beteiligungen übernehmen und entwickeln zu können.»

Tags darauf durchfährt Rey wieder ein Schauder, diesmal ein kalter.

Unter dem Titel «Reys eher begrenzte Omni-Potenz» zerpflückt NZZ-Wirtschaftsredaktor Hansjörg Abt die von Rey und seinem PR-Berater am Vortag zu einer raren und überaus wohlriechenden Rose emporstilisierte Omni Holding wie ein gemeines Gänseblümchen. Er geisselt die grotesk aufgeblähte Beteiligungsstruktur sowie die ausgefallenen Bilanzierungsmethoden und mokiert sich über die «mickrige Beteiligungsrendite» und die offensichtlich leeren Kassen.

Die Philippika fällt just auf den 29. Juni. An diesem Tag beginnt die bis zum 5. Juli dauernde Zeichnungsfrist zu laufen.

Die NZZ-Attacke löst sogleich eine grosse Debatte über die Reysche Bilanzierungsmethode aus. Doch der Kritik der NZZ mag sich niemand richtig anschliessen. Im Gegenteil, Rey erhält sogar Sukkurs von prominenter Seite. In der «Finanz und Wirtschaft» legt sich Max Boemle, Professor an der Universität Bern und anerkannter Buchhaltungsexperte, mächtig für Reys Bewertungspraxis (Equity-Methode) ins Zeug. Rey wende eine Methode an, die in den angelsächsischen Ländern schon längst Praxis und in EG-Richtlinien seit 1983 sogar zwingend vorgeschrieben sei – aber eben nur für Minderheitsbeteiligungen. Dass Rey auch seine Mehrheitsbeteiligungen nach dieser Methode bewerte, sei zwar «nicht alltäglich», gründe aber, so der Professor, in der «speziellen Führungsphilosophie der Omni». Es erstaunt sehr, dass sogar Kapazitäten wie Professor Boemle Reys Trick nicht zu durchschauen vermögen.

Doch die Omni ist im Gerede, und das passt Rey ganz und gar nicht. Die Auswirkungen bekommt er noch am gleichen Tag zu spüren.

In Scharen drängen sich die Menschen in Winterthur ins Technomuseum «Technorama», um einen Blick auf den geheimnisumwitterten neuen Mehrheitsaktionär der Sulzer, Werner K. Rey, zu werfen. Dass er Gast im Rahmen der Ausstellung «Das heisse Eisen» ist, trägt vor allem bei den NZZ-Lesern unter den Zuhörern zur Erheiterung bei. Reys Vortragsthema «Technical and Financial Engineering», von ihm nicht selber verfasst und bis auf die Passage, wo er einen Werbespot für seine Omni einrückt, eher lustlos vorgetragen, stösst denn auch auf weniger Interesse als Reys Reaktion auf die massiven Vorwürfe der NZZ. Doch die Zuhörer werden enttäuscht. Rey flüchtet sich hinter die Banken. «Das Emissionskonsortium unter Führung des Schweizerischen Bankvereins dürfte seine Arbeit doch wohl recht gemacht haben», verteidigt er sich reichlich hilflos. Und dann versteigt er sich zur Behauptung, dass bereits jetzt, also am zweiten Emissionstag, mit einer deutlichen Überzeichnung gerechnet werde.

Am zweitletzten Zeichnungstag, also vier Tage nach dem Winterthurer Vortrag, muss der federführende Bankverein der Presse gegenüber eingestehen, dass Zeichnungen «eher harzig erfolgt» seien. Was kaum zu erstaunen vermag, lassen doch Finanzanalysten reihum durchblicken, dass sie das Papier nur unter mehr oder weniger grossen Vorbehalten zum Kauf empfehlen können.

Rey löst das Problem auf seine Weise. Er drängt Kaderleute sowohl bei der Omni als auch in einigen Gruppengesellschaften zur Zeichnung von teilweise ansehnlichen Omni-Aktienpaketen. Sie müssen dazu beitragen, dass der Bankverein am 7. Juli mitteilen kann, dass die Aktienemission «mit gutem Erfolg» abgeschlossen worden sei.

Die Plazierung im Publikum bringt Rey insgesamt 120 Millionen Franken ein; der Verkauf einer zweiten Tranche an Grossinvestoren (unter ihnen diverse Pensionskassen) 48 Millionen – also insgesamt 168 Millionen an frischen Mitteln. Nur, muss man anfügen. Allein die Bankschulden aus dem Kauf der Jean-Frey-Gruppe und des Sulzer-Pakets übersteigen diesen Betrag bei weitem. Überdies wird per Ende Jahr die Rückzahlung des erwähnten Bankkredits von 150 Millionen Franken fällig.

Auch die Anleger können mit der Omni-Publikumsöffnung nicht wirklich zufrieden sein. Wer Omni-Papiere in der Hoffnung auf einen raschen Spekulationsgewinn gekauft hat, sieht sich böse getäuscht. Die vorerst nur an der Vorbörse gehandelten Inhaberpapiere bewegen sich kaum vom Emissionspreisniveau von 1000 Franken weg, sacken gar vorübergehend unter diese Limite. Schon bald müssen die Emissionsbanken mit teilweise beträchtlichen Stützungskäufen intervenieren.

Da nützt auch nichts, dass wenige Tage nach Eröffnung des Handels die Omni mit der frohen Botschaft an die Öffentlichkeit gelangt, sie habe von einer amerikanischen Gesellschaft eine 26,4prozentige Beteiligung am grössten deutschen Hohlglasproduzenten Gerresheimer in Düsseldorf erworben. «Werner K. Rey kauft eine Glas-Perle», kommentiert die «Finanz und Wirtschaft» anerkennend. In der deutschen Presse tönt's etwas anders. Laut «Wirtschaftswoche» soll der Gerresheimer-Vorstandschef Gunther Berger gar keine Freude an dem neuen Aktionär haben, ebensowenig die Westdeutsche Landesbank WestLB, die ein weiteres namhaftes Aktienpaket hält, das sie aber eigentlich abstossen möchte. Angesichts des neuen Aktionärs – sie traut ihm nicht – will die Bank Paket und Einfluss unbedingt behalten. Die Gerresheimer-Beteiligung kostet die Omni rund 80 Millionen Franken.

Die äusserst fragile Liquiditätslage in der Omni zwingt Rey, nach anderen Geldquellen Ausschau zu halten. Er greift auf sein vor allem in London geflochtenes Beziehungsnetz im arabischen Raum zurück. In der englischen Hauptstadt hat unter anderem das Kuwaiti Investment Office (KIO) seinen Sitz. Das KIO verwaltet das Milliardenvermögen der kuwaitischen Herrscherfamilie und hält Beteiligungen an einigen namhaften europäischen Unternehmen, so an Daimler-Benz, der Mineralölgesellschaft BP und an der britischen Midland Bank. Über einen kuwaitischen Geschäftsmann, der enge Bande zur KIO-Führung hat, gelingt es Rey, 50 000 Inspectorate-Aktien aus dem Omni-Portefeuille zu verkaufen. Allerdings zu einem Preis, der durchblicken lässt, dass die Gegenseite auf verschiedenen Stufen daran verdienen will: Rey verkauft das Aktienpaket zu einem Stückpreis von 1886 Franken und löst gut 94 Millionen Franken. Das entspricht einem Preisnachlass von 12 Prozent auf der aktuellen Kursnotierung oder 15,2 Millionen Franken. Der kuwaitische Geschäftsmann lässt sich überdies eine Vermittlungsgebühr von 5 Millionen Franken auf das Konto seiner in Monaco domizilierten Selek Limited überweisen. Was die Kuwaiter anschliessend mit dem Paket machen, dürfte wohl nur Rey wissen. Die Inspectorate-Leitung wird auf jeden Fall später bei ihren

Bemühungen, mit dem geheimnisvollen Aktionär in Verbindung zu treten, von Rey immer wieder abgeblockt. (Die Eidgenössische Steuerverwaltung stösst 1991 bei der Überprüfung der Omni-Bücher unter anderem auf diesen Preisnachlass und die Vermittlungsgebühr. Für beide Posten fordert sie nachträglich Verrechnungssteuern.)

Zieht man die Vermittlungsgebühr ab, so fliessen der Omni-Kasse aus diesem Verkauf knapp 90 Millionen Franken zu. Geld, auf das einige Gläubiger ungeduldig warten. Zum Beispiel Tito Tettamanti, dem Rey noch immer 50 Millionen Franken aus dem Sulzer-Aktienkauf schuldet. Oder die Jean-Frey-Gruppe, der Rey versprochen hatte, mit den Mitteln aus der Omni-Börsenöffnung das Darlehen von 60 Millionen Franken sofort zurückzubezahlen.

Doch die Begleichung der unter Umgehung der Jean-Frey-Verwaltungsräte eingegangenen Schuld ist nicht erfolgt. Dem Vernehmen nach sind bisher auch keine Zinsen auf dem Darlehen bezahlt worden.

Überdies ernennt Rey – erneut ohne Konsultation des Verwaltungsrates – den Chefredaktor und Geschäftsleiter der «Schweizer Handelszeitung», Martin Ungerer, zum Verwaltungsratspräsidenten der Frey-Gruppe. Gleichzeitig wird Ungerer Omni-Generaldirektor mit Zuständigkeit für den Medienbereich. Damit ist er der neue Chef des Verlegersohnes und Jean-Frey-Verwaltungsratsdelegierten Marc Frey. Dieser protestiert schriftlich bei Rey gegen die Vorkommnisse, worauf er Ende August zur Demission gezwungen wird.

Damit hat Rey wohl am allerwenigsten gerechnet: Marc Frey geht mit seinem Protest an die Öffentlichkeit und erhält – was für Rey noch viel unangenehmer ist – Sukkurs von Vater Max Frey, der sein Omni-Verwaltungsratsmandat niederlegt. Während der Junior auf den Geldabfluss bei der Frey-Gruppe aufmerksam macht und sich beklagt, dass ihm nur mehr eine Blankokreditlimite von 13 Millionen Franken zur Führung eines Unternehmens mit 1000 Mitarbeitern zur Verfügung stehe, verkündet der Senior, der ansonsten die Öffentlichkeit geradezu krankhaft meidet, wie's im Verwaltungsrat der Omni so zu- und hergeht: Rey schalte und walte, wie es ihm beliebe. Der Omni-Verwaltungsrat sei ein «Hampelmann-Verein», so Max Frey wörtlich. Vater und Sohn Frey zeigen überdies mit ausgestrecktem Zeigefinger auf die prekäre Liquidität bei der Omni.

Zwischen Rey und seinem PR-Berater Hirzel laufen die Drähte heiss. Nichts kann Rey im Augenblick weniger gebrauchen als negative Publizität. Erstens kann er die Omni-Aktie nur mit Mühe vor dem Absacken unter den Emissionspreis bewahren. Zweitens beeinträchtigt der Krach im Hause Frey die Pläne für einen möglichst raschen Gang an die Börse der Jean-Frey-Gruppe.

Es ist bezeichnend, wie Rey auf die Vorwürfe der mangelnden Liquidität in der Omni und der Ausblutung der Jean-Frey-Gruppe reagiert. Punkt eins weist er mit der Behauptung zurück, dass rund zwei Drittel des Omni-Gesamtvermögens durch Eigenmittel und Rückstellungen von 1,1 Milliarden Franken finanziert seien. Wer nicht um die buchhalterischen Tricks und die Schuldenpositionen weiss, muss Reys Omni als wirklich solide finanziert betrachten.

Noch aufschlussreicher ist die Wortklauberei beim Kontern des zweiten Vorwurfs: «Durch die Investition in eine erstklassige Anlage von 60 Millionen Franken steht der Jean-Frey-Gruppe ein Zusatznutzen in Millionenhöhe, der sich unmittelbar auf das Geschäftsergebnis auswirken wird, zur Verfügung. Durch dieses Vorgehen wurden keine finanziellen Mittel entzogen, sondern die vorhandenen Liegenschaften aktiviert. Die Omni Holding wird auch künftig weitere Anlagemöglichkeiten zugunsten der Jean-Frey-Gruppe für eine Verbesserung der Ertragslage suchen.»

Wer diese Zusammenhänge nicht versteht, ist in Reys Augen wohl selber schuld, wie beispielsweise Max und Marc Frey: Indem sie glaubten, dass sie kraft ihrer Verwaltungsratsmandate und der damit verbundenen Verantwortung darüber mitzubefinden hätten, wenn Jean-Frey-Liegenschaften hypothekarisch belastet werden und das Geld für ganz andere Zwecke an die Omni fliesst, «befinden sie sich im Irrtum» – weil sie so taten, als könne die Jean-Frey-Gruppe im Rahmen der Omni weiterhin als

Familien-AG geführt werden. «Da sie nun eine hundertprozentige Tochtergesellschaft ist, unterliegt sie auch dem finanziellen Gesamtkonzept der Holding.»

Marc Frey kann mit weniger Problemen neutralisiert werden als sein Vater. Rey und sein PR-Stratege lassen durchsickern, dass der Verwaltungsratsdelegierte ein Einkommen von fast einer halben Million Franken bezogen habe. Diesem feudalen Gehalt zum Trotz habe er die von Rey gesteckten Budgetvorgaben erheblich verfehlt und keine brauchbaren Expansionspläne vorlegen können. Kurz, Marc Frey wird als Versager dargestellt. Dem Vater versucht man den Teppich unter den Füssen mit dem Vorwurf wegzuziehen, dass er zur letzten Omni-Verwaltungsratssitzung, an der die Zukunft der Jean-Frey-Gruppe beraten wurde, einfach nicht erschienen sei. Er habe deshalb auch keinen Grund und kein Recht zu klagen.

Dabei hat doch alles scheinbar gut begonnen: Max Frey ist anfänglich sehr von Rey angetan. Dieser beauftragt ihn, Ideen für den Ausbau des Medienbereichs einzubringen, er, Rey, werde für die Finanzen besorgt sein. Man denkt also nach, beispielsweise über die «Finanz und Wirtschaft» oder eine Tageszeitung wie den «Tages-Anzeiger», die sich prächtig unter dem Jean-Frey-Dach ausnehmen würden. Max Frey weist Rey auch auf die Möglichkeit hin, ins Kioskgeschäft einzusteigen, beispielsweise indem man Stephan Schmidheiny seine Schmidt-Agence abzukaufen versucht. Rey ist begeistert. Und was passiert anschliessend? Ohne die Idee – um beim Beispiel Kiosk zu bleiben – ernsthaft auszudiskutieren, geschweige denn ein handfestes Konzept auszuarbeiten, eilt Rey aus der Sitzung und meldet sich unverzüglich bei Stephan Schmidheiny. Wo er prompt abblitzt. Max Frey erfährt von dieser voreilig-eigenmächtigen Aktion nur auf Umwegen.

Nach dem geplatzten Going public der Omni nimmt die Situation noch abstrusere Formen an. Frey, der zwischendurch auch mal selber Verhandlungen führen darf, muss sie abbrechen, weil er realisiert, dass gar kein Geld vorhanden ist. Überdies stösst sich Frey am eklatanten Informationsmangel auf Verwaltungsratsebene. Rey trifft immer wieder Entscheide, ohne seine Kollegen zu begrüssen. Wer Aufschluss über ein Geschäft begehrt, prallt bei Rey ab wie an einer Gummiwand. Für eine Tantieme von 10 000 Franken in einem Kopfnickergremium zu sitzen ist nicht die Sache von Max Frey, der von Natur aus selber ein ausgesprochener Machtmensch ist.

Die Reysche Abwehr- und Vernebelungsstrategie ist recht erfolgreich: Der Schlagabtausch zwischen den verfeindeten Lagern wird in der Presse auf die Ebene «Schlitzohr kontra Schlitzohr» hinabgestuft; und dazwischen steht ein Verlegersohn, dessen Führungsschwäche vor dem Verkauf der Frey-Gruppe an Rey von seinem Vater selbst lauthals publik gemacht worden ist. Weil Vater und Sohn sich kurze Zeit danach ins Ausland abmelden, kann Rey zum Glück die Angelegenheit bald einmal vergessen.

«Der Hauskrach in Werner K. Reys Omni-Gruppe» (NZZ) ist insofern einer breiteren Erörterung wert, als hier interessierte Kreise – gemeint sind beispielsweise Reys Geldgeber – einige wichtige Dinge hätten zur Kenntnis nehmen können. Etwa, dass Rey sich immer wieder an «bewährte» Bally-Methoden erinnert, wenn er in Geldnöten steckt. Oder dass die Omni eine gefährliche One-man-Show ist. Es entbehrt dabei nicht einer gewissen Komik, dass die Geschäftspartner von Rey just dessen Fähigkeit bewundern, Entscheide in kürzester Zeit zu fällen. Was, wie Figura zeigt, wohl nur deshalb möglich ist, weil Rey das andernorts übliche, etwas längere Entscheidverfahren – Beratung und Beschlussfassung im Verwaltungsrat – drastisch zu verkürzen pflegt.

Und er bleibt weiterhin ein Mann der raschen und einsamen Entscheide: Anfang April 1989 holt er bei Tito Tettamanti die restlichen rund 20 000 Sulzer-Aktien ab. Mit den nun 30 Prozent Sulzer-Namenaktien hat er faktisch die Kontrolle über den Winterthurer Maschinenbau- und Technologiekonzern erlangt.

Die Eroberung des vermeintlichen Wirtschaftsolymps ist ihm ausgesprochen viel wert. Er bezahlt Tettamanti pro Aktie knapp 7000 Franken, grosszügige 1400 Franken mehr als der aktuelle Börsenkurs, insgesamt 139,4 Millionen Franken. Der Tessiner Financier erhält indessen nicht so viel Bares wie 1988 für die ersten 40 000 Sulzer-Aktien. Denn Rey wählt diesmal einen anderen Finanzierungsweg:

Die Omni Securities Ltd auf den Cayman Islands überweist Tettamanti 27 Millionen in bar und Partizipationsscheine der Inspectorate im Wert von 41 Millionen Franken. Die Omni Holding schickt ihm 36 100 Omni-Aktien im Wert von nochmals 41 Millionen Franken, die sie zuvor ihrem Mehrheitsaktionär Rey abkauft. Schliesslich überweist die Omni Holding aus ihrer Tresorerie noch 30,4 Millionen Franken in bar. (Tettamanti soll dem Vernehmen nach Rey später zum Rückkauf der Omni-Papiere gedrängt haben.)

Weil auch Tettamanti Gesellschaften hat, die für ihre guten Dienste entlöhnt werden wollen, schickt die Saurer Corporate Finance Inc (Tettamanti hat sich die am Bodensee liegende Maschinenfabrik Saurer 1988 angeeignet) der Omni Holding eine Rechnung von 2 Millionen Franken für die Vermittlung des Sulzer-Paketes. Omni Holding überweist die Millionen, aber nicht an Saurer, sondern an Rey. Saurer behauptet später, sie habe die zwei Millionen erhalten. Warum dann nur dieser eigenartige Umweg über Rey? Niemand weiss es.

Grosszügigkeit legt Rey noch andernorts an den Tag. Für die 36 100 Omni-Aktien, die er aus seinen persönlichen Beständen seiner Holding verkauft, verrechnet er einen Stückpreis von 1136 Franken. Der aktuelle Börsenkurs liegt jedoch bei 1250 Franken. Das Geschenk macht immerhin 4,1 Millionen Franken aus – und wäre, weil ein verkappter Kapitalzuschuss, verrechnungssteuerpflichtig gewesen, wie die eidgenössische Steuerbehörde zwei Jahre später behaupten wird.

XVII

Eine Adia-Interimslösung für die Inspectorate

Eine neue Faustregel: Man soll gutes Image nicht schlechtem Image nachwerfen

Während die Omni immer wieder für Gesprächsstoff sorgt, ist es 1988 um die Inspectorate International AG sehr ruhig. Sie ist mittlerweile von Neuenburg nach Bern gezogen und im Bürogebäude von Emch & Berger untergebracht.

Glaubt man Verwaltungsratspräsident Werner K. Rey, so geht es dem Dienstleistungskonglomerat bestens. An einer Präsentation vor europäischen Finanzanalysten in Genf streicht Rey Ende September 1988 heraus, dass mit einer Gewinnsteigerung der Gruppe von rund 40 Prozent auf 200 Millionen Franken zu rechnen sei. Die erfreuliche Meldung, so ist anzunehmen, dient wohl auch dazu, der Inspectorate-Aktie wieder etwas auf die Beine zu helfen, bewegt sich das Papier, das bei der Omni so enorm hoch bewertet in den Büchern steht, doch immer noch 40 Prozent unter den Höchstwerten von 1986/87. Die Inspectorate-Manager, so erfahren die Zuhörer bei dieser Gelegenheit, haben sogar einen Fünfjahresplan ausgearbeitet, gemäss dem der Gewinn der ganzen Inspectorate-Gruppe 1992 bei 500 Millionen Franken liegen wird.

Rey irrt. Statt der prognostizierten 200 Millionen Franken können am 31. Dezember 1988 nur 140 Millionen aus den Inspectorate-Gesellschaften herausgepresst werden. Das sind sogar 3 Millionen weniger als im Vorjahr. Das heimliche Löcherstopfen im englischen Leasingbereich fordert seinen Tribut. Da nützt auch nichts, dass die amerikanische Meridian-Gruppe dank eines von 5 auf 12,5 Millionen Dollar gesprungenen Gewinnes mehr in die Schweiz abliefert. (Die Meridian Group ist übrigens nebst Harpener die einzige Beteiligung, deren Gewinne die Inspectorate mitteilt. Die Gewinnbeiträge der anderen Beteiligungen werden bekanntlich hartnäckig unter Verschluss gehalten.)

Die Zinsen nagen schwer am Profit, haben sie sich doch in einem Jahr auf 113 Millionen Franken verdoppelt. Grund dafür ist die massive Zunahme der konsolidierten Schulden. Die kurzfristigen Bankschulden sind um 75 Millionen auf 253 Millionen, die langfristigen Schulden um über 600 Millionen auf 1,6 Milliarden Franken angestiegen.

Auch die Holdingrechnung weist – wie jene der Gruppe – eine markante Zunahme der Schuldenpositionen auf. Mit 10,5 Millionen Franken geradezu grotesk bescheiden sind die Gewinne, welche die zahllosen Inspectorate-Gruppe-Gesellschaften ihrer Mutter abliefern. Dass die Holding ihren Aktionären überhaupt eine Dividende entrichten kann, verdankt sie einzig lukrativen Geldanlagen, die einen Zinsertrag von 70,2 Millionen Franken abwerfen.

Und dann fällt immer auch ins Gewicht, wie teuer Rey seine Firmen gekauft beziehungsweise um welchen Betrag er sie überbezahlt hat. Dieser kumulierte «Mehrwert» erreicht Ende 1988 nicht weniger als 964 Millionen Franken.

Weil wir schon bei den Geschäftsabschlusszahlen sind: Mittlerweile haben sich die Positionen «Eigenkapital» in der nach realistischen Kriterien konsolidierten Bilanz und in der nach Reyschen Kriterien erstellten Holdingrechnung noch weiter auseinandergelebt. In der konsolidierten Bilanz liegt das Eigenkapital bei 508 Millionen Franken, bei der Holding wird es mit 1283 Millionen Franken deklariert. Was ist hier falsch?

Ungelöst sind die Personalprobleme. Formell trägt Rey als Vorsitzender der Generaldirektion die oberste exekutive Verantwortung. Doch in den Inspectorate-Büros in Bern wird er kaum gesichtet. Dass er keine Lust hat, sich mit den zahlreich anfallenden Problemen der Inspectorate zu beschäftigen, notiert man in Bern sehr genau. Mit dem raschen Ausscheiden von Ulrich Guggisberg ist die Generaldirektion auf kümmerliche zwei Direktorenposten zusammengeschrumpft, wovon der eine erst noch oft verwaist ist, weil sein Inhaber – Francis Holmes – sich vorwiegend in England aufhält.

Rat, wie man solche Probleme löst, könnte Rey sich bequem hausintern beschaffen. Im Dezember 1988 beteiligt er sich mehrheitlich an der Unternehmensberatungsfirma Häusermann+Co AG und an der auf die Temporärvermittlung von Führungskräften spezialisierten Brainforce AG.

Vielleicht stammt der Tip tatsächlich aus dieser Ecke. Auf alle Fälle meldet sich Rey noch im Dezember bei Yves Paternot, Generaldirektor und Mitbesitzer der weltweit zweitgrössten Temporärarbeitsvermittlungsfirma Adia SA in Chéserex ob Nyon am Genfersee. Rey ist überzeugt, dass der Spitzenmanager Paternot über das von ihm dringend benötigte Know-how verfügt, und offeriert ihm die Leitung der Inspectorate. Paternot lehnt erst ab, eröffnet Rey (und sich selber) jedoch eine Alternative.

Er weist Rey darauf hin, dass die Firma Adiainvest SA zu kaufen ist. (Der Wunsch zum Verkauf geht insbesondere von einem einzelnen Aktionär aus, dem der Börsencrash finanziell zugesetzt hat. Die Adiainvest gehört sechs Spitzenleuten von Adia, unter ihnen auch Paternot, und kontrolliert 15,7 Prozent des Kapitals und 38 Prozent der stimmberechtigten Aktien der Adia SA.)

Rey sieht augenblicklich die zahlreichen Möglichkeiten, die sich ihm auftun: Die Inspectorate käme auf diesem Umweg doch noch zu einem kompetenten Management. Über eine Beteiligung an der Adiainvest hätte er einen Schuh in der Tür von Adia. Und dass er diese Türe aufstossen will, um sich die Adia ganz zu holen, ist für ihn klare Sache. Mit der um Adia vergrösserten Inspectorate würden deren hohe Schulden nicht mehr auffallen. Und nicht zuletzt könnte er sein luftiges Eigenkapital in der Omni noch höher schrauben, was den kreditgebenden Banken sicher gefallen würde. An dieser Gelegenheit kann Rey nicht vorbeigehen. Um die Weihnachtszeit herum beginnen die Verhandlungen.

Die Erkundigungen, welche die Adiainvest-Aktionäre in Bankenkreisen über Rey und Inspectorate einziehen, sind positiv. Dem von der international angesehenen Deloitte Haskins & Sells geprüften Jahresabschluss der Inspectorate vertrauen sie voll und ganz. Auch von Reys zurückhaltendem, fast etwas linkischem Wesen sind sie eher angetan. Und grossen Gefallen finden sie an den finanziellen Möglichkeiten, die Rey skizziert. Sie würden es erlauben, dass Adia sich beispielsweise an den in Schwierigkeiten steckenden britischen Stellenvermittler Blue Arrows heranmachen könnte, zu dem seit 1987 der Adia-Konkurrent Manpower gehört. Wachstum mittels Akquisition ist eine Spezialität auch von Adia und damit ein gemeinsamer Berührungspunkt mit Inspectorate. Mit dem kleinen Unterschied freilich, dass die Adia ihre Zukäufe vorwiegend in der angestammten Branche tätigt.

Ende Januar 1989 ist das Geschäft abgeschlossen und unterschriftsreif.

Für 500 Millionen Franken übernimmt Inspectorate die Adiainvest. Die Adiainvest-Aktionäre werden zum Teil in bar, zum Teil mit einer auf Inspectorate-Aktien lautenden Wandelobligation, mehrheitlich jedoch mit Inspectorate-Aktien abgefunden, die teilweise aus den Omni-Beständen stammen. Das Adia-Management wird zweitgrösster Inspectorate-Aktionär, Reys Engagement sinkt auf etwa 40 Prozent.

Für die Adia-Spitze ein lohnendes Geschäft: Rey lässt sich die beherrschende Stellung in der Adia viel kosten, der Preis liegt mindestens 120 Millionen Franken über dem aktuellen Börsenkurs.

Wie einst bei Harpener in Deutschland, so rätselt man nun in schweizerischen Wirtschaftskreisen über den tieferen Sinn von Reys neustem Coup. Was hat Stellenvermittlung mit Computer-Leasing zu tun? Und als Leasingunternehmen kann man die Inspectorate mit Fug bezeichnen, stammen doch mittlerweile über 70 Prozent des Gruppenumsatzes aus dieser Sparte. Die Erklärungen, die Rey am 25. Januar 1989 vor der Presse abgibt, sind einmal mehr wolkig und dürftig: «Seit einiger Zeit» schwebten ihm «Visionen» vor, aus seiner Inspectorate einen global tätigen Dienstleistungskonzern zu formen. Diese Visionen seien mit der Beteiligung an Adia «auf dem Weg zur Realisierung». Inspectorate zähle nun zu den «bedeutendsten Dienstleistungsgesellschaften der Welt» und verfüge über globale Entwicklungs- und Wachstumschancen, die aus «einer Position der Stärke heraus wahrgenommen werden können». Dann drischt Rey noch kurz auf dem Synergiebegriff herum, bevor er das Mikrophon den Adia-Leuten überlässt.

Einige Banken und Adia-Aktionäre sehen das ganz anders. Am Tag nach der Ankündigung des Schulterschlusses sausen die Adia-Papiere in die Tiefe. Vor allem internationale Investoren goutieren das Zusammengehen mit der wenig transparenten Inspectorate gar nicht. Auch einige Schweizer Banken empfehlen ihren Kunden, sich von den Adia-Papieren zu trennen, was sofort eine Lawine von Verkaufsaufträgen an den verschiedenen Börsen auslöst. «Wenn man ein gutes Image mit einem schlechteren mischt, sinkt auch das Ansehen des ersteren», begründet ein Bankier gegenüber dem «Tages-Anzeiger» die Anlageempfehlung seines Hauses.

Wenig erbaulich also, was Rey bei der Morgenlektüre aus den Zeitungen erfährt. Ebensowenig wie seine Qualifizierung im «Tages-Anzeiger» dürfte ihn der Schwenker verschiedener Zeitungskommentatoren, die sich früher so begeistert über seine «Perle» geäussert haben, erfreuen. Sie schreiben plötzlich von undurchsichtigen Strukturen der Inspectorate und fordern ihn auf, mehr Licht in seinen Geschäftsbericht zu bringen. Alles Gift für den Kurs der Inspectorate-Papiere.

Doch Rey hat Freunde in der Not. Ende Februar steuert der Bankverein Gegenkurs und prophezeit der Inspectorate eine lichte Zukunft: «Da der Zusammenschluss der Inspectorate die klareren Vorteile als Adia bringt, empfehlen wir, bei Neuengagements die Inspectorate-Titel zu bevorzugen.» Diese Gratiswerbung hat keine grosse Resonanz. Die Inspectorate-Papiere verharren an der Börse weiterhin auf relativ tiefem Niveau.

Mitte März nimmt Yves Paternot seine Arbeit als Delegierter des Verwaltungsrates der Inspectorate und gleichzeitig Vorsitzender der Generaldirektion auf. Rey kann sich als Verwaltungsratspräsident laut eigenen Angaben «wieder vermehrt strategischen Aufgaben widmen».

Das tut auch Paternot, nur anders als Rey. Kaum einen Monat im Amt, denkt der neue Inspectorate-Chef bereits an ein Abstossen des Fremdkörpers Harpener. Auch das Computer-

Leasinggeschäft, und hier insbesondere den europäischen Teil, möchte Paternot loswerden. Dass in England einiges nicht stimmt, hat er von seinem Vorgänger Guggisberg gehört. Paternot will Inspectorate auf den engeren Dienstleistungsbereich – Inspektion, Testing, Sicherheit, Personaldienstleistung – redimensionieren.

Für das Computergeschäft scheint sich niemand richtig erwärmen zu können. Für Harpener dagegen signalisieren einige deutsche Firmen Interesse. Mittlerweile hat Rey das Aktienpaket von Harpener durch fleissige Zukäufe auf 83 Prozent aufgestockt.

Doch will Rey überhaupt verkaufen? Etwas verkaufen, was in seinen Augen so viel Substanz hat? Substanz, zu der er kraft seiner Mehrheit bald ungehindert Zugang erhalten kann und wo er bereits die bisherige Kontrollstelle zugunsten seiner Deloitte Haskins & Sells ausgewechselt hat? Nein, die Inspectorate kann die Harpener zwar verkaufen, sie muss aber im Omni-Reich verbleiben.

Rey führt intensive Verhandlungen mit Banken. Denn Flüssiges für den Kauf der Harpener hat er in der Omni keines. Die Banque Paribas und die Londoner Niederlassung des Schweizerischen Bankvereins erklären sich bereit, die Finanzierung sicherzustellen.

Mit dieser Zusicherung in der Tasche reicht auch Rey eine Offerte ein. Sie ist praktisch gleich hoch wie jene einer bayrischen Immobiliengesellschaft. Paternot und seine Kollegen favorisieren das Omni-Angebot, denn – so ihre Überlegung – bei Omni lässt sich der Kaufpreis im Falle von Zahlungsschwierigkeiten leichter eintreiben als in Bayern. So entscheidet denn der Inspectorate-Verwaltungsrat unter dem Präsidium von Werner K. Rey, dass die 83-Prozent-Harpener-Beteiligung von der Inspectorate (des Werner K. Rey) an die Omni Holding (des Werner K. Rey) verkauft werden soll.

Am 30. August 1989 kommt das Geschäft vor den Omni-Verwaltungsrat (unter dem Präsidium von Werner K. Rey). Die Generaldirektion ersucht das Gremium, in den Kauf der Harpener-Aktien zum Preis von 1027,9 Millionen DM einzuwilligen. Als

Grundlage für den Kaufpreis liegt den Herren ein Gutachten der deutschen KPMG-Deutsche Treuhand-Gesellschaft vor. Dieses ist 1988 im Auftrag von Inspectorate verfasst worden, um eine allfällige Abfindung der Minderheitsaktionäre von Harpener zu berechnen. Die Treuhand-Gesellschaft kommt auf einen Gesamtwert der Harpener per Ende 1987 von 1119 Millionen DM. Reys jetzige Preisvorstellung entspricht einem innerern Wert der Harpener von 1177 Millionen DM und liegt – dies ein interessantes Detail – weit tiefer, als er seinen Inspectorate-Verwaltungsräten anlässlich des Kaufs von 51 Prozent einst weisgemacht hatte.

Und welche Erträge wirft Harpener für die Omni Holding ab? Auch das hat die Geschäftsleitung in ihrem Antrag aufgelistet. Der durchschnittliche jährliche Minimalertrag von Harpener wird auf 86,6 Millionen DM geschätzt. Davon entfallen rein rechnerisch 83 Prozent oder 71,9 Millionen DM an die Omni. Zieht man von diesem Betrag die Verzinsung des Kaufpreises in der Höhe von 64,4 Millionen DM ab (Zinssatz 6,3 Prozent), fliessen 7,5 Millionen DM – immer rein rechnerisch – in die Omni-Kasse. Ob die Omni-Verwaltungsräte Kenntnis davon haben, dass die Harpener 1988 einen Ertrag von 83,1 Millionen DM erzielt hat, der zu verteilende Reingewinn aber nur etwas weniger als die Hälfte ausmacht?

Zu debattieren gibt's im Omni-Verwaltungsrat nicht viel. Denn Verwaltungsratspräsident Rey kann auch gleich das Finanzierungskonzept auf den Tisch legen, das jeden entzücken muss, der für die Kunst des Schuldenmachens ein Feingefühl hat. Der ganze Deal kostet die Omni Holding – in bar – 2,71 Prozent der gesamten Kaufsumme, genau 27,9 Millionen DM. Für den grossen Rest von einer Milliarde DM stehen zwei Bankensyndikate bereit. Damit nicht genug: Eines der Syndikate tritt auf die Sonderwünsche von Rey ein, die es der Omni ermöglichen, 400 Millionen DM plus die darauf anfallenden Zinsen aus ihren Büchern zum Verschwinden zu bringen. Wir kommen gleich dazu.

Die Omni-Verwaltungsräte, beeindruckt von der Eleganz der Reyschen Lösung, stimmen dem Antrag der Geschäftsleitung zu, der Tochter eine Beteiligung für umgerechnet fast eine Milliarde Franken abzukaufen. Ein bizarres Vorgehen, eine derartige Riesentransaktion am selben Tag erstmals fundiert zu besprechen und sofort zu beschliessen (der Antrag der Geschäftsleitung trägt das Datum vom 29. August 1989). Bereits am Tag nach dem Beschluss wird die Öffentlichkeit orientiert. Rey beweist erneut: schnell und flexibel, so schätzt man ihn draussen in der Geschäftswelt.

Werfen wir einen näheren Blick auf die Finanzierung aus der Sicht der Inspectorate. Sie kassiert 778 Millionen DM in bar, die restlichen 250 Millionen DM lässt sie als Wandeldarlehen, verzinsbar zu 3½ Prozent mit einer dreijährigen Laufzeit, stehen. Macht Inspectorate vom Wandelrecht Gebrauch, kann sie Inspectorate-Aktien aus dem Omni-Bestand beziehen (und damit den Einfluss der Omni weiter reduzieren, wie Paternot nicht ohne Hintergedanken hofft).

Von den 778 Millionen DM steuert das Paribas-Syndikat 350 Millionen DM bei. Ein ganz normaler Kredit, für den die Omni Harpener-Papiere als Sicherheiten hinterlegt.

Eine ausgefallene Lösung haben sich – wie bereits angetönt – Rey und die Bankverein-Niederlassung in London für die 400-Millionen-DM-Tranche einfallen lassen: Rey überlässt der Bank in einem Optionsvertrag rund 40 Prozent der Harpener-Aktien zur Plazierung in einem Syndikat. Diesem gehören unter anderen japanische, englische, arabische und luxemburgische Banken sowie eine Gesellschaft mit dem wohlklingenden Namen Pearl Sea Finance Ltd an, hinter der sich dem Vernehmen nach institutionelle Anleger in Japan verbergen sollen. Das Stimmrecht für die Aktien liegt nach wie vor bei Werner K. Rey, er muss es jedoch im Sinne der Banken ausüben. Der erwähnte Optionsvertrag läuft bis zum 18. Dezember 1991. Auf dieses Datum hin muss die Omni die Harpener-Papiere zurückkaufen. Sobald während der Optionsfrist bestimmte Ereignisse – sogenannte Triggering Events – eintreten, kann das Syndikat Rey zur Rücknahme der Aktien verpflichten. Kann Rey die 400 Millionen plus Zinsen nicht aufbringen, so geht das Stimmrecht (und damit die Verfügungsgewalt) sofort auf das Syndikat über. Das ist laut Kreditvertrag dann der Fall, wenn der Nettoertrag von Harpener unter 30 Millionen DM fällt oder wenn Werner K. Rey seinen beherrschenden Einfluss auf die Geschäftsführung der Omni Holding verliert.

Zweck dieser komplizierten Finanzierung: In der Bilanz der Omni-Gruppe taucht der 400-Millionen-Kredit ebenso nirgends auf wie die Zinsen. Bei einem realistischen Zinssatz von 8 Prozent sind das immerhin 32 Millionen DM pro Jahr. Das Syndikat unter Führung des Bankvereins belastet sie dem Kredit, der damit natürlich immer höher wird.

Man kann nur staunen über den grenzenlosen Glauben der Banken an Rey. Bis zum Ablauf der Optionsfrist, also in zwei Jahren, muss Rey die 400 Millionen DM plus die aufgelaufenen Zinsen in der Kasse haben, um die Harpener-Aktien auszulösen.

Ausgefallen ist nicht nur die Finanzierung, sondern auch die Art, wie man im Hause Omni eine Beteiligung hält. Schon die früheren Teilbesitzer der Harpener, die Gaz et Eaux sowie Karsten Bodo von Wersebe, hatten die Harpener-Aktien aus steuerlichen Gründen in zwei Gesellschaften mit Sitz in Singen nahe der Schweizer Grenze gehalten. Für einen Steuerartisten vom Format eines Werner K. Rey natürlich eine ungenügende Lösung. Und deshalb schaltet er für die nicht vom Bankverein-Syndikat gehaltenen Harpener-Papiere noch drei weitere Gesellschaften mit Sitz in Holland und Deutschland dazwischen.

Auch das Bankensyndikat für Naranda gehorcht streng dem Reyschen Gedanken der Steueroptimierung. In der britischen Steueroase Isle of Jersey wird eine Naranda Holdings Ltd gegründet, die über eine Kette von drei weiteren Gesellschaften die Harp Beteiligungen GmbH kontrolliert, wo die Harpener-Aktien gelagert sind. Die Aktien der Naranda Holdings Ltd werden von einem Trust (der englische Trust hat gewisse Ähnlichkeit mit der schweizerischen Stiftung) kontrolliert. Und wer ist Begünstigter (eine zwingende Vorschrift, damit ein Trust errichtet werden kann) des mit 200 britischen Pfund dotierten Trusts? Die Heilsarmee von London. Ein Geschenk, von dem die Armisten im Dienste der sozial benachteiligten Mitmenschen mit Garantie nichts wissen.

Während der Verkauf von Harpener für die Inspectorate Sinn macht und ihr erst noch schwer benötigte Liquidität zuführt, bemüht Rey an der Medienkonferenz vom 31. August für die Omni Holding einmal mehr Worthülsen: Das Ganze sei ein weiterer «wesentlicher Schritt für die angestrebte internationale Expansion», die Harpener, «diese solide, am deutschen Markt seit Jahrzehnten verankerte Unternehmensbasis», soll – wie die Omni von der Schweiz aus – den Erwerb und die aktive Begleitung von Beteiligungen wahrnehmen. Die Harpener-Minderheitsaktionäre, die – wie übrigens auch die Geschäftsleitung – praktisch seit dem Einstieg von Rey Anfang 1987 mangels konkreter Informationen aus der Schweiz rätseln, was Rey mit dem deutschen Mischkonzern eigentlich genau vorhat, dürfen weiter im Nebel stochern. Erst 16 Monate später werden sie mit Schrecken feststellen, was Rey damit gemeint hat.

Im Schatten der Harpener-Transaktion nimmt Paternot eine weitere Frontbegradigung der Inspectorate vor. Er beabsichtigt, Francis Holmes definitiv hinauszudrängen, nachdem er ihm bereits im Frühling die Verantwortlichkeit für das amerikanische Inspektionsbusiness weggenommen hat. Grund für diese Massnahme: Holmes ist es selbst im letzten ihm verbliebenen Zuständigkeitsbereich – Grossbritannen – nicht gelungen, für Ordnung zu sorgen. Paternot will mit Holmes gleich die ganze wirre und völlig unrentable Vielfalt der von diesem eingebrachten englischen Firmen loswerden. Die Palette dieses heterogenen Haufens reicht von einem Taucherausbildungszentrum über Immobilienfirmen bis zu einem Reiseunternehmen. Rey hat einen originellen Vorschlag: Francis Holmes solle die diversen Firmen gleich selber übernehmen. Holmes schlägt zu, und Paternot ist froh, den Ballast auf so einfache Art abwerfen zu können. Im Dezember 1989 trifft das erste Geld bei der Adia ein. Absender: Holmes. Die nächsten Tranchen treffen im Sommer 1990 ein. Abesender: Holmes, selbstverständlich. Selbstverständlich? Paternot wird noch staunen.

Am 4. September, Tage nach dem Harpener-Deal, sorgt die Inspectorate erneut für Schlagzeilen. Sie gibt bekannt, dass sie per Ende Jahr mit der Adia fusionieren wird. Obwohl die Inspectorate zumindest auf dem Papier deutlich kapitalstärker ist als die Adia, wird sie in das Lausanner Unternehmen eingebracht – nicht etwa umgekehrt. Das bedeutet: Die Aktien sollen eins zu eins getauscht werden. Die Inspectorate-Aktie verschwindet vom Börsentableau, inskünftig werden nur mehr Adia-Papiere gehandelt. Die Holdinggesellschaft des «weltweit zu den grössten Dienstleistungsunternehmen» gehörenden Konzerns heisst folgerichtig nicht mehr Inspectorate International, sondern eben Adia SA. Und sie wird ihren Sitz – sehr zum Verdruss der Berner Wirtschaftsförderer – künftig im waadtländischen Chéserex haben, wo die Adia seit langem domiziliert ist. Unter dem Namen Inspectorate wird nur noch das Inspektionsgeschäft weitergeführt.

Auf seiten von Adia hegt man offenbar keine Zweifel an der Umtauschbewertung und auch nicht an der Bonität des Fusionspartners. Im Gegenteil: Die Adia-Manager glauben, mit den Diversifikationsbereichen, die durch die Inspectorate eingebracht werden, ein probates Gegengewicht zum konjunkturempfindlichen Zeitarbeitsgeschäft gefunden zu haben. In ihrer Auffassung, dass alles seine Ordnung habe, werden sie durch ein Gutachten bestärkt, das Rey bei der Fides Treuhandgesellschaft in Auftrag gegeben hat und welches das erwähnte Austauschverhältnis propagiert. Zwischen den Zeilen der Expertise ist jedoch herauszulesen, dass bereits eine geringfügige Veränderung im Zinsgefüge den ausgewiesenen Gewinn von Inspectorate vernichten könnte.

Optimistisch zeichnen Paternot und seine Kollegen in der Adia-Leitung die Zukunftsaussichten des Fusionsgebildes. Für das Geschäftsjahr 1989 erwarten sie einen Umsatz im Dienstleistungsbereich von 3,8 bis 3,9 Milliarden Franken und im Computer-Leasing von 1,8 bis 1,9 Milliarden. Die entsprechenden Reingewinne werden auf rund 270 respektive 85 Millionen Franken veranschlagt.

Im November 1989 sagen auch die Aktionäre von Inspectorate und Adia an ihren ausserordentlichen Generalversammlungen ja zum Zusammenschluss. Die wenigsten unter ihnen können wahrscheinlich die komplexe Transaktion und das undurchschaubare neue Gebilde erfassen, das von den Architekten der beiden Firmen gezimmert worden ist.

Nur Rey weiss glasklar, was er mit diesem Handstreich erreicht hat: Die schuldenüberhäufte Inspectorate ist einer Gesellschaft untergeschoben worden, deren Kreditwürdigkeit bei den Banken noch intakt ist.

Bei der Wahl der Kontrollstelle drängen die Adia-Leute auf die KPMG Fides Peat S.A. in Lausanne. Deloitte, Haskins & Sells verliert ihr Mandat.

Bei der Durchsicht der Inspectorate-Bücher stossen die neuen Revisoren rasch auf allerlei Besonderheiten, die erahnen lassen, zu welch ausgefallenen Buchführungsmethoden Rey gelegentlich greift. Unter anderem finden sie Unterlagen über den Verkauf einer Firma durch Inspectorate zu einem offensichtlich überhöhten Preis. Die Käuferin ist eine Rey gehörende Firma. Der Gewinn aus der Transaktion ist von Inspectorate in unstatthafter Weise als Gewinn aus dem operationellen Geschäft verbucht worden. Oder sie entdecken, dass der frühere Harpener-Aktionär von Wersebe sein von Inspectorate gewährtes Darlehen von 30 Millionen Franken seit längerem nicht mehr verzinst.

Die grosse Ernüchterung für die Adia macht sich jedoch im Dezember 1989 breit: Die positiven Zahlen, die Meridian-International-Chef Ian Orrock der Schweizer Holdingzentrale für das Geschäftsjahr 1989 meldet, entpuppen sich als falsch. Orrock und ein weiterer Verantwortlicher werden von Paternot sofort aus ihren Ämtern gekippt. (Bei Rey dagegen zu protestieren nützt Orrock nichts mehr, da Paternot sich wohlweislich schon zu Beginn seines Engagements bei der damaligen Inspectorate von Rey schriftlich die Zusicherung geben liess, dass die Führung des Unternehmens voll bei ihm liege.) In den darauffolgenden Wochen wird erstmals das ganze Desaster sichtbar, das Orrock dank einer schlampigen Buchhaltung (und dank der guten Noten der Bücherexperten der früheren Inspectorate-Kontrollstelle Deloitte) lange Zeit vertuschen konnte.

«Wäre die Restrukturierung der Meridian International schon 1988 durchgezogen worden, hätte die damalige Inspectorate International einen dreistelligen Millionenbetrag einsparen können», glaubt ein Adia-Verantwortlicher. Nach seiner Einschätzung ist der gesamte Leasingbereich Rey unter dem Strich auf rund 1,2 Milliarden Franken zu stehen gekommen. Den Wert der Sparte veranschlagt er unter Einbezug der florierenden Meridian Group in den USA auf die Hälfte. Und auch diese 600 Millionen, so ist er überzeugt, lassen sich bei einem Verkauf nicht herausholen.

Im Frühjahr 1990 muss die Adia ihren Aktionären und einer weiteren Öffentlichkeit zähneknirschend mitteilen, dass das Geschäftsergebnis bedeutend schlechter als erwartet ausfallen wird. Sie macht mehrere Gründe dafür geltend, dass die kumulierten Zahlen von Adia und Inspectorate des Jahres 1988 nicht erreicht werden können. Statt eines Gewinns weist ihre Tochter Meridian International einen Verlust von fast 30 Millionen Franken aus und wirft damit die schönen Prognosen, welche noch im Herbst gemacht worden sind, über den Haufen. Neben den hausgemachten Schwierigkeiten zehren überdies Währungsverluste am Profit.

Gravierend wirkt sich der mit 15,8 Prozent für schweizerische Verhältnisse äusserst tiefe Eigenkapitalanteil an der gesamten Bilanzsumme aus. In guten Zeiten lässt sich damit zwar durchaus leben. Doch mit der deutlichen Abschwächung der Konjunktur, dem Verlustgeschäft im englischen Leasingbereich und den markant ansteigenden Zinsen auf der enormen Fremdverschuldung gerät das Fusionsgebilde Adia-Inspectorate immer deutlicher auf die schiefe Ebene. Die Aktien der Adia, vor dem Zusammenschluss mit Inspectorate Liebkind vieler Anleger, rutschen ungebremst in die Tiefe.

Was der Deutschschweizer Bankier nach dem Einstieg Reys in die Adia Anfang 1989 im «Tages-Anzeiger» öffentlich befürchtet hat, wird brutale Wirklichkeit: Das makellose Image von Adia bröckelt dank der Inspectorate-Erbschaft rapide ab.

Vor allem in Westschweizer Privatbankenkreisen, wo man den Zusammenschluss von Adia und Inspectorate von Anfang an skeptisch beurteilt hat, ist man überzeugt, dass der einzige Profiteur dieser Übung Werner K. Rey heisst. Das Austauschverhältnis Inspectorate-Aktien gegen Adia-Aktien hätte ihrer Meinung nach nicht eins zu eins lauten dürfen, sondern mindestens drei zu eins.

Dass sie Rey gründlich falsch eingeschätzt haben, realisieren Paternot und seine Kollegen an der Adia-Spitze endgültig im Frühling 1990. Rey will nach bewährter Manier das schlechte Ergebnis mit Bilanzierungstricks vertuschen. Gegen dieses Vorhaben wehren sich die Adia-Verantwortlichen und drohen sogar mit dem kollektiven Auszug, falls er an seinem Ansinnen festhalte. Das Zerwürfnis mit Rey, der noch 25,73 Prozent an der «strategischen» Beteiligung Adia hält, ist perfekt.

Während man in Lausanne alle Hände voll zu tun hat, um das schlingernde Adia-Schiff in den Griff zu bekommen, wird es zum Spielball von Rey. Klammheimlich beginnt er mit dem Aufkauf von Adia-Aktien. Wäre Rey ein unbelasteter Investor, müsste man diesen Schritt als clever einstufen, denn die Adia-Papiere fallen an der Börse mit unverminderter Geschwindigkeit. Doch Rey ist eben nicht unbelastet. Das Adia-Aktienpaket von 25,7 Prozent steht mittlerweile zu einem leicht nach unten korrigierten Stückpreis von 2000 Franken in den Omni-Büchern. Und mit jedem weiteren Fall der Papiere an der Börse erhöht sich der Wertberichtigungsbedarf auf Ende Jahr.

Rey versucht, mit seinen Zukäufen den Kurs zu stützen.

XVIII

Ein Whirlpool für einen Hecht und viele kleine Fische

Im Omni-Konglomerat geht die Übersicht verloren – und das ist durchaus erwünscht

Reys Vorliebe für verschachtelte Konstruktionen und undurchsichtige Operationen zeitigt naturgemäss entsprechende Folgen, wie das diesem Buch beigelegte Organigramm des Omni-Imperiums überdeutlich zeigt. Unter dem Omni-Holding-Dach gibt es zahlreiche Ableger des gleichen Namens, sogenannte Subholdings, die ihrerseits wieder Omni-Unterfirmen kontrollieren. Laut Geschäftsbericht dienen sie als Servicegesellschaften oder Finanzierungsvehikel und widmen sich dem Kaufen und Halten von «taktischen» Beteiligungen. Optisch tragen sie kräftig zur Aufblähung des Omni-Organigramms bei. Aber was tut sich in diesen Gesellschaften namens Omni Finanz AG, Omni Finance Ltd, Omni Cap Ltd und Omni Finanz Management, um nur einige der sich Jahr für Jahr wuchernd vermehrenden Omni-Knospen zu nennen?

Laut Geschäftsbericht 1986 der Omni Holding werden diese Subholdings geführt von einem «Stab qualifizierter Mitarbeiter. Das fundierte Know-how zur Lösung komplexer Problemstellungen bei Finanzierungen, Kapitalanlagen, Unternehmensbewertungen, Steuern, Risikobeurteilungen, Fusionen und Akquisitionen wird den Beteiligungsgesellschaften und zunehmend auch Dritten zur Verfügung gestellt. Angeboten werden ideenreiche, finanzwirtschaftlich optimale Lösungen für Unternehmen, die ihre finanzielle Struktur verbessern wollen.»

Beginnen wir unsere Tour d'horizon durch diese Gesellschaften an einem besonders sonnigen Ort: in der Karibik, in Georgetown, der Hauptstadt der Cayman Islands. Hier geniessen Einkünfte und Kapital absolute Steuerfreiheit, weshalb viele internationale Firmen ein Domizil gründen. Ein Muss auch für

Rey. Am 22. Dezember 1986 lässt er die Omni Finance Ltd eintragen.

Die Omni Finance ist ein scheinbar recht erfolgreiches Unternehmen. 1987 überweist sie ihrer Mutter einen Reingewinn von 3,6 Millionen Franken. Der Reingewinn kann von der Omni Holding kraft des Holdingprivilegs im Kanton Zug steuerfrei verbucht werden. Zum guten Ergebnis trägt vor allem ein reger Handel mit Inspectorate-Aktien bei. Der daraus resultierende – steuerfreie – Kapitalgewinn beträgt 4 Millionen Franken.

Weniger einträglich dürfte das zweite grosse Geschäft der Omni Finance sein: die Übernahme der Omninvest Cayman von der Swiss Cantobank. Eine Minderheitsbeteiligung der Omninvest hat Rey der Swiss Cantobank in der Hoffnung untergeschoben, Kunden der Bank würden Geld in den Fonds stecken. Diese Rechnung geht nicht auf, und die Swiss-Cantobank-Leitung drängt Rey zu einen Rückkauf der Beteiligung. Ob die Swiss Cantobank die Beteiligung noch aus anderen Gründen wieder entfernt haben will, ist nicht klar. An dieser Stelle sei der Vollständigkeit halber erwähnt, dass die Cantobank-Leitung, die immerhin zu 60 Prozent unter der Kontrolle der Kantonalbanken steht, bereits 1986 eine andere, nicht sehr wohlriechende Rey-Blume fortgeworfen hat, nämlich die Hamburger Handelsbank. Sie ist an eine dänische Bank abgestossen worden.

Im Juni 1988 ändert die Omni Finance ihren Namen in Omni Securities Ltd. Das wichtigste Geschäft in jenem Jahr ist der bereits erwähnte Kauf der neuseeländischen Omnicorp, weil sie mit dem Weiterverkauf an eine andere Omni-Gesellschaft unter dem Strich rund 28 Millionen Franken verdient. Ferner kassiert die Omni Securities aus dem Handel mit Inspectorate-Aktien 3 Millionen Franken. Der Mutter Omni kann am Ende des Jahres ein Reingewinn von nicht weniger als 34 Millionen Franken ausgeschüttet werden.

1989 wird die Omni Securities zur finanziellen Abwicklung des Harpener-Kaufs eingeschaltet. Und noch ein bedeutendes Geschäft fällt in dieses Jahr: Das Aktienpaket der Gerresheimer Glas AG in Deutschland, Anfang 1988 erworben, wird mit einem Gewinn von 29 Millionen Franken veräussert. Gewinnzufluss aus der Karibik nach Bern zur Omni Holding: 40,7 Millionen Franken.

Die Omni Securities ist, wie bereits erwähnt, für die gesamte Omni-Gruppe auch als Finanzierungsvehikel tätig. Da fallen schon mal grosse Zahlen an, wie ein Blick in die Bilanz für das Geschäftsjahr 1989 enthüllt. Da hat die Omni Securities anderen Gruppengesellschaften stolze 563 Millionen Franken ausgeliehen. Und woher nimmt sie die Mittel dazu? 360 Millionen sind Bankkredite, den Rest stellen ihr andere Omni-Gesellschaften zur Verfügung.

Eine bedeutende Gesellschaft also, die personell entsprechend dotiert ist. Falsch.

Rund acht Monate pro Jahr hält sich der Omni-Angestellte Daniel Schwab einsam im Omni-Büro in Georgetown auf. Wichtigste, weil fast einzige Infrastruktur: Telefon und Telefax. Schwab geht in angenehmer Umgebung einer angenehmen Beschäftigung nach: Er signiert für die Omni Securities Ltd und andere Cayman-Gesellschaften von Rey leere Briefbögen und schickt sie in die Schweiz oder nach England. Was mit den Blankopapieren geschieht, erfährt der Omni-Mann, wenn überhaupt, nachträglich. So dekoriert etwa seine Unterschrift Papiere der Omni Capital Markets Ltd, die Anfang Juni 1990 in Österreich eine 700-Millionen-Schilling-Optionsanleihe (umgerechnet rund 85,5 Millionen Franken) für die Omni Holding aufnimmt. Schwab muss auch bereits andernorts ausgefüllte Formulare unterzeichnen. Um den Inhalt, so bedeutet man ihm, habe er sich nicht zu kümmern.

Der Omni-Mann wird als Verwaltungsrat und Chief Executive Officer der diversen Karibikfirmen entlöhnt und produziert standesgemässe Spesen. Zusammen mit den Bürokosten genügt das der Eidgenössischen Steuerverwaltung und entsprechenden ausländischen Behörden jederzeit als Beweis, dass auf den Cayman Islands Geschäfte ordnungsgemäss geführt und entschieden sowie selbstverständlich korrekt verbucht werden.

Dem Vernehmen nach soll sich jedoch die Eidgenössische Steuerverwaltung sehr viel Mühe geben, um nachzuweisen, dass es sich effektiv nur um eine Briefkastenadresse handelt. Was kein allzu schwieriges Unterfangen wäre, wird doch die Buchhaltung der Omni Securities – und nicht nur ihre – in Zürich bei der Omni Finanz AG gemacht. Geschäftliche Entscheide, die eine Cayman-Gesellschaft betreffen, fallen nicht in der Karibik, sondern dort, wo sich Rey gerade aufhält. Schwabs Unterschrift ist überdies nur auf den erwähnten Formularen gefragt. Über die Bankkonten der Omni Securities und der anderen Karibikgesellschaften hat der Chief Excecutive Officer keinerlei Verfügungsgewalt. Die Unterschriftsberechtigung liegt bei Herzig und Dettling. Unter diesen Umständen verwundert es nicht, dass der eifrige Lieferant von Blankounterschriften nach dem Kollaps der Omni Holding etwelche Mühe bekunden wird, den mit der Nachlassverwaltung betrauten Leuten der Wirtschaftsprüfungsfirma Coopers & Lybrand über die in seinem Namen getätigten Operationen vertieft Auskunft zu geben.

Die Omni Securities ist personell also zumindest zeitweise besetzt, andere Omni-Knospen sind dagegen ganz verwaist. Sie tragen klingende Namen, doch handelt es sich bei ihnen um unbediente Verschiebebahnhöfe für Gewinne, Verluste, Beteiligungen, Forderungen, Garantien usw.

Auch ihre Buchhaltungen werden in Zürich angefertigt und wandern anschliessend nach Bern zum Hauptsitz der Omni, wo jene für die Omni Holding erstellt wird.

In den Büros in Zürich wird unter der Regie von Omni-Generaldirektor Markus Herzig und Direktor Martin Dettling der Zahlungsverkehr für die gesamte Omni-Gruppe abgewickelt. Dort sind die Spezialisten des Financial Engineering und Merchant Banking am Werk. Insgesamt arbeiten in Zürich gegen 20 Personen, einige davon für Rey privat. Daneben gibt es einige wenige Juristen, die unablässig neue Gesellschaften gründen, umbenennen, fusionieren oder abspalten. Diese Gesellschaften müssen wiederum mit Verwaltungsräten bestückt werden, die man sich der Einfachheit halber hausintern organisiert, was dazu führt, dass einige Omni-Leute wahre Sammler von solchen Mandaten sind.

Fasziniert von den kühnen Transaktionen, die der grosse Meister Rey ihnen vorführt, und trunken von den Millionen, die sie einsetzen können, versuchen die Omni-Männer in Zürich, es ihm gleichzutun. Unermüdlich stöbern sie – ihrer Meinung nach interessante – Projekte auf, legen Dossiers an, hängen am Telefon, dealen mit Wertschriften, mischeln und mauscheln und hoffen auf das grosse Geschäft. Es bleibt bei den kleinen, denn bei den grossen gibt es einen kleinen Haken: Ohne Unterschrift von Rey läuft gar nichts.

Doch wie kommt man zu einer Signatur, wenn Rey meist abwesend ist? Die Schlaueren unter ihnen buchen schon mal den gleichen Flug, wenn sie herauskriegen, dass Rey von Zürich oder London nach New York und anderswo unterwegs ist, und versuchen so eben auf 10 000 Meter Höhe, dem vorne in der First class fliegenden Chef eine Unterschrift abzuringen. Soviel Aufwand braucht nicht zu erstaunen: Erstens erwartet der grösste aller Einkäufer, Rey, dass das Geschäft ständig in Schwung gehalten wird. Zweitens honoriert er grosszügig vermeintlich gute Geschäfte. Und so tragen die fleissigen Omni-Käufer unbekümmert zusammen, was ihnen kaufenswert erscheint – ganz nach dem Vorbild ihres Chefs.

Wer einen schlechten Fischzug gemacht hat, braucht sich nicht zu grämen. Reys Furcht, ein faules Geschäft könnte bekanntwerden, ist geradezu panisch. Für Verluste steht Rey deshalb regelmässig selber gerade, allerdings nur mit einer buchhalterischen Forderung der Omni auf seinem persönlichen Konto.

Was aber sind schon viele kleine Verluste, wenn Rey mit einem Schlag ein grosses Geschäft an Land zieht oder wieder einen Posten Omni- oder Inspectorate-Aktien verkauft und mit diesen Gewinnen die Scharte anschliessend auswetzt respektive die Forderung der Omni wieder begleicht? An sich nichts, wenn sich die Verluste nicht schneeballartig vergrössern.

Von den grossen Geschäften weiss man sowohl in Zürich als auch in Bern in der Regel erst, wenn sie bereits laufen. Rey lässt sich von seinen Angestellten nie in die Karten blicken. Er teilt jedem Angestellten nur eine Teilaufgabe zu, oder er beschäftigt zwei Leute parallel mit einer Aufgabe (ohne dass diese voneinander wissen), so dass keiner sieht, was sich insgesamt abspielt.

Kein Wunder, dass die Arbeitszeit deshalb auch dazu verwendet wird, sich gegenseitig Informationshappen abzuluchsen. Dies auch deshalb, weil jeder für alles, aber niemand richtig zuständig ist. Derartige Informationsverknüpfungen unter seinem Fussvolk schätzt Rey aus einleuchtenden Gründen gar nicht.

Das wuselige Tun stösst ausserhalb des Hauses nicht auf grosse Anerkennung. Unter den erfahrenen Adia-Managern werden die Omni-Leute despektierlich mit «Cowboys» umschrieben, mit denen man möglichst nichts zu tun haben will. «Die tun buchstäblich alles, nur um Rey zu gefallen», spottet ein Adia-Kadermann. Überdies hegt man gegen einzelne Leute den Verdacht, dass sie bei den Deals gelegentlich auch mal eine Tranche für sich abschneiden. Als Rey versucht, die «Cowboys» auch für Adia-Inspectorate einzusetzen, sperren sich die Adia-Spitzenmanager gegen jegliche Zusammenarbeit.

Das fröhliche Treiben zwischen Zürich, Bern und der Karibik wird 1988 arg gestört. Nicht etwa, weil das Geld ausgeht, oder weil Rey des Spieles mit den wuchernden Omni-Gesellschaften überdrüssig wäre. Ganz im Gegenteil: Er eröffnet ein weiteres Spielfeld.

Im September aktiviert Rey dazu den Europa-Ableger der wenige Monate zuvor erworbenen neuseeländischen Omnicorp Investments, indem er in Amsterdam die OmniCorp International BV ins Leben ruft. Er deklariert sie zur Holdinggesellschaft für das Merchant Banking im englischsprachigen Raum. Das Domizil in Holland ist rein steuerlicher Natur. Die eigentliche Befehlszentrale liegt in London bei der OmniCorp Advisory Services Ltd und damit weit weg von der Schweiz, aber sehr nahe bei Reys Wohnsitz.

Für die Leitung der OmniCorp International engagiert Rey den Engländer Richard Cusac, einen Mann mit internationalen Beziehungen. Während zwölf Jahren hatte Cusac für die Citicorp unter anderem in Hongkong und Saudiarabien gearbeitet. Dann wurde er Chef der Gulf Bank von Kuwait und wechselte schliesslich zur Investmentbank Merrill Lynch.

Cusac braucht nicht lange nach Mitstreitern Ausschau zu halten. Rey hält ihm zwei Manager zu, die bis 1987 für die von Inspectorate übernommene britische Computer-Leasingfirma United Leasing gearbeitet haben, Denis Strauss und Peter Atkin. Nachdem Ian Orrock, Chef der zweiten von Inspectorate übernommenen britischen Leasinggesellschaft, IBL, von Rey zum Chef der Meridian International (Holding für sämtliche europäischen Leasingaktivitäten von Inspectorate) ernannt worden war, feuerte er bekanntlich reihum Manager – unter anderen auch Strauss und Atkin von der United Leasing. Sie fanden sofort eine neue Beschäftigung bei Rey, der sie mit Akquisitionsaufgaben betraute. Diesem Geschäft sollen sie nunmehr im Schosse der OmniCorp International nachgehen dürfen.

Cusac ist kein Mann der bescheidenen Töne und lässt sogleich durchblicken, dass er das Amt des Vizepräsidenten des Omni-Holding-Verwaltungsrates zu übernehmen gedenke. Dabei beruft er sich auf Rey, der ihm gesagt haben soll, er sei der Omni überdrüssig und wolle sich zurückziehen. Der Posten des Vize ist jedoch bereits von Hans Herzig besetzt, der ihn nicht aufzugeben gedenkt. Als Cusac dessen gewahr wird, will er anstelle von René Giulianelli Generaldirektor werden. Auch daraus wird nichts.

Ob Rey mit Cusac tatsächlich ein Revirement an der Omni-Spitze anstrebt, ist nicht klar. Dagegen spricht, dass Rey – gebrannt durch den kurz zuvor erfolgten Eklat mit Vater und Sohn Frey – keine neuen Misstöne an der Omni-Spitze risikieren will. Dagegen spricht auch, dass Rey Männer mit Machtambitionen nicht um sich duldet. Was er braucht, sind jederzeit verfügbare Erfüllungsgehilfen, Wasserträger.

Entweder hat Rey Cusac in diesem Sinne beauftragt, oder Cusac entwickelt eine sehr eigenständige Initiative: So oder so sieht es ganz danach aus, als ob das operationelle Geschäft von der Schweiz nach London verlagert werden soll. Cusac bringt die OmniCorp International in atemberaubendem Tempo auf Vordermann. Und zwar nicht nur mit Geld der Omni Holding, sondern auch mit Beteiligungen, die in der Holding untergebracht sind oder Rey privat gehören. Ganz nach Reyscher Manier schiessen überall OmniCorp-Tochter- und Enkelgesellschaften wie Pilze nach einem warmen Regen aus dem Boden. In

New York eröffnet man an der Park Avenue, einer besonders teuren Adresse, ein Büro für sechs Angestellte. Sie firmieren unter Omni Holdings Inc.

Als erstes kauft Cusac der Omni Securities die HPI-Beteiligung ab und parkt sie in der OmniCorp Overseas Ltd, unterstützt und beraten von den Steuerexperten der Omni Holding.

Wie löst man die an sich nicht besonders schwierige Aufgabe, 49 Prozent eines englischen Tourismuskonglomerats zu halten? Rey und seine hauseigenen Steuerexperten machen es so:

Die OmniCorp Overseas Ltd, eine Enkel-Gesellschaft der OmniCorp International, besitzt 100 Prozent der HHB Financial Holding Ltd auf den Cayman Islands. Dieser stille Ableger der einstigen HHB Finanz AG – der Vorläuferin der Omni Holding – weist ein Aktienkapital auf, bestehend aus drei Aktien zu je einem Dollar. Die HHB Fiancial wiederum besitzt 100 Prozent der Newthorn Ltd in Hongkong. Die 100 Prozent bestehen aus zwei Aktien zu je 10 Hongkong-Dollar. Die Hongkonger Briefkastenfirma ist im Besitz von 49 Prozent der Hudson Place Investments Ltd in England. Der Hudson Place gehören 100 Prozent der International Leisure Group, die im britischen Charter- und Liniengeschäft, im Gruppenreisebereich sowie im Flugzeug-Leasing und im Handel mit Flugzeug-Optionen tätig ist.

Kompliziert? Sicher, dafür aber laut Omni absolut steuersparend und für einen potentiellen Käufer – wie wir noch sehen werden – so verwirrend, dass er vielleicht erst nach dem Kauf merkt, dass er doch nicht ganz 49 Prozent besitzt.

Ähnlich kompliziert geht's auch im nächsten Geschäft zu. Reys Firma Berhold NV, verkauft der OmniCorp Overseas im Dezember 1988 je eine 49-Prozent-Beteiligung an zwei Gesellschaften. Die eine davon heisst Parc Securities und kostet die OmniCorp Overseas 35,8 Millionen Dollar. Das Geld zur Bezahlung stammt erneut von der Omni Holding.

In London grassiert zu jener Zeit das Immobilienfieber. Entlang der Themse werden reihenweise alte Hafenviertel niedergerissen und Retortensiedlungen hochgezogen. Rey will hier mitverdienen und hegt grosse Überbauungspläne.

Cusac und Rey kaufen dazu über die Parc Securities und die zweite 49-Prozent-Beteiligung ein 1,6 Hektaren grosses Grundstück am südlichen Themse-Ufer im Zentrum Londons, das unter dem Namen Battersea Wharf bekannt ist. Kostenpunkt: 92 Millionen Dollar.

Die Finanzierung ist kein Problem, denn die Bodenpreise schiessen im gleichen Tempo in die Höhe wie die Glas- und Stahlbauten. Und deshalb brauchen auch die OmniCorp Overseas respektive deren beide 49-Prozent-Beteiligungen keinen Penny aufzuwerfen. Die Royal Trust Bank ist mit 60 Millionen Dollar zur Stelle. Als Sicherheiten dienen ihr die Garantien der beiden Gesellschaften. Die Omni-Gruppe schleust ein Darlehen von 52 Millionen Dollar ein, das mit dem Grundstück sowie nachrangig durch die beiden Gesellschaften abgesichert ist. Auch die Schweizerische Volksbank ist dabei. Sie steigt mit 34 Millionen Franken in das Battersea-Projekt ein. Als einzige Geldgeberin hält sie keine Realsicherheit in der Hand. Dafür glaubt sie an Rey und den Immobilienboom.

Die Parc Securities, deren Teilverkauf Rey knapp 36 Millionen Dollar einbringt, ist eine Wundertüte. In ihr sind unzählige Immobiliengesellschaften verpackt. Von diesen üben jedoch nur vier eine Geschäftstätigkeit aus, die restlichen sind inaktiv. Unter anderem hat Parc Securities sich mit 14 Millionen Dollar im spanischen Immobilienmarkt engagiert, nicht direkt natürlich, sondern über eine Kaskade von dazwischengeschalteten Gesellschaften.

Rey verkauft der OmniCorp respektive deren Tochter OmniCorp Pacific Investment NV noch ein weiteres Immobilienengagement in England. Es ist weitaus bescheidener als Parc Securities, dafür aber in seiner Art Rey-typisch: undurchsichtig im Aufbau und undurchsichtig im Zweck. Es heisst Vijay Investments Ltd.

Vijay wird von zwei Briefkastenfirmen auf der steuergünstigen Isle of Man gehalten. Mitte der achtziger Jahre arrangiert Rey über die Swiss Cantobank einen Kredit, mit dem Vijay im Westen Londons ein Hotel sowie ein benachbartes Grundstück kauft. Anschliessend wandert die Vijay Investments einige Jahre durch die Bücher verschiedener Rey-Gesellschaften, bis sie schliesslich 1988 bei OmniCorp Pacific ein Plätzchen findet. Zu welchen Bedingungen ist unbekannt, weil Rey sie persönlich aushandelt. Fest steht nur, dass die OmniCorp für Vijay von der Omni Holding mit 3,6 Millionen Dollar belastet wird. Unklar ist auch, was die OmniCorp-Tochter genau in den Händen hält. Mit Vertrag vom Juni 1989 wird ihr jedenfalls das Recht eingeräumt, innerhalb von 20 Jahren eine bestimmte Anzahl Aktien der Vijay zu kaufen. Gleichzeitig jedoch beabsichtigt Vijay, zusammen mit einer ihrer Mütter auf der Isle of Man das Hotel binnen dreier Jahre zu verkaufen.

Bis 1990 ist weder das eine noch das andere passiert, dafür hat die Swiss Cantobank Forderungen von über 20 Millionen Franken ausstehend, deren Zinsen offenbar nicht bezahlt werden. Das Hotel dient mittlerweile als Obdachlosenheim.

In den USA ist die OmniCorp dank der Übernahme der Omni Swiss Properties mittels Direktinvestitionen und Darlehen im Umfang von rund 42 Millionen Dollar an zwölf Immobilienprojekten beteiligt. Eines davon umfasst vier Gebäude in San Francisco und wird von einer Gesellschaft auf den Niederländischen Antillen verwaltet, deren Namen uns aus Reys Abenteuer mit der kalifornischen Bank Beverly Hills Savings & Loan (BHSL) bestens bekannt ist: die Adamuz NV.

Ein weiteres Engagement der OmniCorp International in den USA heisst August Limited Partnership. Die Wurzeln des Projekts reichen in die frühen achtziger Jahre zurück. Seither sind rund 120 Liegenschaften erschlossen und überbaut worden. Wegen der schlechten Verwaltung der Liegenschaften sinkt deren Wert im Laufe der Jahre stetig, was dazu führt, dass sich mittlerweile alle Beteiligten mit Klagen und Gegenklagen das Leben sauer machen. Über Tochtergesellschaften und Garantieverpflichtungen hängt die OmniCorp mit 21,4 Millionen Dollar im August-Projekt drin.

Verlassen wir den Immobilienbereich und kehren zum Merchant Banking zurück. Neben dem grossen Brocken Hudson Place Investments engagiert Cusac sich vor allem in den USA.

Cusac übernimmt – direkt via OmniCorp sowie über deren New Yorker Standbein Omni Holdings Inc – für rund 33 Millionen Dollar die Mehrheit an der kalifornischen Telefongesellschaft Com Systems Inc. Das Investment ist alles andere als ertragreich, denn Com Systems Inc fährt 1988 und 1989 einen kumulierten Verlust von 16 Millionen Dollar ein.

Die Firma Check Robot Inc in Florida entwickelt und vermarktet Software für Supermarktkassen. Im Mai 1989 steigt OmniCorp in die noch junge Gesellschaft ein. Deren Geldbedarf ist gross, und die OmniCorp sieht sich gezwungen, immer neue Mittel einzuschiessen. Schliesslich ist sie mit fast 20 Millionen Dollar an einer Firma beteiligt, deren Produkte noch gar nicht richtig auf dem Markt sind.

Die Norment Industries Inc in Alabama stellt Sicherheitssysteme für Gefängnisse her. Die OmniCorp-Tochter Omni Holdings Inc ist mit rund 10 Millionen Dollar am Gesellschaftskapital beteiligt. Auch die Norment arbeitet wie die Com Systems mit Verlusten. Per Ende 1989 betragen sie insgesamt 8,4 Millionen Dollar.

Und schliesslich bringt sich OmniCorp in den teilweisen Besitz der auf den Cayman Islands domizilierten Omni Cap, einer Omni-Holding-Gesellschaft, die ebenfalls die eine oder andere Beteiligung in ihrem Portefeuille hat. Zum Beispiel eine 15-Millionen-Dollar-Partizipation an einer Müllentsorgungsfirma in Atlanta. Oder eine 5-Millionen-Dollar-Beteiligung an einer englischen Baufirma, wobei die Swiss Cantobank die Hälfte des Engagements finanziert hat. Die Omni Cap ist darüberhinaus mit 34 Millionen Dollar an der Hudson Place Investments Ltd beteiligt.

In diesem Gestrüpp von Tochter-, Enkel- und Urenkelgesellschaften fühlt sich Rey richtig wohl. Denn hier kann er seine ganze Lust auf komplizierte Operationen zwecks Vermeidung von Steuern und Spuren ausleben. Die Kombinatorikspielchen, die der kleine Werner einst stundenlang in der Abgeschiedenheit seines Zimmers gelernt hat, kann der erwachsene Werner mit Firmen, Beteiligungen, Schulden, Forderungen, Garantien, Zessionen nun im Massstab 1:1 perfektionieren. Eine von ihm besonders geliebte Variante ist das Verschieben von Aktiven über eine Omni-Tochter zur Enkelin und von dort zur Urenkelin und dann das Zurückspulen in umgekehrter Reihenfolge, aber diesmal über einen anderen Omni-Ast. Zweck der Übung: Bei jeder Gesellschaft wird das Aktivum verbucht, was naturgemäss zu einer beträchtlichen Aufblähung der Bilanzen auf jeder Stufe führt. Und nur er allein, so glaubt Rey, hat die Übersicht.

Das geldverschlingende Treiben von Cusac und seinen Leuten wird bei der ihnen an sich übergeordneten Omni-Generaldirektion in der Schweiz mit grossem Verdruss verfolgt. Die OmniCorp schert sich keinen Deut um die hierarchische Ordnung, operiert völlig autonom und zieht erst noch zahlreiche Geschäfte aus Omni-Subholdings ab. Cusac seinerseits betrachtet die Muttergesellschaft als reine Zahlungsstelle. Schon nach dem ersten Geschäftsjahr 1989 steht die OmniCorp International bei der Omni Holding mit 119 Millionen Dollar in der Kreide. Die Schulden müssen in Eigenkapital umgewandelt werden. Auch für die Bankdarlehen, die Ende 1989 bereits 169 Millionen Dollar betragen, hat die Omni Holding als Garantin geradezustehen. Die Darlehen werden in der zweiten Hälfte 1991 zur Rückzahlung fällig. Geht es in diesem Stil weiter, so rücken Cusac und seine Mannschaft bald einmal auf die Höhe des grössten Schuldenmachers der Omni – ihres Chefs – auf.

Interventionen der Omni-Generaldirektoren bei Cusac fruchten nichts, da offensichtlich alle Transaktionen der Engländer von Rey bewilligt sind. Als einer es dennoch wagt, bei Rey zu murren, löst der Omni-Besitzer das mittlerweile auch von ihm erkannte Problem auf für ihn ungewohnte Art. Er zieht Cusac aus dem Verkehr, nicht ohne ihm eine reichlich dotierte Abfindung mit auf den Weg zu geben.

In der Schweiz holt er sich den Unternehmensberater McKinsey ins Haus und beauftragt ihn mit der Überprüfung der Führungsstrukturen. Aufgrund der gestörten Beziehungen zwischen der Schweiz und London ist Rey nämlich zur schlagenden Erkenntnis gekommen, dass der eine oder andere Generaldirektor in der Schweiz eine führungsschwache Figur ist.

Mitte 1989 ist Omni-Generaldirektor Martin Ungerer nach kaum einjährigem Gastspiel wieder ausgeschieden. Beim Versuch, gemäss den Anweisungen von Rey die Jean-Frey-Gruppe mit Aufkäufen zwecks Publikumsöffnung aufzumotzen, hat er gar keine glückliche Hand gehabt und der Omni ziemlich viele Kosten und juristische Scherereien verursacht. Doch wie soll ein ehemaliger Journalist praktisch über Nacht zu einem gewieften und mit allen Wassern gewaschenen Akquisitionsspezialisten werden? Eine Frage, die wohl auch Rey nicht schlüssig beantworten kann.

Die Erkenntnis, die für Rey neu ist, haben andere Leute – es sei an Max Frey erinnert – schon lange vorher gewonnen. Mit Verblüffung haben sie zur Kenntnis genommen, dass zwischen den dekorativen Direktorentiteln und den faktischen Kompetenzen eklatante Lücken klaffen. In der Tat hat Rey immer wieder Leute in oberste Chargen gehievt, die aufgrund ihrer Voraussetzungen anderswo für solche Karrieresprünge wohl kaum in Frage gekommen wären.

Entscheiden, wenn auch auf eine sehr eigenwillige Art, tut in der Omni sowohl in der Exekutive als auch im Verwaltungsrat sowieso nur einer: Werner K. Rey, Präsident des Verwaltungsrates und Besitzer von 90 Prozent der Omni-Aktien.

Weshalb Rey für teures Geld McKinsey-Berater engagiert, ist schleierhaft. Denn das Ergebnis ihrer Überprüfung und die anschliessende Umsetzung ist eine Zementierung der bestehenden Strukturen: Rey ruft sich zum Delegierten des Verwaltungsrates (das Präsidium behält er selbstverständlich bei) und Vorsitzenden der Generaldirektion aus. Die Generaldirektion – zwar um die Person von Jean-Claude Vagnières (zuständig für den Bereich Industriebeteiligungen) erweitert – wird endgültig in eine Statistenrolle verbannt. Alle Verantwortlichen der Gruppengesellschaften haben ab sofort Rey direkt zu rapportieren, müssen also nicht mehr den «administrativen Umweg» über die Generaldirektoren nehmen. Offensichtlich stossen sich die Herren Generaldirektoren nicht so stark an ihrer Zurückstufung, denn keiner von ihnen begehrt auf oder nimmt gar den Hut.

Für Reys Machtfülle gibt es kein vergleichbares Beispiel in anderen Publikumsgesellschaften. Und niemand wird misstrauisch. Im Gegenteil: Nur Rey allein wird, vor allem bei den Banken, als Genius und Seele der Omni Holding bewundert. Bei ihrer Kreditvergabe machen die Banken sogar zur Bedingung, dass Rey die Führung der Omni Holding beibehält. Im Wissen um das fatale Ende der Omni-Gruppe drängt sich das Bild vom Kalb, das sich seinen Metzger selber sucht, auf.

Möglicherweise hängt das Festklammern der Kälber am Metzger auch mit der finanziellen Lage der Omni Holding zusammen. In den Büchern stehen Ende 1989 fast 700 Millionen Schulden, 470 Millionen davon sind kurzfristige Bankkredite, die in der Regel alle drei bis sechs Monate unter Anpassung an das aktuelle Zinsniveau erneuert werden. Das ist nur verkraftbar, wenn die Zinsen nicht merklich ansteigen. Die Zinsbelastung von 52 Millionen Franken (mehr als das doppelte des Vorjahres) frisst im Geschäftsjahr 1989 bereits die Hälfte des Bruttoertrages der Omni Holding von 114 Millionen Franken weg. Und die Zinsen steigen.

Noch ein weiterer Posten in der Holding-Bilanz müsste aufhorchen lassen: die Garantieverpflichtungen. Praktisch alle Bankkredite, welche die Gruppengesellschaften aufnehmen, sind durch die Mutter Omni Holding garantiert. Ende 1989 steht die Omni dadurch bei den Banken mit 1039 Millionen Franken im Wort.

Diesen enorm hohen festen Verpflichtungen steht ein haftendes Eigenkapital von 1 Milliarde Franken gegenüber. Doch der überwiegende Teil, nämlich rund 700 Millionen Franken, besteht aus der schon mehrmals erwähnten grotesk hoch bewerteten Sacheinlage von Inspectorate- und ACMV-Aktien. Der Wert dieses Eigenkapitals hängt somit fast ausschliesslich von der Börsenstimmung ab. Und die ist nicht sonderlich gut – insbesondere für Adia nicht.

Mit Verkaufen tut sich Rey entschieden schwerer als mit Kaufen. Ende 1989 fliessen aus Devestitionen nur etwas mehr als 50 Millionen Franken in die Tresorerie der Holding. Es handelt sich um den Erlös aus der Gerresheimer-Glas-Beteiligung, aus der Aeroleasing ALG und aus einem Grundstückverkauf in Wallisellen in der Nähe von Zürich. Es sind dies, zusammen mit dem Verkauf einer 60-Prozent-Beteiligung der Swiss Cantobank an die Kantonalbanken, die einzigen Verkäufe an Dritte, die Rey bis 1990 tätigt.

Der finanzielle Status der Omni Holding, wie er am 31. Dezember 1989 für den Geschäftsbericht aufbereitet wird, ist mit Vorsicht zu geniessen. Denn in den letzten Dezembertagen pflegt Rey bekanntlich immer wieder zu der einen oder anderen Bilanzverschönerungsmethode zu greifen. So muss beispielsweise die Omni Holding auf sein Geheiss hin Forderungen von insgesamt 43 Millionen Franken an zwei Banken verkaufen, was Cash in die Kasse bringt. Es handelt sich dabei um Forderungen der Omni an Rey und damit also um jenen Abfalleimer, in den Flops und Verluste abgebucht werden. Im Januar und Februar 1990 werden die Forderungen dann wieder zurückgekauft.

Wenig durchsichtig ist die Schaffung einer weiteren Omni-Subholding im Dezember 1989. Die Omni Finanz AG in Zürich wird kurzerhand in Omni Beteiligungen AG umfirmiert und am 4. Januar 1990 in Bern eingetragen. Die Omni Finanz AG verschwindet aber nicht etwa von der Bühne. Sie wird noch gleichentags «neu» gegründet.

Offizieller Zweck der Omni Beteiligungen AG ist das Zusammenfassen von kurzfristigen und wechselnden Beteiligungen, die bislang im Portefeuille der Omni Finanz AG gelegen haben. Laut Omni-Angaben verfügt die Gesellschaft damit über ein Eigenkapital von 30 Millionen Franken. Ein Omni-Buchhalter erklärt der Berner Presse, die rund 20 Beschäftigten der Omni Finanz AG in Zürich könnten sich jetzt völlig auf ihre Aufgabe als Servicegesellschaft konzentrieren. Der wahre Zweck der Omni Beteiligungen AG: Bereits im Dezember 1989 wird ein Paket Sulzer-Aktien sowie die ACMV-Beteiligung von der Omni Holding AG an die Omni Beteiligungen AG verkauft. In der Omni-Holding-Bilanz verändert sich dadurch nichts. Sie hat zwar weniger Aktiven in Form von Wertschriften, dafür aber eine Forderung im gleichen oder – je nach Verrechnungspreis – sogar höheren Umfang an die Omni Beteiligungen AG, die wiederum – als Tochter – in der Bilanz der Omni Holding steht. Die Omni Beteiligungen hat auf der Passivseite eine Schuld an ihre Mutter, kann aber mit den neuen Aktiven ihrerseits Bankkredite aufnehmen. Damit wird die von einzelnen Banken auferlegte Kreditklausel, wonach die Aktiven der Omni Holding nicht ein zweites Mal verpfändet werden dürfen, elegant umgangen. 1990 wird die Omni Beteiligungen AG von Rey vor allem für die Kursstützung der Omni-Aktie eingesetzt. Sie muss immer wieder grössere Aktienpakete aufkaufen.

Dass Rey sich mit echten Verkäufen, also nicht nur Scheinverkäufen innerhalb des Omni-Imperiums, schwertut, dafür hat man in seiner Umgebung eine verblüffende Erklärung: Es behage ihm nicht, aktiv nach Käufern Ausschau zu halten. Seine Wunschvorstellung orientiere sich am Erlebnis mit den Kantonalbanken, die einst als Bittsteller bei ihm aufkreuzten und ihm eine Beteiligung an der Omnibank abrangen. Ein Werner K. Rey lässt sich bitten, aber er bittet nicht.

Rey glaubt, sich das leisten zu können. Vor allem jetzt, wo er noch ein ganz heisses Eisen im Feuer hat, das sich prächtig zum Schmieden einer dritten Merchant-Banking-Plattform eignet. Die entsprechenden Vorarbeiten sind schon weit gediehen.

XIX
Bei Harpener gerät das Geld in Abfluss

Die Fingerübung von Schönenwerd wird an der Vosskuhle 38 zur Schule der Geläufigkeit

Seit der Mischkonzern Harpener im Mehrheitsbesitz von Werner K. Rey ist, wiederholt sich bei der Präsentation des Geschäftsergebnisses jährlich das gleiche Ritual: Die Medienvertreter wollen wissen, was Grossaktionär Rey mit dem Dortmunder Unternehmen eigentlich vorhat. Die Harpener-Leitung muss passen, sie ist ahnungslos. Es bleibt nur der Trost, dass der undurchsichtige Rey sich noch nicht an das Eingemachte von Harpener herangemacht hat, wie verschiedene Zeitungen argwöhnen.

Der Aufsichtsratsvorsitzende Rey ist lammfromm und mischt sich überhaupt nicht in das Tagesgeschäft ein. Dass er 1987 auf eine Ablösung der Deutschen Treuhand-Gesellschaft als Kontrollstelle von Harpener durch Deloitte Haskins & Sells drängt, nimmt ihm ausser der ausmanöverierten Firma niemand übel. Schliesslich pflegt jeder Besitzer mit jener Revisionsgesellschaft zusammenzuarbeiten, zu der aufgrund langjähriger Geschäftsbeziehungen ein Vertrauensverhältnis besteht. In der Buchhaltung von Harpener stellt man leicht irritiert fest, dass die neuen Revisoren als verlängerter Arm von Rey wirken.

1989 ist es mit der scheinbaren Ruhe an der Vosskuhle 38 in Dortmund vorbei. Rey will der Harpener die Beteiligung an der Hudson Place Investments (HPI) andrehen. Doch Günther E. Hering, Vorstandschef, weigert sich standhaft, auf das Geschäft einzutreten. Er zieht es vor, auf die Aufsichtsratssitzung vom 13. November 1989 hin zu demissionieren. Rey kann's recht sein.

Er macht seinen Kollegen im Aufsichtsrat, unter denen sich noch immer drei deutsche Spitzenbankiers und der Industrielle Karl Gustav Ratjen befinden, Markus Herzig sowie Fritz Hauff, der erst seit kurzem für die Omni arbeitet, als neue Vorstände beliebt. Die beiden Kandidaturen werden überprüft und für gut befunden. Dass Hauff seine früheren Arbeitsstellen bei der Schweizerischen Bankgesellschaft und anschliessend bei der Banca della Svizzera Italiana nicht ganz freiwillig aufgegeben hat, wissen sie nicht.

Und so nehmen Hauff und Herzig ihre Vorstandstätigkeit am gleichen 13. November auf. Ihnen zur Seite stehen Jürgen Schippkühler und Claus Gerckens, die letzten noch verbleibenden deutschen Vorstände (Gerckens wird Harpener Ende März 1990 verlassen). Die Aufgabenteilung ist rasch vollzogen: Hauff wird Vorstandschef, Schippkühler und Gerckens sind verantwortlich für das Deutschland-Geschäft, und Herzig kontrolliert das Finanzwesen. Den Kollegen Herzig sehen Schippkühler und Gerckens selten, denn er nimmt sein Harpener-Mandat weitgehend von der Schweiz aus wahr. Gemäss Anweisung von Rey soll das Finanzgeschäft der Harpener eng mit jenem der Omni verknüpft werden. Das Scharnier dazu ist Herzig, der deshalb Omni-Generaldirektor und Treasurer bleibt.

An dieser Stelle ist ein kleiner Exkurs angezeigt:

Heinz Döring hat 1986 – wie in Kapitel 12 ausgeführt – den Minderheitsaktionären etwas vorlaut ein grosszügiges Barabfindungsangebot angekündigt, aus dem dann nichts geworden ist. Ob aus Mangel an liquiden Mitteln oder weil sich die Omnifremden Aufsichtsräte dagegen gesperrt haben oder weil Rey schlicht nicht wollte, spielt an sich keine Rolle. Weil aber nach deutschem Recht ein solches Barabfindungsangebot Voraussetzung für einen sogenannten Konzernbeherrschungsvertrag ist, kommt ein solcher nicht zustande. Dieser Beherrschungsvertrag zwischen der Omni und der Harpener hätte es Rey erlaubt, die vollständige Kontrolle über die deutsche Tochter auch offiziell zu übernehmen. Die Mutter Omni hätte dann das Recht, ihren Willen bei der Tochter uneingeschränkt durchzusetzen und sie sogar zu Geschäften zu zwingen, die nicht primär im Interesse der Harpener sind.

Aber wie gesagt, es gibt weder ein Barabfindungsangebot noch einen Konzernbeherrschungsvertrag. Rey muss deshalb als

Präsident des Aufsichtsrates der Harpener von Gesetzes wegen in erster Linie deren Interessen wahren (das gleiche gilt selbstverständlich auch für die Vorstände Hauff und Herzig, die weiterhin Omni-Angestellte sind, obwohl sie bei Harpener fürstliche Gehälter beziehen). Der Interessenkonflikt ist programmiert. Um ihm auszuweichen, müssten Rey und die beiden Vorstände bei jedem direkten Geschäft zwischen Harpener und Omni in den Ausstand treten. (Dieser Umstand ist im Kopf zu speichern, weil es im folgenden sehr häufig um solche Geschäfte zwischen Mutter und Tochter geht.)

Zurück zur Aufsichtsratssitzung vom 13. November 1989. Rey lässt seine Harpener-Aufsichtsräte wissen, dass die Omni das Merchant Banking – in seinem Diktus das «taktische Halten von Beteiligungen» – mit Erfolg betreibe. Die Aufsichtsräte haben nichts dagegen, wenn dieser Geschäftszweig inskünftig auch von der «strategischen Omni-Beteiligung Harpener» (Rey) betrieben wird. Auf dem deutschen Markt gibt es viele potentielle Ziele in Form von unterbewerteten Gesellschaften. Weil sie mit dieser Neuausrichtung ihrer Geschäftspolitik den notorischen Kritikern in der Presse, die der Harpener immer mal wieder Betulichkeit vorwerfen, endlich zukunftsorientiertes und innovatives Denken beweisen können, lassen sich die Aufsichtsräte von Rey nur allzu gerne überzeugen. Dass Rey aber mit dem Merchant Banking innerhalb der Omni bei weitem nicht so erfolgreich ist, wie er es ihnen dargestellt hat, und dass die Omni deshalb in ernsthaften Schwierigkeiten steckt, wissen sie nicht.

Der Vorstand in seiner neuen Zusammensetzung entwickelt, was die Omni Holding in solchen Fällen immer erwartet: sofortige und markante Aktivität. So beschliesst er Ende Januar 1990, «im Rahmen der strategischen Neuausrichtung der Harpener AG» eine Harpener United Kingdom (UK) in England, eine Harpener Securities auf den Cayman Islands und eine Harpener BV in Holland zu gründen. Im gleichen Zug soll die seit Anfang der achtziger Jahre in den USA bestehende, aber inaktive Harpener Inc revitalisiert werden.

Der Aufsichtsrat berät das Vorhaben Mitte Februar. Auf die vier Gesellschaften sollen, so der Antrag des Vorstandes, insgesamt 100 Millionen DM an Eigenkapital verteilt werden. In der Diskussion betont Rey, «dass es noch keine konkreten Geschäfte für diese Gesellschaften gibt. Die Gesellschaften sind nur Vehikel.» Weil das Merchant Banking ein Business ist, bei dem man schnell und flexibel agieren muss, fordert Rey, dass die von den Gesellschaften zu verfolgenden Projekte nicht der Zustimmung des Harpener-Aufsichtsrats unterliegen sollen. Er verspricht jedoch, keine Transaktionen über 100 Millionen DM abzuwickeln, ohne den Aufsichtsrat zu konsultieren. Insgesamt soll die Summe der Geschäfte maximal das Dreifache, die Verschuldung maximal das Zweifache des Gesellschaftskapitals betragen. Dem Aufsichtsrat soll regelmässig Bericht über die vorgenommenen Käufe und Verkäufe erstattet werden.

Verantwortlich für das Merchant Banking sind Hauff und Herzig. Sie haben über die Geschäfte mit den neuen Gesellschaften Rey persönlich zu rapportieren.

Einen starken Anwalt für seine Sache findet Rey in Fritz Köhli. Der Generaldirektor des Schweizerischen Bankvereins, der dank Rey seit 1987 Mitglied des Aufsichtsrates der Harpener ist und nebenbei auch die Interessen des Naranda-Syndikates im Auge behalten muss, betont, dass «Herr Rey bei der Durchführung seiner Geschäfte eine gewisse Freiheit haben muss». Einstimmig beschliesst der Aufsichtsrat, dass dem Vorhaben stattgegeben werden soll. Einzige Einschränkung: Es darf sich nur um Finanzanlagen, Beteiligungen und Immobiliengeschäfte handeln. An etwas anderem als an diesen drei Bereichen ist Rey «zufällig» auch gar nicht interessiert.

Der erste Deal, den Rey dem Vorstand aufzudrängen versucht, ist eine Beteiligung am Battersea-Wharf-Projekt in London. Die Vorstände ziehen Erkundigungen in England ein, das Ergebnis stimmt sie skeptisch. Der dortige Immobilienmarkt ist offensichtlich unter Druck geraten, ein Engagement ist also sehr riskant. Deshalb lehnen sie die Offerte von Rey ab. Dieser akzeptiert den Entscheid ohne Widerrede – ein geschickter, weil vertrauensbildender Schachzug.

Möglich, dass Reys Verhalten sich bereits bei seinem nächsten Vorschlag bezahlt macht. Einem Vorschlag übrigens, für den er Herzblut vergiesst: eine Bank. Es ist die Deutsch-Schweizerische Bank AG (DSB) in Frankfurt. Reys frühere Aktivitäten und seine Beziehungen tragen wieder einmal Früchte: Ein Griff in den Zylinderhut, und Rey hat sein Geldinstitut.

Kurt Meier, Präsident der Generaldirektion der Kantonalbank von Bern und stolzer Verwaltungsratspräsident der Swiss Cantobank, hat – mit Zustimmung des Minderheitsaktionärs Rey – die DSB 1987 von der holländischen Niederlassung der Crédit Lyonnais abgekauft. Grund: Die kleine deutsche Bank verfügt über einen Sitz an der Frankfurter Börse. Eine Perle ist sie allerdings nicht, hat sie doch in den letzten Jahren regelmässig Betriebsverluste eingefahren. Anlässlich einer Kapitalerhöhung ist 1989 die Zentralsparkasse und Kommerzbank Wien mit 25 Prozent eingestiegen. Die Österreicher und Meier sind froh, als Rey im Namen von Harpener Kaufbereitschaft signalisiert.

Am 9. Mai beantragt der Harpener-Vorstand seinem Aufsichtsrat den Kauf von maximal 80 Prozent der DSB-Aktien zu einem Preis von rund 29,6 Millionen DM. Begründung: Weiterausbau des Wertschriften-, Konsortial- und Merchant-Banking-Geschäfts. Doch Rey hegt plötzlich Bedenken, und überraschend für alle Eingeweihten biegt er an der Aufsichtsratssitzung das Begehren um: Es handle sich nur um eine Information, eine Absichtserklärung vielleicht, Beschlüsse müssten noch keine gefasst werden, erklärt er seinen Kollegen. Möglicher Grund für den Rückzieher: Rey fürchtet, dass sich die drei Vertreter von deutschen Grossbanken querlegen, weil sie nicht auf Konkurrenz erpicht sind.

Rey wartet offensichtlich einen günstigeren Zeitpunkt ab – und der kommt schon bald.

Am 29. Juni läuft die Amtszeit der drei Bankiers und auch des Industrievertreters Karl Gustav Ratjen im Aufsichtsrat ab. Rey, mittlerweile Besitzer von fast 90 Prozent des Harpener-Aktienkapitals, bewirkt kraft seiner Stimmenmacht eine Reduktion des Aufsichtsrats von zwölf auf neun Mitglieder. Als Teilersatz lässt er die beiden Omni-Generaldirektoren René Giulianelli und Jean-Claude Vagnières wählen, womit – abgesehen von drei Vertretern der Harpener-Arbeitnehmer – nur noch Männer von Reys Gnaden über die Harpener wachen. Es sind dies neben Vagnières und Giulianelli der Stuttgarter Jurist und Rey-Berater Brun-Hagen Hennerkes, Adia-Generaldirektor Matthias U. Jermann und Bankier Fritz Köhli.

Noch gleichentags tritt der neu konstituierte Aufsichtsrat zu einer Sitzung zusammen und berät das Traktandum «Kauf DSB». Die Herren stimmen dem Antrag einstimmig zu, obwohl sich unter den 39 Bankangestellten der DSB kein einziger Spezialist für das Merchant Banking findet und die Bank einen Verlustvortrag von 26 Millionen DM aufweist. Einer, der sich besonders über die Bank freut, ist Harpener-Vorstand Jürgen Schippkühler, der unter anderem für die Verwaltung der Harpener-Immobilien in Deutschland zuständig ist. Mit einer eigenen Bank, so spekuliert er, könnte man günstige Finanzierungen für Käufer von Immobilien anbieten. Herzig und Hauff, die um dessen Begeisterung sehr wohl wissen, flachsen hinter dem Rücken ihres Kollegen: «Nun hat der Schippi endlich seine Bank.»

Doch Schippi wird nicht an die Bank herangelassen. Der Bank-Aufsichtsrat, in dem bereits Brun-Hagen Hennerkes die Interessen seines Mandanten Rey wahrnimmt, wird mit Ex-Bänkler Hauff verstärkt. Innerhalb der Harpener wird Herzig für die DSB verantwortlich. Und in das Management der DSB wird ein Omni-Mann entsandt.

Während sich die vier früheren Aufsichtsräte feierlich verabschieden lassen und wahrscheinlich immer noch glauben, Rey hege mit der Harpener keine unlauteren Absichten, fliesst das Geld schon munter aus der Harpener-Kasse ab. Rey beginnt mit dem Ausschlachten.

Bereits im Dezember 1989 hat Harpener rund 4800 Adia-Aktien im Wert von 10,5 Millionen DM im Portefeuille. Auf Geheiss von Rey kauft Vorstand Hauff – im Auftrag von Omni, aber auf Kosten der Harpener – auch im neuen Jahr fleissig weitere Adia-Papiere dazu. Rey will seine von der Omni gehaltenen Adia-Bestände von rund 25 Prozent massiv aufstocken, um sie anschliessend mit einem Paketzuschlag zu verkaufen. Ein weiteres Motiv: Die Adia-Papiere sind auf rasanter Talfahrt, eine geballte Nachfrage soll diese verlangsamen und stoppen. Denn bei der

Omni stehen sie noch immer mit 2000 Franken zu Buch, also weit über dem aktuellen Wert. Hauff agiert sehr klandestin. Der (bis im Juni 1990 noch in alter Besetzung funktionierende) Aufsichtsrat hat jedenfalls keine Ahnung von seinen Aktivitäten. Auf einen formellen Vorstandsbeschluss «verzichtet» Rey mit der Begründung, dass für Käufe «von Triple A wie Sulzer und Adia» (Rey) kein solcher notwendig sei.

Die Käufe laufen bis im Mai 1990 über die Swiss Cantobank und über die Zürcher Privatbank Rüd Blass & Cie AG, wo Rey einst seine Banklehre absolvierte. Später werden die Käufe über die Rüd Blass, die Banca della Svizzera Italiana in Zürich und das Bankhaus Sal. Oppenheimer Jr. & Cie AG in Köln abgewickelt.

Bis zum 22. August kommen so für 42 Millionen DM heimlich rund 24 000 Adia-Aktien zusammen.

Am 23. August bittet der Vorstand den Aufsichtsrat um die Ermächtigung, «eine strategisch/taktische Beteiligung an Adia SA bis zu 90 000 Aktien, entsprechend rund 5,15 Prozent der ausstehenden Aktien von Adia» aufzubauen. Geschätztes Investitionsvolumen: rund 130 Millionen DM. Kein Wort davon, dass man bereits 24 000 Aktien aufgekauft hat. Der Durchschnittskurs dieses Paketes liegt 620 DM über der Börsennotierung dieses 23. August. In seinem Antrag schwärmt der Vorstand von den Gewinnchancen, die sich aus dem tiefen Kursniveau ergäben.

Die Aufsichtsräte – unter ihnen auch Adia-Generaldirektor Jermann – stimmen dem Antrag einstimmig zu. Wenig später bewilligen sie auch die Gründung einer Harpener Finance Ltd in Irland, die – ausgestattet mit einem Kapital von 50 Millionen DM – die Adia-Käufe sowie andere Finanztransaktionen durchführen soll. Der Grossteil der Aktienkäufe wird aber über die Harpener Securities auf den Cayman Islands abgewickelt. Und wer betreut dort die Briefpapiere dieser Gesellschaft? Daniel Schwab von der Omni Securities natürlich. Die Harpener Securities bekommt im Omni-Büro einen eigenen Telefonanschluss, den Fax muss sie mit der Omni Securities teilen.

Jermanns Kollegen in der Westschweizer Adia-Zentrale erfahren nicht etwa von ihm, sondern über ihre Bankkanäle, dass da jemand fleissig Adia-Papiere aufkauft. Und sie finden auch rasch heraus, wer dahintersteckt. Als sie Rey zur Rede stellen, gibt er es unumwunden zu. Er wolle mit dieser Aktion ja nur den abserbelnden Kurs stützen, begründet er sein angebliches Motiv. Auf die – angesichts der breiten Streuung der Adia-Aktien – Sinnlosigkeit dieses Tuns aufmerksam gemacht, reagiert Rey nicht. Auch nicht auf die Aufforderung der Adia-Leitung, die von der Finanzierung durch Harpener keine Ahnung hat (die Ausnahme ist Jermann), das Geld besser für die Rückzahlung des Adia-Darlehens durch die Omni zu verwenden.

Ende September schlägt der Vorstand der Harpener den Kauf von weiteren 90 000 Adia-Papieren vor. Diesmal mit einer neuen Begründung: «Zusammen mit unserer Grossaktionärin Omni wäre auch die Anstrebung einer Kontrollmehrheit an Adia denkbar, mit voller Konsolidierung. Im Sinne unserer Merchant-Banking-Aktivitäten würde eine solche Transaktion aus heutiger Sicht durchaus Sinn machen.» Rey spielt wohl auch mit dem Gedanken, so die renitenten Manager in Lausanne loszuwerden.

Auch hinter dieser neuen Transaktion sehen die Aufsichtsräte einen Sinn und stimmen zu. Nur Köhli verlangt, dass die Tranche auf 45 000 Aktien begrenzt wird. Rey beugt sich diesem Wunsch, er will den Bankverein-Generaldirektor nicht vergrätzen.

Bis Ende 1990 hat die Harpener für insgesamt 173 Millionen DM Adia-Aktien gekauft.

Ein weiteres Geschäft, von dem die inzwischen ausgeschiedenen Aufsichtsräte von Harpener ebenfalls keinen blassen Schimmer hatten: Im Februar 1990 kauft Harpener-Vorstand Markus Herzig für rund 10 Millionen DM Aktien einer American Health Services Corp, ein zuvor mit der Swiss Cantobank abgekarteter Deal. Offensichtlich stammen die Aktien aus dem Bestand einer Omni-Gesellschaft, welche die Swiss Cantobank mit der Weiterplazierung beauftragt, was diese auch prompt tut und die Papiere via Herzig der Harpener zum Kauf offeriert. Ein miserables Geschäft für die Harpener, denn bereits im Mai können die Papiere nur noch für die Hälfte des Einstandspreises weiterverkauft werden.

Eine Petitesse im Vergleich zu den Transaktionen, die ab März 1990 über die neugegründeten Harpener-Ableger getätigt werden, notabene im Einverständnis mit den früheren Aufsichtsräten. Diese gingen und gehen selbstverständlich davon aus, dass die Harpener eigene, das heisst Omni-fremde Beteiligungen erwirbt. Rey hingegen will bei diesem Merchant Banking von allem Anfang an etwas anderes erreichen: die Entlastung der Omni von ihren schwer verschuldeten Gesellschaften durch heimliches Verschieben zu Harpener.

Da ist zum Beispiel das «Merchant Banking à la Rey» in Grossbritannien bei der Harpener UK Ltd. Die mit rund 14 Millionen DM alimentierte Gesellschaft übernimmt im März 1990 für 6,6 Millionen DM die Parc Securities Grosvenor Street Ltd. Verkäuferin ist die Parc Securities Ltd, die seit 1988 zu 49 Prozent der OmniCorp International BV gehört. Damaliger Verkäufer des 49-Prozent-Anteils: eine private Rey-Firma.

Wenig später überweist die Harpener ihrer Tochter Harpener UK weitere 6 Millionen DM als Anzahlung für Umbau- und Renovierungsarbeiten im Gebäude Nummer 16 an der Grosvenor Street. Nutzer der Räumlichkeiten sind niemand anderes als die OmniCorp Advisory Services, (die Kommandozentrale der OmniCorp International), die Parc Securities sowie der Chief Executive Officer der Omni Holding, Werner K. Rey. Er lässt umbauen und sich – alles auf Kosten der Harpener – ein standesgemässes Büro einrichten, was diese auf rund 2,3 Millionen DM zu stehen kommt. Die von Rey persönlich belegten Räumlichkeiten – seine Untergebenen nennen sie respektvoll «Mr. Rey's area» – werden unter anderem mit französischen Stilmöbeln, mit Kristallleuchtern und kostbaren Teppichen ausgestattet.

Damit alles seine Ordnung hat, legt der Vorstand ein Schreiben einer Londoner Wirtschaftsprüfungsfirma an die Parc Securities zu den Akten. Danach ist das wichtigste Aktivum der Parc Securities Grosvenor Street Ltd ein Mietrecht an den Räumlichkeiten in der Grosvenor Street 16, das laut Einschätzung der Prüfer einen Wert von rund 6,5 Millionen DM hat.

Am 9. Mai orientiert der Vorstand den Aufsichtsrat, dass man die Harpener UK nun flottgemacht habe. Vom Grosvenor-Street-

Projekt verlautet keine Silbe. Erst ein Jahr später wird Harpener herauskriegen, dass gar kein Mietvertrag besteht. Die von den Rey-Gesellschaften dennoch bezahlten Mieten sind für die Parc Securities Grosvenor Street Ltd in keiner Weise kostendeckend. Die Räumlichkeiten stehen bei ihr übrigens mit nur 4 Millionen DM zu Buche. Gesamtaufwand für die Harpener: rund 13,2 Millionen DM.

Rey denkt nicht nur an sich, sondern auch an alte Freunde. Einer davon ist der 1989 von Yves Paternot geschasste Inspectorate-Generaldirektor Francis Holmes.

Der Brite kaufte bei seinem unfreiwilligen Weggang auf Vorschlag von Rey wie erinnerlich diverse englische Unternehmen aus der Inspectorate zurück. Das Vehikel dazu hiess Parwide Ltd und gehörte Holmes und seiner Familie. Die OmniCorp International beteiligte sich mit einem Darlehen von 23 Millionen Franken. Via Parwide kaufte Holmes von Inspectorate die HolmesQuest Holdings Ltd sowie eine Immobilienfirma zurück und verpflichtete sich zur Rückzahlung eines Darlehens der Inspectorate an diese Firmen. Aus diesen Übernahmen schuldet er der zwischenzeitlich mit Adia fusionierten Inspectorate rund 40 Millionen Franken, zudem hat er bei der Bank of Scotland 17 Millionen ausgeliehen, und knapp 9 Millionen stammen von einer Genfer Privatbank. Für die 40 Millionen bei der Adia hat Holmes einen Bürgen: Reys private holländische Gesellschaft EFL.

Am 29. März 1990 trifft sich Holmes mit Rey in dessen Büro an der Grosvenor Street. Holmes ist bös in der Finanzklemme, Rey weiss einen Ausweg. Er veranlasst – über Herzig – die Finanzabteilung der Harpener AG, der Harpener UK ein verzinsliches Darlehen von 11,7 Millionen DM zu gewähren. Mit diesen Mitteln kauft Harpener UK Francis Holmes diverse Immobilien ab.

Rey weiss, dass damit Holmes noch nicht ausreichend geholfen ist, zieht aber zuerst ein anderes Geschäft vor. Er weist die Harpener AG an, rund 17 Millionen Mark an die Harpener Securities Ltd auf den Cayman Islands zu schicken (der Betrag entspricht der vom Harpener-Aufsichtsrat genehmigten Ausstattung der Harpener Securities mit Eigenkapital). Mit diesem Geld gründet die Harpener Securities zusammen mit der Omni Securities die Quart Holdings Ltd. Offizieller Zweck der Quart Holdings, um die sich formell Daniel Schwab, der seine Aufträge von Herzig erhält, kümmert: Abwicklung von «Wertschriftengeschäften mit steuerlich günstiger Strukturierung».

Die Harpener Securities steckt einen Teil der 17 Millionen DM als Bareinlage in die Quart, die Omni Securities bringt für 9 Millionen Dollar (rund 13 Millionen Franken) Adia-Aktien in sie ein. Anschliessend hinterlegt die Quart die Aktien bei einer Bank und erhält dafür einen Kredit, mit dem sie der Omni Swiss Investments eine 36-Prozent-Beteiligung an der Hamburger Gesellschaft für Management-Organisation (GMO) abkauft. Einmal mehr wird so eine Beteiligung Omni-intern umgeschichtet. Was mit den restlichen Mitteln passiert, welche in der Kasse der Quart liegen, ist nicht bekannt. Sie dürften jedoch in Omni-Kassen verschwunden sein.

Im Juli erhält die Quart Holdings in der Karibik – wieder auf dem Umweg über die auch dort ansässige Harpener Securities – von Harpener in Deutschland weitere 28,3 Millionen DM in Form einer Festgeldanlage.

Holmes kann aufatmen. Die Mittel werden nach England an die HolmesQuest ausgeliehen, womit er seine Schulden zumindest bei Adia begleichen kann. Damit ist auch die Reysche EFL aus dem Schneider, weil sie von ihrer Bürgschaft entbunden ist. (Holmes wird einige Zeit nach dem Kollaps der Omni Holding ebenfalls in den Konkurs gehen.)

Man kann sich das Erstaunen von Paternot und seinen Adia-Leuten vorstellen, als ihnen der Check zugestellt wird. Denn auf ihm prangt ziemlich sorglos der Name von Harpener – und nicht wie erwartet von Privatmann Holmes.

Dass mit diesen 28,3 Millionen DM die vom Aufsichtsrat genehmigte Kapitalausstattung massiv überschritten wird, kümmert die für die Harpener-Beteiligungsgesellschaften zuständigen Hauff und Herzig nicht gross. Sie tun es ja auf Anweisung von Aufsichtsratspräsident Rey, den übrigen Aufsichtsräten wird die Sache einfach verschwiegen.

Und weiter geht es im «Merchant Banking à la Rey»: Die Harpener Securities erwirbt mit Harpener-Festgeldern von 3,4 Millionen DM Forderungen der Omni Swiss Properties gegen die Adamuz Ltd. Der Harpener Securities wird das Recht eingeräumt, die Forderungen innerhalb einer bestimmten Frist wieder zurückzuverkaufen, falls sie nicht eingetrieben werden können. Zwar gibt es zwei Adamuz-Herren namens John Richards und Khalifa Sherif, die die Forderungen auch persönlich garantieren. Ein formelles Rückgriffsrecht auf die beiden Adamuz-Vertreter wird im Vertrag mit der Harpener Securities jedoch «vergessen». Als der Fälligkeitstermin ungenutzt verstreicht, macht die Harpener Securities im Mai bei der Omni Swiss Properties das Rückgaberecht per Fax geltend. Doch daraus wird nichts. Rey fängt den Fax ab und verfügt auf der Rückseite handschriftlich: «John Richards Verpflichtung ist unbestritten und so lange wir Zinsen auf der Forderung erhalten, sind wir o.k. und fahren fort, mehr Geld zu machen.» Fragt sich nur, wer hier mehr Geld macht. Sicher nicht die Harpener AG, denn sie bleibt endgültig auf der faulen Forderung sitzen.

Nach diesem Abstecher in die Karibik noch einmal zurück zur Harpener UK: Im Dezember 1990 kauft sie für 12,2 Millionen DM den Geschäftsbetrieb der London Aviation Center Ltd (LAC) im Londoner Flughafen Luton.

Die LAC gehört der Dominion Holding Ltd auf den Cayman Islands und wird kontrolliert von – erraten? – Werner K. Rey. Und wer ist sonst noch mit von der Partie? Reys guter alter Bekannter Brian McHugo. Zusammen haben die beiden 1987 also die Dominion Holdings gegründet, wobei Rey mit 10 Millionen Dollar den grössten Teil des Aktienkapitals zeichnete. Die Dominion, so deren Geschäftszweck, «will in ausgewählten Marktnischen investieren und den Unternehmen, an denen sie sich beteiligt, finanzielle und managementmässige Hilfe anbieten». Das kostet wie immer Geld. 1989 etwa musste die Omni Securities auf Veranlassung von Rey 8,5 Millionen Franken an die Dominion überweisen.

Verwaltet wird die Dominion Holding von McHugo. Zu den «ausgewählten Marktnischen» gehört just die LAC, ursprünglich eine Bedarfsfluggesellschaft. McHugo hievt gleich seinen Sohn in die LAC-Direktion. Was McHugo an der LAC vor allem interessiert, ist das Gelände neben deren Sitz im Flughafen Luton. Er will es überbauen und sucht deshalb fleissig nach Geldgebern. Dabei hofft er auf die Hilfe von einem der Direktoren der LAC, Kevin Raisbeck. Raisbeck hat in den USA Einreiseverbot, weil er dort früher offenbar äusserst trüben Geschäften nachgegangen ist. Mit Hilfe von Raisbeck und einer Genfer Finanzgesellschaft (an der McHugo beteiligt ist), entwirft er einen Prospekt, um Investoren für die LAC anzuwerben. Geld hat die LAC auf jeden Fall nötig, wie ein vertraulicher Geschäftsbericht für 1988 zeigt. In den Büchern steht ein Verlust von umgerechnet 1,5 Millionen Franken.

Die Investoren bleiben offensichtlich aus, weshalb Rey in die Schatulle greifen muss. Nicht in seine private natürlich, sondern in jene der Omni. 1990 müssen die Omni Securities 3,8 Millionen Franken und die Omni Holding 2,6 Millionen an die LAC überweisen.

(Neben seiner LAC-Tätigkeit hat Raisbeck übrigens eine interessante Einnahmequelle entdeckt. Über eine private Investmentgesellschaft sammelt er Pensionskassengelder einer nahegelegenen Automobilfabrik und investiert sie weiter. Im September 1990 wird Kevin Raisbeck vor Gericht gezerrt, weil der grösste Teil der Pensionskassengelder verschwunden ist.)

Im Dezember schliesslich, als die Omni Holding bereits verzweifelt jedem Franken hinterherspringt, um die gähnenden Verlustlöcher in ihren Büchern zu stopfen, dreht Rey der Harpener die LAC an. Die Harpener UK muss den Preis von 12,2 Millionen DM ohne Umweg in die Schweiz zur Omni Holding überweisen. Dass sie mit dem Kauf der LAC in erster Linie ausstehende Forderungen der Omni Holding abdeckt, realisiert die Harpener AG – wie noch vieles andere – erst im Frühjahr 1991.

Nach Harpener UK und Harpener Securities folgt die dritte Gesellschaft für das Merchant Banking, die Harpener Inc in den USA. Sie wird von der Harpener-Zentrale mit einem Kapital von 33,7 Millionen DM ausgestattet. Das Geld wird umgehend als Festgeldanlage abdisponiert, an die Omni Holding selbstredend.

Mit Harpener-Geld muss im Dezember 1990 auch der Deutsch-Schweizerischen Bank aus der Patsche geholfen werden. Ein Grosskunde der Bank heisst nämlich Rey. DSB-Aufsichtsratsmitglied Brun-Hagen Hennerkes billigt Kredite von insgesamt 28 Millionen DM an eine Anglo Bahamian Bank Ltd (ABB) in Nassau auf den Bahamas. Keine Frage, wem die Bank gehört: Rey. Offiziell wird die Bank zwar von einer dort ansässigen Gesellschaft kontrolliert, hinter der sich angeblich Schweizer Investoren verbergen sollen. Die Fäden laufen jedoch zu einem Zuger Rechtsanwalt, der gleichzeitig in der Zürcher Anwaltskanzlei Frick, Widmer, Vuille, Jetzler, Neupert und Partner beschäftigt ist. Und bei Herrn Vuille handelt es sich um niemand anderes als um Jean-Marc Vuille, Reys Jurist für besondere Geschäfte seit Bankinvest-Tagen.

Mit dem Geld der DSB beteiligt sich die ABB – also die Anglo Bahamian Bank, um jedes Missverständnis auszuschliessen – an einem Konsortialkredit der Swiss Cantobank zugunsten Reys. Es fliessen zusätzliche Mittel an die Omni Securities.

Mittelausleihungen erfolgen noch an eine andere Bank, die Banque Financière de la Cité (BFC). Sie hat ihren Hauptsitz in Genf und eine Niederlassung auf den Cayman Islands. Nachträgliche Ermittlungen werden ergeben, dass Rey bei diesem Geschäft eine dubiose Rolle spielt. Detail am Rande: Die deutschen Untersuchungsbehörden werden ziemlich lange über dem Codenamen «Sukram» brüten. Markus Herzig hingegen lacht jedesmal auf den Stockzähnen, wenn er den Namen dieses Kontos rückwärts liest.

Einen Kredit von 4 Millionen DM vergibt die DSB auch an die inzwischen von ihr erworbene Finlease Holdings Ltd, eine Leasingfirma, welche ursprünglich Reys privater EFL gehört hat. Die Geschäfte der Finlease scheinen nicht gut zu laufen. Bereits Ende 1989 hat die Omni Securities 7 Millionen Franken einschiessen müssen, die OmniCorp International reicht im Juli 1990 weitere 5 Millionen Franken nach.

Für rund 14 Millionen DM schliesslich kauft die DSB der OmniCorp International im Spätherbst eine zweitrangige Hypothek auf einem Geschäftshaus in New Orleans ab.

Weil die Bank wegen dieser mehr als erheblichen, dafür um so risikoreicheren Kreditausstände Schwierigkeiten mit ihrer Kontrollstelle erhalten könnte, bewirkt DSB-Aufsichtsratsmitglied Fritz Hauff, dass die Harpener AG im Dezember zwei Festgeldanlagen von je 7 Millionen DM und die Harpener-Tochter Touraine & Jacobi GmbH eine solche von 15 Millionen DM zeichnet. Sie werden dem Konto der ABB gutgeschrieben. Damit kann die Forderung der DSB an die ABB noch kurz vor Jahresende aus den Büchern entfernt werden.

So also läuft das Merchant Banking Reyscher Prägung. Da nimmt sich der Bally-Coup wie eine unbeholfene Fingerübung aus. Bis Ende Jahr fliessen weit über 100 Millionen DM aus der Kasse der Harpener an diverse Omni-Gesellschaften. Ausserdem muss die Harpener im Auftrag von Rey die Adia-Aktien-Käufe tätigen und dafür bis Ende Jahr 174 Millionen DM auslegen. Beides hinterlässt Spuren, die in ihrer ganzen Tiefe erst dann so richtig sichtbar werden, wenn man die Mittelabflüsse in Relation zu den Geschäftszahlen der Harpener AG setzt.

Die Harpener weist 1989 eine Bilanzsumme von 795 Millionen DM sowie ein buchmässiges Eigenkapital von 147 Millionen DM aus. Die liquiden Mittel, Anfang 1990 immerhin noch fast 100 Millionen DM, schrumpfen bis Ende Jahr auf knapp 30 Millionen zusammen. Dafür explodieren die Bankschulden: Am 1. Januar 1990 hatte die Harpener noch lächerliche 15 Millionen DM, am 31. Dezember des gleichen Jahres sind es fast 238 Millionen DM.

Doch bei Harpener schreitet niemand ein. Der Aufsichtsrat nicht, weil nur Drahtzieher Rey weiss, dass sämtliche Anlagen von Festgeldern sowie einige weitere Rechtsgeschäfte bei beziehungweise mit Omni-Gesellschaften erfolgen. Der oberste Buchhalter der Omni Holding, René Giulianelli, nicht, weil er überzeugt ist, dass die Festgeldanlagen (die bei der Omni Holding von ihm gegengezeichnet werden) Bestandteil eines konzernweiten Cash-Managements sind. Und von den übrigen Geschäften mit Omni-Gesellschaften erfährt er – laut eigenen Angaben – erst im Februar 1991, anlässlich eines privaten Treffens mit Fritz Hauff.

Erst recht keinen Grund zum Einschreiten sehen die Vorstandsmitglieder. Herzig, Hauff und Schippkühler wissen um die Festgelder. Gerade letzterer, der einzige Nicht-Omni-Mann, sieht darin nichts Aussergewöhnliches. Die Idee vom Merchant Banking dünkt ihn so pfiffig, dass er an eine Opposition nicht einmal denkt.

Auch die drei Harpener-Prokuristen Bernd Kottmann (Finanz- und Rechnungswesen), Knut Haimhof (Rechtsbereich) und Jurist Christian Jürgens wissen um die Geldtransfers, ihre Unterschriften finden sich in wechselnder Zusammensetzung auf allen Zahlungsanweisungen. Haimhof als Sekretär des Aufsichtsrates ist zudem über den Kenntnisstand in diesem Gremium sehr wohl informiert. Doch weshalb soll ein Prokurist die Warnglocke ziehen oder auch nur darauf hinweisen, dass die Festgelder ohne jegliche Sicherheiten ausgegeben werden, wo es doch einen Aufsichtsratsbeschluss für die Alimentierung der Harpener-Merchant-Töchter gibt? Überdies ist er dafür bezahlt, die Anweisungen seiner Vorgesetzten im Vorstand auszuführen und nicht zu diskutieren oder gar in Frage zu stellen. Was genau in England, auf den Cayman Islands und in den USA mit den Geldern gemacht wird, wissen die Prokuristen in Dortmund ohnehin nur ansatzweise. Die entsprechenden Entscheide werden in Zürich oder London getroffen.

Zur Beruhigung trägt bei, dass Rey peinlich genau darauf achtet, dass die Festgeldanlagen zu den marktüblichen Sätzen verzinst werden und dass immer mal wieder eine Anlage aufgelöst und das Geld an die Harpener zurückdisponiert wird (wo man es allerdings meist gleich wieder für eine neue Festgeldanlage einsetzt beziehungsweise einzusetzen hat). Und schliesslich kauft er ja mit Harpener-Geld nichts anderes als Finanzanlagen, Beteiligungen und Immobilien – genau so, wie der Aufsichtsrat dies am 31. Januar 1990 einschränkend festgelegt hat.

Doch das dicke Ende bei Harpener steht erst noch bevor. Dieses Ende sitzt in London und hat einen Namen: Harry Goodman.

XX

Das Rencontre der Schuldenbauer

Der britische Ikarus Harry Goodman lädt die Harpener zum Sinkflug auf seine Air Europe ein

Harry Goodman ist der Typ Geschäftsmann, über den man im britischen Wirtschaftsestablishment indigniert die Brauen zu heben pflegt. Sowohl in seinem Äusseren – eine wilde Lockenmähne ziert sein Haupt – als auch in seinen Äusserungen steht er ausserhalb der rigiden Konventionen der Londoner City. Goodman hat aber etwas vorzuweisen. Innerhalb weniger Jahre hat er sich die International Leisure Group (ILG), ein Konglomerat aus Reisebüros, Dienstleistungsunternehmen und der Fluggesellschaft Air Europe, zusammengeschustert und sich bis Ende der achtziger Jahre zur Nummer zwei der Reisebranche hochgehangelt. Goodman ist ein begnadeter Verkäufer. Unter anderem betreibt er einen regen und in der Vergangenheit ziemlich einträglichen Handel mit Optionen auf Flugzeugen, die teilweise erst auf dem Reissbrett stehen. Zusammen mit seinen Managementkollegen besitzt er sämtliche stimmberechtigten Stammaktien der ILG-Mutter Hudson Place Investments (HPI) und dominiert sie damit vollständig.

Goodman, der schneller expandieren will, als es die selbsterarbeiteten Mittel erlauben, lebt auf Pump, aber auf eine besondere Art. Die Flotte der Air Europe ist nur geleast. Goodman gelingt es immer wieder, den Banken extrem günstige Leasingkonditionen abzuringen. Dass er sich damit in die Abhängigkeit der Banken begibt, stört ihn nicht. Dabei ist es mehr als nur Abhängigkeit, er befindet sich in einem eigentlichen Würgegriff der Geldgeber. So muss er bestimmte Geschäftsergebnisse vorweisen können und auch andere finanzielle Limiten strikte erreichen beziehungsweise einhalten. Der Preis für die günstigen Leasingraten: Die Banken können sofort Hand auf die Flugzeuge legen, wenn Goodman seinen Verpflichtungen nicht lückenlos nachkommt.

Goodman baut auf Sand. Er mag sich um die Finanzen nicht persönlich kümmern, was Folgen hat. Den eigenen Mitteln steht auf einmal ein Vielfaches an Schulden und Eventualverpflichtungen gegenüber. Das geht nur gut, wenn der Umsatz stetig erhöht werden kann. Schlittert Goodman aber mit seinen Gesellschaften in ein Tief, so ist absolut kein Reservepolster vorhanden, von dem er zehren könnte.

Die Zeiten sind rauh. Wegen eines schlechten Wintergeschäftes 1989/90 weist die ILG einen negativen Cash-flow von 78,3 Millionen Pfund aus. Ein geplanter Gang an die Börse muss wieder verschoben werden. Im Frühjahr 1991 werden überdies hohe Kredite zur Rückzahlung, respektive zur Refinanzierung fällig.

Gegen aussen gibt sich Goodman optimistisch. Im März 1990 prahlt er vor seinen Aktionären mit angeblich 360 Millionen Pfund stillen Reserven, die in der Flugzeugflotte, den Flugzeugkaufverträgen und den Optionen schlummern sollen. Doch weil er wohl selbst nicht so recht an diese Schatzkammer glaubt, lässt er auch durchblicken, dass er den Laden am liebsten verkaufen möchte.

Die HPI liegt einem Mann besonders auf dem Magen: Werner K. Rey, ihrem mit rund 50 Prozent des aus Vorzugsaktien gebildeten Kapitals grössten Aktionär. Obwohl Rey diese Beteiligung gemäss eigenen Angaben nur für kurze Zeit halten wollte, sitzt er zwei Jahre nach dem Kauf noch immer auf dem Paket. Er hat es bei Harpener versucht, doch die winkten – wie erinnerlich – ab. Im Mai 1990 glaubt er in Asil Nadir, dem gleichermassen schillernden wie umstrittenen zypriotischen Besitzer des britischen Gemischtwarenkonglomerats Polly Peck International, einen Käufer zu finden. Doch bevor Nadir sich überhaupt vertiefter mit dem Kaufobjekt auseinandersetzen kann, kracht sein völlig überschuldetes Imperium zusammen. Rey versucht es auch bei den Adia-Verantwortlichen, doch dort, wo man auf ihn sowieso nicht mehr gut zu sprechen ist, wird das Thema sofort vom Tisch gewischt.

Am 26. August 1990 berichtet das englische Blatt «Independent on Sunday», dass die Air Europe des Harry Goodman zum Verkauf stehe. Die Zeitung stützt sich auf Quellen in der Londoner City, laut denen das Linienfluggeschäft der Air Europe alles andere als einträglich sei. Überdies stehe Goodman unter einem grossen Zinsdruck auf seinem Fremdkapital.

Sollte sich die Lage von HPI weiter verschlechtern, so könnte dies für Rey, der selber mit allergrössten Finanzierungsproblemen zu kämpfen hat, zu einem Desaster ausarten. Er sieht nur einen Ausweg: Harpener, die einzige Milchkuh, die er im Augenblick im Stall hat, muss gezwungen werden, HPI-Gras zu fressen.

Das Szenario dazu ist wie immer in solchen Fällen auf das raffinierteste ausgeheckt und scheinbar absolut seriös.

Herzig und Hauff bereiten im September 1990 bei Harpener das Terrain für die Übernahme vor, indem sie bei Schippkühler so tun, als diskutierten sie echt über das Für und Wider einer HPI-Beteiligung. Schippkühler schnappt ein und findet die Idee gut. Merchant Banking? Eine Internationalisierung der Harpener? Diese Vorstellung gefällt ihm sehr.

Am 2. Oktober bietet die OmniCorp Advisory Services der Harpener, vertreten durch Herzig und Hauff, ganz formell die von Rey gehaltenen Aktien der HPI an. Um ganz genau zu sein: Die OmniCorp offeriert nicht die HPI-Aktien, sondern 100 Prozent ihrer Enkelin Newthorn in Hongkong, welche die HPI-Aktien besitzt. Die Newthorn ist ein Spross der OmniCorp-Tochter HHB Financial auf den Cayman Islands.

Sechs Tage später, am 8. Oktober, wird der Harpener-Prokurist Christian Jürgens zum «Projektleiter HPI» gewählt und mit der Ausarbeitung eines Papiers für die Aufsichtsratssitzung vom 19. Oktober beauftragt. Diese sogenannte Beschlussvorlage muss über die HPI eingehend Auskunft geben. Jürgens moniert die viel zu kurze Zeit für die Ausarbeitung einer seriösen Unterlage. Der Vorstand weist seinen Einwand als unbegründet zurück und besteht auf der termingerechten Ablieferung. Jürgens kann sich nicht umfassend dokumentieren und beschränkt sich notgedrungen auf Geschäftsberichte, Prospekte und andere

Unterlagen über die HPI, die ihm die OmniCorp Advisory zur Verfügung stellt.

Am 19. Oktober findet die Aufsichtsratssitzung statt. Präsident Rey eröffnet seinen Kollegen, dass die Merchant-Banking-Aktivitäten der Omni – wo er ebenfalls Präsident ist – sukzessive auf die Harpener übertragen werden sollen. Die Aufsichtsräte billigen diesen Vorschlag dem Grundsatz nach und wissen nicht, dass sie damit bereits Bestehendes absegnen. Gleichsam als erstes Geschäft macht ihnen Rey den Kauf der HPI-Beteiligung zum Preis von höchstens 110 Millionen Pfund oder 266 Millionen DM schmackhaft. Der genaue Preis – und jetzt trägt Rey den Omni-Hut – hänge davon ab, was ein nicht genannt sein wollender anderer Interessent offeriere, mit dem man (die Omni) gegenwärtig über den Verkauf des HPI-Paketes verhandle.

Jürgens streicht in seiner Beschlussvorlage vor allem die angeblich hohen Reserven hervor, die sich beim Verkauf von Flugzeugen und Optionen als Gewinn realisieren lassen. Er stützt sich bei seiner Einschätzung auf einen Geschäftsbericht der HPI ab, der auch den Aufsichtsräten vorliegt und von der Kontroll stelle Arthur Andersen abgesegnet worden ist. Jürgens bringt in seinem Papier weiter die optimistische Auffassung des Vorstands zur Darstellung, wonach einzelne Betriebsteile, beispielsweise die Air Europe, oder gleich das ganze HPI-Paket in zwei bis drei Jahren zu einem guten Preis wieder verkauft oder die ILG-Aktien an der Börse kotiert werden könnten.

Der Kaufpreis, der nicht weniger als ein Drittel der Harpener-Bilanzsumme ausmacht, soll – wen wundert's – voll fremdfinanziert werden. Vorgesehen sind Bankdarlehen von 133 Millionen DM, und für den Rest will man sich vorübergehend bei Omni-Gesellschaften verschulden. Der von Harpener errechnete Zinsaufwand beträgt rund 26 Millionen DM. Nach Abzug aller Dividendeneinnahmen und Steuerentlastungseffekte verbleibt der Harpener ein jährlicher wirtschaftlicher Verlust von 6,9 Millionen DM. Aber der soll ja, wie man bei Harpener hofft, durch den gewinnbringenden Weiterverkauf mehr als kompensiert werden.

Der Aufsichtsrat ist nach einer längeren Diskussion grundsätzlich einverstanden, nur zwei Arbeitnehmervertreter zeigen sich ob der Dimension der Transaktion völlig irritiert. Ihnen will nicht in den Kopf, weshalb das Geschäft in diesem Tempo durchgepeitscht wird, vor allem auch, weil weder die Wirtschaftlichkeit vollständig geklärt noch die Finanzierung sichergestellt ist. Um auch sie umzustimmen, wird das Geschäft an eine Reihe von Bedingungen geknüpft. So muss die Angemessenheit des stolzen Preises durch ein externes Gutachten abgeklärt werden. Als weitere Vorsichtsmassnahme will Harpener zudem den Kaufpreis in zwei Raten entrichten. Die erste der beiden Raten wird erst freigegeben, wenn die Fremdfinanzierung gesichert ist oder mindestens die Hälfte des HPI-Paketes tatsächlich gewinnbringend weiterverkauft werden kann. Rey unterstützt diese Anträge ausdrücklich und schlägt obendrein vor (ist er in diesem Moment Präsident der Omni oder der Harpener?), dass die Verkäuferin Omni der Käuferin Harpener eine nachträgliche Reduktion des Kaufpreises gewähre, wenn durch den späteren Weiterverkauf wider Erwarten ein Verlust entstehen sollte.

Es eilt. Hauff und Herzig machen sich unverzüglich an die Arbeit. Aber sie geben nicht etwa das Gutachten in Auftrag, sondern formulieren bereits den Kaufvertrag und ziehen dazu den Omni-Holding-Juristen Andrea Egger bei. Die Harpener-Prokuristen Jürgens und Haimhof, denen das Ganze offensichtlich auch nicht geheuer ist, nehmen derweil Kontakt zu einem aussenstehenden Rechtsanwalt auf, übergeben ihm die Unterlagen zur HPI und beauftragen ihn mit einer Gesamtbeurteilung aus neutraler Sicht. Das Ergebnis seiner Studie – dabei handelt es sich aber nicht etwa um das vom Aufsichtsrat verlangte externe Gutachten – trifft am 29. Oktober ein.

Der aussenstehende Jurist hat schwerste Bedenken. So macht er geltend, dass Harpener nicht etwa stimmrechtsfähige HPI-Aktien erwirbt, sondern wandelbare Vorzugsaktien, deren Umwandlung in Stammaktien nicht gewährleistet ist. (Rey kann seine Vorzugsaktien nämlich erst umwandeln, wenn die HPI an die Börse geht.) Unklar ist des weiteren, ob die britischen

Behörden die Kontrolle einer inländischen Fluggesellschaft durch eine ausländische Firma tolerieren und ob ein Teilverkauf (Air Europe) rechtlich überhaupt durchsetzbar ist. Am Schluss weist der Anwalt auf die Pflicht des Vorstandes hin, das Geschäft besonders einlässlich zu prüfen, da die Harpener von Omni faktisch beherrscht wird und eine Transaktion zwischen Mutter und Tochter beabsichtigt ist. Doch wie gesagt, es eilt.

Noch sind wesentliche juristische Fragen ungeklärt, die HPI-Geschäftszahlen noch nicht geprüft, und für das externe Gutachten ist nicht einmal der Auftrag formuliert, geschweige denn erteilt. Trotzdem signieren am 30. Oktober Schippkühler und Hauff den Vertrag und schicken ihn zur Gegenzeichnung nach London an die OmniCorp Overseas, die innerhalb der OmniCorp die HPI-Papiere (bzw. eben die Newthorn) hält. Im Vertrag fehlt die Ausgleichsgarantie der Omni, falls Harpener beim Weiterverkauf ein Verlust erwächst. Dafür haben Hauff und Herzig, unterstützt von Omni-Anwalt Egger, an einem Rücktrittsrecht der Harpener vom Kauf der HPI gebastelt. Dieses Recht wird in den Vertrag aufgenommen und kann von der Harpener unbedingt, das heisst ohne Begründung, bis zum 31. Dezember 1990 ausgeübt werden. (Jürgens und Haimhof drängten auf eine Verlängerung dieser Frist bis zum 31. März 1991, blitzten jedoch ein weiteres Mal ab.) Am gleichen 30. Oktober weist Herzig den Harpener-Finanzchef Kottmann an, der OmniCorp unverzüglich 30 Millionen DM als Anzahlung zu überweisen.

Die hastige Geldüberweisung hat einen triftigen Grund: Das sandige Fundament von Harry Goodmans Imperium trägt nicht mehr, es versinkt in einem finanziellen Schlamassel. In seiner Not kann er die von den Leasingbanken diktierten Vertragsklauseln nicht mehr alle einhalten. Der Würgegriff der Banken wirkt sofort, Omni muss die Fehler ausbügeln und als grösste Aktionärin mit 22 Millionen Pfund in die Bresche springen. Die nervös gewordenen Banken begnügen sich damit jedoch nicht und setzen Goodman eine Frist von drei Monaten, um seine Finanzen in den Griff zu bekommen. Von einer weiteren Finanzierung der HPI wollen die meisten Geldinstitute nichts mehr wissen. Das Wohl und Weh von Goodman hängt praktisch nur noch von Grossaktionär Rey und der Hausbank Lloyds ab. In Dortmund ahnt man nichts von der schlechten Lage der HPI und dem notwendig gewordenen Engagement der Omni. Denis Strauss und Charles Boucher, beides OmniCorp-Angestellte und in dieser Eigenschaft HPI-Verwaltungsräte, wissen es dagegen sehr wohl.

Haimhof sucht am 31. Oktober erneut den externen Juristen auf. Während die beiden am Diskutieren sind, klingelt das Telefon. Am anderen Ende ist Schippkühler. Er fordert Haimhof auf, die Sitzung unverzüglich abzubrechen und sich künftig in juristischen Dingen ausschliesslich mit Omni-Anwalt Egger zu beraten. Diese Order hat Rey erlassen, nachdem er Kenntnis von den Einwänden des aussenstehenden Juristen erhalten hat.

Und was ist inzwischen mit dem von Harpener signierten Vertrag in London bei der OmniCorp passiert? Der OmniCorp-Vertreter Charles Boucher unterzeichnet den Vertrag tatsächlich, wird jedoch von der Omni Holding am Zurückschicken des Papiers gehindert. Als Jürgens nach dem Verbleib des Papiers fragen muss, teilt ihm Boucher mit, dass er gar keine Unterschriftskompetenz besitze. Überdies sei die Omni der Auffassung, dass der Vertrag zu sehr zugunsten von Harpener ausgefallen sei. Die Vertragsverhandlungen müssten noch einmal aufgenommen werden.

Jürgens beisst auch andernorts auf Granit. In Dortmund hat man Kenntnis davon, dass das HPI-Management im Oktober bei der Kontrollstelle Arthur Andersen zwei Gutachten angefordert hat. Das eine betrifft den Wert der HPI-Aktien per 30. August 1990, im anderen ist der Cash-flow von HPI untersucht worden. Am 12. November ersucht Jürgens OmniCorp-Manager Denis Strauss um die Herausgabe beider Gutachten. Strauss weigert sich, wohl auf Veranlassung von Rey. Plausibler Grund für die Geheimniskrämerei: Die Andersen-Berichte sind alles andere als erfreulich und könnten die von Rey behauptete Bewertung von HPI und damit den von der OmniCorp verlangten und von Harpener zu bezahlenden Preis in Frage stellen.

Rey muss noch das zweitletzte Hindernis aus dem Weg räumen: das immer noch ausstehende externe Gutachten über die

Angemessenheit des Kaufpreises. Er steuert die Dinge so, dass das Gutachten an die Londoner Niederlassung von Deloitte Haskins & Sells, der langjährigen Buchprüferin von Reys Omni und früher auch der Inspectorate, vergeben wird. Diese hat unlängst mit Coopers & Lybrand, ebenfalls eine Revisionsgesellschaft, fusioniert, die neue Firma heisst Coopers & Lybrand Deloitte. Rey veranlasst, dass Michael Cutler die Überprüfung persönlich vornimmt. Cutler hat zwischen 1981 und 1989 bei Deloitte Genf gearbeitet und die Abschlussprüfung der Inspectorate betreut. Mit Rey verbindet ihn ein freundschaftliches Verhältnis.

Am 23. November übermittelt Hauff den Auftragskatalog für Coopers & Lybrand Deloitte an Rey. Hauff, der mittlerweile ebenfalls Kenntnis von den Bedenken des externen Harpener-Juristen hat, legt insbesondere Wert darauf, dass die Wirtschaftsprüfer die rechtliche Natur der von Harpener übernommenen Aktien unter die Lupe nehmen. In den internen Akten der Harpener trägt der Auftrag das Datum vom längst vergangenen 30. Oktober.

Rey ändert den Auftrag ab. Er weist Michael Cutler an, nicht die Angemessenheit des Preises sowie den Marktwert der HPI zu eruieren, wie dies der Aufsichtsrat verlangt. Vielmehr gibt Rey Cutler das Resultat des Gutachtens gleich vor. Cutler habe die ganze Transaktion als «fair» (englischer Originaltext) zu deklarieren. Er gibt ihm auch zu verstehen, dass eine eigentliche Untersuchung nicht erwünscht ist, und diktiert ihm eine Reihe von Parametern, die Cutler als erfüllt zu betrachten hat. Dazu gehört auch die Rechtsnatur der Aktien.

Cutler tut wie befohlen und liefert das Gutachten Ende November ab. Seine Honorarrechnung schickt Cutler der Omni-Corp, von wo sie zwecks Begleichung an die Harpener weitergeleitet wird.

Haimhof und Jürgens sind überrascht ob des Umfangs und bestürzt ob des Inhalts des Gutachtens. Auf die vom Aufsichtsrat gestellten Fragen geht Cutler nicht ein und kommt direkt zum simplen Schluss, dass die Transaktion insgesamt «fair» sei. Cutler entlastet sich selbst, indem er alles auflistet, was er nicht untersucht hat. Auch sonst schränkt er ein: «Vereinbarungsgemäss haben wir keinerlei Prüfung der HHB Financial, Newthorn oder HPI entsprechenden Arbeiten noch eine Untersuchung des Geschäftes dieser Gesellschaften durchgeführt. Wir haben unser Gutachten aussschliesslich auf der Grundlage von Diskussionen mit leitenden Herren und Angestellten der OmniCorp International, von denen zwei gleichzeitig Aufsichtsratsmitglieder von HPI sind, (…) erstellt. Es ist unser Verständnis, dass unser Gutachten lediglich erforderlich ist, um die Auflage für eine Genehmigung durch Ihren Aufsichtsrat sowie eine gesetzliche Vorschrift zu erfüllen, und zwar in der Weise, dass Sie gegenüber Ihren Aktionären und Ihren Wirtschaftsprüfern erklären können, dass die Transaktion zwischen verbundenen Unternehmen angemessen ist. Dieses Gutachten ist lediglich für diesen Zweck bestimmt» (wörtliche Wiedergabe der Übersetzung in einem offiziellen Bericht).

In einem Anhang zählt Michael Cutler auf, von welchen Annahmen er bei seiner Untersuchung auftragsgemäss auszugehen hatte:

- Die vom HPI-Management für die Geschäftsjahre 1991 und 1992 vorausgesagte phänomenale Gewinnsteigerung erfüllt sich.
- HPI erhält die notwendigen finanziellen Mittel, um ihre Geschäfte weiterzuführen, insbesondere kann sie sich im April 1991 refinanzieren.
- Die Verkäuferin Omni kann nötigenfalls alle im Vertrag abgegebenen Garantien erfüllen.
- Die von Harpener erworbenen Aktien entsprechen tatsächlich einem Wert von 49 Prozent von HPI.
- Der Harpener-Vorstand hat angemessene Schritte unternommen, um sich von allen Aspekten der Transaktion zu überzeugen.

Was der Harpener-Aufsichtsrat – insbesondere die Arbeitnehmervertreter – klar und deutlich gefordert und auf was er ungeduldig gewartet hat, erhält er nicht, nämlich eine neutrale Untersuchung des gesamten Kaufs, insbesondere natürlich des

Preises. Dafür liest sich der letzte Satz des Anhangs, wonach der Harpener-Vorstand sich über die Transaktion seriös ins Bild gesetzt habe, wie ein Witz. Denn die für das Geschäft Hauptverantwortlichen, Hauff und Herzig, dürfen ja nur tun, was Rey ihnen vorschreibt. Deshalb verpufft am 29. November ein eindringlicher schriftlicher Appell von Jürgens und Haimhof an den Gesamtvorstand. Die beiden Prokuristen warnen, dass das Papier von Coopers & Lybrand Deloitte die Bezeichnung Gutachten nicht verdiene und weitgehend wertlos sei. Hauff und Herzig reagieren nicht, und Schippkühler, der einzige echte Harpener-Mann im Vorstand, wähnt sich angesichts der weitgehenden Garantien, welche die OmniCorp-Mutter Omni abzugeben beabsichtigt, als genügend abgesichert.

Es eilt weiterhin. Am 1. Dezember – der Kaufentscheid ist noch immer nicht gefällt, ein neuer Kaufvertrag noch nicht ausgearbeitet, und vor allem ist noch kein Käufer für die Hälfte des HPI-Paketes zur Hand – werden die 49 Prozent HPI-Aktien de facto gekauft, mindestens bezahlt Harpener der Omni die erste der beiden Tranchen. Rey veranlasst nämlich eigenmächtig, dass Festgeldanlagen in der Höhe von 100,8 Millionen DM, die allesamt an die Omni-Gruppe geflossen sind, mit dem Kauf der HPI verrechnet werden. So ist er nicht nur die HPI-Beteiligung los, er kann auch vermeiden, dass die Harpener Ende Jahr ausstehende Forderungen gegenüber der Mutter in den Büchern hat. Forderungen im übrigen, welche die Omni längst nicht mehr zurückzahlen könnte.

Der Vertrag folgt zehn Tage später. Am 11. Dezember wird er von dem dafür noch nicht ermächtigten Harpener-Vorstand und der OmniCorp signiert. Im Unterschied zur ersten Fassung verpflichtet sich die Verkäuferin zu weitreichenden Garantien, dafür wird das bedingungslose Rücktrittsrecht der Käuferin deutlich abgeschwächt. Mit dem Kauf übernimmt die Harpener neu auch sämtliche Darlehen, die von Omni-Gesellschaften der HHB Financial Holding und der Newthorn Ltd gewährt worden sind. Allein diese Darlehensschulden machen total 82 Millionen DM aus. Damit liegt der gesamte Kaufpreis für das HPI-Paket bei rund 250 Millionen DM.

Am gleichen 11. Dezember wird erstmals auch ein Käufer für das halbe HPI-Paket vorgestellt. Rey schaltet die Comco ein und nimmt damit die letzte Hürde.

Die undurchsichtige schweizerische Comco Holding in Biel gehört dem ebenso undurchsichtigen deutschen Handelskonzern Asko. Undurchsichtig deshalb, weil die deutschen Steuerbehörden massive Gewinnmanipulationen im Asko-Konzern vermuten, die möglicherweise über die Comco Biel abgewickelt worden sind. Überdies weisen sowohl Asko als auch deren Tochter Comco eine auffallend ähnliche Verschachtelung wie die Omni-Gruppe auf. Kurz: Rey trifft bei der Asko auf verwandte Seelen. Im November hat er ihnen seine Beteiligung an der Versicherungs- und Finanzierungsgesellschaft SIS Holding in Zürich verkauft und dabei wohl auch gleich noch die HPI-Beteiligung aufs Tapet gebracht. Die Verhandlungen mit der Comco werden denn auch nicht von Harpener, sondern von der Omni Holding geführt. Man merkt's.

Was die beiden Gesellschaften beschliessen, ist unter jedem Aspekt äusserst merkwürdig:

Mit Vertrag vom 11. Dezember 1990 wird der Harpener von der Comco das Verkaufsrecht (Andienungsrecht) für 40 Prozent der HHB-Aktien eingeräumt. Von diesem Recht darf Harpener indessen nur zwischen dem 30. Dezember 1990 und dem 3. Januar 1991 Gebrauch machen. Der Preis ist am 3. Januar gegen Aushändigung der HHB-Aktien fällig.

Die Comco gewährt ausserdem die Option, dass die Harpener ihr 40 Prozent der von den Omni-Gesellschaften übernommenen Darlehen (an HHB und Newthorn) übertragen kann.

Im Unterschied zur Harpener, der von Rey keine Zeit zu einlässlichen Prüfungen eingeräumt wird, bedingt sich die Comco neun Monate Bedenkfrist aus und behält sich vor, bis zum 30. September 1991 vom Vertrag mit Harpener ohne nähere Begründung wieder zurückzutreten. Als wären der Merkwürdigkeiten nicht genug, lässt sich die Käuferin Comco die Finanzierung des Deals durch die Verkäuferin Harpener (die von den Verhandlungen ausgeschlossen gewesen ist) sicherstellen. Mit dieser Aufgabe wird Markus Herzig betraut. Bräuchte es einen

Beweis, dass die Comco alles andere als ernsthaft an dem Geschäft interessiert ist, so ist es dieses völlig ungewöhnliche Finanzierungsarrangement. (Es wird, das sei hier schon verraten, nicht das letzte sein, zu dem sich die Omni verpflichtet.)

Rey hat einen Käufer und ein Gutachten – mehr braucht er nicht mehr. Und so kann die alles entscheidende Aufsichtsratssitzung der Harpener am 13. Dezember 1990 über die Bühne gehen, übrigens nicht in Dortmund, sondern in den Räumen der Omni in Zürich.

Die Herren haben ein Papier vor sich, in dem der Vorstand den aktuellen Stand der Dinge darlegt. Zwischenzeitlich, so ist darin zu lesen, sei – unter Vorbehalt der Genehmigung durch den Aufsichtsrat – ein Vertrag für den Kauf des HPI-Anteils unterzeichnet und eine Anzahlung geleistet worden. Dass bereits am 30. Oktober ein Vertrag signiert und schon damals 30 Millionen DM bezahlt worden sind, wird verschwiegen. Logischerweise steht in dem Papier auch nichts über die substantiellen inhaltlichen Veränderungen zwischen den beiden Verträgen. Davon weiss im Aufsichtsrat wahrscheinlich nur Rey.

Weiter berichtet der Vorstand über einige Erkenntnisse und Änderungen seit der letzten Aufsichtsratssitzung. So habe sich gezeigt, dass mit dem Erwerb der Vorzugsaktien die ursprünglich vorausgesetzte Kontrolle über die HPI nicht erreicht werden könne. Weiter empfiehlt der Vorstand unvermittelt, dass die HPI-Aktien nicht, wie vorgesehen, via Kauf der 100 Prozent Newthorn-Aktien, sondern via Übernahme ihrer Mutter HHB Financial erworben werden sollen. Und schliesslich gibt er bekannt, dass die Verhandlungen mit einem aussenstehenden Dritten über den Verkauf eines 50-Prozent-Paketes an HPI gescheitert seien und statt dessen Verhandlungen mit einem Schweizer Unternehmen über den Kauf von 40 Prozent der HHB-Aktien geführt würden.

Der Vorstand ersucht den Aufsichtsrat, das Geschäft mit diesen Änderungen zu genehmigen.

In den Unterlagen finden die Aufsichtsräte selbstverständlich auch das Gutachten von Coopers & Lybrand Deloitte. Es ist unkommentiert. Jede Begründung für die eigenmächtige Abänderung der an der letzten Aufsichtsratssitzung beschlossenen Prüfungspunkte fehlt ebenso wie die von Jürgens und Haimhof schriftlich formulierte Kritik am Gutachten.

Für zwei der drei Arbeitnehmervertreter sind solche Erklärungen auch nicht nötig. Ihnen reicht ein kurzer Blick in das Gutachten, um es als wertlos zurückzuweisen. Doch sie sehen sich allein auf weiter Flur. In der teilweise hitzig geführten Debatte unterstellt Rey den beiden, den Begleitbrief, insbesondere die darin dargelegten Einschränkungen, völlig falsch zu interpretieren. Brun-Hagen Hennerkes, Professor für Wirtschaftsrecht, doziert ihnen, dass die «Fairness Opinion» von Coopers anerkannter Standard sei. Alles sei doch in bester Ordnung, weil «der Vorstand eine Wertbildung vorgenommen und sich über das Vorliegen der angenommenen Kriterien vergewissert hat». Schliesslich hat es der Professor so im Coopers-Gutachten gelesen.

Einzig Bankier Köhli bekundet für die halsstarrigen Arbeitnehmer etwas Verständnis, verweist jedoch sogleich darauf, dass für ihn der Satz «die Transaktion ist fair» besser ist als die schlichte Aussage, der Kaufpreis sei fair – eine Nuancierung, deren Bedeutung wohl nur er zu erfassen vermag. Und schliesslich ist für Köhli jedes Geschäft mit gewissen Unsicherheiten behaftet. Hauptsache für ihn in diesem konkreten Fall ist der Wert der Flugzeuge, und der muss ja vorhanden sein. Das steht schwarz auf weiss im HPI-Geschäftsbericht, kontrolliert und testiert von Arthur Andersen.

Die zwei Arbeitnehmervertreter, denen sich im Laufe der Diskussion auch der dritte Arbeitnehmervertreter anschliesst, können bei der Abstimmung nichts gegen die Rey-Fraktion ausrichten. Der Kauf der HPI wird mit sechs zu drei Stimmen bewilligt. Offensichtlich kommt es keinem der befürwortenden Herren in den Sinn, einen Bezug zwischen dem Reise- und Flugbusiness und den täglichen Schlagzeilen über die Zuspitzung der Lage in Kuwait und einem drohenden Kriegsausbruch im Golf zu machen.

Auch im nächsten Traktandum stehen die Vertreter der Arbeitnehmer auf verlorenem Posten. Es geht um die Übernahme zweier Darlehen von insgesamt 30 Millionen Pfund oder umgerechnet 81 Millionen DM, wovon eines nicht gesichert ist. Die Mittel sind HPI vom amerikanischen Kreditinstitut Bankers Trust zur Verfügung gestellt worden.

Nur beim letzten Geschäft haben die drei Arbeitnehmer keinen Einwand. Sie stimmen dem Weiterverkauf von 40 Prozent der HHB an die Comco zu, zumal der Vorstand eine besonders einleuchtende Begründung vorbringt: Der zeitnahe Weiterverkauf einer Beteiligung hat für die Harpener einen gewissen Public-Relations-Wert, was im Hinblick auf die Aufnahme der Merchant-Banking-Aktivitäten wichtig ist.

Mit Hilfe seiner willfährigen Kollegen im Aufsichtsrat und seiner Handlanger im Vorstand ist Rey die HPI-Beteiligung los und erzielt dabei erst noch einen Gewinn von 140 Millionen Franken. Denn soviel beträgt die Differenz zwischen dem Einstandspreis der Anfang 1988 gekauften Beteiligung und dem Veräusserungspreis an die Harpener. Ein satter Profit, wenn man bedenkt, dass das Geschäft zwischen der Mutter und der von ihr faktisch beherrschten Tochter stattfindet.

Am 20. Dezember verlangt Herzig von Schippkühler die Aktien der HHB Financial Holding. Es handelt sich um genau 3 Aktien zu je einem Dollar Nennwert, die in Form einer sogenannten Globalurkunde bestehen. Dieses Papier soll bei der Omni in der Schweiz in zehn Aktien umgewandelt werden, um den geplanten Weiterverkauf von 40 Prozent, entsprechend 4 Aktien, an die Comco vorzunehmen. Schippkühler verlangt von Herzig eine Unterschrift, wonach die Omni die Globalurkunde bis zur Umwandlung treuhänderisch für die Harpener hält.

Am 2. Januar 1991 macht die Harpener von ihrem Recht Gebrauch und teilt der Comco ihre Absicht mit, ihr 40 Prozent der HHB sowie 40 Prozent der erworbenen Darlehen zu übertragen.

Das Antwortschreiben, das tags darauf in Dortmund eintrifft, ist für Harpener höchst unerfreulich. Comco verweigert die Bezahlung mit dem Hinweis, wonach «bei Vertragsunterzeichnung festgelegt wurde, dass, falls die Finanzierung bis zum 3. Januar 1991 noch nicht steht, die Frist zur Bezahlung der Anteile automatisch verlängert wird». Herzig ist es offenbar noch nicht gelungen, genügend Geld aufzutreiben.

Der Harpener bleibt nichts anderes übrig, als auf das grosse Wunder zu hoffen. Am 10. Januar 1991 erklärt sie sich deshalb mit der Stundung der Zahlung einverstanden. Während die Harpener hofft, beginnt in England der Absturz von Ikarus Goodman und seiner International Leisure Group, der ILG.

Im Januar gehen die Buchungen wegen des soeben ausgebrochenen Golfkrieges und der Rezession in Grossbritannien um 80 Prozent zurück. Das verkraftet die ILG nicht. Bereits im November 1990 haben zwei andere HPI-Aktionäre eine externe Revisionsstelle mit der Überprüfung der HPI-Bücher beauftragt. Dabei hat sich gezeigt, dass ILG schon während des ganzen Jahres 1990 allein im Linienflug 40 Millionen Pfund Verlust gemacht hat. Die Air Europe ist praktisch schon im November bankrott gewesen. Ende Januar müssen Omni (die – obwohl sie ihren Anteil an die Tochter Harpener verkauft hat – in England noch immer als HPI-Aktionärin registriert ist) sowie die Lloyds Bank, der grösste Gläubiger von Goodman, eine weitere Rettungsaktion starten. Die beiden sollen laut englischen Quellen bisher zusammen mehr als 200 Millionen Pfund in die ILG hineingebuttert haben. Lloyds erklärt sich bereit, einen Kredit von 50 Millionen Pfund in Kapital umzuwandeln, falls Omni weitere 40 Millionen Pfund Cash einschiesst. Der Omni fehlt es aber an Barem.

Harpener wird erneut zur Kasse gebeten. Rey verlangt Ende Januar, dass die Deutschen umgehend 40 Millionen Pfund (rund 108 Millionen DM) an die HPI überweisen. Doch von den enormen Liquiditätsschwierigkeiten in England hat man mittlerweile auch in Dortmund mit Schrecken zur Kenntnis genommen. Hauff, bislang ein treuer Diener Reys, kriegt es mit der Angst zu tun und orientiert zusammen mit Schippkühler Fritz Köhli über das Reysche Ansinnen. Köhli untersagt jede Zahlung, bevor nicht der Aufsichtsrat darüber entschieden hat.

Herzig ist schneller.

Am 4. Februar weist er den Harpener-Finanzchef Kottmann an, eine Festgeldanlage von 15 Millionen DM an die Lloyds Bank zu schicken. An Festgeldkonten hat man sich bei Harpener offensichtlich derart gewöhnt, dass Kottmann nichts Ungewöhnliches darin sieht und deshalb das Geld wie gewünscht überweist.

Es ist die letzte Zahlung.

Die Harpener-Leute, denen von Stunde zu Stunde bewusster wird, dass Rey ihnen eine Zeitbombe unter die Stühle gelegt hat, verlangen von der Omni, dass der Kauf rückgängig gemacht wird. Rey, Giulianelli, Vagnières und Herzig sagen mündlich zu. Doch dann passiert nichts mehr. In Bern hat man Sorgen von ganz anderen Dimensionen.

Am 10. Februar löst ein im Hause Harpener zirkulierender Artikel der NZZ weitere Panik aus. Das Blatt geisselt einen von Rey geplanten Verkauf der Adia an die Comco als «bühnenreifes Gauklerstück». Erstens sitzt just die Harpener auf 136 000 Adia-Aktien zum Einstandspreis von rund 174 Millionen DM, und zweitens lässt die von der NZZ angeprangerte dubiose Transaktion zwischen der Omni und der Comco im Hinblick auf den Teilverkauf der HPI an Comco auch nichts Gutes erahnen. Die Deutschen realisieren erstmals, dass es um die Omni-Gruppe finanziell katastrophal bestellt sein muss und dass die grosszügigen Garantien, die im HPI-Kaufvertrag von Omni abgegeben worden sind, wohl kaum eingelöst werden können.

Am 21. Februar tritt Harpener die Flucht nach vorne an und geht in die Presse. «Mit sofortiger Wirkung verlangt Harpener eine Rückabwicklung ihres Anteilserwerbs an dem britischen Touristikunternehmen Hudson Place. (...) Harpener erhielt konkrete Anhaltspunkte dafür, dass die Verkäufer bei Vertragsabschluss Umstände, die für den Erwerb massgeblich waren, zumindest nicht vollständig dargelegt haben. Harpener hat Schritte zur Wahrung ihrer Rechtsposition unternommen.» Die Meldungen, die am 22. Februar aufgrund dieses Pressecommuniqués in den Zeitungen stehen, erregen in der Öffentlichkeit grosses Aufsehen.

Als Rey von der Sache Wind bekommt, telefoniert er wutentbrannt nach Dortmund und zitiert Hauff, Kottmann und Jürgens nach London. Nach ihrer Rückkehr verfasst das geknickte Trio am Freitag, den 22. Februar, nachts um 23 Uhr, ein revidiertes

Communiqué: «Harpener sieht sich veranlasst, die Pressemitteilung in dem Sinne zu ergänzen, als dass die Rückabwicklung nicht wegen fehlender Informationen der Verkäufer, sondern ausschliesslich auf der Basis vertraglich vereinbarter Garantien verlangt worden ist.»

Bereits am 19. Februar hatte Harpener erneut mit Comco Kontakt aufgenommen: Man verhandle zur Zeit mit der Omni über eine Rückabwicklung des HPI-Geschäftes und schlage deshalb vor, die mit Comco abgeschlossenen Verträge im gegenseitigen Einvernehmen aufzuheben. Die Bieler sind einverstanden, fordern jedoch von Harpener eine Entschädigung für Transaktions- und Beraterkosten im Umfang von 2,5 Millionen Franken.

Am 26. Februar erklärt Harpener der Comco einseitig den Rücktritt vom Vertrag. Seither sind auf beiden Seiten die Anwälte am Werk.

Pikantes Detail am Rand, auf das später noch näher eingegangen wird: Hätte Comco den HPI-Anteil tatsächlich gekauft, wäre Harpener bös in die Klemme geraten. Die HHB-Aktienurkunde, die man Herzig treuhänderisch zur Umwandlung in zehn Aktien überlassen hat, ist nämlich verschwunden.

Am 6. März wird für die Harpener der Alptraum wahr: Die Omni ist zahlungsunfähig und beantragt die Nachlassstundung.

Am 8. März folgt der K.-o.-Schlag: Über die ILG/Air Europe wird der Konkurs verhängt. Die stillen Reserven im Flugzeugbereich lösen sich in Luft auf, da die Banken sofort die Hand auf ihre Maschinen legen. Die Flug- und Reisebürolizenzen werden gelöscht, alle Angestellten auf die Strasse gestellt. Der HPI-Anteil von 49 Prozent ist keinen Penny mehr wert.

Für das Geschäftsjahr 1990 kann die Harpener, bekannt für ihre grosszügige Dividendenpolitik, erstmals seit 1966 keinen Gewinn ausschütten. Der Bilanzgewinn von 41 Millionen DM im Jahre 1989 hat sich in einen Verlust von 95 Millionen DM verwandelt.

Rey hat Harpener 455 Millionen DM Liquidität entzogen. Davon sind 275 Millionen für Übernahmen wertloser Firmen an die Omni geflossen. 175 Millionen sind für den Kauf von Adia-Aktien draufgegangen. Ein kleinerer Teil der Aktien kann für

84,7 Millionen DM abgestossen werden. Konzernweiter Verlust: eine Viertelmilliarde DM.

Für das Geschäftsjahr 1991 müssen weitere Reserven aufgelöst werden, um Verluste von 25 Millionen DM bei der Deutsch-Schweizerischen Bank, Kursverluste von 57,3 Millionen auf den restlichen Adia-Aktien und 15 Millionen aus der letzten Festgeldanlage an die Omni aufzufangen.

Das Naranda-Syndikat unter Führung des Schweizerischen Bankvereins London und das Paribas-Syndikat, die Rey den Kauf der Harpener grosszügig mit Krediten von insgesamt 750 Millionen DM finanziert haben, müssen nach dem Zusammenbruch der Omni täglich schätzungsweise 270 000 DM Zinskosten auf ihre Kredite aufschichten. Das sind monatlich 8 Millionen DM oder 96 Millionen DM im Jahr. Die Vereinigten Westfälischen Elektrizitätswerke (VEW) übernehmen im Sommer 1992 61,1 Prozent, und die Westdeutsche Landesbank übernimmt 20 Prozent der bei den beiden Syndikaten verpfändeten Harpener-Aktien. Mutmasslicher Verkaufspreis (die Parteien haben Stillschweigen vereinbart): 225 DM pro Harpener-Aktie. Zur Erinnerung: Rey hat einen Durchschnittskurs von 482 DM bezahlt. Den Banken fliessen aus dem Verkauf knapp 514 Millionen DM zu. Geschätzter Verlust für die Banken: 450 Millionen DM.

Erinnerung an die Aktionärsversammlung vom 29. Juni 1990:

90-Prozent-Besitzer Werner K. Rey spricht den vier ausgeschiedenen Aufsichtsräten, die ihm vertrauensselig Vollmachten in die Hand gedrückt haben, seinen Dank aus: «Sie übergeben eine sauber strukturierte Gesellschaft an den zukünftigen Aufsichtsrat, der nun zum täglichen Geschäft übergehen wird.»

90-Prozent-Besitzer Werner K. Rey zu den restlichen 10 Prozent der Aktionäre: «Wir glauben, dass wir durch eine stärkere Einbindung der Harpener in den Omni-Konzern noch mehr zum Wohle des Unternehmens und seiner Aktionäre tun können.»

XXI

Schachpartie an drei Brettern

Harpener, Adia und die Anleger:
Wer spürt, dass das Endspiel eröffnet ist?

Einige lachen, andere sind in sich gekehrt, doch angespannt sind sie alle, die 24 prominenten Frauen und Männer aus Kultur, Sport, Wirtschaft und Politik, die am 19. Juli 1990 auf Einladung der Fachzeitung «Sport» im Foyer des Kongresshauses Biel an zwei Tischreihen Platz nehmen. Die Unruhe hat einen naheliegenden Grund, schliesslich spielen die 24 in den nächsten zwei Stunden simultan Schach gegen Exweltmeister Anatoli Karpow.

Noch ein 25. Spieler zeigt Zeichen von Nervosität. Doch während die anderen nach Spielbeginn konzentriert auf ihre Bretter starren, wirkt der Herr im weissen Hemd und mit dunkler Krawatte, schwarzer Hornbrille und streng nach hinten gekämmten Haaren, die an den Schläfen deutlich angegraut sind, auffallend fahrig. Immer wieder dreht er sich um und erteilt einem Begleiter Anweisungen, die offensichtlich nichts mit seinem Spiel gegen Karpow zu tun haben.

Es ist der Gastgeber des Turniers, Werner K. Rey, Besitzer des Jean-Frey-Verlages, in dem auch der «Sport» erscheint. Sein Begleiter ist ein Omni-Generaldirektor.

Früher, da hätte er sein Vergnügen an dieser Herausforderung gehabt, so wie einst in Thun, wo er als frischgebackener Besitzer der Buntmetallwerke Selve eine ansprechende Partie gegen Viktor Kortschnoi hingelegt hat. Später hat er sich gelegentlich mit seinem Anwalt und Vertrauten Walter König gemessen. Am liebsten aber spielt er gegen den Computer, allein und ungestört.

Doch heute kann er sich nicht konzentrieren. Als einer der ersten gibt er den Kampf gegen den in sommerliches Weiss gekleideten Karpow auf und verlässt vorzeitig das Kongresshaus.

Werner K. Rey, vom Magazin «Politik und Wirtschaft» im Juni 1989 zum «Vordenker der Schweizer Unternehmer» hochgejubelt, hat es deshalb so eilig, weil er draussen in eine Schachpartie von ganz anderer Dimension verwickelt ist. Dort spielt er den Part Karpows, der die Figurenkombinationen auf verschiedenen Brettern gleichzeitig kontrollieren muss. Nur dass es keine Plauschpartien mehr sind, sondern dass von ihnen sein wirtschaftliches Überleben abhängt.

Rey muss die Omni Holding vor dem Zusammenbruch retten. Was ein Jahrzehnt lang übereinandergetürmt, ineinander verschachtelt und durcheinandergerüttelt worden ist – sein Milliardenkonglomerat: Jäh ist es in seiner Existenz bedroht. Und warum?

Weil erstens die Omni Holding fast ausschliesslich mit Fremdkapital finanziert ist. Die Zinsen galoppieren seit 1989 davon, und ein Ende der Hausse ist nicht abzusehen. Würden wenigstens die Gewinne aus den Beteiligungen im gleichen Ausmass explodieren wie die Passivzinsen, so könnte Rey die Balance vielleicht halten. Doch aus ihnen fliesst – wenn überhaupt – nur ein Rinnsal in die Kassen der Omni.

Zweitens kämpft Rey gegen rapide sinkende Börsenkurse bei den Adia-Papieren, die ihn, falls er bis zum Jahresende keine Lösung findet, zu einem mehrere hundert Millionen Franken schweren Abschreiber auf den Adia-Beständen im Omni-Portefeuille zwingen. Nun rächt sich seine tolldreiste Bilanzierungsaktion von Ende 1986. Nimmt er den Abschreiber vor, das heisst, lässt er die warme Luft aus seinem Eigenkapital, so sinkt diese Position unter die von den Banken geforderte Mindestlimite von 900 Millionen Franken. Und was dann passiert, weiss Rey aus seiner Bänklerzeit: Die Kredite werden zuhauf gekündigt, seine Omni Holding wird zahlungsunfähig, weil sie ja nicht nur enorm hohe Kredite in den Büchern hat, sondern auch Garantieverpflichtungen von über einer Milliarde Franken. Eine Lawine, die unter keinen Umständen losgetreten werden darf.

Der Zenit ist überschritten, die Flugjahre für Gaukler neigen sich ihrem Ende zu, die prüden Gesetze von Soll und Haben entsteigen wieder den Kontobüchern.

Es bleibt Rey, dem widerwilligen Verkäufer, nichts anderes übrig, als einen möglichst grossen Brocken aus seinem Imperium zu versilbern.

Die Omni Holding besteht nach der Nomenklatur Reys aus den strategischen Beteiligungen (von diesen ist gleich die Rede) und den operativen Gesellschaften (sie haben alle «Omni» in ihrem Namen). Die Harpener und die OmniCorp betreiben das Merchant Banking und halten taktische Beteiligungen wie zum Beispiel die Hudson Place Investments (HPI) oder das Immobilienprojekt Battersea Wharf in London.

Was bietet sich von den strategischen Beteiligungen für einen Verkauf an?

Sicher nicht die Sulzer-Beteiligung, Rey träumt nicht nur davon, Sulzer dereinst ganz unter seine Kontrolle zu bringen, er tut auch einiges dafür und ordert – obwohl er finanziell ausgepowert ist – im April 1990 bei der Rothschild Bank Sulzer-Aktien im Wert von knapp 25 Millionen. Das Paket wird bis in den Juli um weitere Aktien im Wert von fast 8 Millionen Franken aufgestockt.

Auch die Jean-Frey-Gruppe nicht, weil der Verkauf des Verlags und der Druckerei allein zuwenig bringt. Aus den kühnen Überbauungsplänen der Frey-Liegenschaften in der Stadt Zürich ist nichts geworden, weil Rey keine Zeit und keine Phantasie für ein entsprechendes Projekt aufbringen mochte. Statt dessen sind die Grundstücke mit Schulden überhäuft. Die Jean-Frey-Gruppe wirft, wie die ACMV auch, praktisch keinen Ertrag ab, weshalb Rey die schönen Pläne, mit ihr an die Börse zu gehen, längst hat begraben müssen. Sich von diesem Unternehmen zu trennen hiesse auch, zwei wichtige Publikationen («Bilanz» und «Weltwoche») aus der Hand zu geben.

Für die Versicherungsholding SIS dagegen vergiesst Werner K. Rey kein Herzblut und ist bereit, diese Beteiligung zu veräussern, falls ihm jemand genug dafür bietet. Für die Lösung seiner immensen Finanzprobleme wäre dieser Verkauf indes nur ein Tropfen auf den heissen Stein.

Auch die Beteiligung an der Swiss Cantobank kommt für einen Verkauf durchaus in Frage. Zwar ist sie für Rey insofern nützlich, als er über sie Kredite lockermachen kann. Wie übrigens auch über die DSB, die Deutsch-Schweizerische Bank, die auf Drängen des Berner Kantonalbank-Generaldirektors Kurt Meier 1987 von der Cantobank gekauft worden ist. Sowohl die DSB wie auch die Cantobank produzieren vor allem Verluste. 1988 stolpern die reichlich naiven Canto-Bankiers zudem in ein faules Geschäft mit einem Hongkonger Betrügerring. Den daraus entstehenden Verlust von 20 Millionen Franken übernimmt Rey aus Sorge um das Image der Bank sofort und persönlich. Weil dabei Diskretion geboten ist, wird die Intervention über eine Glarner Briefkastenfirma abgewickelt. Das Verwedelungsmanöver funktioniert jedoch nicht. Im Herbst 1989 stochert eine Sonntagszeitung in der Affäre herum, und auch die Eidgenössische Bankenkommission steckt ihre Nase in die Sache. Die EBK behauptet, beim Sukkurs von Rey handle es sich um einen verdeckten Aktionärszuschuss, und das müsse im Geschäftsabschluss entsprechend ausgewiesen werden. Hat die Cantobank bis 1989 nur mit Mühe positive Ergebnisse ausgewiesen, rutscht sie in jenem Jahr endgültig in die roten Zahlen ab. Ausgewiesener Reinverlust: 9,7 Millionen Franken, viel zuviel, um einen aussenstehenden Kaufinteressenten anzulocken. Reys Anteil an der Cantobank kann – zumindest vorläufig – nicht mit dem gewünschten und für das Überleben notwendigen Gewinn abgestossen werden.

Bei dieser Aufzählung der strategischen Beteiligungen der Omni Holding fehlen die Harpener sowie die Adia. Wie Rey mit ihnen verfährt, werden wir gleich sehen – anhand zweier Schachpartien.

Vorher betrachten wir die Möglichkeiten, die sich Rey allenfalls mit seinen taktischen Beteiligungen eröffnen, und werfen dann noch einen Blick auf die Omni Holding selber.

Seine taktischen Beteiligungen – in denen dank Reys grosszügigen Preiskalkulationen mittlerweile enorme Mittel gebunden sind – spenden ihm keinen Trost und werfen noch weniger Geld ab. Gerne würde er die eine oder andere Beteiligung ganz oder teilweise abstossen. Doch kaufen ist entschieden leichter als verkaufen. Für das Hudson-Place-Investments-Paket und das

Battersea-Wharf-Projekt hat er bis jetzt keinen Interessenten gefunden. Ein erster Versuch, die zwei Problemkinder wenigstens gruppenintern zu verschieben, misslingt 1989 beziehungsweise im Frühjahr 1990: Die angepeilte Harpener verweigert sich dem Ansinnen schnöde. Was sich sonst noch im Laufe der Jahre dank des Merchant Banking der übermütigen «Cowboys» an taktischen Beteiligungen in den Omni-Subholdings und deren jeweiligen Untergesellschaften angesammelt hat, kann Rey gleich ganz zur Seite schieben. Es sind zwar unzählige Beteiligungen, aber samt und sonders von derart zweifelhaftem Wert, dass an eine Veräusserung nicht zu denken ist.

Zur Omni Holding insgesamt: Dass sich ihre Aktie leidlich gut hält, verdankt sie allein Reys intensiver Kurspflege. Die Aktien sind bei kreditgebenden Banken als Sicherheit hinterlegt. Sinkt der Kurs, wird Rey nachschusspflichtig. Die Kurspflege verschlingt enorme Mittel. 1989 und 1990 muss die Omni-Gruppe auf sein Geheiss hin insgesamt rund 56 Millionen Franken in die Stützungsaktionen buttern.

Seit dem Frühjahr 1990 geht in der Omni Holding ohne Werner K. Rey gar nichts mehr. Er, der schon früher immer sämtliche Fäden in der Hand hatte, entzieht seinen Kaderleuten jetzt auch noch die letzten Kompetenzen. Er sitzt wie ein einsamer Schachspieler an seinem Pult und lässt sich durch nichts und niemanden stören und schon gar nicht beeinflussen. Mit Ausnahme von Markus Herzig, seinem obersten Kassenwart, interessieren ihn die übrigen Generaldirektoren der Omni nicht mehr. Die operativen Omni-Gesellschaften dürfen ohne seine ausdrückliche Zustimmung nichts mehr kaufen. Die «Cowboys» sind zum Nichtstun verdammt.

Der Omni-Verwaltungsrat neutralisiert sich gleich selbst, indem er Rey am 13. März einen Freipass für die Geldbeschaffung ausstellt. Rey kann ab sofort bei jedem Geschäft kurzfristige Mittel bis zu 100 Millionen Franken und langfristige bis zu 50 Millionen ohne vorgängige Einwilligung des Verwaltungsrates aufnehmen. Zusätzlich darf Markus Herzig in eigener Regie kurzfristige Mittel bis 25 Millionen Franken beschaffen. Bei Omni dreht sich alles nur noch um die Frage, bei welcher Bank noch Kredite lockergemacht werden können, um fällig werdende andere Kredite zu refinanzieren. In internen Memos, die zwischen Rey und Herzig zirkulieren, ist die Rede von Summen bis zu 700 Millionen Franken, die aufgetrieben werden müssen.

Das sind die Hintergründe, vor denen Rey im Sommer 1990 agiert. Wie beim Simultanschach laufen verschiedene Partien (sprich: Rettungsversuche) parallel. Rey, diesmal in der Rolle Karpows, spaziert indessen nicht gemächlich den einzelnen Brettern entlang, sondern er hetzt hin und her und macht seine Züge oft auf mehreren Brettern gleichzeitig. Wenn er die Partien bis zum 31. Dezember 1990 nicht alle gewinnt, verliert er alles.

Betrachten wir vier der Simultanpartien etwas näher.

Schachbrett Nummer 1. Gegner: Harpener.

Rey greift zu einem alten Trick. Raffinierte Züge, die bei Bally einwandfrei funktioniert hatten – die Partie konnte aber dummerweise nicht zu Ende gespielt und musste wegen der NZZ-Berichterstattung vorzeitig abgebrochen werden –, will er erneut versuchen: Das Sparschwein Harpener muss geleert werden. Die Eröffnung und die folgenden Züge verlaufen vielversprechend. Auf seine Anweisung hin kaufen die Deutschen emsig Adia-Papiere auf und legen sich eine Bank zu, alles auf ihre eigenen Kosten natürlich. Überdies bedienen sie Rey mit kurzfristigen Darlehen, indem sie ihre Liquiditätsreserven leeren und ihre Kreditlimiten mobilisieren.

Schachbrett Nummer 2. Gegner: die Anleger.

Rey führt die schwarzen Steine. Verdrossen nimmt er wahr, wie einige besonders vorwitzige Medienvertreter die Partie offensiv eröffnen und gleich ungeniert Rechnungen über die Kursverluste – vor allem auf seinem Adia-Paket – anstellen und keck die Frage stellen, wie der Omni-Herrscher die Partie wohl zu Ende bringen, sprich den Abschreiber Ende Jahr zu verbuchen gedenke. Da und dort taucht das hässliche Wort «Verengung des finanziellen Spielraums» auf.

Kopfscheue Anleger kann er sich im Augenblick tatsächlich nicht leisten. Er möchte weitere Omni-Anleihen auf den Markt werfen, um damit die kurzfristigen und enorm teuren Darlehen umzuwandeln.

Die Kantonalbank von Bern, die ihren Kunden 1989 als federführende Bank vollmundig eine 100-Millionen-Franken-Anleihe der Omni Holding als besonders sichere Anlage angedreht hat, weiss Rat, wie man die Anleger von der nach wie vor guten Bonität Reys und seiner Omni-Gruppe überzeugen kann. Sie organisiert im September im Hotel Bellevue-Palace Bern ein Kapitalanlageseminar, wo auch die Rey-Holding vorgestellt wird. Die rund 200 Zuhörer, vorwiegend Kleinanleger, erfahren von Omni-Generaldirektor Dieter A. Sulser – er wird als Verantwortlicher für das Merchant Banking vorgestellt –, wie die Omni aufgebaut ist. Sulser wirkt, wie einige Zuhörer notieren, indessen nicht sonderlich gut vorbereitet und generell schlecht informiert. Bei Publikumsfragen muss immer mal wieder der ebenfalls anwesende, aber nicht als Referent vorgesehene Rey eingreifen. Wie angespannt er innerlich ist, geht aus einer Begebenheit am Rande hervor: Als ein Journalist der «Berner Zeitung» ihn um ein Gespräch bittet, lehnt er unwirsch ab. Erst auf gutes Zureden von Kantonalbankchef und Rey-Freund Kurt Meier bequemt er sich, dem Pressemann Red und Antwort zu stehen.

Und was wird den Anwesenden weisgemacht, welche tiefschürfenden Erkenntnisse tragen sie nach Hause?

Rey zum Verhältnis von Fremdkapitalkosten zu den Dividendeneinnahmen: Die Dividendenzahlungen der strategischen Beteiligungen sind insgesamt «nicht furchtbar hoch», aber weil die Beteiligungen mit günstigem Eigenkapital finanziert sind, bringen sie unabhängig von der Höhe des aktuellen Zinsniveaus einen Gewinn. (Die Realität: Die strategischen Beteiligungen der Omni sind praktisch ausschliesslich fremdfinanziert, teilweise sogar mit kurzfristigen und entsprechend teuren Blankokrediten. Das behauptete Eigenkapital besteht grösstenteils aus warmer Luft.)

Rey zur Zinsbelastung im Merchant Banking (wörtlich): «Auf diesen Aktivitäten erwarten wir im Durchschnitt einen jährlichen Ertrag von mindestens 25 Prozent. Verstehen Sie jetzt, bei 25 Prozent Rendite kommt es nicht so darauf an, ob die Zinssätze bei sechs, acht oder zehn Prozent liegen!» (Die Realität: Rey finanziert entgegen allgemeinen Gepflogenheiten das Merchant Banking ebenfalls mit teurem Fremdkapital. Das Merchant Banking fährt längst keine Gewinne mehr ein, die prognostizierten 25 Prozent für 1990 sind völlig illusorisch.)

Rey zu den Wertberichtigungen bei den strategischen Beteiligungen: Solche sind nicht nötig, die Tieferbewertung von Adia kann durch höhere Kurse von Sulzer und «stille Mehrwerte» bei Jean Frey sowie der OmniCorp ausgeglichen werden. (Die Realität: Bei der Jean-Frey-Gruppe ist nichts mehr zu holen, die OmniCorp ist mit Schulden überhäuft.)

Soviel zum Seminar. Weil die Gerüchte über die Zinsklemme und über angebliche Verkäufe seiner strategischen Beteiligungen anhalten, findet Rey Ende September erneut die ungeteilte Aufmerksamkeit der Fachpresse und gewährt der «Finanz und Wirtschaft» ein Interview.

Rey zu den Verkaufsgerüchten: «Wir verfolgen eine klare und konsequente Strategie, die lautet: Konzentration unserer Beteiligungen auf Adia, Sulzer, Harpener, Jean Frey. Hinzu kommt das gesamte Merchant-Banking-Portefeuille, das in Zukunft vermehrt auf Harpener konzentriert werden wird, die sich für diese Aufgaben bestens eignet.» (Die Realität: Rey bereitet seit einiger Zeit den Verkauf der Adia vor und plündert die Harpener aus.)

Rey zum Zinsdruck: «Betrachtet man das gesamte Omni-Portefeuille einschliesslich der Harpener-Gruppe und des Merchant Banking, so tragen sich alle gut selber. Harpener zum Beispiel weist fast kein Fremdkapital auf und hat ein gutes Einkommen aus Beteiligungserlösen usw.» (Die Realität: Im September steckt Harpener dank Rey bei den Banken bereits mit über 170 Millionen DM in der Kreide.)

Rey zu seinen Zukunftsplänen: «Wir streben in der Omni Holding eine weitere Vereinfachung der Gruppe an. Mir schwebt eine einfach zu führende Beteiligungsholding vor. Die Holding soll in erster Linie mit Eigenkapital finanziert und von einem kleinen Stab geführt sein. Die wichtigen Beteiligungen sollen von eigenen Managements geleitet sein. Die Abhängigkeit mir gegenüber soll weiter reduziert werden. Ich hoffe, die angestrebte Vereinfachung bis Ende Jahr realisieren zu können. Aus meiner Sicht als Grossaktionär der Omni wünsche ich mir ein gut diversifiziertes Unternehmen, damit ich gut schlafen und mich endlich auf den Ruhestand vorbereiten kann.» (Die Realität: Sie wird Rey in vier Monaten einholen.)

Schachbrett Nummer 3. Gegner: Adia.

Rey muss viele gegnerische Steine schlagen, oder anders gesagt: Um aus seiner finanziellen Notsituation herauszukommen, muss er die Adia-Beteiligung – der Ballon, an dem der Omni-Korb hängt – schleunigst verkaufen. Einen möglichst hohen Preis kann er indes nur fordern, wenn er ein Mehrheitspaket in der Hand hält. Deshalb sucht er überall Adia-Aktien, um seinen 25-Prozent-Anteil zu erhöhen. Ein Fall für Harpener.

Anfang Oktober lässt Rey durchblicken, dass er Adia zu verkaufen gedenke und dass schon Interessenten vorhanden seien. Falls Rey sich von dieser Botschaft auch einen Kursanstieg der Adia-Aktien erhofft, so fällt er böse auf die Nase. Die Börse foutiert sich nämlich um das Signal aus dem Hause Omni, die Adia-Aktien setzen ihren Sinkflug fort. Die Anleger lassen sich nicht beirren, nicht einmal durch die Adia-Hausbank, die Schweizerische Kreditanstalt. Deren Analyseabteilung gibt Anfang September klar die Empfehlung ab, Adia-Aktien zu verkaufen. Als die Chefetage das Papier zu Gesicht bekommt, fallen laute Worte. Die gleiche Abteilung muss wenige Tage später ihre Empfehlung ins Gegenteil verkehren und die Adia-Aktien wärmstens zum Kauf propagieren: «Die Adia-Kurse bewegen sich auf einem sehr attraktiven Niveau und sollten deshalb von langfristig orientierten Anlegern gekauft werden.» Die Adia-Aktien sinken weiter.

Um potentielle Kaufinteressenten auf den Geschmack zu bringen, gibt Rey der Niederlassung des Schweizerischen Bankvereins in New York einen Prospekt über die Adia in Auftrag. Die Studie ist in der Waadtländer Adia-Zentrale, die von Rey im übrigen nie in seine Pläne eingeweiht oder gar um ihre Meinung gefragt worden ist, Anlass zu vorübergehender Heiterkeit in der sonst trüben Stimmung. Nicht nur die Form der Broschüre, sondern auch der Inhalt ist reines Glanzpapier. Da kommt eine Werbebotschaft über die Adia-Gruppe daher, die ihr zur Verblüffung von Yves Paternot und seinen Kollegen das allerbeste

Zeugnis ausstellt. Dabei ist das Unternehmen schwerkrank: Im Bereich Temporärarbeit macht sich die Rezession breit. Das Computer-Leasinggeschäft, das die Adia von der Inspectorate geerbt hat, ist noch immer nicht aus den Schwierigkeiten heraus. Und schliesslich stammt ein Drittel der Adia-Einnahmen aus dem Dollar-Raum, der Dollar aber sinkt wie der Adia-Kurs. Die Positivdarstellung im Prospekt verwundert nicht: Der Bankverein-Analyst in New York stützt sich einzig auf den Geschäftsbericht für das Jahr 1989 sowie auf jene Informationen ab, die Rey ihm zur Verfügung stellt. Eine Kontaktaufnahme mit der Adia-Leitung wird von Rey ausdrücklich als unerwünscht bezeichnet.

In dieser bereits von Rezessionsängsten gekennzeichneten Zeit ein derart grosses Temporärarbeits-, Leasing- und Inspektionsunternehmen wie die Adia zu kaufen braucht eine grosse Portion Mut. Dementsprechend gering ist die Zahl der Interessenten. Ende Oktober glaubt Rey, nun doch noch einen ernsthaften Käufer gefunden zu haben, die französische Personalvermittlungsfirma Ecco. Obwohl er die Franzosen umgarnt und bearbeitet, kommt der Deal nicht zustande. Rey muss, um einigermassen ungeschoren aus dem Adia-Abenteuer davonzukommen, mindestens eine Milliarde Franken haben. Da mag Ecco-Chef Philippe Forel nicht mitziehen. Er hält es in finanziellen Dingen eben etwas anders als Rey. Um Adia zu kaufen, hätte er sein Unternehmen hoch verschulden müssen. Doch genau das Gegenteil, nämlich eine möglichst geringe Verschuldung, ist die streng beachtete Devise des Franzosen.

Es ist November. Rey, noch immer ohne Adia-Käufer, steht in Sichtweite des Abgrundes. Als Bankier Fritz Köhli vom Bankverein ihn fragt, ob er Adia wirklich verkaufen müsse, wiegelt Rey ab: «Der Adia-Verkauf ist kein Muss.» Eine andere Antwort kann Rey gar nicht geben, ohne die Kreditgeber misstrauisch zu machen.

Rey hetzt zu Brett 2, der Partie mit den Anlegern, wo ein «Schach» droht. Für die Novembernummer des Westschweizer Monatsmagazins «Bilan», eines Kooperationsprodukts der «Bilanz» des Jean-Frey-Verlages, hat ein Redaktor die prekäre wirtschaftliche Lage von Adia sowie die Gründe für das Zerwürfnis zwischen der Adia-Leitung und Rey recherchiert. René Giulianelli, Omni-Generaldirektor, hat einzig noch die Jean-Frey-Gruppe in seinem Verantwortungsbereich. Dies gibt ihm aber die Möglichkeit, sich den Artikel vor dem Erscheinen vorlegen zu lassen. Weil er seinem Chef jede negative Publizität vom Hals halten will und muss, verbietet er den Abdruck der Story.

Entschieden mehr Freude bereitet Rey eine Statistik in der Novemberausgabe der «Bilanz»: Er wird als herausragendster Firmenarchitekt der jüngeren Zeit gelobt. Die redaktionellen Vermögensschätzer veranschlagen seine finanzielle Potenz auf mehrere Milliarden, womit Rey nun zum kleinen, aber feinen Klub der Milliardäre in der Schweiz gehört.

Auf dem Harpener-Brett hat Rey inzwischen weitere entscheidende Züge gemacht.

Während er auf diesem Brett spielt, verliert er die Partie mit der Adia keine Sekunde aus den Augen. Er weiss, dass die Stellung dort für ihn schlecht aussieht. Das will er mit der Harpener mindestens teilweise kompensieren und zwingt sie, die HPI-Beteiligung zu übernehmen.

Unverzüglich schiebt er seine Springer Hauff und Herzig in Position. Um den Aufsichtsrat kümmert er sich persönlich. Die nächsten Züge sind für die Harpener bedrohlich, am 30. Oktober ist sie schachmatt. An diesem Tag muss die Harpener die HPI-Beteiligungen von der OmniCorp faktisch übernehmen und gleichzeitig 30 Millionen DM überweisen.

Tags darauf folgt eine Schreckensmeldung: Die beiden OmniCorp-Vertreter im HPI-Verwaltungsrat teilen Rey aufgeregt mit, dass Harry Goodman eine ihm von den Leasingbanken auferlegte Vertragsklausel verletzt habe. Rey müsse – als grösster Aktionär (allerdings ohne entsprechendes Stimmrecht) – augenblicklich 22 Millionen Pfund nach England überweisen, ansonsten das Schlimmste zu befürchten sei, nämlich der Rückzug der kreditgebenden Banken. Das wiederum wäre der Anfang einer möglichen Kettenreaktion, die von der hochverschuldeten HPI auf die OmniCorp und von dort auf die Omni Holding übergreifen könnte. Eine Horrorvision, die Rey schon gar nicht zu Ende zu denken wagt. Deshalb kratzt er die 22 Millionen Pfund (rund 54 Millionen Franken) zusammen.

Der auch juristisch hieb- und stichfeste Verkauf der HPI an die Harpener darf unter keinen Umständen mehr verzögert werden. Deshalb muss sofort die bekannte Bedingung betreffend Weiterverkauf eines HPI-Teils erfüllt werden.

Rey bleibt auch hier nur ein einziger möglicher Zug: die Comco in Biel. Im November kann er Helmut Wagner, Asko-Aufsichtsrat und starker Mann im Comco-Vewaltungsrat, seine Beteiligung an der SIS verkaufen. Rey bekniet die Comco-Leute, besagten HPI-Anteil zu kaufen oder zumindest so zu tun als ob. Die Comco macht mit, diktiert jedoch die Bedingungen: Wenn schon Kauf, dann soll die Omni für die Comco gleich auch noch die notwendigen Mittel auftreiben. Rey schickt Markus Herzig auf die Piste, dem nichts anderes übrig bleibt, als die Banken abzuklopfen.

Am 11. Dezember melden Hauff und Herzig, dass der HPI-Kaufvertrag mit Harpener nun effektiv unter Dach und Fach sei. Weisungsgemäss seien die Darlehen von Harpener an diverse Omni-Gesellschaften als Teil des Kaufpreises verrechnet worden.

Über 100 Millionen Schulden weniger, die Rey in den Büchern ausweisen muss. Zeit, sich zu freuen, hat er nicht. Er konzentriert sich auf die Endphase im alles entscheidenden Spiel auf dem Adia-Schachbrett.

Nachdem sich die Verhandlungen mit der französischen Ecco-Gruppe sehr rasch zerschlagen haben und Rey realisiert, dass kein anderer Käufer mehr da ist, greift er zum letzten Strohhalm. Es ist einmal mehr die Comco. Sie bietet erneut Hand zu einem raffiniert abgekarteten Spiel.

Am 6. Dezember lässt Rey seinen drei Omni-Verwaltungsräten Walter König, Wolfgang Marti und Hans Herzig eine Einladung zu einer Sitzung am 14. Dezember zukommen. Auf der beigefügten Traktandenliste steht lediglich, dass es um eine Verschiebung im Omni-Portefeuille gehe.

Am Freitag, den 14. Dezember erfahren die drei Herren, die lediglich ahnen können, dass Adia das Thema ist, Näheres zur

«Verschiebung im Omni-Portefeuille». Rey eröffnet ihnen, dass er das bei der Omni liegende Adia-Paket von rund 500 000 Aktien der Comco in Biel für rund 900 Millionen Franken verkaufen könne, was einem Preis von 1800 Franken pro Aktie entspräche. Das Geschäft sei, so Rey in gewohnt unklaren Worten, das Ergebnis einer Kette von Interessen, die bei den Verhandlungen mit der Comco betreffend SIS-Beteiligung offenbar geworden seien.

Comco respektive deren Mutter, der deutsche Handelskonzern Asko, hätte steuerliche Probleme. Deshalb bestehe ein Interesse, dass Comco nur noch zu 50 Prozent im Asko-Besitz verbleibe. Dadurch ergebe sich für die Omni die Möglichkeit, sich mit rund 48 Prozent an der Comco zu beteiligen. Die Finanzierung seitens Comco sei geregelt. Der Omni-Gruppe würden aus diesem Verkauf nach Abzug der Kosten aus der Beteiligungsnahme bei Comco rund 600 Millionen Franken zufliessen.

Die Verwaltungsräte sind hoch erfreut, vor allem ob des sagenhaft guten Preises von 1800 Franken. Er muss ihnen wie ein Geschenk des Himmels vorkommen, liegt doch der aktuelle Börsenkurs der Adia-Aktien in diesen Dezembertagen bei gerade noch 800 Franken. Und bei diesem katastrophalen Kurs hätte die Omni, bei der die Adia-Beteiligung mit rund 740 Millionen Franken (2000 Franken pro Aktie) verbucht ist, einen Abschreiber von über 350 Millionen Franken machen müssen. Mit den 600 Millionen Franken, die – so glauben die Verwaltungsräte – nun in die Kasse der Omni fliessen, kann der Schuldenberg markant abgebaut werden. Gleichzeitig behält Omni ihren Einfluss auf die Adia, weil Rey sich mit 48 Prozent an der neuen Besitzerin Comco beteiligt.

Mit grosser Erleichterung stimmen die drei Herren dem Vorschlag zu. Zwar wissen sie nicht viel über die Comco, aber hinter ihr steht ja der mächtige Asko-Konzern, der einen Umsatz von über 10 Milliarden DM aufweist.

Rey verheimlicht ihnen entscheidende Details. Das weiss nur Omni-Jurist Andrea Egger, der von seinem Chef indessen zu absolutem Stillschweigen verpflichtet worden ist.

In Tat und Wahrheit schliesst die Omni mit der Comco keinen Kaufvertrag ab, sondern einen Optionsvertrag. Er räumt Rey nur das Recht ein, der Comco die Adia-Aktien anzudienen. Und dieses Recht ist an eine überaus merkwürdige Bedingung geknüpft, die wir bereits aus dem Verkauf des HPI-Anteils an die Comco kennen: Rey muss für die Comco erneut praktisch die gesamte Finanzierung organisieren Das erstaunt weiter nicht, wenn man die wirtschaftliche Potenz der Bieler Holding kennt.

Das Aktienkapital der Comco beträgt 70 Millionen Franken. Die Aktiven bestehen aus einem Wirrwarr von Minderheits- und Mehrheitsbeteiligungen an rund 45 kleineren Gesellschaften. Dazu gehört seit neuestem auch die von Rey übernommene SIS-Beteiligung, die, zusammen mit den Aktien, die die Comco schon vorher besessen hat, 46 Prozent ausmacht. Und schliesslich besitzt die Comco noch eine Option auf 40 Prozent der Reyschen HHB Financial Holding, die ein Anrecht auf 20 Prozent der Hudson Place Investments (HPI) gibt. Die ganz nach Omni-Art aufgebaute Comco besitzt die erforderlichen Mittel nicht, um das Adia-Paket zu kaufen. Ebensowenig wie der ebenfalls höchst undurchsichtig verschachtelte Asko-Konzern, der – eine weitere Analogie zur Omni – einen gewaltigen Schuldenberg vor sich herschiebt.

Darum also muss Rey die finanzielle Verantwortung für den Adia-Deal tragen. Er wird wie folgt zur Kasse gebeten: Die Comco setzt ihr Aktienkapital von 70 Millionen auf 131 Millionen Franken hinauf. Die Omni Holding zeichnet die 61 Millionen – allerdings mit einem satten Agio von fast 440 Millionen Franken, wobei die «Einzahlung» mutmasslich so erfolgt, dass Rey den Betrag «verrechnen» lässt, das heisst, dass sich der Erlös aus dem Adia-Verkauf um diesen Betrag verringert.

Bleiben somit noch rund 400 Millionen Franken, welche die Comco der Omni Holding aus dem beabsichtigten Adia-Kauf schuldet. Diese hohe Summe (und wohl auch die 61 Millionen) müssen Rey und sein Treasurer Markus Herzig auf Geheiss der Comco in einer wahren Nacht-und-Nebel-Aktion bei den Banken lockermachen.

Rey telefoniert als erstes mit Fritz Köhli vom Bankverein und fragt ihn, ob seine Bank die Führung eines Konsortiums zur Aufbringung der 460 Millionen übernehmen könne – nicht für die Omni, sondern für die Comco, wie er betont. Ob der Adia-Deal juristisch überhaupt durchsetzbar sei, will der Bankier, der von der Finanzierungsverpflichtung der Omni keine Ahnung hat, wissen. Rey bejaht die Frage. Beim Bankverein will man die Sache überdenken.

Schachbrett Nummer 4. Gegner: diverse.

Rey sorgt bei der Omni-Buchprüferfirma Deloitte dafür, dass der Adia-Verkauf sich noch im Geschäftsjahr 1990 in gewünschter Weise auf die Bilanzen niederschlägt. Ein mehr als grosszügiges Entgegenkommen von Deloitte: Erstens hat Comco nicht gekauft, sondern nur zugesagt, dass sie das Adia-Paket zu übernehmen gedenke. Der eigentliche Vertragsabschluss wird – wenn überhaupt – erst im neuen Jahr stattfinden. Und auch das nur dann, wenn die Asko als Mutter der Comco von der EG-Wettbewerbsbehörde die Einwilligung zum Kauf der Adia-Beteiligung erhält. Zweitens steht die Finanzierung überhaupt noch nicht.

Mit Einwilligung seiner Buchprüfer darf Rey das Geschäft wie folgt bilanzwirksam verbuchen: Die Omni Holding verkauft der Omni Securities auf den Cayman Islands (Daniel Schwab wird staunen) die 500 000 Adia-Aktien zum Stückpreis von 1800 Franken. Die Aktien werden also zu diesem Stückpreis bei der Holding im Bilanzposten «Beteiligungen» ausgebucht. Da die Tochter selbstverständlich kein Geld hat, verbucht Rey den Verkaufspreis von 900 Millionen Franken in der Rubrik «Forderung an Gruppengesellschaften», wie die Wertschriften ein Aktivposten, womit sich in der Holdingbilanz praktisch nichts verändert. Und damit kann er die existenzgefährdende Wertberichtigung elegant umgehen.

Zwecks Bilanzschönung wird ein weiterer Posten auf die ferne Karibikinsel abgeschoben: eine Schuld Reys von 143 Millionen Franken gegenüber diversen Omni-Gesellschaften, wodurch sein Schuldensaldo von nicht weniger als 359 Millionen Franken optisch entlastet wird.

Daniel Schwabs Omni Securities muss sich als Müllschluckerin betätigen. Ihr Schuldenpegel steigt enorm an. An Müll fehlt es nicht, wie einige weitere Transaktionen zeigen.

Nach dem Motto «Eine Hand wäscht die andere» verlangt die Comco von Rey ein Gegengeschäft. Ihre Mutter Asko möchte – offensichtlich ebenfalls aus bilanzkosmetischen Gründen – eine englische Firma namens PJH noch vor dem 31. Dezember loswerden. Die PJH schuldet ihr 204 Millionen Franken.

Weil die 204-Millionen-Schuld natürlich nicht in der Omni-Holding-Bilanz auftauchen darf, muss das Geschäft entsprechend aufgedröselt werden. Am 21. Dezember erwirbt Rey über seine private Firma Berhold NV für rund 650 000 Franken die Aktien der PJH-Mutter SIS Finacare AG (sie gehörte bis 1990 zur SIS Holding AG). Am 31. Dezember verkauft Berhold das Aktienkapital der SIS Finacare zum gleichen Preis an die Omni Beteiligungen AG, wo es bilanzwirksam zur Aufwertung der Aktiven beiträgt. Die Forderung von 204 Millionen wird gleichentags unter Dazwischenschaltung der Omninvest Cayman Ltd an die Omni Securities weitergeschoben. Wozu hat man schliesslich so viele unbemannte Verschiebebahnhöfe?

Reys holländische Privatgesellschaft EFL BV stösst ihre Beteiligung an der Vest USA Inc für 35 Millionen Dollar an die Omni Swiss Investments BV ab. Die Vest USA Inc, die dem Vernehmen nach unter anderem in der Unterhaltungselektronik tätig ist, ist ein Spielzeug eines Privatangestellten von Rey, der am Merchant Banking grossen Gefallen gefunden hat. Weil die Omni Swiss Investments kein Geld (mehr) hat, wird die Kaufpreisschuld ebenfalls auf die Omni Securities Ltd abgewälzt und mit einer Forderung der Omni Securities gegen die EFL aufgerechnet. Eine weitere Variante der optischen Schuldenminimierung.

Ebenfalls vor Silvester werden Omni-intern Bankschulden in der Höhe von 347 Millionen Franken «neu plaziert». Die bis unters Dach verschuldete Gruppe muss aufpassen, dass sie die von den Banken diktierten Kreditklauseln nicht verletzt. Den kreditgebenden Banken können diese Jahresendmanipulationen nur recht sein. Für ihre Kredite steht zwar nun irgendeine andere

Omni-Gesellschaft gerade, zusätzlich jedoch verbleibt ihnen die Omni Holding AG weiterhin als Garantin. Die Banken wähnen sich dadurch zweifach abgesichert.

Im Glauben, er habe die Adia-Schachpartie so gut wie gewonnen, gönnt sich Rey mit seiner Gattin einige Tage Ferien. Ausser der Comco hat ihm Fritz Köhli das schönste Weihnachtsgeschenk gemacht. Am 27. November versichert Köhli der «Finanz und Wirtschaft»: «Wäre Werner K. Reys Omni Holding in unserer Kreditbeurteilung nicht kreditwürdig, würden wir unsere Omni-Kredite kündigen. Einen Grund zur Kündigung sehen wir nicht.»

XXII

Die Oper der Berner Kantonalbank

Generaldirektor Kurt Meier träumt von der weiten Welt und erwacht mit einer Strafanzeige

Rey hat sich also in dieser für seine Karriere dramatisch kritischen Phase für einige Tage in die Ferien zurückgezogen – was uns die Gelegenheit bietet, ein paar Betrachtungen über seine Beziehungen zu den Banken anzustellen.

Wären die Bankiers nicht so fasziniert von Rey, so gäbe es in den Omni-Büchern zweifellos erheblich weniger Fremdkapital. Ja, vielleicht wäre Rey gar nicht dort, wo er Ende 1990 steht: Herr über ein 3,3 Milliarden schweres Imperium, das auf 1 Milliarde pfandgesichertem Fremdkapital und 1,3 Milliarden Blankodarlehen ruht. Die dritte Milliarde besteht aus Eigenkapital, dessen originelles Zustandekommen Ende 1986 bekannt ist.

Was ist es, das die Geldgeber an Werner K. Rey so fasziniert?

Heinrich Looser, Direktor der Bank Julius Bär: «Ich liebe die Minuten und Stunden, die ich mit Werner K. Rey verbringen kann. Er zeichnet sich aus als Mann mit einer Vision – ich betone: Vision, nicht Illusion. Er ist ein Mann mit grossem Weitblick, der dann konkret, dynamisch auf seine Ziele hinarbeitet. Er ist nicht konventionell; er akzeptiert bestehende Grenzen nicht als definitive Grenzen. Er versucht in den langfristigen Zielen auch kurzfristige Misserfolge zu überbrücken. Werner K. Rey lässt sich gut beraten, er hört auf alle Seiten und bleibt flexibel. Schlussendlich fällt er diejenigen Entscheidungen, die im Sinne der Langfristplanung des Unternehmens sind. Seine unternehmerische Leistung ist einmalig. Ich selbst glaube und habe geglaubt an die historisch gewachsenen Grenzen. Er hat sich, bedingt durch seine Persönlichkeit und durch sein scharfes analytisches Denken, im ersten Move – sprich Bally – rechtzeitig einen Grundstock aneignen können, der ihm erlaubt hat, darauf aufzubauen und weiterzufahren. Auf dem Finanzplatz Schweiz – das darf man neidlos zugeben – eine einmalige Leistung.»

Das Zitat von Heinrich Looser stammt aus einer 48seitigen Broschüre über das Leben und Wirken von Werner K. Rey, welche die PR-Agentur Trimedia Ende 1989 im Auftrage ihres Mandanten verfasst hat.

Die Bank Julius Bär leitet im März 1989 ein Bankensyndikat, das eine 50-Millionen-Anleihe der Omni zu 1 Prozent Zins und einer Laufzeit bis 1994 privat plaziert. Die Bank Bär ist auch bei den meisten anderen Geld- und Kapitalmarktoperationen der Omni jeweils mit von der Partie. Kredite hat sie Rey aber erstaunlicherweise nie gewährt.

Selbstverständlich muss man nicht unbedingt die persönlichen Empfindungen der Geldmanager für Werner K. Rey bemühen, um den Ursachen ihrer Begeisterung auf die Spur zu kommen. Für die Mehrzahl der Bankiers ist Rey schlicht ein Kunde, der einträgliche Geschäfte bringt. Wenn eine Bank ein gutes Geschäft mit einem Kunden macht, spricht sich das rasch herum, und bald drängt die Konkurrenz an den nämlichen Goldtopf. Normaler Wettbewerb also: Der Börsianer will möglichst viele Wertschriftengeschäfte abschliessen, die Emissionsabteilung möglichst viele Emissionen tätigen und die Kreditabteilung möglichst viele Kredite vergeben. Was am Ende des Jahres zählt, sind die Mehrumsätze im Vergleich zum Vorjahr.

Und dann gibt es Bankiers, bei denen eine besondere Mischung von Psyche und Geschäftssinn die Determinante für ihre Beziehung zu Rey ist. Ein eindrückliches Beispiel dafür ist Kurt Meier von der Kantonalbank von Bern.

Kurt Meier ist überaus ehrgeizig. Schon als junger Prokurist bei der Filiale des Schweizerischen Bankvereins in Biel hofft er, bald an den Hauptsitz nach Basel berufen zu werden. Doch die Beförderung lässt auf sich warten, weshalb Meier 1968 kurzerhand seine Sachen packt und zur Kantonalbank von Bern wechselt. Dort wird er bald Kreditchef, dann Direktor, 1978 Generaldirektor und schliesslich Präsident der Generaldirektion.

Kurt Meier ist ein Bankier mit aussergewöhnlicher Machtfülle. Seine Angestellten fürchten ihn ebenso wie seine beiden

Kollegen in der Generaldirektion. Auch im Bankrat, dem obersten Aufsichtsorgan über die Staatsbank, wo sich Berns politische und wirtschaftliche Notabeln ein Stelldichein geben, begegnet man ihm mit grossem Respekt. Im Bankausschuss, der ausser ihm aus dem nebenamtlichen Bankratspräsidenten sowie drei Bankräten besteht und der alle Kreditgeschäfte über 1 Million Franken bei gedeckten und über 1,5 Millionen bei ungedeckten Ausleihungen bewilligt, hat er das Sagen. Er duldet weder Widerrede noch Kritik, was den zwischenmenschlichen Beziehungen im Ausschuss nicht eben förderlich ist. Böse Zungen behaupten, eine Ursache für sein arrogantes Gehabe liege darin, dass er tief in seinem Inneren darunter leide, keinen akademischen Titel vorweisen zu können. Doch geduldig tragen Angestellte und Bankräte ihr Los, denn Meier ist in ihren Augen unbestreitbar ein guter Bankier.

1979 lernt der ehrgeizige Generaldirektor den nicht minder ambitiösen Werner K. Rey, Käufer der Buntmetallwerke Selve, kennen. Meier fasst sofort Vertrauen zu dem bleichgesichtigen, linkisch wirkenden Jungunternehmer. Rey, mit Wohnsitz in London, Büros in Zürich und Genf und internationalen Geschäftskontakten von der Karibik bis in den arabischen Raum, verströmt weltmännisches Flair. Wenn Rey über finanz- und banktechnische Dinge spricht, kann Kurt Meier nicht genug bekommen.

Rey ist für Meier so etwas wie das Tor aus der provinziellen Enge des Kantons Bern in die grosse Welt hinaus. Und wenn dieser Mann die Selve vor dem Untergang rettet, wie er überzeugend versichert, dann will Meier ihm dabei hilfreich zur Seite stehen. So nimmt eine langjährige Geschäftsbeziehung ihren Anfang, die für beide Männer fatal enden wird.

Doch vorerst gedeihen die Dinge für Meier prächtig. Eine erste Sternstunde erlebt er 1985, als er Rey dazu bewegen kann, den 29 Kantonalbanken eine Mehrheitsbeteiligung an dessen Omnibank abzutreten. Endlich, so glaubt Meier, kann man der hiesigen Klientel einen internationalen Service anbieten. Als Anerkennung für seine Bemühungen darf Meier das Präsidium der Swiss Cantobank, wie die Bank jetzt heisst, übernehmen. Der

Bankausschuss der Kantonalbank von Bern erblickt in dieser Nominierung ein Plus für die Bank.

Es kommt noch besser: Die Kantonalbank von Bern kann die Federführung bei Emissionen von Rey-Gesellschaften im Umfang von 490 Millionen Franken wahrnehmen. Die Kommissionskassen der Kantonalbank von Bern klingeln.

Der Bankrat nimmt mit Wohlgefallen zur Kenntnis, dass Rey dem Lockruf der bernischen Wirtschaftsförderung Folge leistet und die Bundeshauptstadt allmählich zum Standort seiner vielfältigen Aktivitäten macht. 1986 domiziliert Rey die UMS Schweizerische Metallwerke AG in Bern. 1988 verlegt er erst die Inspectorate und anschliessend die Omni Holding nach Bern. Die Bankräte Fritz Hofmann und Ueli Augsburger, Regierungsrat, lassen keine Gelegenheit ungenutzt, sich in höchsten Tönen über den dynamischen Rey und seine Bedeutung für die Wirtschaft des Kantons Bern zu äussern. Die guten Kontakte zwischen dem rührigen Unternehmer Rey und ihrem Bankchef Kurt Meier erachten sie als äusserst nützlich.

Kein Wunder, dass Rey bei der Berner Kantonalbank eine absolute Sonderbehandlung geniesst. Alle Geschäfte mit ihm oder seinen Gesellschaften werden von Herrn Generaldirektionspräsident Meier persönlich betreut. Die anderen zwei Generaldirektoren und die für das eigentliche Kreditgeschäft zuständigen Angestellten sind Statisten, die lediglich noch die Reyschen Kreditdossiers mit unterschreiben dürfen, die Meier ihnen vorlegt.

Die Beziehung zwischen Meier und seinem Erstklasskunden Rey ist mittlerweile so eng, dass man sie geradezu freundschaftlich nennen kann. Meier geniesst ein Privileg, das mit ihm nur noch ein bis zwei andere Personen teilen: Er ist mit Rey per du.

Hat Rey einen Kreditbedarf, und den hat er immer mal wieder, so ist das für die Kantonalbank von Bern kein Problem. 1987 und 1988 schwimmt sie im Geld. Mangels Ausleihungsmöglichkeiten muss sie in dieser Zeit sogar über eine Milliarde Franken auf dem Euromarkt anlegen.

Dass Meier Rey stets zu Diensten ist, geschieht seiner Meinung nach allein zum Wohle der Bank. Denn die muss gegen eine immer härtere Konkurrenz ankämpfen. Auch die Grossbanken drängen machtvoll ins lukrative Geschäft mit Rey – mit Erfolg, wie Meier mit Missvergnügen registriert. Im Mai 1988 macht die Schweizerische Kreditanstalt das Rennen und erhält die Federführung für eine Kapitalerhöhung bei der Inspectorate von 161 Millionen Franken. Und im Juni 1988, als Rey seine Omni Holding dem Publikum öffnet, kommt der Schweizerische Bankverein zum Handkuss.

Dass es ausgerechnet der Bankverein geschafft hat, wurmt Kurt Meier natürlich ausserordentlich. Auch der Ausschuss der Kantonalbank von Bern ist besorgt, dass man bei Rey offenbar nicht mehr die Nummer eins ist. Meier wird zur Rede gestellt. Er reagiert sehr ungehalten: Der Bankausschuss sei schuld daran, dass Rey zum Schweizerischen Bankverein gegangen sei. Schliesslich habe der Ausschuss in Zusammenhang mit Krediten und Hypotheken an die Selve Bedenken gegen eine allzu hohe Kreditgewährung an die Rey-Gruppe geäussert. Die Herren im Bankausschuss, denen Rey doch genauso am Herzen liegt, protestieren gegen diese Schuldzuweisung. Dennoch oder vielleicht gerade wegen der Konkurrenz der Grossen – insbesondere des ungeliebten Bankvereins – gibt sich Meier Rey gegenüber weiterhin gewohnt grosszügig. Seine Rechnung geht auf.

1989 zeigt sich Rey wieder so, wie Meier es sich wünscht. Er übergibt der Berner Kantonalbank die Federführung für eine 100-Millionen-Anleihe der Omni. Meier revanchiert sich und lässt die Kredite sprudeln. Ende 1989 machen die an die Omni-Gruppe ausgeliehenen Mittel 107 Millionen Franken aus, wovon 23,5 Millionen blanko sind.

Meier akzeptiert zur Deckung der Kredite sowohl Beteiligungspapiere aus dem Portefeuille der Omni Holding als auch Aktien der Omni Holding, obwohl er damit die gleiche wirtschaftliche Substanz zweimal belehnt.

Doch weder das noch der Umstand, dass er die Beteiligungspapiere laut Bankengesetz gar nicht als Deckung akzeptieren dürfte, stört ihn. Er erwähnt es einfach nicht in den Kreditanträgen, die er dem Ausschuss des Bankrats zwecks Bewilligung vorlegen muss, oder er deklariert den Kredit als gedeckt.

Meier hat die Bank eben im Griff.

Die Angehörigen des internen Inspektorats, die alle Geschäftsvorgänge einmal pro Jahr kontrollieren, können gegen den allmächtigen Generaldirektor nichts ausrichten. Erstens sind sie ihm unterstellt, und zweitens legt die Generaldirektion ihre Löhne fest. Kritik an Geschäftsvorgängen zu üben ist nicht opportun. Als der Bankrat im Herbst 1987 merkt, dass dieses Abhängigkeitsverhältnis wohl nicht gerade das Gelbe vom Ei ist, nimmt er das Inspektorat administrativ unter seine Fittiche. Für Meier ändert sich damit noch nicht viel, die Inspektoren üben sich ihm gegenüber weiterhin in Gehorsam. Und wieso sollen sie ausgerechnet das Kreditdossier von Rey speziell unter die Lupe nehmen, hat doch dieser Sonderkunde im Bankrat und in dessen Ausschuss nichts als Anhänger. Im Bankrat sitzt überdies mit Wolfgang Marti ein Mann, der gleichzeitig Verwaltungsrat der Omni ist.

Der Bankausschuss ist quantitativ überfordert. 1989 werden bei der Berner Kantonalbank 17 957 Kreditgesuche bearbeitet. Einen Teil davon muss der Ausschuss, der sich alle zwei Wochen am Hauptsitz der Bank trifft, sichten und bewilligen, darunter auch solche von Rey und Omni-Gesellschaften. Er vertraut blind der Kompetenz von Meier und der Bonität von Rey und seinen Firmen. Selbst Meiers Intimfeind in diesem Gremium, Regierungsrat und Finanzdirektor Ueli Augsburger, stimmt den Rey-Krediten bedenkenlos zu. Ein Rey-Kredit ist für ihn gleichbedeutend mit Förderung der bernischen Wirtschaft. Eine grosszügige Auslegung, da die aus den Berner Pfründen zur Verfügung gestellten Mittel teilweise an die Adia ins Waadtland, an die Ateliers de Vevey oder gar an die Omni Securities in der fernen Karibik fliessen.

Anfang 1990 häufen sich die Kreditanträge von Kunde Rey massiv. Gleich dutzendweise wandern sie über den Tisch des Bankausschusses.

Im März geht die Bank während einiger Tage sogar ein Klumpenrisiko ein: Das Rey-Engagement überschreitet die pro Kunde gesetzlich festgelegte Prozent-Limite der bankeigenen Mittel. Obwohl diese Situation umgehend der Eidgenössischen

Bankenkommission (EBK) zu melden wäre, wartet Meier zu, bis das Risiko in den Büchern Ende des Monats zum Verschwinden gebracht werden kann.

Der Bankausschuss, der davon ebenfalls nichts erfährt, zeichnet fleissig weitere Kreditanträge von Rey. Der flüchtige Blick in die jeweiligen – von Meier präsentierten – Anträge zeigt, dass die Darlehen in der Regel gedeckt sind. Womit sie gedeckt sind, steht zwar gelegentlich nicht oder wird höchstens vage angetönt. Meier hat seine Gründe, akzeptiert er doch weiterhin Papiere der Omni Holding oder von Omni-Gruppe-Gesellschaften und schraubt schon mal die Belehnungsgrenze bis auf 100 Prozent hinauf, weil ihn Freund Rey darum bittet.

Die Ausschussmitglieder vertrauen Meier und gehen davon aus, dass er alles ordnungsgemäss geprüft hat. Sie bewilligen im Juli seinen Antrag, der Omni Beteiligungen AG eine Kreditlimite von 50 Millionen Franken zu eröffnen. Als Sicherheiten präsentiert Rey Aktien der Swiss Cantobank und der Zürcher Versicherungsholding SIS, an der er mit 26 Prozent beteiligt ist. Die Deckung entspricht einem Wert von rund 92 Millionen Franken.

Wie hoch der aktuelle Stand der an Rey und seine Gesellschaften ausgeliehenen Mittel ist, weiss der Ausschuss nicht, da er die Übersicht längst verloren hat (so er sie denn einmal gehabt haben sollte).

Im Spätsommer 1990 erfährt der Ausschuss erstmals vom Klumpenrisiko im März. Aufgeschreckt durch das Vorkommnis ordnet er – erstmals! – eine Überprüfung des gesamten Engagements mit Rey-Gesellschaften an. Was das interne Inspektorat wenig später zu berichten weiss, beruhigt die Herren sofort wieder. Weder bezüglich des Umfangs – 129 Millionen – noch bezüglich der Qualität der Pfänder machen die Inspektoren irgendwelche Vorbehalte. Mit Rey kann man also ruhig weiter «geschäften».

Dafür ist es mit der bisher nur latenten Spannung zwischen dem allmächtigen Generaldirektionspräsidenten Meier und dem kuschenden Ausschuss endgültig vorbei, sie eskaliert zum offenen Konflikt. Eine der treibenden Kräfte ist nicht unerwartet Regierungsrat Ueli Augsburger. Dass es um die interne Organisation am Hauptsitz schlecht bestellt ist, ist ein offenes Geheimnis. Diesem Missstand, aber auch der Machtfülle von Meier soll ein neues Kantonalbank-Gesetz abhelfen. Inskünftig wird sich neben dem internen Inspektorat eine externe Revisionsstelle mit dem Controlling befassen. Meier, der ganz klar seine Machtposition bedroht sieht, opponiert – vergebens.

Wenig später muss Kurt Meier eine weitere Schlappe einstecken. Ende August beschliesst der Bankausschuss, einen externen Berater einzuschalten. Dieser soll abklären, wie opportun die Cantobank mit Kurt Meier als Verwaltungsratspräsident und Rey als 48-Prozent-Aktionär für das künftige Auslandsgeschäft der Kantonalbank von Bern ist.

Hintergrund dieser Aktion: Verschiedene Kantonalbanken realisieren, dass das Joint-venture mit Rey alles andere als glücklich ist. Die Omni wickelt ihrer Ansicht nach zu viele Kommerzgeschäfte über die Cantobank ab statt über andere Banken – und sie denken dabei natürlich in erster Linie an sich selbst. Die Cantobank ist so etwas wie eine 30. Kantonalbank geworden, und daran haben die Kantonalbanken überhaupt kein Interesse. Die Cantobank, so fordern sie, solle sich ausschliesslich auf das internationale Wertschriftengeschäft konzentrieren. Zum Unbehagen trägt der Abschreiber von 20 Millionen aus einem oberfaulen Geschäft bei, der 1989 in der Presse ruchbar geworden ist. Und schliesslich nährt auch der Verlust von über 8 Millionen Franken, den die Cantobank für das Geschäftsjahr 1989 melden muss, die Frustration der Kantonalbanken und damit auch die der Bankräte der Kantonalbank von Bern. Wie schlimm es um die Cantobank tatsächlich steht, wissen sie allerdings nicht. (Die Cantobank wird das Geschäftsjahr 1990 mit einem Verlust von 27 Millionen Franken abschliessen.)

Meier tobt. Es sei eine Anmassung, schreit er die Herren vom Bankausschuss an, dass ein Aussenstehender den von ihm betreuten Bereich untersuche.

Die Expertise ist noch nicht fertigerstellt, als Meier Anfang Oktober dem Bankausschuss beantragt, Aktien von Rey zu kaufen und so den Anteil der Berner Kantonalbank an der Cantobank von 8,5 auf 15 Prozent zu erhöhen. Doch zum ersten Mal weigert sich der Ausschuss, auf die Wünsche Meiers einzutreten.

Damit überläuft das Fass. Meier reicht seine Demission auf Ende des Jahres 1990 ein.

Innerlich distanziert er sich mit jedem Tag mehr von «seiner» Bank – mit nachhaltigen Folgen für die Kantonalbank von Bern, wie wir noch sehen werden. Das einzige, was Meier noch interessiert, ist die Swiss Cantobank, um deren schlechte Verfassung er sehr wohl weiss.

Der grosse Profiteur des Zwistes in der Berner Bank ist Rey. Er weiss Meier fest in seiner Hand und gedenkt das auch schonungslos auszunutzen, denn das Wasser reicht ihm bereits bis zum Hals.

Am 16. November gelingt es ihm, der Bieler Comco Holding AG seine SIS-Aktien, die bei der Berner Kantonalbank als Pfand hinterlegt sind, für rund 60 Millionen Franken zu verkaufen. Die Comco will das Geld am 20. Dezember überweisen.

Ungefähr zur gleichen Zeit erklärt sich ein Konsortium von Kantonalbanken, dem die Kantonalbank von Bern nicht angehört, wohl aber Meier, der die Leitung innehat, auf Drängen Reys bereit, dessen Cantobank-Aktien für 52,8 Millionen Franken zu übernehmen. Auch diese Papiere sind bekanntlich in Bern als Pfand hinterlegt. Vereinbarter Zahlungstermin ist ebenfalls der 20. Dezember.

Mit dem Verkauf der SIS-Aktien muss Rey den am 29. November zur Rückzahlung fällig werdenden Kredit von 50 Millionen Franken der Kantonalbank von Bern an die Omni Beteiligungen AG finanzieren.

Geld ist noch andernorts gefragt. Meier stülpt sich den Hut des Verwaltungsratspräsidenten der Cantobank über und drängt Rey zur Rückzahlung ausstehender Darlehen von rund 52 Millionen, die Rey und der Omni gewährt worden sind. Die Bank, die in Liquiditätsnöten steckt, braucht die Mittel dringend. Keine der übrigen Kantonalbanken hat sich bereit erklärt, für Rey in die Bresche zu springen und die Ausstände zu übernehmen.

Ende November zeigt sich, was wahre Freundschaft ist.

Der in echten Schwierigkeiten steckende Financier verlangt von seinem Bankier, dass dieser der Omni Beteiligungen AG für die Zeit vom 29. November bis zum 20. Dezember (vorgesehener Eingang der oben erwähnten Zahlungen) einen festen Vorschuss von 48 Millionen Franken zur Verfügung stellt. Mit den 60 Millionen der Comco, so verspricht Rey, will er am 20. Dezember den festen Vorschuss zurückbezahlen und mit den überschüssigen 12 Millionen Franken den 50-Millionen-Kredit auf 38 Millionen senken. Mit anderen Worten: Der auf den 29. November fällig werdende 50-Millionen-Kredit soll nicht nur stillschweigend verlängert, sondern auch noch um 48 Millionen Franken aufgestockt werden.

Meier, noch immer mit dem Cantobank-Hut auf dem ergrauten Haupt, willigt ein, legt Freund Rey indessen nahe, die 38 Millionen Franken am 20. Dezember zu bezahlen – aber nicht mit den Mitteln aus dem Verkauf der Cantobank-Aktien. Denn diese will Meier von der Kantonalbank Bern umgehend an die Cantobank transferieren, um dort das Rey-Loch zu stopfen.

Kein Problem, verkündet Rey, ohne mit der Wimper zu zucken. Er erwartet vor Jahresende noch viel Geld: 90 Millionen Pfund aus dem Verkauf der HPI an Harpener und Hunderte von Millionen Franken aus dem ebenfalls bereits eingefädelten Verkauf eines grossen Adia-Paketes.

Am 10. Dezember schreibt Kurt Meier im Namen der Kantonalbank von Bern und als Vertreter des Kantonalbankenkonsortiums den Kantonalbanken, die von Rey Cantobank-Aktien übernehmen, einen Brief. Darin verpflichtet er die Staatsinstitute, das Geld der Kantonalbank von Bern zu überweisen. Anschliessend werde man ihnen die Cantobank-Aktien zustellen.

Dass diese Papiere samt und sonders bei der Kantonalbank von Bern verpfändet sind, teilt er seinen Kollegen nicht mit. Dafür veranlasst er noch am gleichen Tag, dass die Cantobank-Aktien aus dem Omni-Pfanddepot herausgenommen werden.

Anfang Dezember meldet sich Rey erneut bei Meier. Dummerweise ist das Geld aus dem Adia-Verkauf noch nicht da. Aber auch von den 90 Millionen Pfund aus dem Verkauf der Hudson Place Investments an die Harpener hat Rey nichts Bares, womit er den 38-Millionen-Kredit am 20. Dezember zurückbezahlen könnte. Der Kauf der HPI ist zwar vom Harpener-Aufsichtsrat unter dem Präsidium von Rey am 13. Dezember genehmigt worden. Aber die von Harpener-Vorstand Markus Herzig vorgenommene Anzahlung von 30 Millionen DM ist längst aufgezehrt, und weitere 101 Millionen DM sind durch Verrechnung von Darlehen der Harpener an die Omni beglichen worden. Geld gibt's erst wieder im Januar, wenn die Comco einen Teil des von Harpener gehaltenen HPI-Paketes (vielleicht) kauft. Statt einer Rückzahlung der 38 Millionen Franken wünscht Rey, dass der ursprüngliche Kredit von 50 Millionen Franken mit einem weiteren bereits bestehenden 20-Millionen-Betrag zusammengelegt und weitergeführt wird. Die 20 Millionen sind mit ACMV-, Omni-Holding- und Adia-Aktien im Wert von 55 Millionen abgesichert.

Meier hat einmal mehr grösstes Verständnis für seinen Vorzugskunden Rey, der ihm wohl erklärt, «sich in leichter Bedrängnis zu befinden». Meier ist einverstanden, die Kredite von 50 Millionen und 20 Millionen Franken an die Omni Beteiligungen AG zusammenzulegen und weiterzuführen. Rey möge lediglich rechtzeitig eine angemessene Sicherheit zur Verfügung stellen. Mit anderen Worten: Indem Meier auf die Reduktion um 12 Millionen Franken verzichtet, räumt er Rey einen neuen Kredit in der gleichen Höhe ein.

Doch woher Sicherheiten nehmen, wo im Hause Omni doch alles belehnt oder gar verpfändet ist? Rey denkt fieberhaft nach und findet eine Lösung. Zwischen dem 14. und dem 17. Dezember übergibt Rey Meier die Unterlagen über das neue Pfand. Es ist eine 40-Prozent-Beteiligung an der HHB Financial Holding Ltd auf den Cayman Islands, die über zwischengeschaltete Gesellschaften das 49-Prozent-Paket an der Hudson Place Investments in Grossbritannien hält. Meier schaut die Unterlagen rasch durch und übergibt sie mit dem Auftrag zur Prüfung der Bonität an seinen designierten Nachfolger Heinz Landolf. Es ist anzunehmen, dass der erfahrene Bankier Meier weiss oder zumindest ahnt, dass ihm Rey ein Kuckucksei ins Nest zu legen versucht. Doch Tage vor seinem Ausscheiden bei der Kantonalbank von Bern interessiert ihn nur noch die Swiss Cantobank.

Landolf ist zur Zeit noch Direktor des Hauptsitzes. Er wird sich inskünftig um die Omni kümmern müssen, denn auch nach dem bevorstehenden Weggang von Meier soll Rey weiterhin eine Vorzugsbehandlung geniessen.

Zeit, das Kreditdossier eingehend zu studieren, hat Landolf, der zuvor noch nie mit Rey zu tun gehabt hat, jetzt nicht. Denn Meier drängt darauf, dass das Kreditgeschäft von 70 Millionen Franken an die Omni Beteiligungen AG so rasch als möglich abgewickelt wird. Gegen die merkwürdige Eile zu opponieren oder zumindest seinen fehlenden Wissensstand in Sachen Rey-Kreditdossier geltend zu machen, kommt Landolf – wohl aus einer Art antrainiertem Angstreflex vor Meier – nicht in den Sinn. Er beschliesst, das Ganze als einen normalen Pfandaustausch zu betrachten, und vertraut den Angaben der Omni über die Werthaltigkeit der HHB-Aktien. Diese verkörpern laut Omni – sprich Rey – eine Minderheitsbeteiligung von 49 Prozent an der Hudson Place Investments (HPI) und gelten damit als deckungsfähiges Pfand. Ferner handelt es sich um ein Kurspapier, woraus Landolf schliessen kann, dass die HHB Financial Holding börsenkotiert ist. Der Wert der 40 Prozent HHB-Aktien wird mit 90 Millionen Franken beziffert.

Mit der Einbringung der HHB-Aktien hapert es allerdings. Als sie am 19. Dezember noch immer nicht bei der Kantonalbank von Bern liegen, greift Meier nervös zum Telefon und reklamiert die Papiere bei der Omni Holding. Man werde sie noch morgen abliefern, beschwichtigt man ihn. Die Ungeduld Meiers ist verständlich: Ohne die HHB-Aktien kann er das Geld aus dem Verkauf der Cantobank-Aktien nicht freigeben, mit dem die Schulden der Omni bei dieser Bank dringend getilgt werden müssen. Weil die Zeit so drängt, visiert Meier den Vergütungsauftrag für die 52,8 Millionen zuhanden der Cantobank sicherheitshalber schon am 19. Dezember.

Omni-Generaldirektor und Harpener-Vorstand Markus Herzig chartert am 20. Dezember eine Privatmaschine und lässt sich nach Deutschland fliegen. In Dortmund wartet bereits Vorstand Jürgen Schippkühler mit der Urkunde, die 100 Prozent der HHB-Aktien verkörpert. Gegen eine Unterschrift händigt er Herzig das Dokument aus, der steigt wieder in seine Maschine und düst nach Bern zurück. Vom Flugplatz Belpmoos eilt Herzig direkt zur Kantonalbank von Bern und übergibt das Dokument einem Prokuristen. Dieser quittiert den Empfang.

Anschliessend veranlasst der Prokurist, wie Meier es ihm aufgetragen hat, dass das von den Kantonalbanken mittlerweile eingetroffene Geld für den Kauf der Cantobank-Aktien sofort auf das Konto der Omni Beteiligungen AG bei der Swiss Cantobank AG überwiesen wird, damit diese ihren Verpflichtungen gegenüber der Bank nachkommt. Rey hat sich tags zuvor gegenüber der Cantobank schriftlich bereit erklärt, die teilweise ungesicherten Kredite bis Ende Januar 1991 zurückzubezahlen.

Meier, dem die HHB-Urkunde weitergeleitet wird, stösst sich offensichtlich nicht im geringsten daran, dass auf ihr gut sichtbar der Name der Harpener AG und nicht etwa jener der Omni Beteiligungen AG als «registrierter Eigentümer» steht und dass auf der Rückseite der Urkunde keine für Namenaktien erforderliche Indossierung (Übertragung der Rechte am Papier von der Harpener auf die Omni) vorgenommen worden oder sonstwie eine schriftliche Abtretungserklärung beigefügt ist. Ihm reicht es, dass Omni-Generaldirektor Markus Herzig, nebenamtlich auch noch Harpener-Vorstand, mündlich mitteilen lässt, dass man bei Harpener mit dieser Transaktion einverstanden sei.

Landolf, obwohl von Meier mit der Durchführung des Geschäfts beauftragt, lässt die Sache kommentarlos durchgehen, weil er seine Zuständigkeit nicht recht kapiert. Ein grosser Vorwurf kann ihm daraus allerdings nicht gemacht werden. Meier gab nichts aus der Hand, reklamierte am 19. Dezember das Pfand persönlich, unterzeichnete den Vergütungsauftrag an die Cantobank selber und instruierte auch den Prokuristen.

Die Comco Holding überweist der Omni 60 Millionen Franken für die SIS-Aktien. Diese löst damit den festen Vorschuss von 48 Millionen bei der Kantonalbank von Bern ab. Die restlichen 12 Millionen, die Rey dank des Entgegenkommens von Meier behalten kann, werden zum einen für das Stopfen der Löcher bei anderen Banken eingesetzt. Der andere Teil fliesst an die Omni Beteiligungen AG, die mit diesem Geld über die Kantonalbank von Bern zwecks Stützung des Kurses Omni-Holding-Aktien kauft.

Am 31. Dezember 1990 räumt Meier, ob der ihm zuteil gewordenen Behandlung noch immer stinksauer, sein Büro.

An diesem Tag stehen in den Büchern der Kantonalbank von Bern folgende Kreditpositionen:

- 29,4 Millionen schulden Werner K. Rey und Ehegattin Bernadette Rey-Gatley. Deckung: Omni-Holding-Aktien.
- 20,1 Millionen schuldet die Omni Holding. Deckung: keine.
- 70 Millionen schuldet die Omni Beteiligungen AG. Deckung: HHB-Zertifikat, Aktien der Omni-Gruppe.
- 28,5 Millionen schuldet die Omni Securities Ltd, Cayman Islands. Deckung: Harpener-Aktien und Garantie der Omni Holding.
- 13,4 Millionen schuldet die ACMV. Deckung: keine.
- 5,5 Millionen schulden zwei kleinere Industrieunternehmen der Omni-Gruppe. Deckung: teilweise hypothekarisch.

  Macht total 166,9 Millionen Franken.

Im Wertschriftenportefeuille der Kantonalbank von Bern lagern am 31. Dezember Aktien und Obligationen der Omni Holding im Wert von 9,9 Millionen Franken.

Die Herren des Bankausschusses, die sich am 31. Dezember gegenseitig Glück und Gottes Segen für das neue Jahr wünschen, freuen sich, dass der unbequeme Meier endlich aus dem Haus ist. Von all den Vorgängen vor und an dem 20. Dezember wissen sie nichts. Meier hat ihnen konsequent alles verschwiegen. Und so wissen sie, die noch immer felsenfest von der Bonität ihres Spezialkunden Rey überzeugt sind, auch nicht, dass sie in diesem Moment auf einem Klumpenrisiko weit grösseren Ausmasses sitzen als damals im März 1990.

Die Aktien der Swiss Cantobank und der SIS Holding, die zusammen einen Wert von rund 94 Millionen Franken verkörpern, befinden sich seit dem 20. Dezember nicht mehr im Pfanddepot der Omni bei der Kantonalbank von Bern. Dafür liegt dort jetzt das Papier einer Karibikgesellschaft, die – ganz abgesehen davon, dass sie der Harpener gehört – nicht kotiert und auch nach dem Verkauf an die Harpener mit der Omni engstens verbunden bleibt, damit also keine Deckung darstellt. Weil auch die ACMV-Aktien bankengesetzlich nicht für die Deckung eines Omni-Kredites verwendet werden dürfen, ist der Kredit von 70 Millionen vollständig ungesichert.

Die ungedeckten Verpflichtungen der Omni und von Rey persönlich betragen insgesamt 164,4 Millionen Franken und liegen weit über der zulässigen Limite von 130,3 Millionen Franken oder 20 Prozent der bankeigenen Mittel von rund 650 Millionen. Ein Risikofall, der sofort der Eidgenössischen Bankenkommission und selbstverständlich dem Bankausschuss mitgeteilt werden müsste.

Der letzte Fehler eines entmachteten Bankiers? Auf jeden Fall ist es der letzte Freundschaftsdienst von Meier an Rey. Doch Meier wird den Tag noch verfluchen, an dem er Rey erstmals über den Weg gelaufen ist.

XXIII

Auf der verzweifelten Suche nach letzten Bohrlöchern

Der NZZ-Redaktor Hansjörg Abt sticht mit der Feder zu, und bei der Omni bricht das Finale aus

Werner K. Reys Simultan-Schachpartien zur Rettung der Omni Holding laufen weiter. Er weiss, dass er entweder – seine favorisierte Lösung – die Adia-Beteiligung abstossen oder einem Investor Beteiligung und Mitsprache an der Omni einräumen muss.

Am 3. Januar 1991 tagen in Basel die für das Kreditgeschäft Verantwortlichen des Schweizerischen Bankvereins. Thema: Konsortialführung für den Adia-Comco-Deal. Wie in anderen Banken läuft der Riss zwischen Rey-Befürwortern (zu ihnen gehört Fritz Köhli) und Rey-Skeptikern (hier werden die Namen des Generaldirektionsvorsitzenden Walter Frehner und von Kommerzchef Alain Blum genannt) quer durch das Haus.

Die Herren entscheiden sich gegen eine Übernahme des Lead-Managements, sind aber bereit, allenfalls im Konsortium mitzumachen. (Fritz Köhli beteuert später, man habe zu diesem Zeitpunkt nichts von der dubiosen Verpflichtung Reys gewusst, die Finanzierung für den Deal sicherzustellen.)

Rey steht bestürzt vor dem Schachbrett Nummer 3 (Adia) und realisiert, dass ihm Schach geboten wird. Sein nächster Zug will also gut überlegt sein.

Ohne eine Bank vom Renommee des Bankvereins lässt sich der Kredit von über 400 Millionen Franken nur schwerlich bei anderen Instituten plazieren. Wenn nicht der Bankverein, so muss eben die Schweizerische Kreditanstalt, die Schweizerische Volksbank, die Berner Kantonalbank oder sonst eine Bank die Federführung übernehmen. Im Vertrauen darauf, dass eines dieser Institute anbeisst, schickt er Herzig auf die Bankentour und macht sich mit seinem Juristen Andrea Egger an die Ausarbeitung der Verträge mit der Comco.

Am 4. Januar verschlechtern sich Reys Gewinnchancen auf dem Schachbrett Nummer 1 (Harpener) massiv. Worum geht es?

Aus Dortmund erfährt Rey, dass die Comco nicht gewillt ist, der Harpener die 20-Prozent-Beteiligung an der Hudson Place Investments HPI vertragsgemäss abzukaufen. Herzig hat die dafür notwendigen rund 100 Millionen DM nicht auftreiben können. Damit nicht genug, droht die finanzielle Lage bei der HPI-Tochter International Leisure Group – und hier insbesondere bei der Air Europe – in ein Desaster auszuarten. Ohne sofortige Geldzufuhr kann die International Leisure Group die nächsten paar Wochen nicht überstehen.

Rey und sein Treasurer Herzig sind praktisch nur noch mit dem Anbohren weiterer Geldquellen beschäftigt. Man versucht es selbst bei Harpener. Doch die misstrauisch gewordenen Vorstände Hauff und Schippkühler sichern sich bei Aufsichtsrat Köhli ab, der prompt die Überweisung der 40 Millionen Pfund verbietet. Im letzten Augenblick gelingt es Rey, die Londoner Niederlassung der amerikanischen Bankers Trust zu einem Kredit von umgerechnet 80 Millionen Franken zu bewegen. Als Sicherheit dient der Bank, wo man offenbar nicht sonderlich gut orientiert ist, eine Garantie der Schweizer Omni Holding. Die restlichen 10 Millionen schiesst die Omni ein – das Geld stammt mutmasslich von der letzten Festgeldanlage, die Harpener-Vorstand Markus Herzig noch rasch aus Dortmund Richtung Omni abdisponieren konnte. Bei der HPI trifft das Geld tranchenweise bis Ende Februar ein.

Unterbrechen wir hier kurz das verzweifelte Rennen um Millionen und wenden uns nach Bern, wo es am 10. Januar 1991 ebenfalls um Millionen geht, allerdings in weitaus entspannterer Atmosphäre als in der Treasuring-Zentrale der Omni in Zürich.

Der Bankausschuss der Berner Kantonalbank trifft sich zu seiner ersten Sitzung im neuen Jahr. Die Stimmung ist ausgezeichnet. Erstens sitzt der unbequeme Kurt Meier nicht mehr am Tisch, und zweitens gehört die Hypothekarkasse des Kantons Bern seit dem 1. Januar zur Kantonalbank. Die Berner Kantonalbank, wie die Kantonalbank von Bern seit der Fusion mit der erwähnten Kasse heisst, hat erheblich an Gewicht gewonnen. Die frohgemuten Herren würden sich wahrscheinlich noch besser fühlen, wenn sie wüssten, dass just diese Fusion sie von einem erheblichen Klumpenrisiko befreit hat, weil mit ihr die Eigenmittel der Kantonalbank erheblich angestiegen sind.

Auf der Liste der zu bewilligenden Geschäfte steht eine noch von Meier eingefädelte 70-Millionen-Kreditlimite an die Omni Beteiligungen AG. Das Dossier, das ihnen Meier-Nachfolger Heinz Landolf präsentiert, scheint in Ordnung zu sein. Das Pfand in Form eines Aktienzertifikates der HHB Financial Holding Ltd auf den Cayman Islands haben Meier und Landolf, so nehmen die Bankräte an, sicher auf seine Bonität geprüft, zumindest steht nichts Gegenteiliges in den Unterlagen. Das Darlehen wird ihnen als Lombardkredit, also als eine durch Wertschriften gesicherte Ausleihung, präsentiert. Sie nehmen an, dass es sich bei der HHB um keine mehrheitlich zur Omni gehörende Gesellschaft handelt, da die Aktien sonst nicht zur Deckung zugelassen wären. Annahmen um Annahmen, von denen die Herren ausgehen, ohne dass sie jemals nachfragen würden. Wie dem auch sei, das Gremium stimmt auch diesem Antrag zu. Es handelt sich wohlverstanden um eine nachträgliche Bewilligung, da der Kredit bereits läuft.

Zweifel an Rey? Aber nicht doch angesichts der guten Meldung, mit der am 17. Januar das Haus Omni den Verkauf einer 53prozentigen Adia-Beteiligung an die Comco-Asko-Gruppe bekanntgibt. Gleichzeitig beteiligt sich die Omni mit 48 Prozent an dem um 61 Millionen auf 131 Millionen Franken aufgestockten Aktienkapital der Comco, womit sie die Adia dann doch wieder kontrolliert. In einigen Medien wird Rey – wohl zum letzten Mal – als gewiefter Stratege bewundert.

«Aus diesem Geschäft fliessen der Omni Barmittel in Millionenhöhe (netto) zu, und die strategischen Beteiligungen werden nun durch Eigenmittel unterlegt sein», berichtet Omni-Mann Jürg Neck. Neck, der zuvor zur wuseligen Händlertruppe von Rey gehörte, nimmt neuerdings die Funktion eines Pressesprechers wahr, nachdem der Vertrag mit der Trimedia von Aloys Hirzel – wohl aus Spargründen – nicht mehr erneuert worden ist. Näheres zu der verwirrenden Transaktion weiss Neck nicht zu berichten. Nicht etwa deshalb, weil er mit Informationen zu geizen beliebt, sondern weil er genau soviel weiss wie die meisten anderen in der Omni, Verwaltungsräte inklusive – nämlich fast gar nichts.

Die Öffentlichkeit erfährt im Zuge dieser Ankündigung auch Wissenswertes über die ihr weitgehend unbekannte Comco Holding in Biel, die in den letzten Wochen – angeblich – einen Teil der Omni-Beteiligung an der britischen Hudson Place/International Leisure Group übernommen hat.

Für einmal nicht aus der Presse, sondern durch Rey persönlich erhält die Adia-Spitze Kenntnis von den bevorstehenden Veränderungen in ihrem Aktionariat. Gemäss einer vertraglichen Abmachung zwischen den Adia-Managern und der Omni haben diese das Recht, den von ihnen noch über die Adiainvest gehaltenen Bestand an Adia-Aktien – rund 8 Prozent – im Falle eines Verkaufes der Adia dem Käufer zu den gleichen Bedingungen wie die Omni zu offerieren.

Ganz beiläufig lässt Rey durchblicken, wie er sich die Zukunft bei Adia vorstellt: ohne das Management unter Yves Paternot. Mit dem Adia-Chef hat er seit bald einem Jahr kaum mehr kommuniziert, weil er sich damals gegen den Versuch Reys, die Bilanz in einem Punkt zu schönen, erfolgreich gewehrt hat.

Rey kommt zum Schachbrett Nummer 2 (Anleger). Mit dem Turm geht er in die Offensive und hofft, dass nicht nur die Anleger seinen Zug bewundern, sondern insbesondere auch die Banken.

Die «Bilanz» rechnet zusammen, wieviel aus dem Adia-Comco-Deal tatsächlich in die Kassen der Omni fliesst. Das Ergebnis ihrer Kalkulation – Jean-Frey- und damit auch «Bilanz»-Besitzer Rey ist mit einigen Angaben behilflich – wird vor der Drucklegung von Omni-Generaldirektor René Giulianelli noch einmal überprüft: «Der Omni fliessen mindestens 600 Millionen in die Kasse.» Die Berechnung fusst auf einem Preis von 1700 Franken (in Wirklichkeit sind es 1800) pro Adia-Aktie. Es falle schwer, im eigenen Haus von einem gelungenen Coup zu reden, meint der «Bilanz»-Autor leicht entschuldigend, «doch der Coup ist gelungen». Meint er.

In ihrem Glauben ziemlich erschüttert sind dagegen plötzlich einige andere Rey-Anhänger.

Zum Beispiel bei der Berner Kantonalbank. Dort hat das interne Inspektorat – wie die Bankräte erleichtert durch den Weggang von Kurt Meier – die Kreditdossiers von Rey und Omni des Jahres 1990 unter die Lupe genommen und ist prompt auf das Klumpenrisiko (der kumulierte Kredit von 50 und 20 Millionen Franken an die Omni, abgedeckt durch die «Sicherheit» in Form der zur Omni gehörenden HHB) gestossen. Am 31. Dezember meldet ein reichlich zerknirschter Bankausschuss die peinliche Entdeckung der Eidgenössischen Bankenkommission. Die einzige Erleichterung, die den Bankräten bleibt: Das Risiko hat sich durch die Fusion mit der Hypothekarkasse in Luft aufgelöst.

Am gleichen Tag, an dem die EBK die Panne in der Berner Kantonalbank mit tadelndem Blick quittiert, strahlen in Zürich drei Comco-Verantwortliche in die Linsen einiger Fotoapparate. Erstmals äussert sich die Comco öffentlich zum Kauf der Adia-Aktien und zum Joint-venture mit der Omni Holding. Den Medienvertretern wird stolz ein Organigramm der inskünftig von Asko und Omni kontrollierten Comco ausgehändigt, das eine atemraubende Zahl von grossen und kleinen Kästchen aufweist und beim unbefangenen Betrachter zwingend den Eindruck auslösen muss, hier entstehe eine wahrhaft potente Supergesellschaft. Soll es auch, denn auf die Frage, wie die Comco im alten Zustand und ohne Omni-Beteiligung – gemessen am ausgewiesenen Umsatz von 400 Millionen Franken ist sie ein eher bescheidenes Unternehmen – die Mittel für den milliardenschweren Kauf der Adia-Beteiligung auftreiben will, antworten die Comco-Vertreter mit betretenem Schweigen. Als auf einer Beantwortung dieser Frage insistiert wird, bequemen sie sich zu drei Informationshäppchen: Das Kapital werde auf 131 Millionen Franken erhöht, es gebe ein Agio, und Omni sowie Asko hätten langfristige Darlehen zugesichert.

Es bleibt den Comco-Herren ja nun wirklich nichts anderes übrig, als den Mund zu halten. Denn schliesslich geht es um ein Geschäft, das fadenscheiniger nicht sein könnte.

Und das haben Rey und sein zu absolutem Schweigen verurteilter Jurist Andrea Egger mit Asko- und Comco-Chef Wolfgang Wagner und dessen Juristen in den ersten Wochen des neuen Jahres ausgeheckt:

Gemäss Optionsvertrag kann die Omni der Comco ihr Adia-Paket, das sind etwas mehr als 500 000 Aktien, zu einem Stückpreis von 1800 Franken andienen, was einen Verkaufserlös von 900 Millionen Franken ergibt.

Weitere Adia-Aktien darf die Harpener aus ihren Beständen anbieten. Das sind rund 115 000 Stück, mit denen sie rund 207 Millionen Franken löst. (Zur Erinnerung: Die Harpener sitzt auf einem Adia-Paket von insgesamt 136 224 Stück, für das sie 174 Millionen DM bezahlt hat.)

Das macht zusammen 615 000 Aktien. Gemäss Optionsvertrag sind es jedoch 700 000 Aktien (53 Prozent des Adia-Kapitals), die zu erwerben die Comco beabsichtigt. Woher nimmt Rey die fehlenden 85 000 Papiere? Von der Banca della Svizzera Italiana. Allerdings ruhen sie dort, um – ausgerechnet – vor dem Zugriff Reys sicher zu sein. Diese Aktien sind nämlich für die Umwandlung eines Darlehens reserviert, das 1989 anlässlich des Verkaufes der Harpener an die Omni dieser von der Inspectorate eingeräumt worden ist. In weiser Voraussicht haben Paternot und seine Kollegen darauf gedrängt, dass die Aktien bei einer Bank deponiert werden. Diese – gesperrten – Aktien gedenkt Rey also mitzuverkaufen.

Und wer kann die Option ausüben? Nicht unbedingt nur die Comco. Der Vertrag sieht vor, dass auch eine Drittperson oder -firma die Adia-Aktien erwerben kann. Offensichtlich kochen noch Unbekannte am Adia-Süppchen mit und nützen die Situation, dass Rey mit dem Rücken zur Wand steht, kaltblütig aus.

Zur Kaltblütigkeit gehört natürlich vor allem der bereits bekannte Finanzierungsmodus. Rey muss sich an der Comco beteiligen, indem er 61 Millionen aus der Kapitalerhöhung zeichnet und darauf ein Agio von happigen 440 Millionen Franken entrichtet. Überdies muss er der Comco ein Darlehen von 150 Millionen Franken zur Verfügung stellen. Addiert man Agio und Darlehen, dividiert das Ganze durch die 700 000 Adia-Aktien, so kommt man auf einen Stückpreis von rund 842 Franken. Dieser Preis liegt leicht über der aktuellen Börsennotierung. Mit anderen Worten: Die Comco oder vielmehr deren Mutter Asko, bei der es sich beispielsweise um den «Dritten» handeln könnte (sie ist tatsächlich am Erwerb der Adia interessiert), denkt nicht daran, viel mehr als den aktuellen Börsenkurs für die Adia-Papiere zu bezahlen. Will Rey für die Aktien einen höheren Preis lösen, so muss er sich eben selber um die Finanzierung kümmern – und genau das ist ja bekanntlich die dubiose Abmachung zwischen den Vertragsparteien Omni und Comco beziehungsweise der hinter ihr stehenden Asko.

600 Millionen, die in seine Kasse fliessen, wie die «Bilanz» vertrauensselig behauptet? Ein reines Wunschdenken. Von den insgesamt 1,26 Milliarden Franken, die die Comco (oder ein Dritter) auf dem Papier zu bezahlen bereit ist, gehen 207 Millionen an die Harpener, 153 Millionen sind der Adia zu entrichten, und 500 Millionen plus das Darlehen von 150 Millionen müssen als Kosten für die Beteiligungsnahme an der Comco abgezogen werden. Es verbleibt unter dem Strich rund eine Viertelmilliarde, die Rey zufliessen würde, falls er die Finanzierung auf die Beine stellen kann.

Rey brütet über dem Schachbrett Nummer 3 (Adia), wo sein König nach wie vor bedroht ist, und sucht noch immer den entscheidenden Befreiungszug, das heisst eine Bank – als am 7. Februar unvermittelt ein heftiger Windstoss aus Zürich seine Figuren vom Brett zu fegen droht.

Der da so gewaltig in die Konfigurationen auf Reys Spielbrett hineinbläst, ist Hansjörg Abt, Wirtschaftsredaktor der NZZ. In einem an Deutlichkeit geradezu überscharfen Artikel geisselt er den Adia-Comco-Deal als eine Geschichte, die der Baron von Münchhausen nicht schöner hätte erzählen können. Dass der Winzling Comco, der so gut wie keine eigenen Mittel habe, bereit sei, der Omni die Adia-Aktien für 1700 Franken (Abt verweist auf den «Bilanz»-Artikel) und damit für das Dreifache ihres – von Abt als realistisch berechneten – inneren Wertes abzukaufen, könne wohl nur dem Zweck dienen, die Adia-Beteiligung in der Omni-Bilanz für das Jahr 1990 «aufzuwerten» – eine unlautere Bilanzmanipulation. In beschwörendem Ton appelliert Abt an die Banken, dieses Scheingeschäft nicht mitzufinanzieren. In diese Aufforderung schliesst Abt auch jene Grossbank mit ein, von der er vermutet, dass sie die Federführung für das Konsortium innehat. Er nennt den Namen der Bank nicht, aber dass er den Schweizerischen Bankverein meint, geht zwischen den Zeilen hervor. (Doch der Bankverein hat – was Abt zu diesem Zeitpunkt nicht weiss – ja bereits am 3. Januar die Federführung abgelehnt.) Auch die Berner Kantonalbank – ihre Identität gibt Abt preis – erhält schlechte Zensuren. Abt wirft ihr vor, dem Anlegerpublikum die Omni-Anleihe von 1989 aufgeschwatzt zu haben. Heute sässen die verführten Zeichner der Anleihe auf Junk bonds.

Abts Artikel verfehlt seine Wirkung nicht. An der Börse fällt die Adia-Aktie unter den «gestützten» (Abt) Kurs von 800 Franken. In nur zwei Handelstagen sinkt der Börsenwert des Waadtländer Unternehmens um 160 Millionen Franken.

Die Grossbanken, bei denen Rey sein Gesuch um die Konsortialführung eingereicht hat, lehnen es – wenn sie es nicht schon vor Erscheinen des Artikels getan haben – spätestens jetzt ab. Noch nicht vom Tisch ist indessen bei einigen Banken die Teilnahme an einem Bankensyndikat. Man will zwar nicht an vorderster Front stehen, aber in den zweiten oder dritten Rängen – daran wäre die eine oder andere Bank schon noch interessiert. Doch die kleineren Banken wollen nur mitmachen, wenn mindestens eine Grossbank dabei ist, die Grossbanken nur, wenn mindestens eine zweite mithält.

Die NZZ wird auch bei der Abteilung für Wirtschaftsdelikte des Kantons Zürich gelesen, wo ein Bezirksanwalt mit Vorabklärungen beginnt, ob Rey unwahre Angaben (über Handelsgesellschaften) gemacht habe.

Am 8. Februar reagiert die Omni auf die happigen Vorwürfe, allerdings in mehr als nur dürftiger Form. Die 1700 Franken, so Jürg Neck in trotzigem Ton, seien reell. Das ergebe sich schon daraus, dass der Asko-Konzern diesen Preis akzeptiert habe. Und weil der Preis reell sei (die aktuelle Börsennotierung der Adia-Papiere liegt bei 675 Franken), werde Omni die Adia-Aktien auch so in der 90er Bilanz verbuchen. Zurzeit, so Neck, werde mit einem Bankenkonsortium über einen Kredit von 400 Millionen Franken (der tatsächliche Betrag ist höher) an die Comco verhandelt. Alles verlaufe planmässig.

«Alles läuft programmgemäss», wiegelt auch Rey persönlich in einem Interview mit der «Sonntags-Zeitung» die NZZ-Attacke ab. Die Aussagen, die er zum Thema Banken macht, sind höchst aufschlussreich, dokumentieren sie doch, wie's in Reys guten Zeiten gelaufen sein dürfte und wie Rey unbeirrt glaubt, diese guten Zeiten dauerten noch immer an.

Auf den Vorhalt der NZZ, die Banken würden den Kredit an die Comco (in Tat und Wahrheit an Rey) noch einmal überprüfen, antwortet Rey: «Die Banken werden erst in diesen Tagen *eingeladen,* sich an diesem Kredit zu beteiligen.»

Auf die Frage, wie hoch das Aktionärsdarlehen an die Comco sei, meint er: «Dessen Höhe ist noch nicht bestimmt. Das hängt davon ab, welche Restfinanzierung wir von den Banken aufnehmen *wollen.* Angesichts des garantierten Eigenkapitals [der Comco] von Asko und Omni spielt es aber keine Rolle, ob es am Schluss hundert Millionen Franken mehr oder weniger sind, die wir von den Banken *erhalten.*»

«Eingeladen» wird tatsächlich eine Bank, nämlich die Berner Kantonalbank. Sie ist, nachdem auch die Schweizerische Volksbank und die Schweizerische Kreditanstalt das Lead-Management abgelehnt haben, Reys letzte Hoffnung. Er rechnet sich gute Chancen aus, denn just in diesen Tagen bietet ihm Regierungsrat Augsburger, Mitglied des Bankratsausschusses, einen repräsentativeren Sitz für die Omni Holding an. Am Viktoriaplatz in Bern ist die kantonale Gebäudeversicherung ausgezogen, und die Räumlichkeiten, so kombiniert Rey-Fan Augsburger, wären ideal für die Omni Holding.

Am 14. Februar tagt der Bankausschuss. Wichtigstes Thema: Finanzierung des Comco-Deals. Falls Augsburger an diesem Tag noch immer an Rey glaubt, so wird er von seinen Kollegen desavouiert. Werner K. Rey, einst gehätschelter Vorzugskunde, wird jetzt plötzlich wie ein ganz gewöhnlicher Mensch behandelt, die Kantonalbank prüft seine Kreditanträge sehr kritisch.

Das Ergebnis ihrer Überprüfung gibt sie noch gleichentags bekannt – per Pressecommuniqué und unter äusserst larger Handhabung des Bankgeheimnisses. Man sei von der Omni Finanz AG in Zürich angefragt worden, ob man sich als Konsortialführerin an einem Kredit von über 400 Millionen Franken «beteiligen» wolle. Grundsätzlich wolle man, teilt die Berner Kantonalbank mit. Aber: «Der Kredit wird deutlich unter 50 Millionen Franken liegen.» (Bankintern ist die Rede von 20 bis 30 Millionen Franken.) Und endgültig entscheiden werde der Bankausschuss erst am 15. Februar. Der Entscheid sei an zwei Bedingungen geknüpft: Erstens müsse sich mindestens eine Grossbank mit einem namhaften Kredit beteiligen. Zweitens müsse die Frage der Sicherheiten befriedigend geklärt werden.

Knauserig ist man geworden bei der Berner Kantonalbank, die Entdeckung des Klumpenrisikos hat offenbar einen Lernprozess ausgelöst.

Die unübliche Bekanntgabe löst in der Geldbranche Irritation, da und dort auch Verärgerung aus, sie verfehlt ihre Wirkung indessen nicht. Wenn schon Reys Hausbank sich ziert, dann muss die Sache wirklich heiss sein.

Wie heiss, geht aus einer Stellungnahme des Asko-Konzerns vom gleichen Tag hervor. Asko, so ein Konzernsprecher, halte den Kauf der Adia für ein gutes Geschäft. Dennoch werde sie sich nur mit einem Aktionärsdarlehen von 150 Millionen Franken am Kauf der Comco beteiligen, «und damit hat es sich». Unverblümt fügt er bei: «Die übrige Finanzierung ist Sache der Omni Holding.» Mit anderen Worten: Von den 1,26 Milliarden Franken, die der Adia-Deal kosten muss, damit Rey mit dem Stückpreis von 1800 Franken (und nicht 1700 Franken, wie man in der Öffentlichkeit glaubt) seine völlig aus dem Lot geratene Omni-Bilanz retten kann, müsste der angeschlagene Financier über eine Milliarde Franken selber auftreiben. Man kann davon ausgehen, dass Rey auch die Mittel für die Beteiligung an der Comco nicht mehr hat.

Am 17. Februar erklärt Omni-Sprecher Neck, dass die Berner Kantonalbank die Federführung beim Konsortium wahrnehmen werde.

Doch in Bern denkt man nicht daran, Rey respektive der Comco zu Hilfe zu eilen. Vielmehr wird Bilanz gezogen.

Die Berner Kantonalbank hat bei Rey persönlich einen Kredit von 29,4 Millionen und bei der Omni Gruppe Darlehen von 102,3 Millionen Franken ausstehend. Von den insgesamt 131,7 Millionen Franken sind 93 Millionen ungedeckt. Überdies hat sie noch immer Omni-Aktien und -Obligationen von fast 10 Millionen Franken in ihren Eigenbeständen. Was der Bankausschuss der Berner Kantonalbank zu diesem Zeitpunkt noch nicht weiss: Im Januar und Februar sind im Auftrag der Omni Beteiligungen fleissig Wertschriftengeschäfte getätigt worden, wobei aufgrund falscher bankinterner Berechnungen die Kreditlimite mehrmals überschritten worden ist.

Am 19. Februar sistiert die Berner Kantonalbank ihre Geschäftsbeziehungen mit Rey.

Der Comco-Adia-Deal ist geplatzt – für Reys König auf dem Brett Nummer 3 (Adia) gibt's kein Entrinnen mehr, er ist schachmatt.

Auch auf dem ersten Schachbrett (Harpener) droht Unheil: Schach am 19. Februar.

Die Revisoren, die die Buchhaltung von Harry Goodman eingehend überprüft haben, kommen zum Schluss, dass die International Leisure Group praktisch vor dem Bankrott steht, falls nicht sofort weitere 40 Millionen Pfund eingeschossen werden. Rey hat kein Geld mehr.

Die Schachpartien gegen die Anleger und die Öffentlichkeit gibt Rey scheinbar auf.

Obwohl sich in der Presse die Gerüchte über das wankende Omni-Imperium nunmehr im Tagesrhythmus jagen und Mutmassungen über bevorstehende Notverkäufe gemacht werden, ist Jürg Neck seit Mitte Februar für die Medien nicht mehr zu sprechen. Die längst abgehalfterten Generaldirektoren haben keine Lust, die heissen Kastanien aus dem Feuer zu holen, und lassen sich von ihren Sekretärinnen hartnäckig verleugnen.

Markus Herzig hätte ohnehin keine Zeit für Auskünfte. Er hetzt von einer Bank zur anderen und versucht, die reihenweise fällig werdenden kurzfristigen Kredite mit neuen zu überbrücken. In der Zeit vom 1. Januar bis zum 28. Februar kann er vor allem bei ausländischen Instituten noch acht Darlehen aufnehmen. Doch das reicht nirgends hin.

Rey dürfte wohl schon Mitte Februar geahnt haben, dass er bei den Banken hierzulande keine Hilfe mehr zu erwarten hat und deshalb andernorts um einen Rettungsring betteln muss. Doch wer hilft ihm?

Rey, der zwischen Freund und Feind nicht mehr zu unterscheiden vermag, meldet sich am 15. Februar, einem Freitag, bei der Metro in Zug. Gemäss einem Omni-Insider nur mit einem abgegriffenen Geschäftsbericht des Maschinenkonzerns Sulzer – seines kostbarsten Schatzes in der maroden Omni Holding – bewehrt sowie einem Blatt A4, auf das er rasch einige Zahlen hingeworfen hat.

Bei der Metro, wo man schlechteste Erinnerungen an Rey hat, ist just jener Spitzenmann nicht anwesend, der die Rey-No-These besonders kompromisslos vertritt; er ist in den Ferien. Anwesend ist dafür der zweite Metro-Chef, der Rey zwar auch nicht besonders mag, aber anscheinend eine Chance wittert, die eine oder andere Beteiligung günstig aus der Omni herauszulösen. Deshalb darf Rey am Montag nachmittag erneut vortraben, diesmal in Begleitung seines Juristen Andrea Egger. An diesem 18. Februar kommt es tatsächlich zu einem Vertrag, der eine Beteiligung der Metro an der Omni Holding vorsieht. Für einen Augenblick sieht es aus, als hätte sich Rey noch einmal retten können. Überglücklich unterschreibt er das Papier und schiebt es zur Gegenzeichnung über den Tisch. Doch der Metro-Manager will seine Unterschrift noch nicht auf das Dokument setzen. Er müsse, macht er dem nun wieder enttäuschten Rey klar, die Sache zuerst noch mit seinem abwesenden Direktionskollegen besprechen.

Und dann wiederholt sich eine alte Geschichte: Wie einst während der Verhandlungen über den Verkauf der Bankinvest Zürich an Metro, wo Rey den Metro-Verantwortlichen in einem frühen Stadium ein Papier abgeluchst hat, das wesentliche Vertragsmodalitäten enthielt, bekniet er jetzt den Metro-Mann. Er will nicht den Vertrag, denn der nützt ihm in dieser Situation unmittelbar nicht viel, Rey will vielmehr noch an diesem Montag ein Pressecommuniqué herausgeben. Der Metro-Mann sträubt sich, doch Rey lässt nicht locker. Als er am Abend Zug verlässt, hat er die Einwilligung samt einigen Formulierungen des Metro-Verantwortlichen in der Hand.

Der Text wird eiligst aufgesetzt und an die Agenturen versandt. Inhalt der frohen Botschaft: «Die Zuger Beteiligungsgesellschaft Metro International AG wird möglicherweise eine massgebliche Beteiligung an der Omni Holding AG übernehmen. Zurzeit sind Gespräche im Gang. Bis zum Abschluss der Gespräche und der Klärung der Modalitäten für eine eventuelle Beteiligung wird die Metro der Omni Holding einen Stand-by-Kredit (Beistandskredit) zur Verfügung stellen.» Weiter schreibt Rey, dass die ursprünglich beabsichtigte Beteiligung der Asko an der Adia und die damit verbundene Beteiligung der Omni an der Comco «im gegenseitigen Einvernehmen aufgeschoben» worden sei.

Der Stand-by-Kredit ist eine pure Erfindung Reys, denn davon ist in den Verhandlungen mit der Metro nie die Rede gewesen. Und die aufschiebende Wirkung für den Adia-Comco-Deal ist eine Vertuschung der Tatsache, dass die Banken sich allesamt von der Finanzierung zurückgezogen haben.

Doch Rey erreicht damit den gewünschten Erfolg – zumindest in der Presse. «Metro rettet die Omni Holding vor dem Untergang» und «Verkauft Rey seine Omni an Metro?» oder «Metro-Gruppe spannt Auffangnetz für Omni», schliesslich «Metro garantiert Liquidität und steigt bei Rey ein» – so lauten etwa die Schlagzeilen am 19. Februar.

Omni-Sprecher Jürg Neck, der sich auch wieder einmal aus dem Réduit wagt, erklärt, es handle sich beim Stand-by-Kredit um einen «namhaften Betrag», über dessen Höhe er nichts sagen wolle. «Im Moment gibt es für den Kredit keine unmittelbare Verwendung», prahlt der (Laut-)Sprecher weiter.

Bankfinanzanalysten – in diesen turbulenten Tagen besonders gefragte Gesprächspartner der Medienleute – mutmassen, dass der Beistandskredit ungefähr dem beantragten, aber nicht gewährten Konsortialkredit der Banken entspricht.

Noch während die überraschenden Schlagzeilen analysiert und interpretiert werden, kehrt der zweite Metro-Chef, wie erwähnt ein eingeschworener Gegner Reys, aus den Ferien zurück. Er ist perplex und interveniert augenblicklich. Noch am gleichen Tag, spätestens aber am darauffolgenden Mittwoch wird das Dossier Rey bei der Metro geschlossen.

Zwei Tage später gibt die Metro offiziell bekannt, dass man die Gespräche nicht mehr weiterführen werde. Das wärmende Feuerchen, das der im eisigen Wind stehende Rey mit dem manipulierten Communiqué entfacht hat, erlöscht.

Reys Glaubwürdigkeit sinkt weiter, da überall gemutmasst wird, Metro habe die Omni eingehend durchleuchtet und sei ob des Ergebnisses ihrer Überprüfung kopfscheu geworden.

Dann teilt die Comco offiziell mit, dass der Asko-Adia-Comco-Deal gescheitert sei. Damit ist der Weg für die Asko frei, Adia auf direktem Weg zu erhalten. Am 21. Februar offeriert sie der Omni Holding die Übernahme des 53-Prozent-Adia-Paketes für 770 Millionen Franken, was einem Preis von 1100 Franken pro Aktie entspricht. Die 770 Millionen reichen der Omni aber nicht einmal aus, um die bereits fällig gewordenen und die in den nächsten Tagen und Wochen noch fällig werdenden kurzfristigen Darlehen abzulösen. Vor allem jedoch kann Rey sein Grundproblem, den grossen Bilanzabschreiber auf seiner Adia-Beteiligung, den er um alles in der Welt zu vermeiden versucht hat, nicht lösen.

Die Börse, die von der Asko-Offerte keine Ahnung hat, wertet die Absage der Comco umgehend als Indiz, dass Rey finanziell am Ende sein muss. Die Omni-Aktien sausen ungebremst in die Tiefe, der Handel muss bei einem Kurs von noch 600 Franken abgeläutet werden. Reys klandestine Stützungskäufe über die Omni Beteiligungen AG erweisen sich spätestens jetzt als Schlag ins Wasser. Rey, der über 90 Prozent der Omni-Aktien besitzt und sie wahrscheinlich überall verpfändet hat – auch für seine privaten Verpflichtungen –, wird nachschusspflichtig. Doch er hat kein Geld mehr.

Noch am gleichen 21. Februar folgt eine weitere Katastrophenmeldung: Die Harpener lässt die Medien wissen, dass sie den HPI-Kauf rückgängig machen will, weil ihr die Verkäuferin Omni wesentliche Informationen vorenthalten habe.

Die Partie auf dem Schachbrett Nummer 1 (Harpener) ist damit natürlich verloren. Schachmatt aus heiterem Himmel.

Sulzer, wo man mit heimlicher Genugtuung den Absturz des ungeliebten Aktionärs mitverfolgt, nutzt die Gunst der Stunde und schickt einen Vertreter zu Rey. Sulzer will das bei ihm liegende Aktienpaket so schnell als möglich zurückkaufen. Nicht etwa, weil sie dem strauchelnden Financier unter die Arme greifen will. Die Eile hat einen ganz anderen Grund: Rey besitzt dem Vernehmen nach mit seinem Namenaktienpaket mittlerweile die Stimmenmehrheit – ein bedrohlicher Umstand, über den man bei Sulzer schon seit längerem weiss, aber naturgemäss kein Sterbenswörtchen verlauten lässt. Diese Kontrollmehrheit in den Händen eines unberechenbaren und sich in höchster Bedrängnis befindenden Aktionärs muss die Sulzer-Verantwortlichen in den letzten Tagen, an denen Rey mit allen möglichen Geldgebern verhandelt, wie ein Alptraum verfolgen.

Der Sulzer-Vertreter sitzt also mit Rey zusammen und offeriert ihm den Rückkauf der Aktien. Was erhält er zur Antwort? Rey bietet ihm schlicht die Omni Holding zum Kauf an. Man darf annehmen, dass der Mann aus Winterthur in diesem Augenblick glaubt, er sitze im falschen Film. Doch Rey ist es ernst. Die Sulzer-Papiere aus den Händen zu geben? Daran denkt er nicht im Traum. Denn der «Mann mit Visionen» (Bank-Bär-Direktor Looser) – jetzt nur noch mit Illusionen – denkt insgeheim an eine Super-Superholding namens Sulzer, unter deren Dach die blutleere Omni mit Infusionen aus der Tresorerie des Maschinenbaukonzerns aufgepäppelt werden und das ganze Spiel wieder von vorne beginnen könnte.

Eine verzwickte Lage für den Sulzer-Vertreter, der mit allem gerechnet hat, nur nicht mit diesem absurden Angebot. Unverrichteter Dinge kehrt er nach Winterthur zurück. Seine Berichterstattung über das Treffen mit Rey dürfte trotz des Ernstes der Lage allenthalben grösste Heiterkeit ausgelöst haben.

Ähnliche Heiterkeit müsste bei der Sulzer eigentlich auch das Interview auslösen, das die «Finanz und Wirtschaft» am 23. Februar publiziert. Doch nichts rührt sich, das anfängliche Lächeln gefriert rasch. Dies nicht etwa, weil Omni-Verwaltungsrat Wolfgang Marti das Interview gegeben hat, sondern weil der gleiche Wolfgang Marti eben auch Sulzer-Verwaltungsrat ist. Zum ersten Mal nimmt damit ein Verwaltungsrat der Omni Holding Stellung zu den turbulenten Vorgängen im eigenen Haus. Man kann mit Gewissheit davon ausgehen, dass Wolfgang Marti seinen Kollegen bei Sulzer keinen Aufschluss über diese Vorgänge gegeben hat. Marti, nach eigenen Angaben in der Omni zuständig für den Aufbau eines industriellen Beins, wird von Rey nicht informiert – und das gibt er auch noch unbekümmert zu Protokoll.

So plaudert er aus, dass er keine Ahnung von den Gesprächen hat, die Rey seit Wochen führt. «Die meisten Informationen beziehe ich aus den Medien», gesteht er freimütig. Und wann hat er die letzten Informationen von Rey erhalten? «Im Dezember vergangenen Jahres wurden wir darüber orientiert, dass eine Operation geplant ist.» Solches als schlechte Informationspolitik von Rey zu werten, dagegen verwahrt sich Verwaltungsrat Marti allerdings heftig. Der Sündenbock sitzt anderswo: «Weil nur Fragmente und keine Zusammenhänge an die Öffentlichkeit drangen, liessen sich ein paar grosse Fehler und Falschüberlegungen in der Berichterstattung nicht vermeiden. Ich war ein wenig überrascht und erschüttert zugleich über die Medienberichte. (...) Ich habe nicht das Gefühl, dass in der Omni etwas Inkorrektes geschieht. Die inkorrekte Behandlung von Rey und leichtfertige Äusserungen von Journalisten erschweren die Sache [die Finanzierung des Adia-Deals], verunmöglichen sie aber nicht. (....) Rey strebt eine Umfinanzierung an, um die Kapitalbasis zu verbessern. Das ist nichts Unschönes, nichts Schlechtes und nichts ‹Lusches›. Es handelt sich dabei lediglich um einen kleinen Umweg in unserer Strategie des Zusammenführens von Firmen.»

Beschleichen ihn ob der überwiegend negativen Presse nicht doch Zweifel an Rey? «Ich hatte keinen Grund, das Vertrauen in Rey zu verlieren. Unser Verwaltungsrat agierte stets erstaunlich positiv und einheitlich. (...) Rey war immer sehr fair.» Und deshalb denkt Marti auch nicht an Rücktritt.

Marti ist ein Verwaltungsrat, wie Rey ihn sich wünscht. «Ich betrachte mich als Berater für die industrielle Tätigkeit innerhalb der Holding und nicht als Vertreter der Publikumsaktionäre. Ich fühle mich in erster Linie verantwortlich gegenüber dem Hauptaktionär. Meine Funktion hier ist sehr interessant, ich habe einen komplexen Lernprozess durchlaufen.»

Und wie geht es mit der Omni Holding weiter? «Was zurzeit passiert, ist ein Detail im Rahmen unserer Gesamtstrategie. Wir arbeiten in der gleichen Richtung weiter, allerdings mit verschiedenen Finanzierungsvarianten.» Punkt.

Während Wolfgang Marti den Lernprozess offensichtlich immer noch nicht abgeschlossen hat und weiterhin vom unerschütterlichen Glauben getragen wird, dass bei der Omni Holding nichts «Unkorrektes» vorkomme, kontrolliert das misstrauisch gewordene Adia-Management bei der Banca della Svizzera Italiana (BSI) in Zürich, ob die dort deponierten Aktien für ihr Wandeldarlehen noch vorhanden sind. Grund für das Misstrauen: Während Rey seine Verwaltungsräte und erst recht die Öffentlichkeit im dunkeln lässt, wie der Adia-Comco-Deal (mit den gesperrten Adia-Aktien bei der BSI) abgewickelt wird, hat die amerikanische Börsenaufsichtsbehörde SEC seit dem 25. Januar genaue Kenntnisse des Geschäftes, da die Adia an der dortigen Börse kotiert ist. (In den USA werden Wertschriftentransaktionen von Publikumsgesellschaften genau überwacht, Käufer und Verkäufer müssen die Verträge der SEC vorlegen.) In diesen der Öffentlichkeit zugänglichen Unterlagen stossen die Adia-Manager auf ein Paket von 85 000 Aktien, das Rey der Comco/Asko verkaufen will. Es braucht wenig Phantasie, um herauszufinden, dass es sich um die für das Wandeldarlehen hinterlegten Aktien handelt. Der Bankangestellte der BSI hält also Nachschau und kehrt verdattert zurück. Die Aktien sind bis auf einen kleinen Rest verschwunden. Rey hat sie aus dem Depot herausgenommen. Verständlich, dass die Adia-Leute wissen wollen, wie solches möglich sei. Die Antwort ist einfach: Rey sei eben seit Jahren ein sehr guter Kunde.

Adia setzt Rey eine Frist zur Rückgabe der Aktien. Die Frist läuft ungenutzt ab. Auch auf eine Fristerstreckung reagiert Rey nicht. Am 25. Februar erwirkt das Adia-Management in Bern die gerichtliche Sicherstellung der Aktien. Sie müssen bis zum 3. März ins Depot zurückgeführt werden.

Zu spät. Rey hat die Aktien bereits weiterverkauft, an die Asko und an den Schokolade- und Kaffeeproduzenten Klaus J. Jacobs, der eher überraschend in den Adia-Asko-Deal eingestiegen ist. Rey müsste die Aktien zurückkaufen oder der Adia das Darlehen von 198 Millionen Franken zurückbezahlen. Für beides hat er die Mittel nicht.

Der für Rey hochnotpeinliche juristische Schritt löst bei der Asko und bei Klaus J. Jacobs Konsternation aus. Sie haben keine Kenntnis von der wahren Herkunft der 85 000 Adia-Aktien, welche sie zusammen mit den 615 000 übrigen Adia-Aktien von der Omni und der Harpener gekauft haben.

Am Donnerstag, dem 28. Februar, steht der Omni-Verwaltungsrat vor einer Wahl mit wenig erfreulichen Alternativen: Konkurs einreichen oder die Banken zu einem Forderungsverzicht bewegen. Seit Tagen treffen nämlich Kreditkündigungen in dreistelliger Millionenhöhe ein. Rey wird eine Frist bis zum 4. März gesetzt, innerhalb deren er das Geld aufzutreiben hat.

Am gleichen Tag verhandelt Rey mit Roland «Tiny» (widerspiegelt seine Körpergrösse) Rowland in London. Rowland ist der schillernde Chef des britischen Konglomerates Lonrho. Dass Rey just bei ihm um Hilfe bettelt, entbehrt nicht der Ironie, denn die Lonrho belasten ebenfalls enorme Schulden. Rey rechnet damit, dass Rowland, der – wie Rey in seinen guten Zeiten – an einer unbändigen Kauflust leidet, dennoch zugreift und sich an der Omni Holding beteiligt. Allerdings so, dass Rey die Kontrolle über sie nicht aus den Händen geben muss.

Jürg Neck, der sich in den letzten Tagen zwischendurch mal in die Skiferien zurückgezogen hat, macht auf Optimismus. Die Verhandlungen würden mit Hochdruck geführt, versichert er den ihn bestürmenden Medienleuten. Lediglich die Höhe der Beteiligung Lonrhos an der Omni sei noch offen.

Und noch am gleichen Donnerstag klingeln in den Börsensälen der Schweiz mittags die Glocken. Per Fax teilt der Effektenbörsenverein Zürich mit, dass auf Antrag der Omni der

Handel mit Omni-Aktien sofort eingestellt werden müsse. Die Omni habe wichtige, handelsrelevante Mitteilungen angekündigt. Auch der Handel mit Omni-Obligationen wird sistiert. Die Papiere werden noch zu 55 Prozent ihres Nominalwertes bewertet und sind endgültig auf dem Niveau eines Junk bonds angelangt. Dies und die Kunde von der Affäre um die Adia-Aktien löst bei den Banken höchste Alarmstufe aus.

Am 4. März beginnt unwiderruflich Reys Untergang. Es geht Schlag auf Schlag.

«Tiny» Rowland will sich nicht an der Omni beteiligen und erklärt sich lediglich bereit, ein Paket von 19,5 Prozent der Harpener zu kaufen. Das vorgeschlagene Geschäft mutet seltsam an: Lonrho will für das Paket nicht weniger als 265 Millionen DM in bar hinblättern, ein weit übersetzter Preis, notiert doch die Harpener-Aktie mit 383 DM weit unter dem von Lonrho entrichteten Stückpreis von 528 DM. Selbst wenn es Rowland tatsächlich ernst sein sollte, würde für Rey ein verhältnismässig mickriger Buchgewinn von 21 Millionen DM herausschauen. (Der seinerzeit von Rey bezahlte Mondpreis lässt grüssen.) Lonrho begründet den Kauf damit, dass die Harpener «hervorragend geleitet und sauber» sei. (Nicht erstaunlich, dass das Geschäft nicht zustande kommt.)

Am 4. März entmachtet der Omni-Verwaltungsrat, der sich von Rey praktisch von Anbeginn an ohne Widerrede in eine Statistenrolle hat abdrängen lassen, den Allmächtigen. Rey muss vom Amt des Delegierten zurücktreten. Offiziell lässt man verlauten, Rey sei auf eigenen Wunsch ins zweite Glied getreten.

Die wirre Informationspolitik setzt sich auch am nächsten Tag fort. Eifrig bemüht sich Neck, den Eindruck zu erwecken, Rey habe sich mit seinem Schritt nicht aus der Verantwortung geschlichen und arbeite weiterhin aktiv an einem Ausweg.

Während Neck sich mit den Medien herumschlägt, lassen sich in Bern die Vertreter der wichtigsten Gläubigerbanken, unter ihnen Fritz Köhli, von Jean-Claude Vagnières, dem Nachfolger Reys im Amt des VR-Delegierten, orientieren. Rey glänzt durch Abwesenheit. Wohl zum ersten Mal realisieren die Banken, in welchem Morast die Omni Holding – und damit mindestens teilweise sie selber – steckt. Und vor allem entdecken sie, wie viele Banken mit der Omni Holding verstrickt sind. Das Gewirr von Forderungen, Garantien und dergleichen ist derart unüberblickbar, dass eine Sanierung der Holding durch ein Bankenkonsortium kaum noch möglich scheint. Zudem hat keine der anwesenden Banken Lust, ein solches Konsortium anzuführen. Nicht zuletzt deshalb, weil böse Zungen von der Übernahme eines solchen Mandats auf die Höhe des mittlerweile peinlich gewordenen Engagements der betreffenden Bank an der maroden Omni schliessen könnten. Und dann ist jeder Sanierungsversuch an die Kooperation mit Rey gebunden, der das Unternehmen kraft der ausschliesslich bei ihm liegenden Namenaktien nach wie vor nach Belieben kontrolliert. Noch gleichentags wird Rey endgültig entmachtet. Er nimmt nicht wie vereinbart an einer Telefonkonferenz teil, an der das weitere Vorgehen besprochen werden soll. Versuche, ihn in London an den Draht zu bekommen, verlaufen ergebnislos. Walter König übernimmt das Amt des Verwaltungsratspräsidenten.

Am 6. März kündigt die Omni Holding beim Amtsgericht Bern das Gesuch um Nachlassstundung an. Grund für das Gesuch, so Omni-Sprecher Neck keck, sei nicht etwa eine Überschuldung, sondern bloss ein akutes Liquiditätsproblem. Damit gibt er effektiv nur wieder, woran man bei der Omni noch immer felsenfest glaubt.

Die Omni-Buchhalter reichen das formelle Gesuch am 7. März ein. Sie machen eine Überschuldung von nur 51 Millionen Franken aus. Im Falle einer Liquidation rechnen diese Optimisten sogar mit einem Überschuss von 142 Millionen Franken.

Am 8. März wird die International Leisure Group (ILG) unter Zwangsverwaltung gesetzt. Die Hudson-Place-Investments-Aktien sind keinen Penny mehr wert, da die Gläubigerbanken alle Flugzeuge der Air Europe beschlagnahmen. Praktisch über Nacht löst sich die ILG in nichts auf, sämtliche Angestellten werden auf die Strasse gestellt, die Landerechte und Reisebürolizenzen erlöschen.

Am 15. März reicht ein Berner Anwalt namens der Bankers Trust – sie hat im Februar noch 80 Millionen Franken in die ILG gepumpt und sich durch eine Garantie der Omni Holding abgesichert – beim Berner Amtsgericht das Gesuch um den sofortigen Konkurs der Omni Holding ein. Das Gesuch wird zurückgestellt, bis jenes der Nachlassstundung beurteilt und entschieden ist.

Ebenfalls am 15. März kann der nach Einreichung der Nachlassstundung sistierte Verkauf der Adia-Beteiligung an Asko und Jacobs vollzogen werden. Allerdings nicht so wie ursprünglich vorgesehen. Nicht Harpener kann ihre Adia-Aktien vollumfänglich abstossen, an ihre Stelle treten die Adiainvest-Aktionäre. Sie packen die günstige Gelegenheit beim Schopf und verkaufen ihre 100 000 Adia-Aktien zum Preis von 1200 Franken – und damit deutlich über der aktuellen Börsennotierung – an Asko und Jacobs.

Auch die Omni kann ihre 500 000 Aktien an die Asko und an Jacobs abstossen, nachdem die Banken, bei denen die Papiere samt und sonders verpfändet sind, Hand zu diesem Geschäft bieten. Warum 1200 und nicht 1100 Franken? Damit die Omni ihre Darlehensschuld von 192 Millionen Franken (sie war teilweise durch die 85 000 Adia-Aktien bei der BSI abgesichert) der Adia zurückbezahlen kann, erklären sich die Käufer bereit, 100 Franken mehr pro Aktie zu bezahlen.

Von der Harpener übernehmen Asko und Jacobs lediglich 46 000 Aktien, woraus ihr rund 64 Millionen Mark zufliessen. (Auf dem grossen Rest von rund 77 000 Aktien, die bei ihr verbleiben, wird die Harpener in der Folge massive Kursverluste erleiden.)

Am 19. März erteilt Walter König der Revisionsfirma Revisuisse Price Waterhouse den Auftrag, die Geschäftsbeziehungen zwischen der Omni-Gruppe und ihrem Dominator Rey sowie ihm nahestehenden Gesellschaften – sprich Privatfirmen – vom 1. Januar 1990 bis zum 5. März 1991 unter die Lupe zu nehmen.

Am 22. März wird die Treuhandfirma Coopers & Lybrand, die kurz zuvor noch dem Schweizerischen Bankverein gehört hat, zur Sachwalterin ernannt.

Am 2. April bewilligt das Berner Gericht die Nachlassstundung. Coopers & Lybrand macht sich an die Arbeit und beginnt in den Trümmern der Omni Holding und ihrer zahllosen Untergesellschaften nach Verwertbarem zu suchen und die Schulden aufzulisten.

Am 4. Juni wird die OmniCorp International BV in den Nachlass geschickt. Der mit der Nachlassverwaltung betraute holländische Anwalt führt seine Arbeit losgelöst von jener von Coopers & Lybrand durch. Er lässt die Büros in London durchsuchen. Die verschachtelten Beteiligungen und Operationen in den USA kann er nur rudimentär überprüfen, weil ihm die OmniCorp-Leute darüber nur lückenhaft Auskunft geben. Die Kontrollstelle der OmniCorp heisst übrigens Coopers & Lybrand Deloitte London.

Die Zürcher Behörden leiten aufgrund der Vorabklärungen, die sie im Februar nach Erscheinen des NZZ-Artikels über den Comco-Adia-Asko-Deal aufgenommen haben, eine Strafuntersuchung gegen Rey und Konsorten ein – wegen Verbreitung unwahrer Angaben über Handelsgesellschaften.

In Deutschland beginnt die Oberstaatsanwaltschaft in Bochum mit einer Strafuntersuchung über die Ausplünderung der Harpener AG durch Rey, seine Aufsichtsratskollegen und die Vorstände.

Bei der Berner Kantonalbank rollen die Köpfe, nachdem die Revisionsfirma Arthur Andersen die engen Beziehungen zwischen dem Institut und Rey abgeklärt hat und auf zahlreiche Verfehlungen gestossen ist. Generaldirektor Heinz Landolf muss den Hut nehmen, ein Direktor wird zurückgestuft. Zu weiteren Bauernopfern sind die Bankräte, die an dem Debakel Mitschuld tragen, nicht bereit. Insbesondere sträuben sie sich – obwohl die Eidgenössische Bankenkommission dies unmissverständlich fordert –, gegen Kurt Meier eine Strafanzeige einzureichen. Der Ex-Direktionspräsident könnte ja in einem möglichen Verfahren die Mitverantwortung der Bankräte geltend machen und diese wohl auch zu beweisen versuchen.

Die Eidgenössische Bankenkommission holt das «Versäumnis» nach. Am 30. August erstattet sie beim zuständigen Gericht in Bern Strafanzeige gegen Kurt Meier. Sie wirft dem von Rey einst so begeisterten Meier ungetreue Geschäftsführung vor.

Anfang September wird erstmals das gesamte Ausmass der Schulden sichtbar, die Rey innerhalb kürzester Zeit ungestört und kunstvoll aufgebaut hat.

Bei über 70 in- und ausländischen Banken hat Rey Schulden von insgesamt 1 750 000 000 Franken. Wäre Adia nicht verkauft worden, läge der Schuldenpegel sogar bei 2,5 Milliarden Franken. Rund 700 Millionen Franken sind von den Banken ohne jegliche Sicherheiten aufs Spiel gesetzt worden. Vor dem Adia-Verkauf waren's sogar 1,3 Milliarden Franken. Allein im Spinnennetz der OmniCorp hängen 40 Banken mit Krediten drin.

Spitzenreiter ist die Paribas, bei der die Omni mit insgesamt 244 Millionen Franken in der Kreide steht. Den grössten Teil des Geldes hat die Bank für den Kauf der Harpener durch die Omni ausgeliehen. Auf Rang zwei folgt die japanische Long Term Credit Bank in Brüssel, die im Naranda-Syndikat vertreten ist. Der Schweizerische Bankverein ist mit 119,2 Millionen, die Berner Kantonalbank mit 101,2 Millionen Franken belastet. Dann folgen deutsche, französische, britische und amerikanische Institute.

Auch ein knappes Dutzend Kantonalbanken ist dabei. Der Bogen reicht vom Jura bis nach Graubünden. Rey und sein Treasurer Markus Herzig haben sie vor allem ab 1989 angezapft. Wie ein Omni-Insider berichtet, sind die Kantonalbänkler (von den Instituten in Zürich und Bern abgesehen) mit dem Köder an die Angel gelockt worden, nun auch die Chance wahrzunehmen und sich an der erfolgreichen Omni Holding zu beteiligen.

Die Omni-Gruppe sieht sich aber nicht nur mit enormen Forderungen der Banken überhäuft, sie hat selber welche. Nur sind die Schuldner leider nicht über alle Zweifel erhaben: Rey und seine privaten Gesellschaften schulden ihr satte 440 Millionen Franken.

Monumental wie der Schuldenberg ist auch der Wertzerfall der Omni-Gruppe. Er wird von Coopers & Lybrand auf 1,6 Milliarden Franken beziffert. Auch das ist nur eine vorläufige Schätzung.

«Der eingetretene gigantische Schaden sprengt jeglichen bisher in der Schweiz bekannten Rahmen. Die verschachtelte

Struktur, die benutzten Finanzierungsinstrumente, die Verbindungen zu den kreditgebenden Banken, die gegenseitigen Abhängigkeiten und Garantien sind in ihrer Häufung wohl einzigartig. Wir können das ‹Phänomen Rey/Omni› nur mit einem Beispiel aus der griechischen Mythologie erklären, der Geschichte des König Midas. Offensichtlich sind alle Kreditgeber und – mit wenigen Ausnahmen – die gesamte Wirtschaftspresse davon ausgegangen, dass alles, was Werner K. Rey anfasse, zu Gold werde», schreiben die Sachwalter von Coopers & Lybrand in ihrem Gutachten zuhanden der betretenen Gläubigerbanken lakonisch.

«Die Leichtfertigkeit, mit welcher dem Financier Rey und seinem Firmenkonglomerat zum Teil Kredite gewährt wurden, ist mit der Sorgfalt eines seriösen Bankiers nicht zu vereinbaren», geisselt die Eidgenössische Bankenkommission.

Wie war das doch gleich wieder mit der Omni Holding? Ein Korb, der, an einem Heissluftballon hängend, über die Banken dahinschwebte.

Doch wie reagieren Bankiers, wenn sie merken, dass ein Schuldner ihr Vertrauen schnöde missbraucht hat? Und wie findet man eine Schatztruhe, von der alle reden, aber niemand weiss, wo sie ist?

XXIV

Fantomas und die Ratlosigkeit der Vogelfänger

Ist er denn nun wirklich eine tragische Figur?

Bei der schweizerischen Niederlassung des amerikanischen Wertschriften- und Bankhauses Shearson Lehman Hutton in Zürich hegt man keine Bedenken, als Werner K. Rey anklopft und um einen persönlichen Kredit von 30 Millionen Franken bittet. Der bekannte Financier Rey gilt als solvent. Die Bank hegt auch keine Zweifel an der Güte der Aktien, die Rey hinterlegt. Es sind Omni-Holding-Aktien.

Doch als die Omni Holding und Rey im Januar/Februar 1991 kaum noch aus den Schlagzeilen kommen, wird man bei Shearson Lehman Hutton erstmals nervös.

Als der 28. Februar, der Tag, an dem Schuldner Rey vereinbarungsgemäss sein Darlehen zurückbezahlen sollte, ohne Zahlungseingang verstreicht und auch sonst kein Lebenszeichen von Rey eintrifft, herrscht in Zürich Aufregung. Die Bankiers räumen Rey schriftlich eine Erstreckung der Frist bis zum 7. März ein. Dann wollen sie das Geld sehen samt den 9½ Prozent Zinsen.

Weil sich die Ereignisse bei der Omni überstürzen – Rey wird entmachtet –, schreiben ihm die Bankiers noch während dieser Frist und wollen von ihm am 5. März wissen, wie er seine Schulden zu regeln gedenke.

Rey bleibt Geld und Antwort schuldig.

Die Herren kommen sich verschaukelt vor und beschliessen, die Eintreibung des Geldes mit allen Mitteln durchzusetzen. Sie schalten dazu sofort ein englisches Anwaltsbüro ein. Die Juristen heuern, da auch sie nichts von Rey hören, im Einverständnis mit ihrer Auftraggeberin Privatdetektive an, welche die Verfolgung des Financiers aufnehmen sollen.

Und so nimmt eine amüsante Geschichte ihren Anfang: Werner und die Detektive.

Auszüge aus dem Protokoll eines dieser Späher, der sich am 8. März frühmorgens an die Fersen Reys zu heften versucht:

«6.15 Uhr, Chelsea Square 4, Wohnsitz des Gesuchten: Ein Mann mit Brille und dunklen, nach hinten gekämmten Haaren, die an den Schläfen deutlich ergraut sind, verliess das Haus. Ich fragte ihn, ob er Rey sei. Den kenne er nicht, war seine Antwort. Dann bestieg er zusammen mit einem blondhaarigen Mann mit Lederjacke, bei dem es sich wahrscheinlich um den Chauffeur handelt, einen schwarzen Bentley, Kennzeichen BLD 8 B, und fuhr davon. Ich läutete bei der Nummer 4. Eine Frau im Morgenrock öffnete die Tür. Ob Rey letzte Nacht zu Hause gewesen sei, wollte ich wissen. Nein, ihr Mann sei nicht dagewesen. Die Frau war sehr nervös. Aber ihr Mann habe doch eben das Haus verlassen, fragte ich weiter. Nein, nein, das sei ihr Bruder gewesen. Da fuhr der Bentley wieder vor. Der Dunkelhaarige stieg aus. Er war ziemlich wütend. Stritt erneut ab, Rey zu sein. Zusammen mit dem Chauffeur packte er mich an den Armen und drängte mich auf die andere Strassenseite hinüber. Ich fuhr dann zur Anwaltskanzlei und liess mir Fotos des Gesuchten geben. Ich bin ziemlich sicher, dass es sich beim Dunkelhaarigen um Rey gehandelt hat. Auf Anraten des Anwaltes fuhr ich zu Lonrho. Angeblich soll Rey mit dieser Firma Verhandlungen führen oder geführt haben. Im Lonrho-Hauptquartier im Cheapside House wusste man von Rey nichts. Eine Sekretärin gab mir aber den Tip, mich im Hyde Park Hotel nach einem Mr. Bible zu erkundigen. Der wisse vielleicht etwas. Mr. Bible war tatsächlich im Hotel. Er kenne Rey, habe ihn aber heute noch nicht gesehen und wisse auch nicht, wo er stecke. Dann versuchte ich es telefonisch in Reys Büros an der Grosvenor Street 16. Eine Frau Reisenberger, die sich als Sekretärin von Rey vorstellte, sagte mir, Rey sitze in einem Meeting, wo man ihn nicht erreichen könne. Ich solle eine Telefonnummer hinterlegen. Rey rufe dann zurück. Ich versuchte es mit einem Trick: Ich telefoniere aus Übersee und müsse ihn wegen der Zeitverschiebung unbedingt jetzt sprechen. Doch sie ging nicht darauf ein. Dann sagte ich, dass ich es am Abend bei Rey zu Hause versuchen werde. Falls ich seine Nummer habe, solle ich es versuchen, empfahl sie. Am Nachmittag fuhr ich zum Hyde Park Hotel. Mr. Bible war verschwunden. An der Réception erklärte man mir, um 11 Uhr sei ein Fax mit der Aufschrift ‹Mr. Rey c/o Mr. Bible› eingetroffen. Man habe die Mitteilung Mr. Bible ausgehändigt, worauf dieser innerhalb einer halben Stunde sein Zimmer geräumt hatte und mit unbekanntem Ziel abgereist war. Um 16 Uhr postierte ich mich vor der Nummer 16 an der Grosvenor Street. Es standen bereits einige Pressefotografen herum. Es war ein ziemliches Kommen und Gehen in der Nummer 16. Um 19.34 Uhr tauchte der Dunkelhaarige zu Fuss auf. Daraufhin fuhr ich zum Chelsea Square. Auch hier waren Fotografen da. Um 20.20 Uhr näherte sich der Dunkelhaarige zu Fuss dem Haus. Als er mich sah, kam er auf mich los, beschimpfte mich und drohte mit der Polizei. Er verschwand dann im Haus und telefonierte tatsächlich der Polizei. Denn kurze Zeit später tauchte ein Streifenwagen auf. Die Polizisten interessierten sich merkwürdigerweise aber nur für die Fotografen. Sie sprachen kurz mit ihnen und fuhren dann wieder davon.»

Am 10. März stellen die Shearson-Anwälte in London einen Zahlungsbefehl auf 26 778 625 Franken aus. (Die Bankiers haben die bei ihnen gepfändeten Omni-Aktien von der Kreditsumme abgezogen.) Ein Bote bringt am 11. März je einen Zahlungsbefehl an den Chelsea Square und an die Grosvenor Street, wo Rey seine Büros hat und dessen OmniCorp Advisory untergebracht ist. Doch wiederum passiert nichts.

Als nächstes beugt sich der ehrenwerte Richter Thomas Swinton über die Akte Werner K. Rey. Am 14. März ordnet er per einstweilige Verfügung an, dass der Beschuldigte Werner K. Rey bis zum Erlass eines rechtsgültigen Urteils oder einer weiteren Verfügung sein Vermögen nicht mehr anrühren dürfe. Um ihn, der noch wenige Monate zuvor vom Wirtschaftsmagazin «Bilanz» zum exklusiven Klub der schweizerischen Milliardäre gezählt wurde, nicht der Not auszusetzen, gesteht ihm Richter Swinton ein wöchentliches Taschengeld von 2500 Pfund Sterling oder rund 6000 Franken zu.

Doch wie soll man jemanden aus blanker Not retten, wenn man nicht einmal weiss, worin diese Not eigentlich besteht? Auch darüber befindet Richter Swinton: Binnen 24 Stunden nach Vorweisung der Anordnung hat Werner K. Rey den Anwälten von Shearson Lehman Hutton eine genaue Aufstellung und geographische Lokalisierung seiner Vermögenswerte und Verpflichtungen auszuhändigen. Die Klägerin ihrerseits darf mit richterlicher Erlaubnis von Montag bis Freitag zwischen 8 und 18 Uhr jederzeit alle von Rey benutzten Häuser und Räumlichkeiten betreten und bis spätestens 23 Uhr «durchsuchen, inspizieren, fotografieren, ein Inventar aufnehmen und alle Dokumente behändigen, die in Zusammenhang mit Vermögenswerten stehen».

Am 15. März fährt um 8 Uhr morgens eine kleine Wagenkolonne an der Grosvenor Street 16 vor. Den Autos entsteigen ein Shearson-Direktor, zwei Anwälte und vier Detektive. Ein achter Mann bleibt in einem der Fahrzeuge sitzen. Er soll die Verfolgung aufnehmen, falls jemand mit Akten unter den Armen aus der Nummer 16 abzuhauen versucht. Mit dem gleichen Auftrag wird ein Detektiv am Hinterausgang des Gebäudes postiert.

Der Trupp kommt nur bis zum Portier. Er könne sie doch nicht reinlassen, protestiert der Mann. Sie müssten warten, bis ein leitender Angestellter der OmniCorp Advisory Services da sei. Nach einer Stunde kreuzt endlich ein OmniCorp-Manager auf. Er wisse nicht, wo Rey sei. Aber es sei zu befürchten, dass er sich davongemacht habe. Die Herren hineinlassen? Nein, da müsse er sich erst mit seinen Rechtsanwälten besprechen.

Und weiter geht das Warten draussen auf der Strasse, wenigstens für das Fussvolk.

Der Shearson-Direktor zögert – zitternd vor Kälte – nicht mehr länger, überwindet seinen Standesdünkel und setzt sich in Begleitung eines der Detektive ab. Er sucht einen jener schmuddeligen Londoner Coffeeshops auf, wo sich die Gerüche von ranzigem Fritieröl und abgestandenem Zigarettenrauch zu einem Dunst vereinigen, der den Atem verschlägt. Die anderen harren draussen aus und behalten weiterhin den Eingang Nummer 16 im Auge.

Um 11 Uhr kommt die erlösende Meldung über das tragbare Telefon des Bankiers: «Alles okay, Sie dürfen hinein!»

Über eine geschwungene Treppe geht's hinauf in die Räumlichkeiten von Rey – «Mr. Rey's area». Das Vorzimmer ist leer. Die von der Telefonflut völlig entnervte Sekretärin ist an einen unbekannten Aufenthaltsort geflüchtet.

Und dann steht der Suchtrupp in Reys Büro, einem überaus grossen Raum. Kann vom Interieur auf den Geschmack des Benutzers geschlossen werden, so liebt dieser anscheinend eine gewisse Protzigkeit. (Wir kennen dieses Büro mit dem Kronleuchter, den antiken französischen Möbeln und dem teuren Teppich.)

Mit einigem Erstaunen registrieren die Eindringlinge, dass der einstige Herrscher über ein hochverschachteltes, absolut unüberblickbares Milliardenimperium offensichtlich ohne Computer auskommt. Kein einziger Bildschirm steht herum, abgesehen von einem Fernseher mit Videogerät. Auf einem Wandregal finden sich einige Bücher über die Schweiz. Seiner opulenten Einrichtung zum Trotz wirkt der Raum unpersönlich, ja steril, so, als habe sich hier jemand nur temporär aufgehalten. Zu diesem Eindruck trägt auch der ausladende Schreibtisch bei. Nicht ein Papier, nicht ein Schreibzeug liegt herum. Ein rascher Blick in die Schubladen zeigt, dass der Besitzer sich verabschiedet hat. Sie sind gähnend leer.

Hinter Reys Büro findet die Shearson-Equipe einen weiteren Raum. Dort wird sie fündig. Fein säuberlich geordnet, in alphabetischer Reihenfolge und mit übersichtlichen Verzeichnissen abgelegt, präsentieren sich die Geschäftsvorgänge: jeder Fax, jede Aktennotiz über die von Rey abgeschlossenen Deals, aber auch Unterlagen über offensichtlich erst geplante Transaktionen.

Die Männer machen sich ans Werk. Alles, was irgendwie Aufschluss auf Reys private Vermögenslage geben könnte, wird kopiert, derweil der bereits erwähnte Omni-Mann händeringend zwischen den Shearson-Leuten umherirrt und sie von ihrem Tun abzubringen versucht. Doch diese lassen sich nicht im geringsten stören, denn die Zeit drängt.

Die Zeiger der Uhr rücken eben auf 23 Uhr – die vom Richter bewilligte Verweildauer –, als ein Anwalt Reys in den Raum stürzt und den verdutzten Männern seinerseits mit einer richterlichen Verfügung vor der Nase herumfuchtelt. Diese besagt, dass die Kopien nicht als Beweise verwendet werden dürfen und umgehend in treuhänderischen Gewahrsam gebracht werden müssen. Das Ergebnis von 15 Stunden Arbeitseinsatz mit 8 Leuten – drei Mannwochen – ist für die Katz. Um 23.30 Uhr ziehen die Männer mit leeren Händen ab.

Aber immerhin stösst Shearson bei dieser Aktion auf den Namen des Rey-Schwagers Thomas Gatley. Gatley besitzt im schottischen Johnstone ein Taxiunternehmen. Am gleichen Ort wohnen auch Reys Schwiegereltern Bernhard und Adelina Gatley-Jacconelly. (Bei späteren Nachforschungen in Johnstone finden Shearson-Leute Hinweise, die den Verdacht nähren, dass Rey kurz vor dem Zusammenbruch beträchtliche Geldsummen auf das Konto seines Schwagers verschoben hat.)

Auch die nächste Aktion erweist sich als Flop. Nachdem ein Privatdetektiv die Entsorgungsgewohnheiten der Bewohner von Chelsea Square 4 ausspioniert hat, will er an einem frühen Morgen die Kehrichtsäcke klauen. Es könnte ja sein, dass sich unter den häuslichen Abfällen heisses Material aus Reys Buchhaltung findet. Die Frage, ob Rey tatsächlich so unvorsichtig ist, belastendes Material der Müllabfuhr anzuvertrauen, kann der Detektiv nicht beantworten. Er will eben sein Auto verlassen, als ein anderes Fahrzeug vorfährt, ein Mann hinausspringt, die Säcke packt und wieder davonbraust.

Lange Gesichter gibt's auch, als Shearson Reys Wohnhaus unter die Lupe nehmen will, wo immerhin zwei Gemälde von Renoir hängen sollen. Die Türe ist verriegelt, das Haus offenbar nicht mehr bewohnt. Von neugierigen Nachbarn erfahren die Besucher, dass zu nächtlicher Stunde Zügelwagen vorgefahren seien.

Es gibt einfach nichts, was die Bankiers konfiszieren können. Der Bentley ist auf die Firma HolmesQuest eingetragen, die Reys einstigem Inspectorate-Generaldirektor Francis Holmes gehört. Reys Londoner Wohnhaus ist – wie in England weitverbreitet – eine sogenannte Leashold property. (Der Eigentümer schliesst mit dem Mieter einen in der Regel 80 und mehr Jahre dauernden Mietvertrag ab, womit der Mieter faktisch zum zeitlich limitierten Eigentümer wird und den Leashold-Titel auch weiterverkaufen kann.) Inhaber dieses Leashold-property-Titels ist jedoch nicht Rey, sondern eine Gesellschaft auf der steuergünstigen Insel Jersey.

Shearson Lehman Hutton ist natürlich bei weitem nicht die einzige Gläubigerin, die sich unter Zuhilfenahme von Detektiven so rasch als möglich Vermögenswerte ihres Schuldners sichern will.

Im sonnigen Süden Frankreichs kommt es vor dem schmiedeeisernen Tor des luxuriösen Landsitzes in Ramatuelle sogar zu Rangeleien unter konkurrenzierenden Gläubigern und ihren Detektiven. Ausrichten können sie alle nichts. Denn die Domaine de l'Oumède in Ramatuelle ist auf die Firma SKAL BV (sie hiess früher Swiss Metalworks Investments BV) im niederländischen Zaanland eingetragen. Eine private Gesellschaft von Rey und für die Gläubiger eine rechte Knacknuss. Denn die französischen Behörden zeigen wenig Lust, die Liegenschaft mit Arrest zu belegen.

Auch am Genfersee, wo Rey in Gland seit 1987 beziehungsweise 1988 die zwei grossen Grundstücke La Crique und La Bergerie samt Herrschaftshaus und Bungalow besitzt, ist vorläufig nichts zu holen. Die beiden Grundstücke gehören je einer Immobiliengesellschaft, in deren Verwaltungsrat Pierre Roux, Reys ehemaliger Direktor der Overseas Development Bank, sitzt.

Inzwischen hat der von allen Seiten bedrängte Werner K. Rey seinen Freund Michael Cutler von der Londoner Revisionsfirma Coopers & Lybrand Deloitte eingeschaltet. Cutler soll seine Vermögenssituation klären. In dieser Situation heisst das allerdings nur noch: die Forderungen seiner Gläubiger sowie noch verbleibende Vermögenswerte auflisten. Shearson Lehman Hutton Switzerland SA bleibt nichts anderes übrig, als ihre Forderung von 30 Millionen Franken zuzüglich Zinsen bei Coopers & Lybrand zu deponieren. Das von der Omni für das Darlehen hinterlegte Pfand – Omni-Holding-Aktien – ist mittlerweile noch ein Bruchteil dessen wert, was die Bankiers bei der Kreditvergabe angerechnet haben.

Am 3. April schlucken die Bankiers dreimal leer. Ihnen flattert ein Schreiben des Zürcher Anwaltsbüros Larese, Korth & Neff ins Haus. Herr Rey, der «leider nicht in der Lage [sei], in nächster Zukunft fällige Zahlungen an Zins und/oder Kapital zu leisten», steht bei über einem Dutzend anderen in- und ausländischen Banken in der Kreide – und zwar mit nicht weniger als 400 Millionen Franken. Dazu kommen noch Forderungen von 130 Millionen seitens Omni an Rey. (Diese Zahl wird später – wie wir bereits wissen – um 300 Millionen Franken kräftig nach oben korrigiert werden.) Herr Rey werde indessen seine «noch vorhandenen restlichen Vermögenswerte sofort freiwillig zur Liquidation und zur anteilsmässigen Verteilung an alle Gläubiger» herausgeben. Zu verteilen gebe es insgesamt 115 Millionen Franken, wovon 92 Millionen Franken in Form von Omni-Aktien. Die schockierten Empfänger der Botschaft realisieren ohne langes Überlegen, dass die 92 Millionen praktisch nur noch aus Luft bestehen. Denn dass die Omni-Papiere angesichts der Lage der Holding schon bald Nonvaleurs sind, ist so gut wie sicher.

Geschockt sind insbesondere die freizügigen Geldgeber. Die Liste wird angeführt von der Genfer Niederlassung der holländischen Kredietbank, in deren Verwaltungsrat neckischerweise Yann Richter sitzt – Reys Mann im Inspectorate-Verwaltungsrat. Sie macht 57 Millionen Franken geltend. Dicht auf folgt die Zürcher Kantonalbank mit 53 Millionen, die Berner Kantonalbank mit 49 Millionen, Paribas Genf mit 43 Millionen und Shearson Lehman Hutton mit ihrer bereits erwähnten und inzwischen auf 31 Millionen Franken aufgelaufenen Forderung. Doch auch die Thurgauer Kantonalbank hat Rey mit offenen Armen empfangen und ihm rasch mal 10 Millionen geliehen – nun steht auch sie mit erhobenen leeren Händen da.

Der Rest des sechsseitigen Schreibens aus dem Büro Larese liest sich – je nach Grad von Humor, den der einzelne Bankier noch aufzubringen vermag – wie ein hämischer Abschiedsgruss aus sicherer Ferne. Oder aber wie ein Beleg dafür, dass Rey im Ernst weiterhin glaubt, intelligente Menschen von seinen Ideen überzeugen zu können, gerade so, als wäre die Milliardenpleite nichts als ein bedauerlicher Betriebsunfall.

Das «Wall Street Journal», so die anwaltliche Mitteilung, habe mit einem Artikel vom 21. März 1991 den bereits abgeschlossenen Verkauf von Adia SA an die Comco torpediert, ein Geschäft, mit dem das «Unternehmenskonzept der Omni konsequent fortgeführt» worden wäre. (Das «Wall Street Journal» hat in diesem angeblich so fatalen Artikel indessen lediglich zusammengefasst, was die «Neue Zürcher Zeitung» bereits am 7. Februar in ihrem berühmten Artikel und im Anschluss daran andere Zeitungen geschrieben haben.)

Dann kommt Larese namens seines Mandanten zur Sache: «Herr Rey ist bestrebt, seine geschäftlichen Beziehungen zu den Gläubigerbanken zu sanieren und seinen Verpflichtungen vollumfänglich nachzukommen, um so wieder eine Basis zu schaffen für eine erfreulichere Zusammenarbeit.» Doch dazu müsse Herr Rey «in die Lage versetzt werden, bereits eingeleitete und auf gutem Weg befindliche Geschäfte zu einem positiven Abschluss zu bringen». Basis dazu seien «Ausfindigmachen und Erwerb von grösseren Aktienpaketen unterbewerteter Gesellschaften, Finanzierung mit entsprechenden Joint-ventures, Einsatz aller Informationen, Kenntnisse, Beziehungen und Fähigkeiten von Herrn Rey, gepaart mit unternehmerischer Verantwortung (vgl. z.B. Selve), und vorhandene Beziehungen zu interessierten Investorengruppen». Mit anderen Worten: Die Banken sollen neues Geld zur Verfügung stellen und Rey so ermöglichen, sein «Talent» weiterhin auszuspielen.

Wie dumm nur von Shearson und anderen Gläubigern, dass sie so viel Geld für Anwälte und Privatdetektive ausgegeben haben, um den untergetauchten Schuldner in die Pflicht zu nehmen! Larese: «Klarzustellen ist auch, dass Herr Rey sich keineswegs seiner finanziellen Verantwortung entziehen will. Vielmehr sucht er die konstruktive Zusammenarbeit mit allen Gläubigern, um sein Konzept zur Erfüllung seiner Verbindlichkeiten zu verwirklichen.»

Zwei Tage lang hat sich Anwalt Wolfgang Larese im angenehmen Ambiente Ramatuelles von Rey in die Geheimnisse seiner Finanzierungskünste einweihen lassen. Obwohl er diese Art von Geschäftstätigkeit eigentlich nicht kapiert, wie er später in einem Interview offen zugibt, lässt er sich von Rey überzeugen. Und zwar in jeder Beziehung, wie seine Botschaft an die Gläubiger zeigt.

Anwalt Larese meint es zweifellos ernst. Und deshalb drängt er Rey dazu, das Versteckspiel aufzugeben und endlich Wohnsitz in der Schweiz zu nehmen, sozusagen als vertrauensbildende Massnahme. In Stein am Rhein findet man eine nette Villa. Ob es der stolze Mietzins von angeblich 5000 Franken im Monat ist, der Rey auf dem Magen liegt, oder es die noch nicht ganz beendeten Umbauarbeiten sind, die ihn abschrecken, oder es am Ende reinem Fluchtinstinkt zugeschrieben werden muss – Herr und Frau Rey setzen schliesslich keinen Fuss in das romantische Rheinstädtchen.

Das Unglaubliche geschieht dennoch: Larese gelingt es, die Privatgläubiger in einem Zürcher Hotel zu versammeln und ihnen den leibhaftigen Rey als Referenten seines Konzeptes zu präsentieren. Die Mühe ist indes vergeblich, der Köder von einigen Liegenschaften, deren Verwertung im besten Fall vielleicht 10 oder 20 Millionen einbringt, zu mager und die Wiederaufnahme von Geschäftsbeziehungen mit Rey schon aus Gründen der Glaubwürdigkeit gegenüber der Öffentlichkeit, die fast täglich mit neuen Schauergeschichten über die Praktiken des Financiers bedient wird, undenkbar.

Und damit endet der Ausflug des angesehenen Medienrechtlers Larese in die ihm völlig unbekannte Welt des Finanzjongleurs Rey. Eine Expedition, die ihm mehr Schaden als Nutzen einbringt. Larese, der in den Medien gern und oft seine Einschätzung des angeblich ohne eigenes Verschulden fallierten Financiers Rey – «scheu wie ein Reh» – kundtut und gleichzeitig keinen Hehl daraus macht, dass er dessen Geschäfte nicht versteht, löst nicht nur unter Bankiers Verärgerung aus. Einige seiner Berufskollegen erwägen gar eine Demarche bei der Standesorganisation. Ganz zu schweigen von Rey, der die Öffentlichkeit mehr denn je fürchtet und die Publizitätsarbeit seines Anwaltes gar nicht schätzt.

Diesem Wunsch nach mehr Diskretion kommt seine neue Rechtsvertreterin, Dominique von Planta, eine Bekannte des Ehepaares Rey, mit aller Konsequenz nach. Sie verweigert Medienleuten, die von Reys Unschuld nicht überzeugt sind, jegliche Auskunft zum Thema Rey.

Und so wird Werner K. Rey für seine Bankiers zum Phantom, das zwar seit dem 1. Juli in seiner Geburtsstadt Zürich an der Talstrasse 37 registriert ist, wo seine Eltern leben und wo er nach den wilden Bally-Zeiten seine Büros installiert hatte. Eine reine Tarnadresse, wie frustrierte Medienleute merken, die den Eingang tage- und nächtelang nicht aus den Augen lassen. Und wie Phantome es an sich haben, wird Rey an den wildesten Orten vermutet und oft angeblich auch gesehen. Mal will ihn ein Harpener-Aktionär, der dank Reys Ressourcenbewirtschaftung bei dem deutschen Mischkonzern auf die Dividende verzichten muss, in Schottland frohgelaunt auf einer Party gesichtet haben. Dann wiederum wähnen ihn angeblich gutunterrichtete Kreise in den USA.

Gerne zu Gesicht bekommen würde ihn der Konkursbeamte Alex Gossauer vom Konkursamt Zürich (Altstadt). Denn am 3. September deponiert Gemeinschuldner Werner K. Rey, Kaufmann, gemeldet Talstrasse 37, 8001 Zürich, beim Bezirksgericht Zürich seine Insolvenzerklärung samt einem Kostenvorschuss von 800 Franken. Tags darauf spricht ihm der Richter die Wohltat des Konkurses zu. Nun braucht sich Rey nicht mehr um die unzähligen lästigen Betreibungen auf Pfändung zu kümmern. Sie werden durch die Konkurseröffnung als solche automatisch gegenstandslos. Erkenntlich zeigen mag sich Rey dafür aber in keiner Weise. Weder ist er je an der Talstrasse anzutreffen, noch reagiert er auf die wiederholte Aufforderung des Konkursamtes, seinen tatsächlichen Aufenthaltsort bekanntzugeben. Eine klare Verletzung der gesetzlichen Vorschriften, die verlangen, dass der Schuldner bei der Inventarisierung seiner Schulden und Vermögenswerte an Ort und Stelle mitzuwirken und für die Konkursorgane dauernd verfügbar zu sein hat. Tut er dies nicht, so kann er nötigenfalls polizeilich vorgeführt werden. Ohne internationalen Haftbefehl im Fall Rey natürlich eine wenig hilfreiche

Bestimmung. Also muss der Konkursbeamte den zeitraubenden Weg über Rechtsanwältin Frau von Planta wählen. Und wie ein Medium leitet sie die Botschaften aus dem Jenseits respektive dem «unbekannten» Aufenthaltsort ihres Mandanten an die Behörden weiter. Ziemlich zähflüssig und nur das Allernotwendigste beinhaltend, wie der Konkursbeamte mäkelt.

Am 19. November 1991 betritt eine kleine Gruppe das Spielkasino auf Paradise Island (Bahamas). Dort sitzt ein in einen dunklen Blazer und weisse Hosen gekleideter Herr mit Hornbrille und schwarzen Haaren. Er versucht sein Glück im Spiel und setzt – in sichtlich entspannter Verfassung – hohe Einsätze beim Black Jack. Als hohe Einsätze gelten in diesem Etablissement Beträge von einer halben Million Dollar an aufwärts. Die Lockerheit des Gamblers weicht schlagartig einer peinlichen Betroffenheit, als ihn einer aus der Gruppe, ein Schweizer Unternehmer, der mit ihm einst Geschäfte getätigt hat, ungeniert anspricht.

Dass Mr. Rey hier weile, sei nichts Aussergewöhnliches, erfährt die staunende Gruppe später von einer Kennerin der örtlichen Szene. Er sei schon früher immer mal wieder zum Glücksspiel aufgekreuzt und habe meist im nahegelegenen feudalen Ocean Club Hotel residiert.

Obwohl es sich, bei Lichte besehen, um einen harmlosen Vorfall handelt – niemandem, auch einem Pleitier nicht, ist es verboten, ein Spielkasino aufzusuchen –, schlägt er ein grosses Loch in das von Frau von Planta und ihrem Mandanten aufgebaute Verteidigungsdispositiv. Denn jemand aus der Gruppe steckt die Geschichte jemandem in der Schweiz.

Zum Verteidigungsdispositiv: Dazu gehört ein Interview in der «Bilanz», in dem sich Rey erstmals seit dem Zusammenbruch seines Imperiums zu Wort meldet. Rey und seine Anwältin dirigieren das auf schriftlichem Weg und am Schluss über ein Natel C geführte Interview ganz nach ihren Vorstellungen. Auch der redaktionelle Begleittext muss ihnen zur Kontrolle vorgelegt werden. Das Bildmaterial wird, um jede Kontaktaufnahme durch einen Fotografen zu vermeiden, der Redaktion zugestellt. Die aus unbekannter Quelle stammenden Aufnahmen zeigen einen Werner K. Rey, der mit dem Rücken zur Kamera einsam seines Weges durch eine herbstliche Parklandschaft geht, einen Wollschal um den Hals gewickelt, in der rechten Hand eine Tasche, die an jene bunten Dinger erinnert, in denen Jugendliche ihre Sportausrüstung zu verstauen pflegen.

Eine journalistische Leistung mit äusserst fadem Nachgeschmack.

Die Entdeckung in der Karibik kommt – Pech für Rey – just einem seiner bisher hartnäckigsten Widersacher in der helvetischen Medienlandschaft zu Ohren, Hansjörg Abt von der NZZ.

Abt wartet geduldig auf einen bestimmten Zeitpunkt für die Publikation. Es ist der 9. Dezember 1991, an dem sich die Privatgläubiger im Säli des Zürcher Restaurants Du Nord zur ersten Versammlung und Orientierung durch den Konkursbeamten einfinden. Die von Abt genüsslich aufbereitete Nachricht schlägt wie eine Bombe ein und sorgt unter den rund 50 anmarschierten Vertretern in- und ausländischer Gläubiger für entsprechende Stimmung.

Zerstört ist nun auch das Bild des tragischen Helden, den das Schicksal in Form hoher Zinsen, sinkender Börsenkurse und böswilliger Pressevertreter so arg gebeutelt hat, dass ihm ausser «einer enormen Enttäuschung» nichts übrigbleibt, insbesondere nichts mehr von dem Rohstoff Geld, wie er im «Bilanz»-Interview zum besten gibt.

Die Vertreter der Privatgläubiger im Du Nord tragen schwer an dem, was ihnen der Konkursbeamte vorträgt. Reys privater Schuldenberg ist auf 823 Millionen Franken angewachsen, wovon allein 450 Millionen Franken auf Forderungen der Omni Holding entfallen. Anzubieten hat Werner K. Rey ein frei verfügbares Vermögen von nur mehr 600 000 Franken. Er besitze laut eigenen Angaben insbesondere im Ausland nichts mehr, «mit Ausnahme eines alten Rolls-Royce, von dem er selbst nicht weiss, wo in England er sich derzeit befindet», wie der Konkursbeamte unter dem Gelächter der Anwesenden rapportiert. (Der Rolls wird später in Schottland aufgefunden.)

Von Ramatuelle ist nicht die Rede. Offensichtlich ist Rey fest entschlossen, die Idylle nicht seinen Gläubigern zu überlassen, weil er – wie er seinem Anwalt Larese anvertraut hat – inzwischen innerlich zu sehr an ihr hängt. Dafür will er seinen Gläubigern die beiden Liegenschaften La Crique und La Bergerie bei Gland am Genfersee überlassen. Er hat seine guten Gründe.

Die Gläubiger wollen ein bisschen mehr. Ist nicht die Roulettepartie auf Paradise Island ein deutliches Indiz dafür, dass der untergetauchte Finanzjongleur in diesen exotischen Gefilden Millionen versteckt hat und mit seiner Verarmungsthese die Gläubiger nur in die Irre führen will? Die aufgebrachten Gläubiger verlangen, dass in einem «fahndungsähnlichen Vorgehen» die Schätze geborgen werden sollen. Die von der Versammlung zur ausseramtlichen Konkursverwaltung gewählte Treuhandgesellschaft Atag Ernst & Young verspricht, ihr Bestes zu tun. Genugtuung verspürt auch Alex Gossauer; denn mit der Wahl von Atag ist der quantitativ sichtlich überforderte Konkursbeamte den Aktenberg Rey endlich los.

Im Sommer 1992 können die Bankiers von Shearson Lehman Hutton sowie weitere 51 Privatgläubiger von Rey ihre ausstehenden Darlehen grösstenteils endgültig ins Kamin schreiben.

Die von den Gläubigern geltend gemachten Forderungen haben sich nunmehr auf 1 331 000 000 Franken erhöht. Davon entfallen 491 Millionen auf Banken, 538 Millionen auf die Omni-Gruppe, 283 Millionen verlangen ehemalige Omni-Töchter wie Adia und Harpener, und 19 Millionen verteilen sich auf Dritte. (Der tatsächliche Schuldenberg ist möglicherweise etwas kleiner, da verschiedene Gläubiger ihre Forderungen sowohl im Omni-Nachlassverfahren als auch im Privatkonkurs eingegeben haben.) Wohlverstanden, das sind nicht Schulden, die Rey als Omni-Verantwortlicher getätigt hat, das sind Privatschulden. Der grösste Teil der Forderungen ist ungesichert.

An Verwertbarem hat die Atag nicht viel aufgetrieben. La Crique und La Bergerie stehen zwar zur Verfügung, doch auf beiden Liegenschaften, deren Verkehrswerte auf 14 respektive 17 Millionen Franken geschätzt werden, lasten Hypotheken im Umfang von 7,35 beziehungsweise 6 Millionen Franken. Überdies sind die beiden Immobiliengesellschaften, denen die Grundstücke gehören, von Rey ordentlich mit Darlehensschulden eingedeckt worden. (Das sind die Gründe, weshalb Rey die zwei Liegenschaften grosszügig seinen Gläubigern zur Verfügung stellt!) Schliesslich sind die Konkursverwalter noch auf eine Aktie des Golfclubs Domaine Impérial in Gland (samt zugehörigem Mitgliedschaftsrecht) gestossen. Wert des Papieres: rund 60 000 Franken. Ein golfbegeisterter Käufer hat sich bislang noch nicht gemeldet.

Die 91 Millionen Franken, die aus dem Verkauf von 15 110 Sulzer-Aktien stammen, muss die Atag möglicherweise ebenfalls von der Vermögensliste streichen. Die Vorgeschichte dazu:

Als die Omni Holding im Januar 1991 in ihrer finanziellen Bedrängnis bei der Banque Paribas um einen Kredit bittet, sperrt sich die Bank mit dem Hinweis, die Kreditlimiten der Omni-Gruppe seien ausgeschöpft. Aber, so die smarten Bankiers, das gelte selbstverständlich nicht für Monsieur Rey persönlich, dem man gerne weiterhin Geld ausleihe. Am 29. Januar 1991 erhält Rey so 50 Millionen Franken. Als Sicherheit hinterlegt er die Sulzer-Aktien. Und woher nimmt er sie? Aus den Beständen der Omni Holding und der Omni Beteiligungen natürlich. Der Kredit wird am 4. Mai 1991 zur Rückzahlung fällig.

Als der 4. Mai ungenutzt verstreicht – die Omni ist im Nachlass und Rey verschwunden –, greift die Bank auf die Aktien zurück und reisst damit eine juristische Auseinandersetzung vom Zaun. Während die Bank behauptet, bei den Sulzer-Papieren handle es sich um Privateigentum von Monsieur Rey, reklamiert der Omni-Nachlassverwalter die Aktien für die Omni Holding und die Omni Beteiligungen AG. Inzwischen sind die Aktien zu einem guten Preis verkauft worden, doch der Streit um den Erlös geht weiter.

Ein «fahndungsähnliches Vorgehen» ist im Fall Rey wirklich angesagt. Nehmen wir das Beispiel der Domaine de l'Oumède bei Ramatuelle.

Das herrschaftliche Anwesen ist, wie bereits erwähnt, lange Zeit von einer Gesellschaft namens Swiss Metalworks Investments BV im holländischen Zaanland gehalten worden, die ihrerseits von einer Gesellschaft gleichen Namens, aber mit Domizil auf den Niederländischen Antillen, kontrolliert wird. Firmen ändern in Reys Reich immer mal wieder ihre Namen, so auch die Swiss Metalworks Investments. Sie heissen inzwischen SKAL. Doch die SKAL-Gesellschaften besitzen die Domaine nicht mehr direkt, sondern über die dazwischengeschaltete Gesellschaft GSOND auf den Niederländischen Antillen. Die Macht des ausseramtlichen Konkursverwalters Atag hört aber spätestens an der Schweizer Grenze auf, was ein Arrestbegehren bei den französischen Behörden und den Nachweis, dass Rey sich hinter den exotischen Gesellschaften verbirgt, enorm erschwert.

Den Leashold-Titel für das Wohnhaus in London hat Rey, das heisst eine angeblich seiner Frau gehörende Gesellschaft auf Jersey, die offizielle Besitzerin des Titels ist, mittlerweile verkauft.

Doch wohin sind die rund 440 Millionen Franken verschwunden, die Rey aus der Omni-Gruppe abgezogen hat? Und wo ist die berühmte Schatztruhe, die mit «fahndungsähnlichem Vorgehen» aufgestöbert werden soll?

Rey ist seinen Häschern eben stets eine Nasenlänge voraus.

So hat er seine private Gesellschaft in den Niederlanden, die EFL BV (sie ist von Pierre Roux administriert worden), vorsorglich in den Konkurs geschickt. Über sie ist ein Grossteil der Kredite gelaufen, die Rey sich als Privatmann bei den Banken und bei Omni geholt hat. Omni macht eine Forderung von knapp 29 Millionen Franken geltend.

Eine ganz spezielle Konstruktion ist der WKR-Trust auf der Kanalinsel Guernsey. Diesen Trust hat Rey 1988 ins Leben gerufen und darin Omni-Aktien plaziert. Es ist der gleiche Dreh wie mit der Heilsarmee beim Naranda-Syndikat. Weil nach angelsächsischem Recht das Aktienvermögen im Trust verselbständigt ist, hat Rey keinen Zugriff mehr. Doch das stimmt nur äusserlich. Denn Begünstigter ist niemand anderes als Werner K. Rey selbst. Im Falle seines Ablebens rutscht Ehefrau Bernadette Rey-Gatley nach. Treuhänder und damit von Rechtes wegen Besitzer des Trust-Vermögens ist Rey-Anwalt Walter König.

Problem Nummer 1 für den ausseramtlichen Konkursverwalter: Ist diese Konstruktion nach angelsächsischem Recht überhaupt gültig?

Problem Nummer 2: Hat der Konkursit Rey diesen Trust in der Absicht gegründet, seine Gläubiger zu benachteiligen?

Problem Nummer 3: Die Omni-Namenaktien und die Inhaberpapiere – so von letzteren überhaupt noch etwas vorhanden ist – sind mittlerweile Nonvaleurs. Dass Rey zahlreiche Omni-Aktien verpfändet hat, wissen viele Banken, die solche Papiere leichtfertig als Deckung entgegengenommen haben. Wenn sie aus dem Trustvermögen stammen, so wäre zu prüfen, ob dies dem Recht von Guernsey widerspricht. Sitzt Verwalter König damit auf einem leeren Tresor? Zweifel sind angebracht. Walter König ist mittlerweile als Trustverwalter zurückgetreten. Und wer hat seine Stelle eingenommen? Dem Vernehmen nach eine liechtensteinische Gesellschaft.

Wie gesagt, Rey ist seinen Verfolgern immer eine – goldene? – Nasenlänge voraus.

XXV

Genie – eine Betriebspanne

Der Omni-Zusammenbruch wirft die Frage auf, warum so viele Menschen das Gegenteil von dem, was sie sehen, glauben wollen

Vieles von dem, was Rey zwischen 1979 (Kauf der Selve) und 1991 (Zusammenbruch der Omni) getan hat, verstösst – nach dem Empfinden vieler – gegen die guten Sitten. Verstösst sein Tun auch gegen das Gesetz? Vielleicht werden die Richter dereinst eine Antwort darauf geben. Fest steht aber schon jetzt, dass Rey Lücken im Gesetz, Grauzonen und Ungenauigkeiten im Recht bewusst und konsequent ausgenützt hat. Die Publikumsöffnung der Inspectorate International SA im Frühling 1986 wäre wohl in einem Land wie den USA nicht möglich gewesen, weil dort die Offenlegungspflichten viel strenger sind. Rey hätte den zuständigen Behörden Einsicht in seine Geschäftsbücher geben müssen, und dann wäre wohl der tatsächliche Zustand in seiner «Dunkelkammer Inspectorate» ans Licht gezerrt worden.

Noch weniger hätte die amerikanische Börsenaufsichtsbehörde (SEC) eine Omni Holding als Publikumsgesellschaft zugelassen. Einmal wegen Reys eigenwilliger Bilanzierungsmethoden, dann aber auch, weil die Omni Holding als unechte Publikumsgesellschaft eingestuft worden wäre. Mit über 90 Prozent des Aktienkapitals in seinen Händen ist Rey faktischer Alleinbesitzer der Holding, diese wäre mithin eine unechte Publikumsgesellschaft gewesen. In den USA verboten, in der Schweiz (noch) erlaubt.

In der Tat ist die Machtfülle, die Rey sich angeeignet hat, einmalig. Er präsidierte als faktischer Alleinaktionär den Omni-Verwaltungsrat und war gleichzeitig dessen Delegierter, bestimmte also auf jeder Ebene den Gang des Unternehmens. Niemand hat sich auch nur im geringsten an seiner autokratischen Verfügungsgewalt gestossen. Omni, das ist einfach der andere Name für Werner K. Rey, eine Omni ohne ihn schlicht und einfach nicht vorstellbar.

Angesichts des Bildes, das die Öffentlichkeit von ihm und seiner Firma gewonnen hat, erstaunt denn auch keineswegs, dass die Banken dem Financier in den Kreditverträgen geradezu zur Auflage gemacht haben, dass er persönlich die Geschäfte der Omni führen müsse, andernfalls die Kredite sofort gekündigt würden. So hat Rey die Omni Holding sozusagen unter Bankverpflichtung in den Untergang geführt. Weil die Banken an die ihnen von Rey mittels Bilanzierungstricks vorgegaukelte Eigenmittelausstattung in Milliardenhöhe geglaubt haben, schrieben sie ihm eine Mindestlimite vor, die zu unterschreiten ebenfalls die Kündigung der Kredite zur Folge gehabt hätte.

Kurz: Statt die Bilanzen der Omni Holding eingehend zu überprüfen und die Kreditgewährung vom Ergebnis dieser Prüfung abhängig zu machen, haben die Bankiers den «Visionen», die der Omni-Eigentümer ihnen wie Honig um den Mund gestrichen hat, und dem Unbedenklichkeitsattest der Buchprüfungsfirma Deloitte Haskins & Sells vertraut. (Dass sich mehrere Bankiers nach dem Einsturz des Omni-Kartenhauses mit dem Hinweis auf die doch so positive Berichterstattung einiger Medien über Rey aus der Verantwortung zu stehlen versuchen, spricht für sich – beziehungsweise gegen jene offenbar mit Blindheit geschlagenen Geldverwalter.)

Zweifellos spiegelt sich in der besonderen Attitüde des Umgangs zwischen den Kreditinstitutionen und dem wirtschaftlichen Alleingänger Rey aber auch der ökonomische Geist der achtziger Jahre. Im Bewusstsein der Öffentlichkeit erobert sich die Wirtschaft die Position der alles bestimmenden Macht und beginnt der Politik den Rang abzulaufen. «Wirtschaft» – in den Zeitungen früher ein Fachteil für Eingeweihte – rückt neben «Ausland» und «Inland» zum täglichen Informations-Muss auf; Wirtschaftskapitäne werden als die wahren Steuermänner der Zeit begriffen; wer die Welt verstehen will, muss Wirtschaft verstehen. Die wirtschaftlichen Implikationen politischer, gesellschaftlicher, kultureller Phänomene werden erkannt und vom öffentlichen Interesse begierig aufgesogen. Es entsteht ein Bedarf an begrifflicher Darstellung der Wirtschaft für das allgemeine Verständnis: ein Bedarf an Männern und Frauen, die wahrnehmbar das ökonomische Räderwerk bewegen und mit kühnen Entscheidungen – wie sie ehedem die Feldherren trafen – Märkte erobern und die Volkswirtschaft in Schwung bringen. So ein Mann ist Werner K. Rey, der Mann aus dem Nichts mit dem absoluten Gehör für das Rascheln der Banknoten, ein geheimnisvoller Denker, der verschlafene Industriekomplexe in die Schlagzeilen bringt und durch geniale Handhabung noch ungegriffener Finanzierungsinstrumentarien immense Projektionen entwirft und gewaltige Reichtümer zu synergetischem Tun zusammenballt. Rey, kaum ist er da, ist er schon Legende – was Wunder, dass auch gelernte Zahlenmenschen, die an sich das Aktienrecht nicht nur im Kopf, sondern auch in seinem Sinn begriffen haben, nicht unberührt bleiben ob dieses betörend ingeniösen Aufbruchs aus ihrer grauen Paragraphen-Welt. Machbarkeit ist ein Schlüsselwort der achtziger Jahre, und in diesem Rey, mochte es scheinen, wurde das Machbare geradezu Ereignis.

Gleichwohl haben die Banken nicht – wie es sich jetzt auch schon wieder als neue Legende herauszubilden beginnt – Rey ihr Geld in blinder Gläubigkeit in den Rachen geworfen. Sie haben sich vielmehr mit den Klauseln im Kreditvertrag gegen alle Unbilden abgesichert gewähnt. Sie haben Rey nichts anderes als den berühmten Strang um den Hals gelegt, der sich zuzieht, sobald der Boden einsackt. Rey, der sich zu «Recht» schlauer als die Banken gefühlt hat, liess sich das Seil willig umlegen.

Der Boden ist eingesackt, doch nicht Rey baumelt am Seil, sondern ein riesiger Sack mit Schulden. Rey hat im letzten Augenblick seinen Kopf aus der Schlinge gezogen und das Weite gesucht.

Wer einen derart hohen Schaden anrichtet, wie Rey es vorbehalten war, braucht Leute, die ihm das entsprechende Terrain vorbereiten. Rey hat sie gehabt. Eine wichtige Rolle hat die bereits verschiedentlich erwähnte Kontrollstelle gespielt, die in der Schweiz die Bücher der Inspectorate und der Omni Holding geprüft hat: Deloitte Haskins & Sells.

Die fatale Verstrickung der Kontrolleure mit ihrem Kunden hat eine Vorgeschichte.

Anfang der sechziger Jahre ziehen zwei Briten in die Schweiz. Sie heissen Brian E. McHugo und John E. Evans und sind Partner der Treuhand- und Revisionsfirma Ernst & Whinney. In der Schweiz bauen sie eine Niederlassung von Ernst & Whinney auf. (Diese Firma wird noch eine unrühmliche Rolle als Kontrollstelle der Firma Trans K-B mit ihrem Verwaltungsrat Hans W. Kopp spielen.) Später trennen sich ihre Wege. John Evans tritt zur Konkurrenzfirma Deloitte Haskins & Sells über, wo er rasch Karriere macht, Brian Mc Hugo wechselt zur Greyhound Financial & Leasing Corporation AG in Zug.

Wann Rey, der spröde und jeglichem kulturellen Vergnügen abholde Kaufmann, und der gemütliche, in seiner Freizeit als Theaterregisseur tätige Schotte Evans sich gefunden haben, ist ungewiss. Auf jeden Fall wird Rey dank Evans Kunde von Deloitte. 1981, im gleichen Jahr, in dem Rey die Inspectorate kauft, stösst Michael Cutler dazu. Er nimmt seine Arbeit beim Deloitte-Ableger in Genf auf. Cutler wird neben Evans zum bevorzugten Gesprächspartner Reys bei Deloitte.

Im Laufe der Jahre wächst Rey zu einem der wichtigsten Kunden der Revisionsfirma heran. Je grösser das Auftrags- und damit das Honorarumsatzvolumen, desto mehr muss die beauftragte Firma – hier die Kontrollstelle – die Wünsche des Kunden respektieren, will sie ihn doch unter keinen Umständen verlieren. Eine Abhängigkeit, die sich ausnützen lässt.

Rey ist in der Tat ein besonderer Klient. Zu Bally-Zeiten hat er sich ein umfassendes Wissen im Aktienrecht und über Bilanzierungsvorschriften und -techniken angeeignet. Mit Befriedigung hat er festgestellt, dass es fast nirgendwo largere Vorschriften gibt als in der Schweiz – mit ein wichtiger Grund, warum Rey sich nach dem Debakel mit dem Schuhkonzern wieder in die Schweiz zurückwagt, um hier sein künftiges Firmenimperium zu verankern und aufzubauen.

Dass in der Schweiz sehr viel erlaubt ist, merken auch Evans und Cutler. Sie schliessen sich ohne Probleme den Interpretationen schweizerischer Gummivorschriften ihres Klienten Rey an.

Die Art, wie Rey in seinen Gesellschaften den Geschäftsabschluss vorzunehmen pflegt, ist in seiner Entourage praktisch seit Anfang der achtziger Jahre ein offenes Geheimnis. Da werden – wie wir gezeigt haben – Firmen und Forderungen, Beteiligungen und Schulden im Dezember umgeschichtet und verschoben wie Steine auf dem Brett. Rey lebt konsequent auf Pump, kauft teuer ein und sitzt auf Firmen, die vielleicht Substanz haben, aber keinen oder nur einen geringen Ertrag abwerfen. Und dennoch muss er einen Gewinn ausweisen, damit die Banken und die Anleger von der Rentabilität der Reyschen Firmen überzeugt sind. Kunststück? Nein, «Window dressing».

Dieses Window dressing, wie die optische Aufbesserung der Bilanz und der Erfolgsrechnung genannt wird, pflegen selbstverständlich auch andere Firmen gelegentlich durchzuführen. Bei Rey gehört es jedoch zur Regel.

Rey ist bekanntlich auch ein leidenschaftlicher Steueroptimierer, das heisst, er fährt die Steuerbelastung am liebsten auf Null hinunter. Das allein ist noch nicht Rey-spezifisch (wer zahlt schon gerne Steuern?), er aber exerziert zu diesem Zweck die ausgefallensten Kombinationen durch. Dass dadurch die Transparenz seiner Aktionen, insbesondere natürlich jene seines Firmengeflechts – wie weiland bei Bernie Cornfelds IOS –, nur mehr bei ihm vorhanden ist, wertet er als eine hochwillkommene Begleiterscheinung.

Dies und vieles mehr müssten die Deloitte-Kontrolleure – so sie ihre Arbeit ernst nehmen – sehen. Denn Rey versteckt ihnen nichts.

Vor besonders waghalsigen Konstruktionen holt er sich vorgängig die Zusicherung von Deloitte, dass auch wirklich nach seinen Vorstellungen verbucht wird.

Die wohl gravierendste Übung findet Ende 1986 statt, als Rey die Omni Holding mit der grotesk überbewerteten Inspectorate-Beteiligung aufbläht und damit ein Eigenkapital bildet, das grösstenteils nur auf dem Papier existiert. Praktisch jeder Schritt in dieser Vorbereitung zur grossen Ballonfahrt über die Bankenlandschaft widerspricht den anerkannten Grundsätzen der Rechnungslegung.

Deloitte ist mit allem einverstanden.

Michael Cutler, der im März 1989 zur Deloitte nach London zurückkehrt, ist sofort zur Stelle, als Freund Rey dringend ein Gefälligkeitsgutachten braucht, um die marode Hudson-Place-Investments-Beteiligung von seiner OmniCorp zur Harpener zu verschieben.

Der letzte Dreh Reys, zu dem Deloitte ihr Einverständnis gibt, ist der fadenscheinige Adia-Asko-Comco-Omni-Deal, den Rey dazu benutzt, um seine Adia-Aktien zum unrealistisch hohen Preis von 1800 Franken im Geschäftsabschluss 1990 zu verbuchen, obwohl sie zu diesem Zeitpunkt weniger als 800 Franken wert sind.

Dazwischen liegen die jährlichen Abschlüsse von Inspectorate und Omni, die Deloitte stets ohne Vorbehalte unterschreibt, obwohl Rey darin nach Belieben wütet. Er ändert die Bilanzierungsmethoden praktisch von Jahr zu Jahr, wodurch die Zahlen des einen Jahres nur mehr beschränkt oder überhaupt nicht mehr mit jenen des Vorjahres vergleichbar sind. Nur in einem Punkt hält sich Rey an die Grundsätze und internationalen Normen: Die konsolidierte Bilanz der Inspectorate-Gruppe scheint «sauber», das heisst nach anerkannten Standards vorgenommen worden zu sein. Warum er hier ehrlich ist? Der plausibelste Grund liegt darin, dass die Gruppenbilanz auch in den USA verteilt werden muss, da mehrere amerikanische Firmen unter dem Dach der Inspectorate International SA versammelt sind.

Um den Rest brauchen Rey und Deloitte sich wenig Sorgen zu machen. Niemand hierzulande, vor allem nicht die Bücherexperten bei den Banken, merkt, dass die Holdingbilanzen wertlos sind. Dabei widerspricht jeglicher Logik – und natürlich Vorschrift –, dass sowohl die Inspectorate- als auch die Omni-Holding-Bilanz jedes Jahr ein viel grösseres Eigenkapital ausweist als die jeweiligen konsolidierten Gruppenbilanzen. Wie kann die Summe des anteiligen Eigenkapitals der Mehrheits- und Minderheitsbeteiligungen in der Holding grösser sein als nach der gleichen Addition in der Gruppen-Rechnung? Sie kann es eigentlich überhaupt nicht, doch Magier Rey bringt auch dieses Kabinettstück zustande.

Die Deloitte-Revisoren schlucken also sehr viel. Selten, aber hie und da eben doch muss Rey etwas nachhelfen und Druck aufsetzen. So wird ein Omni-Mann einmal Ohrenzeuge, wie sich Evans und Rey eine lautstarke verbale Auseinandersetzung liefern. Ein ehemaliger Inspectorate-Manager ist noch immer fasziniert ob einer Begegnung zwischen Rey und einem Deloitte-Prüfer. Gleich einer Schlange habe sich Rey um den Mann gewunden, um ihn, der sich erst sträubte, zu einer bestimmten Bilanzdarstellung zu verführen.

Mit dem Namen der international renommierten Buchprüferfirma Deloitte Haskins & Sells unter seinen Bilanzen und Erfolgsrechnungen holt sich Rey bei den Banken über zwei Milliarden Franken Kredite. Welcher Bankier verlangt schon – was übrigens sein gutes Recht wäre – den ausführlichen Kontrollstellenbericht, weil er sichergehen will, dass er sein gutes Geld nicht schlechtem nachwirft? Keiner, denn jeder vertraut auf die Seriosität der Arbeit der externen Kontrollstelle. Rey, mit dem man gerne ins Geschäft kommen möchte, könnte überdies die Anforderung des internen Berichtes als Misstrauensvotum betrachten und mit dem Argument, dass die Konkurrenz weniger Umstände mache, davonlaufen.

Aufgrund der von Deloitte geprüften Bilanz per Ende 1988 lassen sich Anleger im Sommer 1989 dazu verleiten, eine Omni-Anleihe von 100 Millionen Franken zu zeichnen. Heute sitzen sie auf praktisch wertlosen Obligationsscheinen.

Von Deloitte im April 1990 noch mit einem Unbedenklichkeitsattest versehen, kollabiert die Omni Holding nicht einmal zwölf Monate später unter einem gigantischen Schuldenberg. Und kein Revisor von Deloitte will die Vorboten bemerkt haben. Dass Reys Rechnung mit der Omni spätestens seit dem Börsencrash und den ansteigenden Zinsen nicht mehr aufgehen konnte, scheinen die Kontrolleure geflissentlich übersehen zu haben. Auch der Umstand, dass Grossaktionär Rey freiwillig auf die Dividende verzichtet hat, weil er wusste, dass der kümmerliche Gewinn nicht ausreichen würde, um ihn und die Publikumsaktionäre zu bedienen, war ein Signal, das zu übersehen weit schwieriger war, als es zu erkennen.

Und was wissen die Verwaltungsräte über die Arbeit der externen Kontrollstelle, insbesondere über die Erkenntnisse, die sie bei der Durchsicht der Geschäftsbücher gewonnen hat? Nicht viel, obwohl ihnen gemäss Artikel 723 des Obligationenrechts der jährlich zu erstellende Prüfungsbericht von der Kontrollstelle vorgelegt werden muss.

Bei der überaus kompliziert aufgebauten Omni Holding, wo sich unter dem Jahr und am Ende des Jahres so vieles tut, müsste dieser Prüfungsbericht ein besonders dicker Wälzer sein. Doch was den Herren Verwaltungsräten präsentiert wird, ist eine dünne Broschüre. Der Verwaltungsrat der Inspectorate verzichtet auf Vorschlag Reys sogar über längere Zeit ganz auf den Bericht. Dabei wäre ausgerechnet dieser Bericht ein wesentliches Kontroll- und Führungsinstrument, da die Revisoren angehalten sind, auf Schwachstellen, Ungereimtheiten und andere ausserordentliche Vorkommnisse hinzuweisen.

Deloitte, die nach dem Zusammengehen mit Touche Ross & Co inzwischen als Deloitte & Touche firmiert, hüllt sich seit der Firmen- und Privatpleite ihres Grosskunden in Schweigen. Die einzige Erklärung zu ihrer Mitverantwortung beziehungsweise eine Rechtfertigung für ihre Unschuld hat sie in einem inoffiziellen Gespräch mit der «Finanz und Wirtschaft» im September 1991 abgegeben.

Ende 1989 sei die Lage der Omni noch in einem ganz anderen Licht erschienen als Ende 1990. Da sei die Bilanz der Omni noch akzeptabel gewesen, einzig die Liquidität habe sich nicht mehr so komfortabel präsentiert. 1990 habe sich die Lage dramatisch verschlechtert. Erst der Umstand, dass die Banken den Geldhahn zudrehten, habe Omni schliesslich das Genick gebrochen. Selbstsicher wird weiter behauptet, dass man einer allfälligen Verantwortlichkeitsklage gelassen entgegensehe, weil diese keine Chance auf Erfolg habe.

Intern freilich sind einige Verantwortliche vorsorglich entfernt werden. So auch John E. Evans, der musisch angehauchte Schotte, dessen Unterschrift in vielen Omni- und Inspectorate-Geschäftsberichten unter dem Kontrollstellenbericht steht. Er ist im April 1992 aus seinen Ämtern als Präsident und Delegierter des Verwaltungsrates von Deloitte & Touche hinauskomplimentiert worden.

Das ist das Stichwort für die nächsten Wegbereiter von Rey: seine Verwaltungsräte.

Sie hat Rey als ein notwendiges, weil vom Gesetz vorgeschriebenes Übel betrachtet. Rey ist allenfalls noch an ihren Geschäftsbeziehungen (Wolfgang Marti, Walter König) oder ihrem Image (Yann Richter, Hans Herzig) interessiert gewesen. Gesprächspartner sind sie für ihn – mit Ausnahme von König – nicht gewesen. Seine Entscheide – namentlich die grossen wie der Kauf von Harpener, Adia oder Sulzer – hat Rey meist ohne Vorbesprechung getroffen. Die (nachträgliche) Genehmigung ist für ihn eine reine Formsache gewesen, für die der Zirkulationsweg ausreichte.

Hat sich ein Verwaltungsrat dennoch einmal auf seine Pflicht besonnen und von Rey nähere Informationen zu einem Geschäft verlangt, ist er regelmässig ins Leere gelaufen. Die gewünschten Auskünfte hat er – wenn überhaupt – nur tröpfchenweise erhalten und auch das nur, wenn er hartnäckig insistierte.

Ein Inspectorate-Insider, der in einigen Verwaltungsratsprotokollen herumgestöbert hat, zeigt sich noch heute fassungslos. Die dürftigen Informationen über den Geschäftsgang der Inspectorate, mit denen Rey die übrigen Verwaltungsräte abgespeist hat, standen in keinem Verhältnis zur Höhe der Investitionen für die zur Genehmigung anstehenden Geschäfte.

Und wie hat beispielsweise Yann Richter die Zeit von 1985 bis 1987 in Erinnerung, als Rey seine Expansionswut besonders ausgiebig ausgelebt hat? «Für mich war es die Phase der ‹Fresssucht›. Wir haben Fragen gestellt und Organigramme für eine rasche Umstrukturierung verlangt. Wenn ich einen Kaufantrag unterzeichnete, dann habe ich immer den Vermerk ‹Finanzierung garantiert?› angefügt. Herr Rey hat uns auf alle Fragen immer genaue und ehrliche Auskunft gegeben.»

Ein anderer Inspectorate-Verwaltungsrat, der seinen Namen nicht genannt haben will, hat ein schlagendes Argument, weshalb keine Notwendigkeit bestanden habe, Reys unersättlichen Appetit auf immer grössere Käufe zu dämmen oder mindestens kritisch zu durchleuchten: «Die Börse hat bis zum Crash eben alles goutiert, was Rey gekauft hat. Über Finanzierungsfragen mussten wir uns deshalb nicht den Kopf zerbrechen.»

Doch keiner hat das Rollenverständnis eines Omni-Verwaltungsrates (dies gilt auch für den Inspectorate-Verwaltungsrat) besser dokumentiert als Wolfgang Marti in seinem denkwürdigen Interview mit der «Finanz und Wirtschaft»: Er fühle sich nur dem Mehrheitsaktionär Rey gegenüber verantwortlich. Dass es noch Publikumsaktionäre, Obligationäre und kreditgebende Banken gibt, deren Interessen vielleicht auch im Auge behalten werden müssten, ist ihm schlicht und einfach entfallen.

Ein Klub von unbedarften Ja-Sagern? Für einige Verwaltungsräte trifft diese wenig schmeichelhafte Charakterisierung sicher zu. Doch es gibt noch zwei andere Kategorien im Reyschen Verwaltungsrats-Panoptikum.

In das Harpener-Verwaltungsrats-Pendant, den Aufsichtsrat, hat Rey mit René Giulianelli, Jean-Claude Vagnières und Matthias U. Jermann Leute gesteckt, die in einem direkten Abhängigkeitsverhältnis zu ihm standen. Welcher Omni- beziehungsweise Adia-Generaldirektor wagt es schon, sich querzulegen, wenn sein Brötchengeber den Vorsitz führt? Die Ereignisse bei Harpener haben es gezeigt: keiner.

Die zweite Kategorie besteht aus Männern, die sich ihr Wohlverhalten mit Barem haben entgelten lassen. Nicht etwa mit Tantiemen, die bei Omni und Inspectorate zwischen mageren 10 000 und 15 000 Franken gelegen haben. Nein, Walter König, der als intelligenter Kopf und gewiefter Anwalt gilt, hat sich sein Wohlverhalten mit weitaus lukrativeren juristischen Mandaten abkaufen lassen. Er macht denn auch heute keinen Hehl daraus, dass er den zügigen Auf- und Ausbau seiner Kanzlei zu einem nicht unbeträchtlichen Teil Rey verdankt.

Zur gleichen Kategorie zählt der Stuttgarter Rechtsprofessor Brun-Hagen Hennerkes, von Reys Gnaden 1987 in den Harpener-Aufsichtsrat befördert. Die geschäftlichen Beziehungen der beiden Männer reichen bis in die Anfänge der achtziger Jahre zurück. Omni-Insider bezeichnen Hennerkes als «Reys Walter König» in Deutschland. Sicher ist auf jeden Fall, dass Rey und

Hennerkes sich schon deshalb gut verstanden haben, weil der deutsche Wirtschaftsanwalt sich in steuerlichen Dingen sehr gut auskennt (was ihm allerdings schon die Bekanntschaft mit der Staatsanwaltschaft eingetragen hat) und im Kauf und Verkauf von Firmenbeteiligungen munter mitmischt.

Dieser Brun-Hagen Hennerkes also hat sich sein Wohlverhalten ebenfalls entschädigen lassen, allerdings nicht nur mit Honoraren aus Beratermandaten. Auf Kosten der Omni hat er sich mehr als einmal einen Urlaub im Luxushotel Suvretta in St. Moritz geleistet – zusammen mit seiner Gattin natürlich. Die Rechnungen sind über die Omni Securities abgebucht worden. Der letzte Aufenthalt von Hennerkes im Suvretta soll um die Jahreswende 90/91 stattgefunden und 14 Tage gedauert haben. Die nicht unerhebliche Rechnung – die Rede ist von vielen tausend Franken – ist wie üblich bei einem Omni-Buchhalter gelandet, der sie aber zuerst – in Unkenntnis der speziellen Situation – nicht visieren wollte, dann aber von oben dazu angewiesen worden ist.

Früher hatte Rey mit dem einen oder anderen Verwaltungsrat auch in Notzeiten einen probaten Retter zur Hand, der ihm – wie dies bei Bally der Fall war – mittels eines gesteuerten Gutachtens aus der Patsche half. Und Rey zu helfen hiess oft auch die eigene Haut retten. Doch wo kein Geld mehr vorhanden ist, wird die eigene Haut zum einzigen Motiv.

Nach dem Zusammenbruch der Omni Holding hat Walter König, interimistischer Verwaltungsratspräsident, bei der Revisionsfirma Revisuisse Price Waterhouse eine Expertise zur Abklärung der zwischen Rey und der Omni Holding getätigten Geschäfte in Auftrag gegeben. Das Ergebnis: Rey und ihm nahestehende Firmen, vor allem die EFL und die Space Financial Holdings, schulden diversen Omni-Gruppe-Gesellschaften per 6. März 1991 rund 225 Millionen Franken. Unklar ist jedoch, ob die sechs Ordner mit Belegen über diese Geldabflüsse, die den Berner Untersuchungsbehörden abgeliefert worden sind, tatsächlich vollständig sind. So soll dem Vernehmen nach insbesondere das eine oder andere Verwaltungsratsprotokoll fehlen. Hat da vielleicht jemand – und damit ist nicht Rey gemeint – ein

Interesse daran, dass einige den Verwaltungsrat belastende Dinge aus der Welt geschaffen werden?

Auch Brun-Hagen Hennerkes, der nach dem Omni-Debakel auf den Stuhl des Aufsichtsratspräsidenten nachgerutscht ist, hat, um die empörten Minderheitsaktionäre von Harpener zu beschwichtigen, eine Sonderprüfung über die Ausplünderung der Harpener durch Rey angeordnet. Im Bericht der Arthur Andersen wird der nicht mehr ehrenwerte Rey klar geopfert. Auch sonst lässt der Bericht keine Zweifel offen: Die Hauptschuld an den schlimmen Vorkommnissen tragen Rey und die drei Vorstände Herzig, Hauff und Schippkühler. Die von Rey eingeschleusten Aufsichtsräte – mit Hennerkes fünf an der Zahl – sind nach dem Bericht unschuldig. Sie hätten von nichts gewusst, nichts gesehen und gutgläubig angenommen, Rey betreibe das Merchant Banking via Cayman Islands und andere ausserdeutsche Stationen sowie den Verkauf der International Leisure Group ausschliesslich zum Wohle der Harpener. Einzig Aufsichtsrat René Giulianelli darf die Gutgläubigkeit nicht für sich in Anspruch nehmen, weil er von den Festgeldanlagen, die von der Harpener zur Omni geflossen sind, gewusst und seine ahnungslosen Kollegen nicht umgehend benachrichtigt habe.

Pech für Hennerkes: In der deutschen Medienlandschaft ist die Konklusion der Sonderprüfung bezüglich der Unschuld von Hennerkes und seinen Kollegen unisono als Gefälligkeitsgutachten zerfetzt worden.

Hennerkes hat einige Monate später den Harpener-Aufsichtsrat verlassen müssen. Um die Weihnachtszeit 1991 hat die in Sachen Harpener ermittelnde Staatsanwaltschaft die Kanzleiräume von Professor Hennerkes durchsuchen lassen.

Eine gesonderte Betrachtung der Verwaltungsratsleistung in den Omni-Subholdings und -Enkelgesellschaften erübrigt sich. Denn dort ist man ausschliesslich «en famille» gewesen, was uns auf direktem Weg zu den dritten Wegbereitern von Rey führt: seinen Angestellten.

Weil Rey ein Einzelgänger ist, kommt er mit einem Minimum an Mitarbeitern aus. Und weil er sich von nichts und niemandem dreinreden lässt und alle Entscheide persönlich trifft, braucht er auch keine Angestellten, die Kompetenzen reklamieren, um in den ihnen zugewiesenen Bereichen eigenverantwortlich handeln zu können. Genau so ist es bei der Omni gewesen. Die einzige Ausnahme ist vielleicht Jean-Claude Vagnières, der fern von den Omni-Zentralen in Zürich und Bern den industriellen Bereich ungestört geleitet hat, allerdings nur deshalb, weil Rey das Interesse für diesen Zweig der Omni längst verloren hatte.

Die anderen haben Rey unumschränkt zur Verfügung stehen müssen. Hat Er gerufen, haben sie augenblicklich alles, womit sie sich eben gerade beschäftigten, fallengelassen. Hat Er einmal in Zürich oder Bern vorbeigeschaut, so sind Ihm die Omni-Leute wie eine aufgeregte Schülerschar durch die Korridore nachgerannt, jeder darauf erpicht, von Ihm eine Unterschrift unter irgendein Dokument zu bekommen, Ihm ein Geschäft schmackhaft zu machen oder von Ihm einen Besprechungstermin zu erhalten.

Weil Rey nur am Kaufen selbst interessiert ist, nicht jedoch an den vielfältigen Folgeproblemen seiner Käufe, hat es in der Omni-Crew auch einige Ausputzer gegeben, die sich redlich bemüht haben, dem ständig anwachsenden Pendenzenberg Herr zu werden – was aber wiederum nur gelungen ist, wenn er seine Unterschrift unter die entsprechenden Papiere setzte. So haben auch sie sich unter die aufgeregte Schar mischen müssen. Rey, der offenbar ein Sensorium für anrollende Unannehmlichkeiten hat, ist, wenn er seiner Ausputzer ansichtig wurde, meist sofort in ein Büro verschwunden, wo man ihn in den nächsten Stunden nicht mehr stören durfte.

Besucher, bar jeglicher Kenntnis der herrschenden Usanz, haben in den Omni-Büros jedoch als erstes stets diese auffallende Hektik, dieses wirblige Durcheinander, selbstverständlich registriert.

Bei der Omni hat es natürlich wie in jedem anderen Unternehmen die üblichen Kaderpositionen gegeben. Doch dank Reys sonderbarem Führungsverständnis sind sie nie zum Tragen gekommen. Wer in der weitgehend fiktiven Hierarchie nach oben geschwemmt worden ist, hat Rey seinen schönen Titel dennoch mit einer bedingungslosen Loyalität verdankt, die dieser natürlich jederzeit auszunützen wusste.

Das besondere Betriebsklima beschreibt Martin Dettling, einer der dienstältesten Rey-Mitarbeiter, einst bei Bankinvest Buchhalter und in der Omni Direktor für das Treasuring, so: «Ich arbeitete sehr gerne für Rey. Er liess einem grosse Freiheiten, es gab nicht eine Hierarchie wie andernorts. Dafür musste man hart arbeiten und praktisch rund um die Uhr für Rey verfügbar sein.»

Dettling muss es wirklich wissen, denn er ist der Mann, der Reys Zahlungsanweisungen von der Omni weg ins Schattenreich durchgeführt hat – vor allem in den letzten acht Wochen vor Einreichung des Nachlassbegehrens, als Reys Zahlungsunfähigkeit offenkundig war.

Rey telefonierte, Dettling führte aus.

So hat die Omni Holding am 1. Februar 1991 19,6 Millionen auf Reys Konto bei der Banca della Svizzera Italiana in Zürich überwiesen. Auf dieses Konto hat Dettling in den folgenden Tagen weitere grössere und kleinere Beträge aus der (leeren) Omni-Kasse abdisponieren müssen. Dann hat Rey telefonisch 41 Millionen angefordert, die seinem Konto bei der Thurgauer Kantonalbank gutgeschrieben worden sind. Zulasten der Omni Securities hat Rey sich 3,4 Millionen an die EFL BV überweisen lassen. Und so weiter und so fort. Insgesamt summiert sich allein der telefonisch angeforderte Geldbedarf Reys auf 56,5 Millionen Franken, und das in nur zwei Monaten.

In einigen Fällen ist offensichtlich, dass Rey private Schulden beglichen hat, in anderen ist der Verwendungszweck unklar. Doch stets steht das Kürzel des braven Treasurers Martin Dettling auf den Vergütungsaufträgen, gelegentlich zusammen mit jenem von Daniel Schwab, wenn «seine» Omni Securities bluten musste – aber selten mit jenem von Markus Herzig, Dettlings Vorgesetztem.

Anfang Februar haben sich Direktor Dettling und Generaldirektor Herzig einen Barbezug von 80 000 Franken zulasten der Omni Securities gegönnt. Mitte April – die Nachlassstundung ist längst im Gange – hat ein Omni-Buchhalter auf Anweisung des Duos den Betrag dem Konto von Rey belastet. Eine Zuwendung ihres früheren Bosses für spezielle Dienste?

Auch Herzig ist ein durch und durch loyaler Mann gewesen. Als Kurt Meier von der Berner Kantonalbank am 19. Dezember 1990 per Telefon die Bereitstellung des HHB-Aktienzertifikats angefordert hat, soll der nervlich bereits sehr angespannte Rey getobt haben. Daraufhin ist Herzig sofort in ein Flugzeug gestiegen, um sich das Papier im Zuge einer Feuerwehraktion bei der Harpener in Dortmund zu holen. Dass die Sache nicht sauber war, dürfte Herzig durchaus erkannt haben. Doch Rey hat sie verlangt, also hat Herzig den Auftrag ausgeführt, so, wie er das immer gemacht hat.

«Es gab keine Geschäftsplanung, keine Langfristplanung, kein Konzept. Alle machten etwas. Das war für den einzelnen angenehm und für Rey zählte nur das Ergebnis.» Diese Schilderung stammt von Peter Stefanovits, auch er ein langjähriger Diener Reys und in der Einschätzung des Adia-Managements ein typischer «Cowboy». Stefanovits hat es bis zum Direktor einer Omni-Untergesellschaft gebracht. (Wegen eines 2-Millionen-Kredits, den ihm die Omni zwecks Beteiligung an seiner Gesellschaft zur Verfügung gestellt hat, liegen sich Stefanovits und seine fallierte Arbeitgeberin zwischenzeitlich in den Haaren.) Omni-intern hat Stefanovits der Klasse der «wheeler-dealer» angehört, die dem Geschäftemachen mit allen möglichen und unmöglichen Dingen besonders zugetan waren. Wobei diese Einschätzung vor dem Hintergrund zu werten ist, dass nach dem Zusammenbruch der Gruppe unter der Belegschaft ziemlich rasch das altbekannte Spiel der gegenseitigen Schuldzuweisung und Negativ-Qualifikation eingesetzt hat, bei dem Ausdrücke wie «eine besonders traurige Figur» noch zu den harmloseren gehören.

Eine Eigenschaft jedoch verbindet die angeblich guten und die angeblich schlechten Omni-Mitarbeiter noch heute: ihre Bewunderung für den allmächtigen Chef. Sie blitzt im Gespräch noch immer auf, und nostalgische Gefühle machen sich breit, wenn sie an die harten, aber eben doch schönen Zeiten bei der Omni zurückdenken.

Dass Rey auch unter seinen Angestellten ausschliesslich Ja-Sager und Bewunderer seines Könnens geduldet hat, erhellt der Umstand, dass jene, die zeitgemässeren Managementmethoden den Vorzug gaben, das Handtuch rasch wieder geworfen (Ulrich Guggisberg bei der Inspectorate) oder den offenen Zwist mit Rey in Kauf genommen haben (Yves Paternot und andere Adia-Manager).

Zu den oft gehörten Erklärungen im Zusammenhang mit der personellen Besetzung bei der ehemaligen Inspectorate und der Omni gehört jene, dass Rey ausgesprochen schlechte Menschenkenntnisse habe und deshalb fast schicksalhaft auf ungeeignete Mitarbeiter hereinfalle. Einmal hereingefallen, sei Rey zu weich, diese Mitarbeiter wieder auf die Strasse zu stellen.

In aller Regel engagiert und benutzt Rey Menschen, die seinen persönlichen Absichten und Realisierungsvorstellungen am besten entsprechen. Wäre dem nicht so, hätte er Brian McHugo nach Bekanntwerden der Bestechungsaffäre bei der Greyhound-Tochter in Zug ohne Wenn und Aber gefeuert. Rey handelte erst, als der Druck zu gross wurde, und entliess den Briten aus den diversen Verwaltungsmandaten und Direktorenposten – um anschliessend mit McHugo weiter zweifelhafte Deals durchzuziehen.

Reys angeblich weiche Seele ist eine Verbrämung der Tatsache, dass er – sicher mit Ausnahme seiner Familie – kein echtes Interesse an anderen Menschen aufzubringen vermag. Er ist praktisch ausschliesslich auf das Abstrakte fokussiert, auf die Frage, wie ein Geschäft unter Ausnützung aller Bilanzierungstricks und Steuerlücken möglichst kompliziert abgewickelt werden kann. Stehen Probleme personalpolitischer Natur an, so geht er ihnen einfach aus dem Weg oder sitzt sie so lange aus, bis sie sich von selbst lösen.

Rey hat sich in personeller Hinsicht mit Mittelmass umgeben – bewusst und gezielt. Er hat, wie alle herrschsüchtigen Menschen, nicht sich selbst für diese Schwäche verachtet, sondern die Verachtung für seine Mitarbeiter reserviert, wie ein aufschlussreiches Detail zeigt: Herr und Frau Rey besitzen zwei Hunde. Bei der Namensgebung haben sie sich wie alle anderen

Hundebesitzer von Gefühlen leiten lassen. Ruft man die Namen der beiden Hunde in der richtigen Reihenfolge, so ertönt der Familienname eines hochrangigen Omni-Mannes...

Es sei noch auf einen weiteren, allerdings unbekannten Helfer (vielleicht für einmal eine Helferin, nachdem das Wirken von Werner K. Rey fast ausschliesslich in einer Männerwelt stattgefunden hat) verwiesen. Es handelt sich um jene Person, die als erste Reys Tätigkeit kühn in den Begriff «Finanzgenie» verpackt hat.

Vielleicht wurde das Wort leichtfertig, ironisch oder eben doch im bewundernden Sinn gebraucht. Wie auch immer, das «Finanzgenie» hat sich im Laufe der Zeit wie ein Virus in immer mehr Köpfen eingenistet.

Ein bedeutungsschwangerer Brocken, dieses Wort «Genie». Dem Genie kommt es zu, erhaben und einzigartig zugleich zu sein. Der Philosoph und Spötter Schopenhauer hat keinen Hehl daraus gemacht, dass die Definition des Begriffes Genie ein Ding der Unmöglichkeit ist: «Das Talent arbeitet um Geld und Ruhm, hingegen ist die Triebfeder, welche das Genie zur Ausarbeitung seiner Werke bewegt, nicht so leicht anzugeben.» Der Duden definiert das Genie so: «höchste schöpferische Geisteskraft; höchstbegabter, schöpferischer Mensch».

Ist Rey in finanziellen Dingen ein höchstbegabter, schöpferischer Mensch?

Rey hat keine neuen Finanzierungsinstrumente erfunden. Er hat sich – wie viele andere Financiers auch – vielmehr aus dem Angebot bedient, das in den achtziger Jahren an der Wall Street entwickelt worden ist.

Alt und bekannt ist auch Reys Masche, sich ein Imperium aufzubauen. Die Rezeptur dazu sei wiederholt:

Man kaufe sich für wenig Geld das Unternehmen A und pumpe es mit fremdfinanzierten Firmenzukäufen auf. Wenn der Ballon gross genug ist, bringe man A an die Börse und lasse die Aktionäre den Schuldenberg abtragen. Man sorge dafür, dass der Börsenkurs hoch ist, dann bringt man A zum aktuellen Börsenwert als Sacheinlage für eine Aktienkapitalerhöhung in die Firma B ein. Mit den optisch enorm aufgewerteten Eigenmitteln gehe man zu den Banken und finanziere mit Krediten weitere Firmenkäufe. Wenn auch der Ballon B gross genug und der Schuldenpegel an der Decke angelangt ist, bringe man B an die Börse und lasse die Anleger zur Ader. Man achte wiederum darauf, dass der Börsenkurs von B hoch ist und bringe B zum Börsenwert als Sacheinlage für eine Kapitalerhöhung in die Firma C ein, gehe mit C zu den Banken und hole sich Kredite und – ja, wir wissen es.

Und wenn die Schuldenzinsen nicht davongelaufen wären und der Börsenboom nicht gestorben wäre, so würde die Omni noch heute leben, und Rey würde sie als Graf Dracula mit der blutreichen Sulzer vermählen. Den Ausgang der Hochzeitsnacht kann man sich denken.

Reys Masche ist alt. Der abstrakte Vorgang lässt sich – wenn auch unter Qualen, wie die Omni-Liquidatorin vernehmlich stöhnt – also durchaus nachvollziehen und auf ein Blatt Papier bringen.

Das wirklich Erstaunliche an Reys Spiel auf Pump ist jedoch die Höhe der Summen, die gegen den Schluss eingesetzt worden sind. Die Bankiers haben nichts gemerkt. Im Gegenteil, gebannt haben sie dem Spiel zugeschaut und dutzendweise grosszügig ihre Tresore geöffnet.

Und nun, wo die (Inspectorate-)Ballonhülle geplatzt ist und der (Omni-)Korb mit Getöse auf dem Boden der Realität aufgeschlagen ist, realisieren sie, welch ordinärem Spieler sie aufgesessen sind. Vom «visionären» Menschen und Unternehmer ist keine Spur mehr in ihren Nachrufen vorhanden.

Erst jetzt, wo in den Omni-Trümmern nach Verwertbarem gesucht wird, zeigt sich, dass Rey mit Ausnahme der grossen, nach seinem Diktus «strategischen» Beteiligungen – Sulzer, Adia, Harpener, ACMV, Jean-Frey-Gruppe – für Hunderte von Millionen Franken nichts anderes als veritablen Schrott zusammengekauft hat. Doch auch die strategischen Beteiligungen hat Rey derart malträtiert, dass sie – wie bei Harpener – zum Schaden der Omni-Gläubiger nur zu einem Dumpingpreis losgeschlagen wurden oder – wie bei der Adia – an den Folgen der Reyschen Altlasten zusammenzubrechen drohen. Und für die Buntmetallwerke Selve AG, Reys Schlüssel für die Hintertüre zum Schweizer Wirtschaftsestablishment, kam 1991 der Exitus.

Das Verhältnis von Rey zu seinen Bankiers, die dieses volkswirtschaftlich sinnlose Treiben finanziert haben, kann wohl nur noch mit psychologischen Verhaltensmustern erklärt werden. Ein äusserst komplexes Unterfangen. Quasi zur Einarbeitung empfiehlt sich vielleicht ein Griff zu Thomas Mann, der die köstliche Geschichte eines Herrn namens Felix Krull geschrieben hat – eines Hochstaplers, eines verführten Verführers oder bloss eines geschickten Gauklers?

Der Gaukler (Terathopius ecaudatus) ist ein afrikanischer Schlangenadler, dessen Balzflüge «sich durch Seitenrollen, Purzelbäume und andere ‹artistische› Leistungen» auszeichnen (Grzimeks Tierleben, Band 7). Für Gaukler, die nicht der Ordnung Greifvögel, sondern der Primatenspezies angehören, waren die achtziger Jahre wohl ausgesprochene Flugjahre. Aber wie ihre afrikanischen Namensvettern im Luftraum werden sie auch zu anderen Zeiten über ihrer Beute kreisen und zupackend herabstossen, wenn sich ein unvorsichtiger Bodenbewohner in ihr weitwinkliges Blickfeld begibt.

Doch bleiben wir bei Werner K. Rey.

Seit dem Frühjahr 1991 ist er ein Fall für die Justiz. Wegen Verdachts auf die Verbreitung unwahrer Angaben über Handelsgesellschaften ermittelt ein Zürcher Bezirksanwalt. Er lässt jedoch durchblicken, dass eigentlich zuerst der Gerichtsstand abgeklärt werden müsse, und den ortet er in Bern, wo die Omni Holding ihr Domizil hat. Rey leistet den Vorladungen brav Folge. Als er ungefähr abschätzen kann, in welche Richtung die Dinge sich entwickeln, beginnen ihn die Einvernahmen plötzlich zu ermüden, weshalb er nicht mehr erscheint. Der leicht entnervte Beamte beantragt Ende 1991 sozusagen als letzte Amtshandlung – er wechselt auf diesen Termin hin seine Tätigkeit – einen Haftbefehl. Dem Begehren wird stattgegeben und Rey in der Schweiz, wo er sich mit Sicherheit nicht aufhält, zur Verhaftung ausgeschrieben.

Die Öffentlichkeit verfolgt derweil mit regem Interesse das Schwarzer-Peter-Spiel im Fall Rey, das sich die Justiz des Kantons Zürich mit jener das Kantons Bern liefert. Zürich, wiewohl mit einer qualifizierten Equipe für Wirtschaftsdelikte dotiert, will den Fall nicht, weil man ohnehin schon genug andere Fälle am Hals hat und das Dossier Rey jede Personal- und Budgetplanung über den Haufen wirft. Bern will den Fall nicht, weil es dort keine spezialisierte Equipe wie in Zürich gibt und die Justiz mit ihrem feinen Sensorium spürt, dass den politischen Behörden, die Rey noch 1990 als wirtschaftliche Bereicherung gelobt haben, sichtlich unwohl beim Gedanken ist, die ehedem hochgelobte Bereicherung könnte sich möglicherweise als deliktisches Unternehmen herausstellen.

Weil am 6. September 1991 eine Strafanzeige gegen die verantwortlichen Organe des Omni-Konzerns wegen Veruntreuung, ungetreuer Geschäftsführung, ordnungswidriger Führung der Geschäftsbücher und Erschleichung eines gerichtlichen Nachlassvertrages eintrifft, muss die Sache von Bern dennoch an die Hand genommen werden.

Die beiden bernischen Untersuchungsbeamten (der eine von ihnen behandelt auch die Strafanzeige gegen Kurt Meier, Ex-Generaldirektor der Berner Kantonalbank) schieben die Akten lustlos auf dem Tisch herum, als im Februar 1992 gleich zwei Ereignisse für neues Leben sorgen. Die Omni-Liquidatorin Coopers & Lybrand doppelt am 19. Februar mit einer Strafanzeige gegen Rey wegen ungetreuer Geschäftsführung nach. Sie wirft dem Pleitier vor, in den Wochen vor dem Zusammenbruch die bereits erwähnten 56,5 Millionen Franken aus den Omni-Kassen abgezogen zu haben. Am zweiten Ereignis haben die beiden Untersuchungsbeamten entschieden mehr Freude. Rey lässt wissen, dass er in Bern vorbeischauen werde, falls der Haftbefehl gegen ihn aufgehoben werde. Der Befehl wird aufgehoben, worauf Rey am 29. Februar in Genf landet und sich in Begleitung seiner Anwältin nach Bern chauffieren lässt.

Das Gespräch mit den Untersuchungsorganen läuft in angenehmer Atmosphäre ab. Rey plaudert über seine Wohn- und Arbeitsverhältnisse in den letzten Jahren. Er und seine Gattin hätten in London, Genf, Gland VD und Zürich gewohnt. Gland sei während seiner Genfer Zeit Wohnort gewesen. Bern sei nur Arbeitsort gewesen, gewohnt habe er dort nie. London sei hingegen, wie Thun, Wohn- und Arbeitsort zugleich gewesen, Zürich dagegen nur Arbeitsort. Zwar etwas verwirrt durch die Mobilität Reys, notieren die Beamten mit sichtlicher Genugtuung, dass Rey überall, nur nicht in Bern wohnt. Ergo kann Bern nicht Handlungsstätte der inkriminierten Taten sein. Innerlich dankbar verabschieden sie sich von Rey, der wieder an seinen unbekannten Aufenthaltsort im Ausland zurückfliegt.

Die Berner wähnen sich bereits befreit von der Bürde, als das Schweizerische Bundesgericht dem Hickhack, das in der Öffentlichkeit als Justizskandal apostrophiert wird, ein Ende setzt. Angesichts der unübersichtlichen Wohn- und Arbeitsverhältnisse von Rey komme einstweilen der Erfolgsort gewisser Vermögensentnahmen in Frage, und das sei Bern, das Domizil der Omni Holding.

Und so müssen sich die Berner, denen die reale Welt von Rey eine grosse Unbekannte ist, zähneknirschend an die Arbeit machen. Sie schreiben Rey zur internationalen Verhaftung aus, was insofern nichts nützt, als sich Rey ins sichere Tropenparadies Bahamas absetzt. Dort schützt ihn ein völlig veraltetes Auslieferungsabkommen vor unangenehmen Überraschungen. Dadruch wiederum haben die Berner viel Zeit, sich auf den unendlich verschlungenen Pfaden, die Rey kreuz und quer durch sein Reich gezogen hat, voranzutappen. Sie müssen Geschäftsbücher und Bilanzen überprüfen und dabei jeder Zahl misstrauen, weil die Bilanzierungsvorschriften hierzulande so large sind. Sie müssen die unüberblickbar vielen Geschäftskanäle Reys ins Ausland abklären, ein langwieriges und oft unmögliches Unterfangen, weil man beispielsweise in der Karibik keinen Drang zur Zusammenarbeit verspürt. Und wenn diese und noch andere Hürden überwunden sind, stehen sie vor dem grössten Hindernis: Sie müssen Rey und den miteingeklagten Organen der Gesellschaft den Vorsatz und damit auch das Wissen um jedes relevante Detail nachweisen können.

Bis sie Verwertbares gefunden haben, muss sich auch die Oberstaatsanwaltschaft in Bochum in Geduld üben. Dort, wo seit Frühsommer 1991 eine eigentliche Sonderkommission die

Vorgänge bei Harpener untersucht, kommt man in vielen Punkten nur weiter, wenn die Kollegen in der Schweiz Ergebnisse liefern können.

Rey wird ihnen allen aus sicherer Ferne jede Zeit der Welt einräumen, die Uhr läuft zu seinen Gunsten. Sollten die Zeiger wider Erwarten doch noch kurz vor der Stunde Null, dem Ablauf der absoluten Verjährungsfrist für die ihm vorgeworfenen Tatbestände, stehenbleiben, so weiss Rey, was er zu sagen hat. Er erinnert sich an seine Zeugenaussage im Streitfall Metro gegen die ADCA in Sachen Kaufpreis der Bankinvest Zürich am 27. Februar 1981 vor dem Oberlandesgericht Frankfurt:

«Ich kann nicht ausschliessen, dass später durch von mir beherrschte Gesellschaften ein Vermögensvorteil in irgendeiner Form gezogen worden ist, ich vermag das jedoch nicht zu überblicken.»

Index

Bitte beachten Sie
die folgenden Seiten